JN195001

1.「来るべきものの道」と題された『赤の書』の最初のページ。使用にあたっては、W. W. Norton & Company,Inc. の許可を受けた。

2. マルセル・デュシャン『階段を降りる裸体』No. 2, 1912.

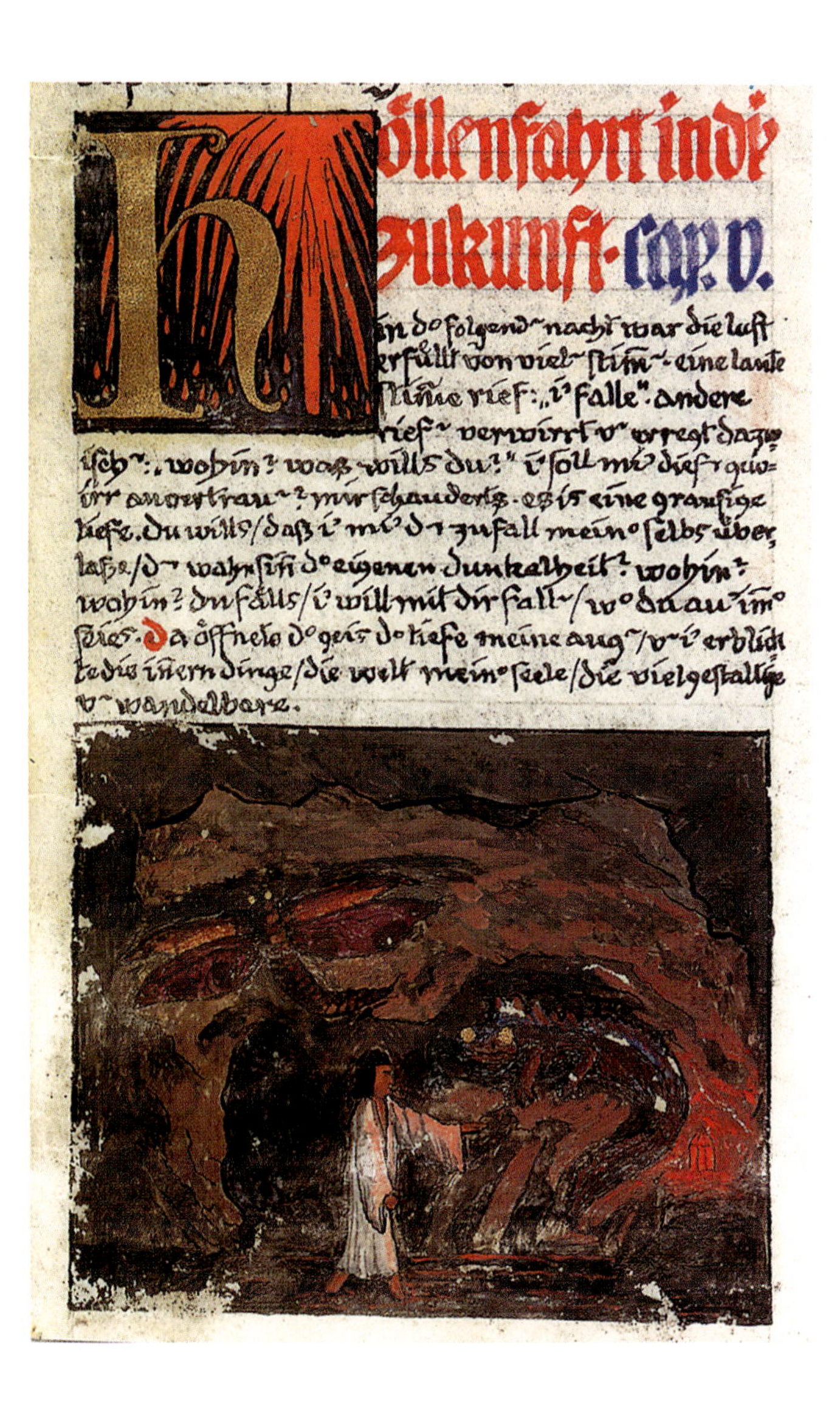

3.「未来への地獄行き」への註釈。これはユングによる最初の能動的視覚的ファンタジーを取り上げたものであり（本書 p.050参照）、地の底におけるイメージを描写している。『赤の書』folio iii, verso より抜粋。使用にあたっては、W. W. Norton & Company,Inc の許可を受けた。

4.「未来への地獄行き」はより詳細にユングの視覚的ファンタジーを露わにしている（本書 p.050参照）。『赤の書』folio iii, verso より抜粋。使用にあたっては、W. W. Norton & Company,Inc. の許可を受けた。

[illegible]

Heldenmord.

cap. vii.

Und der folgend nacht
aber hatte ich ein ge-
sicht: Ich war mit
ein jüngling in ein
hoh gebirge. es war vor tagesanbrüch / d östliche
himmel war schon hell. da tönte über die berge das horn
Siegfrieds in jubelnd laut. da wußt wir / daß
unser todfeind komme. wir war bewaffnet / u lau-
ert an ein schmal felspfad / um ihn zu ermord.
da sah wir ihn hoch über die berge kom auf ein
wag aus tot gebein. er fuhr kühn u herrlich über
schroffe fels hinunter u gelangte auf d schma-
l pfad / an d wir verborg wartet. als er
vor uns um eine ecke bog / feuert wir zu-
gleich u er fiel / zu tode getroff. u wandte mich hier-
auf zur flucht / u ein ungeheuerer reg rau-
schte hernieder. Dana aber ging ich durch eine qual
bis zum tode u u fühlte es als sicher / daß ich mich
selber tött müße / wen u das rätsel des held mor-
des nicht lösen könt. da trat der geist der tiefe zu mir
u sprach das wort: Höchste wahrheit ist eines u
dasselbe mit d widersinnig. dieses wort erlöste mich
u wie ein reg nach lang hitze rauschte in mir
hernieder all das zu hoch gespannte. Da hatte ich ein zw-
eites gesicht: ich sah ein herrlich gart / darin gien-
g gestalt / in weiße seide gekleidet / jede umgeb
von farbig leuchtend hüll / die ein rötlich / die
andern bläulich u grünlich.

Ich weiß / ich bin über die tiefe weg-
geschritt / u bin durch schuld ein neugebore-
ner geword. wir leb auch in unsern träu-
m / wir leb nicht nur am tage. bisweil vollbring
wir unsere größt tat im traume. In jener nacht war
mein leb bedroht / den ich hatte mein herrn u gott

5.「英雄の殺害」。これはユングの見たジークフリートの殺害の夢の場面であり、地の底でのイメージにおいて描写されている。『赤の書』folio iv, verso より抜粋。使用にあたっては、W. W. Norton & Company,Inc. の許可を受けた。

dir als führer in der welt des dunkeln dienen / denn sie ist von ähnlicher substanz wie die gestaltungen jener welt.

Der schauplatz des mysterienspieles ist eine tiefe wie der krater eines vulcans. mein tiefstes innerstes ist ein vulkan / der die feuerflüssige masse des ungeformten / des ununterschiedenen herausstösst / so gebärt mein innerstes die kinder des chaos / der uralten mutter. wer in den krater eingeht / wird selber zu chaotischem stoffe / er zerschmilzt. das geformte in ihm löst sich auf und aufs neue mit den kindern des chaos / den mächten des dunkels / den beherrschenden und den verführenden / den zwingenden und den anlockenden / den göttlichen und den teuflischen. diese mächte greifen auf allen seiten über mein bestimmtes und begrenztes hinaus und verbinden mich mit allen formen und mit allen fernen wesen und dingen / wodurch mir innere kunde wird von ihrem sein und ihrer beschaffenheit. weil ich in den quell des chaos / in das uranfängliche / gefallen bin / so werde ich selber umgeschmolzen in die verbindung mit dem uranfänglichen / welches zugleich das gewesene und das werdende ist. zuerst komme ich in das uranfängliche in mir / dadurch aber / dass ich ein theil des weltstoffes und der weltgestaltung bin / komme ich auch in das uranfängliche der welt überhaupt. ich habe zwar als ein geformtes und bestimmtes am leben theilgenommen / aber nur vermittels meines geformten und bestimmten bewusstseins und dadurch am geformten und bestimmten stücke des

6.「密議 / 出会い」はユングがエリヤ、サロメ、そして蛇に出会う場面である（本書 p.067参照）。folio v, verso より抜粋。使用にあたっては、W. W. Norton & Company,Inc. の許可を受けた。

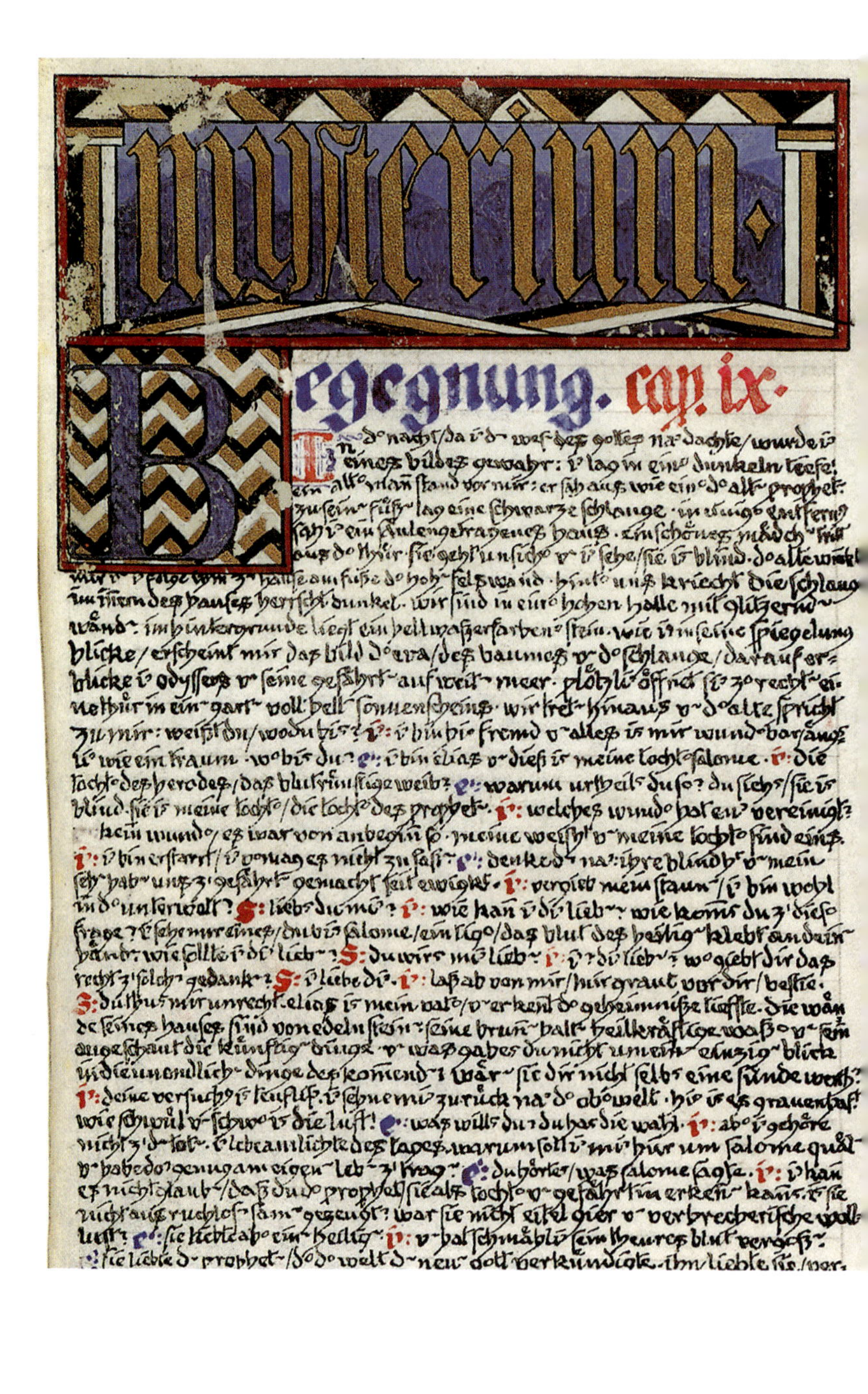

mysterium.

Begegnung. cap. ix.

In der nacht/ da ich dem wesen des gottes nachdachte/ wurde ich eines bildes gewahr: ich lag in einer dunkeln tiefe. ein alter mann stand vor mir: er sah aus wie einer der alten propheten. zu seinen füßen lag eine schwarze schlange. in einiger entfernung sah ich ein säulengetragenes haus. ein schönes mädchen tritt aus der thüre. sie geht unsicher und ich sehe/ sie ist blind. der alte winkt mir und ich folge ihm zum hause am fuße der hohen felswand. hinter uns kriecht die schlange. im innern des hauses herrscht dunkel. wir sind in einer hohen halle mit glitzernden wänden. im hintergrunde liegt ein hellwasserfarbener stein. wie ich in seine spiegelung blicke/ erscheint mir das bild der eva/ des baumes und der schlange/ darauf erblicke ich odysseus und seine gefährten auf weitem meer. plötzlich öffnet sich zur rechten eine thüre in einen garten voll hellen sonnenscheins. wir treten hinaus und der alte spricht zu mir: weißt du/ wo du bist? i: ich bin hier fremd und alles ist mir wunderbar/ ängstlich wie ein traum. wer bist du? e: ich bin elias und dies ist meine tochter salome. i: die tochter des herodes/ das blutrünstige weib? e: warum urtheilst du so? du siehst/ sie ist blind. sie ist meine tochter/ die tochter des propheten. i: welches wunder hat euch vereinigt? e: kein wunder/ es war von anbeginn so. meine weisheit und meine tochter sind eins. i: ich bin erstarrt/ ich vermag es nicht zu fassen. e: denke dem nach: ihre blindheit und mein sehen haben uns zu gefährten gemacht seit ewigkeit. i: vergieb mein staunen/ ich bin wohl in der unterwelt? s: liebst du mich? i: wie kann ich dich lieben? wie kommst du zu dieser frage? ich sehe nur eines/ du bist salome/ ein tiger/ das blut des heiligen klebt an deinen händen. wie sollte ich dich lieben? s: du wirst mich lieben. i: ich? dich lieben? wer giebt dir das recht zu solchen gedanken? s: ich liebe dich. i: laß ab von mir/ mir graut vor dir/ bestie. s: du thust mir unrecht. elias ist mein vater/ und er kennt der geheimnisse tiefste. die wände seines hauses sind von edelsteinen. seine brunnen halten heilkräftiges wasser und sein auge schaut die künftigen dinge. und was gäbest du nicht um einen einzigen blick in die unendlichen dinge des kommenden? wären sie dir nicht selbst eine sünde werth? i: deine versuchung ist teuflisch. ich sehne mich zurück nach der oberwelt. hier ist es grauenhaft. wie schwül und schwer ist die luft! e: was willst du? du hast die wahl. i: aber ich gehöre nicht zu den todten. ich lebe am lichte des tages. warum soll ich mich hier um salome quälen? ich habe der genug am eigenen leben zu tragen. e: du hörtest/ was salome sagte. i: ich kann es nicht glauben/ daß du der prophet/ sie als tochter und gefährtin erkennen kannst. ist sie nicht aus ruchlosem samen gezeugt? war sie nicht eitel gier und verbrecherische wollust? e: sie liebte aber einen heiligen. i: und hat schmählich sein theures blut vergossen. e: sie liebte den propheten/ der der welt den neuen gott verkündigte. ihn liebte sie/ ver-

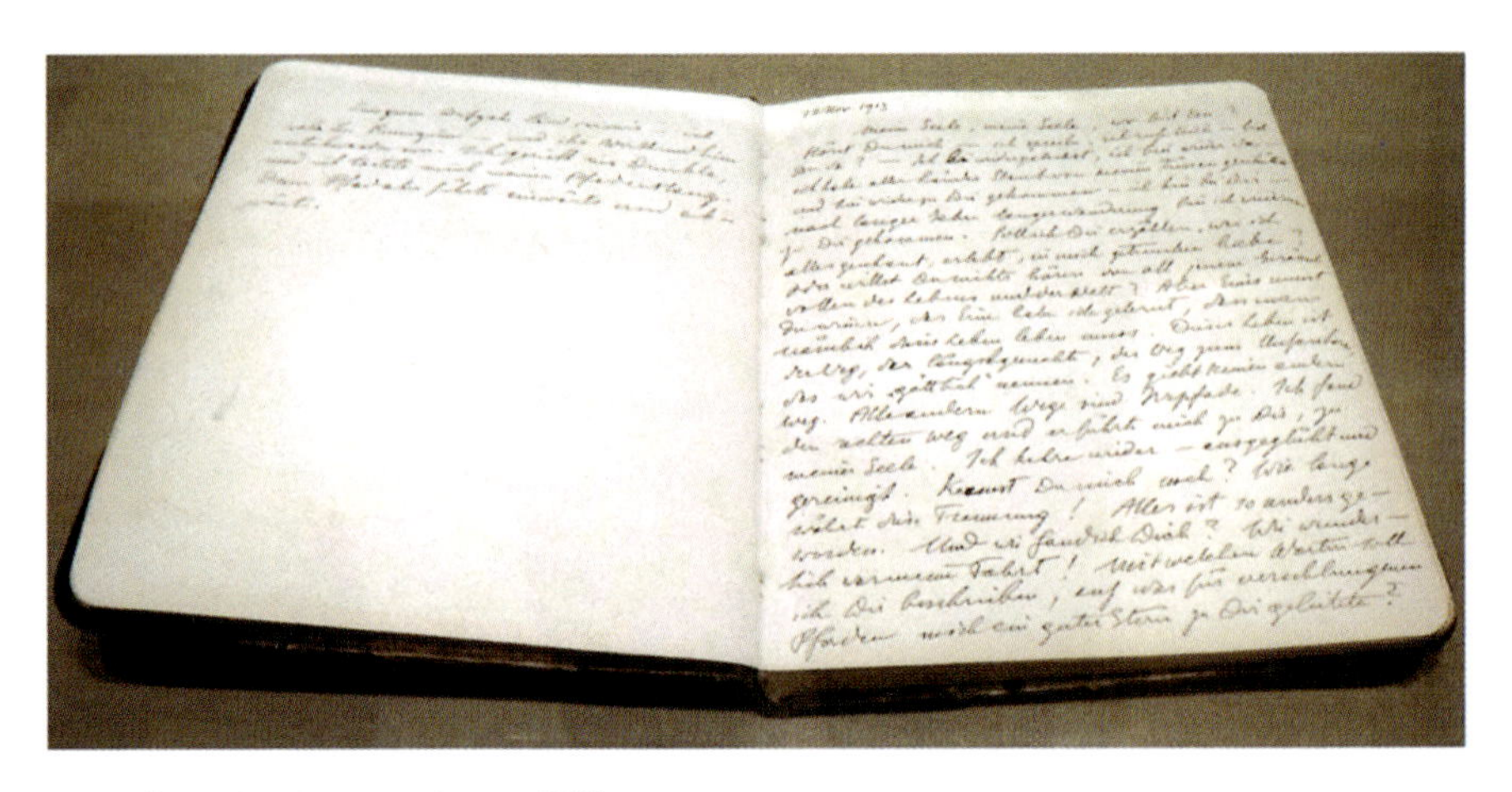

7.『黒の書 2』。シャムダサーニ撮影。

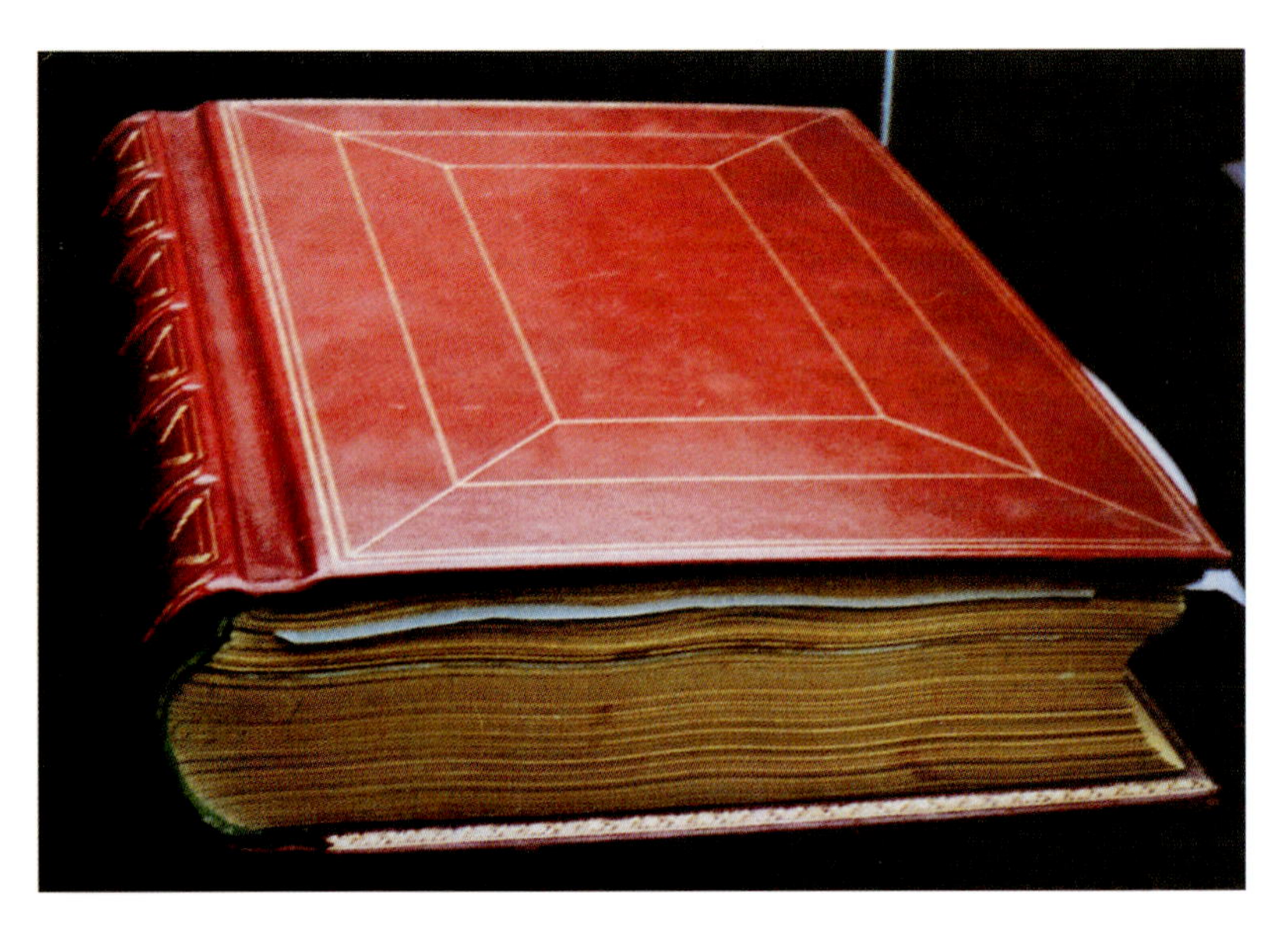

8.『赤の書』。シャムダサーニ撮影。

分析心理学セミナー1925
ユング心理学のはじまり

C・G・ユング
Carl Gustav Jung
著

S・シャムダサーニ
Sonu Shamdasani
W・マクガイア
William McGuire
編

河合俊雄
監訳

猪股剛
小木曽由佳
宮澤淳滋
鹿野友章
訳

創元社

Introduction to Jungian Psychology:
Notes of the Seminar on Analytical Psychology Given in 1925
by C. G. Jung

分析心理学セミナー1925　目次

監訳者によるまえがき……河合俊雄　5
二〇一二年フィレモン・シリーズ版へのまえがき……ソヌ・シャムダサーニ　9
序文……ソヌ・シャムダサーニ　11
一九八九年版への序文……ウィリアム・マクガイア　24
謝辞……ウィリアム・マクガイア　34
セミナー参加者……35
まえがき……カリー・F・デ・アングロ　37
文献略語一覧および凡例……38

第1講　一九二五年三月二三日……003
第2講……009
第3講……016
第4講……027
第5講……036
第6講……045
第7講……052
第8講……061
第9講……069

第10講 …… 076
第11講 …… 086
第12講 …… 095
第13講 …… 104
第14講 …… 114
第15講 …… 122
第16講 …… 126
第16講への補遺 138
『彼女』 140／『悪のぶどう園』 148／『アトランティード』 156
訳者による補遺（物語の概要）
『彼女』 164／『悪のぶどう園』 169／『アトランティード』 174
注　原注 180／訳注 206
解題 …… 猪股剛 228
巻末資料
本書でユングが取り上げた事例概要 253
本書に登場した夢、ファンタジー、ヴィジョン 254
引用や議論のなされているユング著作の年代順目録 255
文献リスト 264
人名索引 269／事項索引 272

監訳者によるまえがき

河合俊雄

本書は、ユングが一九二五年にチューリッヒで行ったセミナーの記録で、まず非常に歴史的意義が高く、またユング心理学をユングの個人的経験を背景として学ぶことのできる優れた入門書であり、さらにディスカッションの中などでユングがかなり思いきった発言をしているので、専門とする人にも新しい知見と刺激を提供することのできる貴重な本であると言えよう。

ユングは自分の心理学についてあまり体系的に書くことをしなかった人で、一八巻におよぶドイツ語と英語の全集において、全貌をつかみ、導入とするために何を読めばよいかと尋ねられると、困惑を覚えるくらいである。入門書としては、全集に入っておらず、フォン＝フランツらと共著で書いた『人間と象徴』が挙げられるくらいであろうか。そのなかで全集の第七巻『分析心理学に関する二論文』、とりわけその後半に収録されている「自我と無意識の関係」（一九二八年初版）は、心理療法の過程において自我が無意識から現れてくるイメージとどのような関係を持っていくかを辿っていくことによって、こころの深みをイメージの変遷によって順を追って描き出そうとしており、比較的まとまったものになっている。実際のところ、河合隼雄は『ユング心理学入門』を書く際に、この本をネタ本にしたと告白しているくらいである。

ところが長きにわたって非公開であった『赤の書』が二〇〇九年に公刊されるに至って、ユングの著作に関する評価と見方は大きく変化する。『赤の書』によって、ユングが第一次世界大戦前に、フロイトとの訣別などを経て方向喪失の状態に陥り、また精神的危機を迎えていた時に、どのように無意識との対決を行っていったかが具体的に知られるようになった。さらにはいわゆるアクティブ・イマジネーションの技法を用いて、夢やヴィジョンで体験した人物を積極的に想起して、それらと対話していった内容によって、ユングがさまざまな著作の中で取り扱っている神話やイメージの大部分は、自ら実際に体験したものであることも明らかになった。いずれにしろ、『赤の書』に示されている体験が、ユング心理学の成立に寄与したのは間違いのないことである。

もっともユングの生の体験を日記として記録した『黒の書』はまだ全面的には公刊されていないので、ユングの体験そのものが完全にわかるわけではない。さらには『赤の書』の第一部と第二部には、アクティブ・イマジネーションの内容の部分と、それへの解釈となる部分との二層があるので、多少心理学的な解釈が含まれているとも言えるが、それが非常に比喩的で難解であるのも事実である。たとえば一番基本的であるはずの「無意識」という言葉すら、「第一の書」の本文では一度も用いられておらず、「第二の書」で二度ばかり使われているだけなのは驚くべきことである。このことからしても第二層での解釈は、心理学的な解釈からはほど遠いと言えよう。その意味では『赤の書』でのイメージとの対話の体験に基づいて「自我と無意識の関係」に描かれているような、無意識が影や異性像として登場してきて、それが変容していくという理論が生まれたのは理解できるけれども、体験と理論との関係はいまだにわかりにくいままであった。実際の分析において、ユングは『赤の書』の第二層のような解釈をしていたのか、いわゆる心理学的な解釈をしていたのかも謎のままになる。

このようなギャップを埋めるものとして本書は非常に重要であり、また有用であると言えよう。ユングが『赤の書』のもとになる体験をしていったのは、一九一三年一〇月の洪水のヴィジョンが発端であり、それは一九一四年の終わりに一度収束している。そして『赤の書』の「第一の書」と「第二の書」の草稿をすでに完成していたユングが、死者たちがキュスナハトの自宅に帰還するという衝撃的な経験をしたのが一九一六年である。それは『赤の書』の「第三部」あるいは「死者との七つの語らい」のもとになっている。『赤の書』にさらに手を加えつつ、一九二八年の「自我と無意識の関係」という体系的理論に至る中間に位置するのが本書の一九二五年のセミナーなのである。その意味でまず、本書の歴史的意義は非常に高いと言えよう。

これまでのセミナーと違い、ユングはこのセミナーを英語で行っている。『赤の書』は装飾文字のドイツ語で書かれた非常に秘教的なものであり、その英訳も二〇〇九年を待たなければいけなかったのに対して、このセミナーは一般向けに、世界に対して広く開けていこうという姿勢を持っていることがわかる。もっとも参加者の大部分が自分の被分析者なので、あまりオープンとは言えないかもしれないし、また非常に特殊で複雑な状況ではあるが。ともかくユングが一人で自分の書斎の中でイメージと向き合い、それを記録してきたあり方から、多くの人に開かれていく姿勢を、このセミナーは示していると言えよう。

ユングは『赤の書』の発端となった洪水のヴィジョン、水の中の金髪の男の死体、ジークフリートの殺害などの他の重要なヴィジョンをこのセミナーの中で詳細に取り上げている。そしてそれらに対して『赤の書』の第二層でのコメントよりはるかにこなれた心理学的解釈を行っている。その意味で本書は、『赤の書』の体験から「自我と無意識の関係」をはじめとするユング心理学の理論へのつながりを、よりよく理解させてくれるのである。実際のところ、『赤の書』についてのユング自身の心理学的コメントとしてだけでも、本書の価値は高く、これによって『赤の書』への理解は非常に深まると思われる。

それだけではなくて、このセミナーでは、ユングのオカルト現象についての博士論文の元になった一六歳のいとことの霊媒現象の実験、チューリッヒ大学の精神科での臨床などについても詳しくふれていて、それを体験した当時のユングがどのように考えていたかを振り返り、またそれがセミナーを開いた時のユングの理論からするとどのように理解できるかを述べている。つまり本書は全体として、ユング心理学の成立と内容を、ユング自身の体験に基づいて示してくれる優れた入門書となっている。抽象的に理論を示されても理解が難しいことも多く、その理論を作り上げていった人が、どのような体験に基づいて考えていったかを知って初めて納得できることも多いであろう。ユング自身の経験を知ると、わかりにくかったユングの考え方がより親しみのあるものになり、またユングが理論を作り上げていった必然性がわかるのではないだろうか。

また個人の経験からその人の理論を考えていくと、どうしても理論を個人史やパーソナリティに還元することになりがちである。たとえばユングと父親の関係、ひいてはフロイトとの関係などのように。ところがユングの場合に鍵となるのは、夢であり、それへの象徴的解釈である。このセミナーでもユングは多くの自分の夢を取り上げて解釈している。有名な家の地下室の夢などは、それがいかに個人的なものに還元できないかを示していると言えよう。またフロイトとの違いについて述べているところも、ユングがいかに夢やイメージのリアリティを大切にしていたかがわかるのである。

　ここでユングが述べていることのいくつかは、『ユング自伝』ですでに読んだと思われる読者がおられるかもしれない。それは編者のシャムダサーニが述べているように、『ユング自伝』を編集する際に、秘書のアニエラ・ヤッフェがこのセミナーの記録からいくつかのエピソードをピックアップして用いたからで、実際に重なっているものがある。いろいろな未公開情報にアクセスできたはずのヤッフェが、本書の記録を用いていることからも、本書がいかにユングやその理論にふれるためのリソースとして重要であったかを窺い知ることができる。ユングの講義やセミナーについては、まだまだ多くの未公開のものがあるとされているけれども、ユング自身が確認していたとされる本書の記録は非常に信頼性があると言えよう。

　ここでセミナーの雰囲気についてもふれておきたい。参加者に女性が多いこともあって、女性の立場からの質問や疑問が多く、特にアニムスがどうなのかという問いも多く興味深い。もっとも、当時の男性観、女性観、人種観、社会的状況などからの偏りがあることは差し引いて読む必要があるだろう。そしてそれは、西洋中心主義が問題にされると同時にグローバリズムが世界中で浸透し、またＬＧＢＴが受け入れられていくなかで、ユングの体験や理論をどのように現代において生かせばよいのかという問いにつながっていくはずである。

　二度の編者による序文、巻末に猪股剛による詳細な解題があるなかで、これ以上に屋上屋を重ねる形で本書の内容に詳しく立ち入ることはしないが、是非ともこの歴史的・内容的価値の高いセミナーを味わっていただきたいところである。

二〇一二年フィレモン・シリーズ版へのまえがき

ソヌ・シャムダサーニ

ユングが行った講義の中で、このセミナーほど多くの点で歴史的意義のあるものはない。後に『赤の書 *Liber Novus*』に結実する彼の着想や自己実験の展開を、ユング自身の言葉で述べた唯一の信頼できる一次資料と言えるからである。それにもかかわらず、このセミナーはそれに相応しい注目を広く集めることがないままであった。本セミナーは一九八九年にウィリアム・マクガイア（一九一七〜二〇〇九）の編集により、ボーリンゲン・シリーズの一冊としてすでに出版されている。[1] その水準はきわめて高いものであった。[2] しかし『赤の書』が公刊されたことで、このセミナーは新たな相貌を見せる機会を得ることになった。ここで行われたユングの議論が新しい光のもとに照らし出されたからである。フィレモン・シリーズとして改訂した本書には、新たな序論を加えたほか、『赤の書』におけるユングの言及箇所を参照できるようにし、さらに新しい情報を注の中で、《二〇一二年追記》として示してある。一九八九年版の誤植については断りを入れずに削除することにした。また研究を進めるうち、ジョーン・コリーの『ユング心理学ＡＢＣ *ABC of Jung's Psychology*』において、本セミナーからのものであるとして補遺に収録されている一節が、実際は同年にイングランドのスワネージで行われたユングのセミナーからのものであることが判明したため、これも削除した。マクガイアは、本セミナーが三月から七月までの月曜日、毎週休まず開催されたものであるとして、それぞれの講義の前に日付を付しているが、近年再掘されたカリー・ベインズの記録には、セミナーが週に二回の開催であったことが示唆されているため、後から加えられた日付は削ることとした。

序文

ソヌ・シャムダサーニ

一九二五年三月二四日、チューリッヒ。カリー・ベインズは次のように記録している。

ついに昨日、新体制が始まった。セミナーの第一回目が行われたのだ。学校の教科書に書いてあった古代の戦争のように、このセミナーにも直接・間接の原因というものがあるわけだけれど、ユングから回ってきた手紙には、ひとまず第一回目のことだけがはっきりと書かれていた。この手紙を受け取った時、コリーさん[*1]はまるで父親が死んでしまったかのように感じたのだと言う[(1)]。信奉者たちは、初めこそひと通り嘆いたり涙したり歯ぎしりしたりしたようだけれど、まさに東西南北の風に乗るように、喜び勇んで駆けつけた。一二月の初回以来、まだたったの二度しか分析を受けていない私にとっては、これがとてつもなく贅沢な機会に思えたのである。

これから毎週月曜日と木曜日の午後四時半から六時まで、ゲマインデ通りの一室でセミナーが行われることになった[(2)]。昨日の出席者は以下のとおり。ショー博士、ケイ博士（二八歳、オーストラリア出身。会うのは初めてだけれど、とても素敵な人）、サージェントさん、クリスティーン・マンさん、ウォード博士、ゴードン博士[3]、ベックウィズさん（彼はどうやらセミナーのせいでユングとの時間がなくなってしまうという思いに取りつかれているらしかった。そんなことはまったくないのに、彼のアニマが何とかしてその考えに縛りつけようとしていた）、マレーさん[*2][4]（三二歳、今回はイングランドのケンブリッジから来たらしいけれど、アメリカにいることもあるよう――六〇個も質問を持ってきた。『タイプ論』は理解している――女王好みの吃音があるものの、私がやるよりはずっと魅力的――職業は化学者。バーモント州にちょっとした土地をお持ちのようで、そこでカンファレンスをしようとユングに持ちかけているらしい。カリフォルニアの話になると、そちらは先物買いの場所だから適さないとか、カリフォルニアは、カンファレンスの場所に決まっても二週間以内で集合住宅が建ってしまうだろうが、バーモントなら八〇年は変わらないだろうなどと答えていた――ずいぶん保守的な評価だこと。彼なら八〇〇年とだって言いかねないんじゃないかしら）、アルドリッチさん、ダナム夫人（シカゴ）、それから私とヒンクスさんとコリーさん。私たちは物知り顔で、この順番に壁に沿って座っていた。

　ユングは、まず分析心理学の歴史的概観から始めるつもりだと切り出した。そしてコーンウォールの時のように、私たちが思いついた質問を何でも挙げるようにして、その中から彼が議論に適したものを選ぶということだった[5]。ここで私が、私たちの間でおよそのテーマ（転移）については合意が取れている旨を確認し、このテーマにしてもらえないかと言うと、ユングは、そうではなくて個人の分析でしているのと同じように、それぞれが興味のあることについて話す方がいいと述べた。そこでショー博士が、エナンチオドロミアの原理について、シラーの章[6]に書いてあるよりもっと多くを知りたいと発言した。「その調子で」とユングは言った。あるいはこのような趣旨のことを質問形式で挙げるようにと。今度はアルドリッチさんが、ユングに人生哲学を展開してもらいたいと述べ、分析を行う予定のある人は個人的なセッションの時間まで質問を差し控えてくれないかと発言した。それには私が反対して、そのような時間がない人もいるのだし、セミナーがリベラルな場にならないのだとしたらとても残念だと言った。それに対し、「アルドリッチさんは、女性原理が優勢になることについて警鐘を鳴らしているだけですよ」とユングが答えると、大きな歓声が上がった。アルドリッチさんの語気からすると、彼は分析を受けようという人々に、こっぴどく苦しめられたことがあるのかも。ユングは、「人生哲学は一言で言うにはあまりに大きすぎるので、アルドリッチさんには質問の形に分解して尋ねてほしい」と言った。するとコリーさんが、歴史的な概説には反対で、もっとユング自身にまつわることが聞きたいと述べた。私も同じ意見だったので、彼女がそう言ってくれたのは嬉しかった。ユングが、コーンウォールで私たちに話した導入を改めて復習しようとしているのだとしたら残念なことだったと思うけれど、彼は、それとはだいぶ違うことを意図していたようだ。分析に関する彼の考え方の展開を辿ろうとしていて、もちろんそのテーマには全員が大賛成だった。彼は、「分析心理学の擁する領域の広さにはいつも感銘を受ける、だからこそその領域を見渡せる視点のようなものを身につけることは有益であると思う」と述べて、それからいよいよ話を始めた。私はそれを、できる限り彼自身の言葉で記録したいと思う。そうすればきっと、あの躍動感のいくらかでも呼び戻せるだろうと思うから……。[7]

セミナーの上々の滑り出しを鮮やかに描いたカリー・ベインズの記述はここで終わっている。これからユングが提示しようとしていたものが何か、聴衆たちは明らかにつゆほども知らずにいる。しかし、ここに目を向ける前に、まずは一九二五年当時のユングの状況を見ておく必要があるだろう。

一九二五年のユング

『心理学的タイプ *Psychologische Typen*』は、一九二一年に出版されるや広く喝采を浴びることになる。一九二三年には英語版も出版され、賞賛に満ちた書評が数多く書かれた。『ニューヨークタイムズブックレビュー』における二ページにわたる書評の終わりを、マーク・アイシャムは次のように締めくくっている。「本書はどこまでも真剣で、実証的で、教訓的で、古典的でありながら、なおかつ十二分に刺激的である。活力を吹き込み、解放し、生き返らせるのだ。著者は、内向的思考タイプに対して驚くほど共感的に学識を呈しているが、他のタイプに関する記述も決してそれに劣ることはない……ユングは魂の内なる王国をものの見事に示して見せただけでなく、ファンタジーの価値に関する記念碑的発見をなした。本書は多分野を渉猟し、それらを掌中に収めたものであり、まったく別の切り口から多くの書評が書かれることになるだろう」[8]。さて出版という点からすると、『心理学的タイプ』から本セミナーまでの期間は、ユングの経歴の中でも最も穏やかな時期の一つである。一九二一年には英国心理学会でのシンポジウムに寄せた原稿「『除反応』の治療的価値の問題」[9]、一九二二年にはチューリッヒで行われたドイツ語・ドイツ文学会での講演「分析心理学と文学作品との関係について[10]」の出版こそあったものの[*3]、一九二三年と一九二四年に関しては、ユングには珍しく新しい出版が一つもない。このことは彼の母親が一九二三年一月に亡くなっていることと無関係ではないだろう。一九二五年に入ると、再び二本の論文が公刊される。一本は一九二三年にスイスのターリテットでの国際教育学会で講演した「心理学的タイプ」の要旨[11]であり、もう一本はヘルマン・カイザーリンク伯爵[*4]編集の結婚に関する本に寄稿した、「心理学的関係としての結婚[12]」である。しかし、ユングの創造性の重心は明らかにどこか別のところにあった。まさに彼は『新たなる書』すなわち『赤の書[13]』の清書作業と、チューリッヒ湖畔のボーリンゲンでの塔の建設に取りかかっていたのである。

この作業の始まりについて簡単に触れておいてもよいだろう。一九一三年の冬、ユングは意識的に自らのファンタジー的思考に身を任せ、そこで起きたことを慎重に記録した。後に彼はこのようなプロセスを「アクティブ・イマジネーション」と呼ぶようになる。ユングはこれらのファンタジーを『黒の書 *The Black Books*』に書き留めていった。それは私的日記というよりは、むしろ自己実験の記録であった。こうしたアクティブ・イマジネーションから成る対話は、戯曲の形をとった思考の形式と捉えることができる。

第一次世界大戦が勃発した時、ユングは自分のファンタジーの多くがこの出来事を予見したものであると考えた。このことがユングに『赤の書』の最初の手書き草稿を執筆させることになる。『赤の書』は、『黒の書』の主なファンタジーを書き写したもので構成されており、その上に解釈的なコメントと抒情詩調の敷衍とが層状に折り重なっている。ユングはここで、ファンタジーから心理学の一般的な原理を導き出そうとしただけでなく、ファンタジーの中に、象徴的な形で描写されている出来事が、どの程度まで——世界に起こりつつある事柄の展開を——示すことができているかを理解しようとしていた。ユングの存命中に出版されることこそなかったものの、この作品は公刊を意図したものにほかならなかった。作品の全編にわたるテーマは、ユングがいかにして自らの魂を再発見し、スピリチュアルな疎外という現代的な停滞感を克服したかというものである。最終的にこれは、彼の魂の内に新しい神のイメージが再誕し、心理学的・神学的コスモロジーという形をとった、新しい世界観が展開していくことを通して達成されていくことになる。『赤の書』はユングの個性化過程の概念の原型を示していると言えるだろう。

この素材は多くの草稿を経て、後にユング自身の手によって大きな赤い革の二つ折り本にゴシックの装飾字体で再度書き写される。ユングはここに書き写す段階で、装飾頭文字や飾り罫、そしてたくさんの描画を加えた。原稿については、一九一五年に『赤の書』の第一部・第二部、一九一七年に第三部の「試練」が完成している。それからというもの、ユングはこの原稿を書き写すという骨の折れる作業に没頭するのである。描画は当初、テキスト内にファンタジーの図解として描かれ始めるが、後のものはそれ自体アクティブ・イマジネーションと見なすことができるものであり、時には『黒の書』の同時期のファンタジーを参考にしているものもあった。しかし、その後一九三〇年前後を境に、ユングは突如としてこの作業を打ち切ってしまうことになる。一九二一年一月までに装飾字体本の一二七頁まで、一九二五年八月までに一五六頁の終わりまでが完了していた。

この一方で、ユングは一九二〇年にボーリンゲンのチューリッヒ湖畔にいくらかの土地を買い求めている。彼は自らの最も深い部分にある思考を石に表現し、またきわめて原始的な住居を建てる必要を感じていた。「ボーリンゲンは私にとって大きな問題だった。言葉も紙も現実と言うには十分ではなかったからである。私は石に告白せねばならなかった」[14]。こうして建てられた塔は、「個性化の表象」であった。彼はそれから何年もかけて壁画を描き、壁に彫刻をほどこした。この塔は、三次元上に作られた『赤の書』の続編、『第四の書 *Liber Quartus*』と見なすことができるかもしれない。

一九二四年と一九二五年は、『赤の書』の出版という問題がユングの心を占める最も重要なものの一つであったようである。一九二四年の初めに、彼はカリー・ベインズにテキストを新たにタイプ原稿にするよう依頼し、出版の問題について議論している。彼女は日記に次のように記している。

> そこであなたは私に、『赤の書』の内容を写し取るようにおっしゃいました。――前にも一度これを写したけれど、それ以降も、さらにたくさんの素材を付け加えたので、もう一度書き写したいと思っているのだと。そして、この本の中のことは自分でほとんど理解しているから、私が書き写すのに合わせて解説をしてくださるつもりだともおっしゃいました。このようにして、私たちは、私の分析では決して現れることのなかったたくさんの事柄について話し合えるようになり、そういう下地があったからこそ私はあなたの考えを理解することができたのです。[*5][15]

この同時期、ユングは同僚のヴォルフガング・シュトックマイヤーとも、どのような形の出版がありうるかについて議論している[16]。一九二五年には、ピーター・ベインズにより『死者への七つの語らい *The Septem Sermones ad Mortuous*』が翻訳され、イングランドのワトキンス社から私家出版された。

カリー・ベインズは書き写しの作業に取り組む中で、この作品についてのセミナーを行うようユングに勧めている。彼女の日記には、次のようにある。

> ［ピーター・］ベインズに『赤の書』についてのセミナーをどう思うか尋ねた時、私の念頭にあったのは、あなたが彼との間で行っていたものだけでした。『赤の書』を読み始めた当初から、そういうものがあったらなんて素晴らしいだろうと思っていたのです。もしあなたがおっしゃったように、私と議論をするのではなく、モナリザ[17]にも加わってもらえるのだとしたら、と。おそらく彼女は本に書いてあることはすべてとてもよく知っているし、この提案が何の魅力にも映らないくらいに完璧に理解していることでしょうが、それでも私はそれが実現すればと思うのです……彼［ピーター・ベインズ］は私に尋ねました……どうして『赤の書』の出版のことでそんなに悩んでいるのか、ですって。彼にぴしゃりと平手打ちしてやりたいくらいでした。先生がそうおっしゃっているんだから、私には大問題よって。……その後で、あなたは彼に出版についてのお考えを話されたのですね。彼は完全に面喰らっていました。……あなたが『赤の書』について外で話されるのをお聞きしたいと言ったとき、あなたは私が気取ったお茶会でも思い描いているものとお考えになりたかったようですが、私も同じようにやり返しました。もし『赤の書』が外でお話しになるほど偉大なものでないのなら、そういうことをする羽目になるでしょうね、と。[18]

そのようなセミナーが実際に行われたのかどうかは定かでない。しかし、ユングが自己実験や『赤の書』のファンタジーのいくつかについて人前で初めて率直に語ろうと決意するのに、こうした議論が一役買っていた可能性は高い。

　この当時、ユングは一九一六年に自らが創設した心理学クラブ[19]から手を引いている。一九二二年一一月二五日、エンマ・ユング、トニー・ウォルフと共にクラブを離れたのである。[20]この脱退劇からほど近い一九二三年七月、ユングはイギリス、コーンウォール州のポルツェスにて一連のセミナーを行っている。この前年に、ちょうどロンドンで分析心理学クラブが設立されたところであった。セミナーの出席者は、ピーター・ベインズとエスター・ハーディング以下、二九名いたという。[21]このセミナーには、二つの主要テーマがあった――一つは分析の技術について、もう一つはキリスト教の歴史的・心理学的な影響についてである。この時期、ユングとの分析に取り組むためにイギリスやアメリカからチューリッヒに来る者が増えており、仲間内で外国人集団を作るほどだった。一九二二年八月二二日付のジェイム・デ・アングロからチョーンシー・グッドリッチ[*6]宛の手紙はこんな書き出しで始まっている。「すべての神経症の兄弟に告ぐ――行け、我が兄弟。メッカに、いやチューリッヒに向かい、生命の泉から水を飲め。魂の枯渇したすべての者よ、行って新たな命を求めよ」[22]。

一九二三年四月三〇日、オイゲン・シュレーゲル[*7]の呼びかけで、ユングを再び心理学クラブに呼び戻そうとする試みがあった。このことについては、同じ年にユングとアルフォンス・メーダー[*8]との間で書簡が交わされている。ユング側の主張は、ユングとの提携が明確かつ満場一致で望まれるのでない限り戻ることはないというものであった。心理学クラブ内では、これに関して熱い議論が交わされた。たとえば、一九二三年一〇月二九日には、フォン・ムラルトが次のことを主張している。ユングが人々を自分の個人的な目的のために使うこと、ユングの理論を受け入れなければ彼と個人的な関係を結ぶのが難しいこと、人々に対するユングの態度が分析家らしからぬものであること、などである。自らのヴィジョンに基づいて創設した機関が別の行き先を向くようになり、自分には口うるさい長老の役割があてがわれているという状況に気づいた時のユングの反応は想像に難くない。一九二四年二月に、ハンス・トリューブ[*9]が心理学クラブの代表の座を降りると、ユングのもとに復帰を求める手紙が送られ、実際一ヵ月後には戻ることになった[23]。

同年、ユングは〔心理学クラブにて〕、夢の心理学に関する三部構成のドイツ語の講義（一九二四年一一月一日、一二月八日、一九二五年二月二一日）を開始し、一九二五年の五月二三日には討議の時間が設けられている[24]。特筆すべきは、本書の形を取ることになった英語のセミナーも心理学クラブ内で行われたにもかかわらず、正式の「クラブセミナー」とは認められていないことである――クラブの議事録にも年報にも、このセミナーには一言も言及されておらず、一九二五年当時クラブに在籍していた五二人のメンバーと三人の聴講生のうち、セミナーに参加したのはほんの一握りであった。むしろ、こう言う方が適切かもしれない。このセミナーはユングの準備した私的なイベントのようなものであり、それがたまたま心理学クラブで開催されたのだと。ユングが行ったポルツェスでのセミナーとこのセミナー（セミナーの規模はほぼ同等）の参加者は、大きく重なっていたようである。つまり、あくまで最近になってユングを中央に呼び戻しただけに過ぎない心理学クラブの地元のメンバーと、ユングの英語のセミナーを聞きに駆けつける国際的なメンバーとの間には溝があり、それゆえ異なる心理学的力動を生んだのだ。この先何年もの間、この英語圏の一団がユングの仕事を広めるのに主要な役割を演じていくことになる。

セミナーについて

『心理学的タイプ』は知識における主観的な条件、「個人的方程式personal equation」に対する議論から始まっている。ユングは次のように記している。心理学における概念は「常にその研究者の主観的心理学的な布置の産物である」[25]。認識の主観的な限定を成り立たせる個人的方程式の影響を認めることは、他の人々を科学的に評定するための必須条件となるというのである。本セミナーでは、ユングが彼自身の個人的方程式について率直に話している——生育歴のようなものではなく、彼のオリエンテーションについて、その心理学的観点や主観的なオリエンテーションの成り立ちについて語っているのである。これこそユングが初めて自らの心理学的タイプについて言及したものであった。講義の初めに、ユングはまず分析心理学の「領域の広さ」を「展望する」という目的を示し、彼独自の概念が誕生する概略を述べていく。話は無意識をどう扱うかという問題に彼が心を奪われるようになった頃のことから始まる。目を引くのは、彼の著作のフロイト中心的な提示の仕方とは対照的に、そこからフロイトとの関係の話に直接向かうことなく、ショーペンハウアーやフォン・ハルトマンに触れた若い頃の読書体験やスピリチュアリズムへの傾倒の話へと移っていく点である。それらは、彼の仕事をフロイトとはまったく異なる知的・経験的系譜に位置づけるものである。ユングは、自らが無意識やリビドーに関する初期の概念を作り出した後で、また精神病理学における実験的な研究で名を上げた後で、初めてフロイトと会うに至ったのだということをここで明らかにしているのである。ユングはフロイトの理論のいくつかを独自に確証したと感じている一方で、最初期から距離を保ってもいた。著書においても、ユングはフロイトとの理論的な違いについて指摘している[26]。本セミナーでは、二人の関係やフロイトの個人的な欠点——事例に対する不誠実さ、批判に対処する能力の欠如、しまいには真実よりも自らの権威を重んじているといったところまで——が初めて歯に衣着せずに語られている。それはフロイトが一九一四年の『精神分析運動の歴史について[27]』で書いた二人の関係に関する名指しの批判への、ユングによる最初の反論であった。

続いてユングは、フロイトには正確に理解することができなかったという圧倒的な夢に言及している。これらの夢が、ユングに無意識の自律性という新しい感覚を与えることになる。その後、彼は『リビドーの変容と象徴 *Wandlungen und Symbole der Libido*』(一九一二)において自分がしたことは、ほかならぬ自分自身のファンタジー機能の分析であったということに思い至る。こうして、彼はより体系的な方法で分析を始めるようになったというのである。ユングは続いて、一九一三年一〇月にシャフハウゼンに向かう途中で見たヴィジョンについて語る。第一次世界大戦の勃発後、彼が予見的なヴィジョンと捉え、自らのアクティブ・イマジネーションの始まりと考えたものである。それからユングは一九一三年秋にした魂との対話に焦点を当てていく。最初の下降のヴィジョンが一二月一二日のことであり、ジークフリートの殺害の夢が一二月一八日、エリヤとサロメとの遭遇がそのすぐ後に続いた。つまり、本セミナーでユングが扱ったこの自己実験の時期は、一九一三年一〇月から一二月にかけてのものであり、それが『赤の書』「第一の書」の冒頭部の土台となっている。参加者との議論とも相まって、この部分こそが本セミナーの骨子を成すと言えよう。実にこれが、この素材についてユングが人前で語った最初にして唯一の機会となった。しかしここで重要なのは、このエピソードについて語る中で、ユングが一度も『赤の書』に直接は言及していないということである。もしその話があれば、間違いなく大きな興味をそそったことだろう。ともあれ、本セミナーは、ユング自身という「事例」を彼の理論の最もわかりやすい例として挙げることで、分析心理学を一人称によって提示するという一つの実験であったと考えることができる。彼は同時に、聴衆に向けて鋭く呼びかけている。「とてもたくさんのことをお話ししましたが、私がすべてをお話ししたとはくれぐれも思わないように！」[28]と。ユングのこうした一連の講義は、『赤の書』のセミナーを望んでいたカリー・ベインズの思いに、ある意味で応えていることになる。またユング自身、作品の出版をどうするかという問題に関して、聴衆の反応を見てみたいという興味があった可能性もある。

上記のエピソードに関するユングの議論は、『赤の書』の第二層の単なる焼き直しなどではなく、注釈の第三層として捉えることができるものである。[*10]『赤の書』第二層の抒情詩的で扇情的な言い回しに反して、ここでのユングは心理学の概念を用いて説明している――より正確には、こうした出会いを振り返るなかから自らの心理学の概念をいかに導き出したかを示そうと試みている。彼自身、印象的にこう述べている。「経験的な素材はすべて患者から得たものですが、その問題の解決は、私の内側から、私の無意識のプロセスの観察から得たものです[29]」と。また同時に、彼の提示の仕方には教育的な機能もあった。聴衆の多くはユングの分析を受けていた人々から成っており、その分析ではアクティブ・イマジネーションが重要な役割を演じていたと推定される。つまり、彼は教材として自分自身の素材を効果的に用いて、彼個人の心理学的タイプがファンタジーにおいてどのように描き出され、展開していったか、また彼がどうやってアニマや老賢者などの人物像たちと出会い関係を結んだか、対立物の葛藤の解決としての超越機能がどのようにして生まれたかを示したのである。さらに、本セミナーにおける議論のうちのかなりの部分が、現代アートの重要性とそれをいかに心理学的に理解しうるかというテーマに集中している。彼自身の独創的な作品をどう位置づけるかという問題が、ユングの心の背景に存在していたのではないだろうか。

彼自身の素材を提示し、議論した後で、ユングはそのような人物像をどう理解したらよいかについて一般化した図式を示していく。歴史的観点から見れば、参加者がもっとユングの個人的な素材を挙げてコメントするように求めなかったのが非常に残念なところである。最後に課題が出されて、このセミナーは幕を閉じる。参加者にはここでアニマのテーマについて扱っている三つの大衆小説、ライダー・ハガードの『彼女 *She*』、ブノアの『アトランティード *L'Atlantide*』、マイリンクの『緑の顔 *Das grüne Gesicht*』について検討してくることが求められる。最終的には参加者の要望で、マイリンクの作品の代わりに、アニムスについて扱ったマリー・ヘイの『悪のぶどう園 *The Evil Vineyard*』を読むことになった[30]。ユングが述べているように、この訓練の目的は「みなさんがこれまでの講義から何を得たかがよくわかる[31]」ようにするためであったという。ユングが自分の仕事を解説するために一般書を紐解くのは、この時が初めてではない。『心理学的タイプ』の第五章は、一九一九年にノーベル賞を受賞したスイスの作家、カール・シュピッテラーの小説『プロメテウスとエピメテウス』の分析が中心になっている[32]。またライダー・ハガードの『彼女』も、一八八七年の出版以来ベストセラーを続けていたものである。小説に基づいて制作されたサイレント映画では、ハガード自身が字幕を書き下ろしているが、これが完成したのが一九二五年のことであった。こうした大衆小説を用いることで、個性化過程において働く心理学的な動きが決して秘教的な事態ではないということを示して見せたわけである。

本セミナーが七月六日に最終回を迎えると、ユングは数週後にイングランドへと赴き、ドーセット州のスワネージにて、七月二五日から八月七日にかけて英語のセミナーを開催している[33]。このセミナーもやはりピーター・ベインズとエスター・ハーディングが準備したものであった。そちらの主題は夢の分析であり、約一〇〇人の参加者が出席している[34]。ユングは夢解釈の歴史の解説から始め、続いて五三歳の未亡人の一連の夢の分析を行っている。

その後

本書のセミナーはカリー・ベインズの手によって記録された。セミナーが終わるとすぐに、これをどのような形で出版しうるかについて議論がなされる。初めに提案したのはハリエット・ウォード博士であったようである。一九二五年九月二六日付の日記で、カリー・ベインズはこの話し合いについて記している。

> 記録のことをエンマと話していたら、出版についての考えがかつての私とまったく同じだとわかったものですから、やはり反対の気持ちがとても強く蘇ってきました。もう一度お考えいただきたいのです。春にしてくださった講義は、

心理学における今世紀最大の重要な出来事だと思います。あの講義であなたは、アイデアが元型としての自然な場所から、抽象あるいは概念の位置へ、あなたなら人間の創意工夫の最終的な精製物とおっしゃるであろう位置へと至る道筋を示されたのですから。そんなこと、いまだかつて夢にも見られたことはないし、まして実現したことなどありません。ですから、あの講義は内容の重要性にふさわしい方法で扱われるべきだと思うのです。あなたはきっと、出版以上に良い扱いなんてあるのかとおっしゃるでしょうね。でも私は、出版するということは、あの講義をとてもひどい仕方で歪めてしまうことにほかならないと考えます。普通なら、出版されれば多かれ少なかれ永遠の形と見なされるようになります。しかしあの記録は、そのようなものでは決してないのです。あなたがおっしゃったことの概略の繰り返し以上にはなりえませんし、またそう言い張ることもできません。あれは彫刻家が粘土で作った実物大模型のようなもので、それなりの魔力を持っていますが、別の何かに作り替えられそうになるや、たちどころに魔法が解けてぺしゃんこになってしまうのです。それに、話し言葉で語る時、あなたは一瞬のうちに並外れた構造を組み立てられますが、書き物、まして活字となると、もし科学の領域でも理解されようとするなら、その構造には明白な根拠が必要になります。これまでのスワネージ、ここチューリッヒ、コーンウォールでの三つのセミナーのどれも、あなたが話される時には確信を持って自由に飛び回る思想に満ちみちていましたが、記録の中では羽ばたく力が半減し、ページの間で足を引きずっているような始末です。もしあなたが書かれるというのなら、もう一度空を飛べるかもしれません。しかし記録としてでは無理でしょう。それが、あのセミナーを出版による形式でもって提示すべきでないと考えるもう一つの理由です。そのまま、未加工の実験室の素材として置いておくべきでしょう。あなたが絶対の確信を持って、あの中のアイデアを本にまとめ上げたいと思われる時が来るまでは。さしあたりあれをふさわしい場所にとどめておくには、ガリ版印刷にしてセミナーの参加者だけに配るのが一番に思えます。ベインズさんとショーさんたち六名くらいを除いて……春にこの件についてお話しした時、あなたはこの出版のアイデアをウォードさんのとりとめもない妄想のようなものとしか考えておられないようでした。ヒンクルさんが『変容』［リビドーの変容と象徴］の翻訳を出すのを提案した時も、あなたは間違いなく同じことを考えておられたと思いますが、ほら、その妄想は結局とりとめないどころではなくなったんですから！[35]

ユングの自己実験についての詳細さからして、もしこのセミナーが当時出版されていたとすれば、かなりのインパクトを持ったであろうことは想像に難くない。カリー・ベインズは、このセミナーの最も印象的な面を明敏に察知し、強調していると言えよう。すなわち、ユング自身のファンタジーの出現から、その反省的考察へと至り、これを心理学的に抽象化する形で人間心理の新しい概念に結実させていくという流れを辿ることで、ユングの解説が、創造的過程に通じる比類ない窓を提供しているということである。

結局、セミナー内容の公開を限定するというカリー・ベインズの提案が採用されることになった。ユングは、アフリカ旅行に発つ際、内容を確認するためにセミナー記録を携行しており、一〇月一九日、ユングは彼女に宛てて次のように書いている。「リスボンを発って……ご覧のとおり、熱心に記録に取り組んでいます。端から端まで、かなり正確だと思います。いくつかの講義はまったくもって能弁でした。きっと君のリビドーがほとばしらずにはいられなかったということなのでしょうね[36]」。このセミナーの文章に対するユングの詳細な確認は、他の多くのセミナー記録とは一線を画しており、その信頼性は保証されていると言える。

最初の五〇部に関するカリー・ベインズの献本リストによれば、セミナー参加者のほか、次の人々にも冊子が配布されたようである。ピーター・ベインズ博士、シッグ夫人、チョーンシー・グッドリッチ、フォン・スリー女史、フューグリステラー夫人、ボダーツ教授、ジェームズ・ヤング博士、イルマ・パトナム博士、エリザベス・ホイットニー博士、ヴォルフガング・クラネフェルト博士、アルテール夫人、N・テイラー女史、フランシス・ウィックス、ウィルフレッド・レイ、ヘレン・ショー博士、ウィラード・ダーハム、アデラ・ワートン博士、M・ミルズ女史、そして心理学クラブである[37]。ユングがアフリカにいる間、カリー・ベインズはセミナー記録の整理を終え、『赤の書』の転記作業に戻った[38]。一九二六年四月にアフリカから戻ったユングは、再び『赤の書』を装飾体に書き写す作業に取り掛かる。ただし、この時から一九三〇年に作業を離れるまでの期間（一九五〇年代後半にもう一度開くまで）、すべて装飾体で描かれたテキストの頁が一〇頁と、完成した絵が二枚（「永遠への窓」と「黄金の城」のマンダラと、未完成の絵）増えただけであった[39]。

一九二六年、ユングは『健康な、あるいは病める魂の生活における無意識的なもの――現代の分析心理学の理論と方法の概要[40]』を公刊する。一九一七年の著書『無意識的過程の心理学――分析心理学の実践と理論[41]』の改訂版である。この版と一九一八年の第二版との間の主な違いは、心理学的タイプ関連の資料が差し替えられていること、無意識についての議論が加筆修正されていること、加えて、個性化と心理療法に関する資料が追加されていることである。そして一九二八年には、一九一六年の論文「無意識の構造」[42]を大幅に加筆修正した『自我と無意識の関係』[43]を出版している。アニマ、アニムス、マナ人格との対決について述べた各章は、ライダー・ハガードやブノアの小説を引用するなど、本セミナーでの講義を敷衍したものであるが、ユング自身の個人的な背景については一切触れていない[44]。一九二九年の『黄金の華の秘密』の解説で、ユングは『赤の書』から三枚の絵を「ヨーロッパのマンダラ」の事例として公開しているが、どれも作者の名は伏せられている[45]。これ以降、ユングは、本セミナーのような提示の仕方や、『赤の書』の出版のような形で、一人称を意図的に慎もうとしたのだろう。

一九五〇年代後半、アニエラ・ヤッフェが後に『ユング自伝 *Memories, Dreams, Reflections*』として結実することになる伝記プロジェクトに取り組んでいた時、彼女はユングへのインタビュー素材を補うべく、本セミナーの数ヵ所に手をつけている。特に、『自伝』の「無意識との対決」の章に載ることになる、フロイトとの関係やユングの自己実験に関する議論の箇所である[46]。残念ながら、ここでの素材のつぎはぎの仕方は、この時期の明確な時系列を描くことを困難にするものであり、本セミナーの議論が持っていた一貫性も失っている。また、ユングがまだ『赤の書』の書き写しや挿画に取り組んでいた一九二五年当時の議論と、三〇年以上後に回想しているものとの区別もない[*12]。

以上のことは、ユングの著作の中でも、このセミナーがかなり特殊な存在であったことを示している。一九八九年についに出版された時にも、その特殊な意義は広く認識されていなかったと言える。二〇〇九年にユングの『赤の書』が公刊されたことによって初めて、新しい光のもとで読まれ、『赤の書』の重要な手引きと見なされるようになったのである。本書はユングが素材に取り組み、概念的な形式に敷衍していく『赤の書』の補遺であり、教育的な実験でもある。個人的なもの、歴史的なもの、概念的なものが独特の仕方で組み合わされた本セミナーは、ユング心理学の最も明快な入門書であると言えよう。

一九八九年版への序文

ウィリアム・マクガイア

本書のタイトル〔Introduction to Jungian Psychology〕をずいぶん大げさなものと思われる向きもあるかもしれない。このセミナーは、ユングが比較的公式な場で行った最初のものであり、また、増えつつあった英語圏の聴衆のために記録され、印刷配布された初めてのものでもあった。(1) ユングが五〇歳を迎えた一九二五年当時、専門家ではない教養のある人々、特に英語圏の聴衆の間で、分析心理学の理論と方法に関する最新の講義を求める声が明らかに大きくなっていた。ユングが、副題に「概要」の名をつけた、『無意識的過程の心理学(2) *Die Psychologie der unbewussten Prozesses*』という「小冊子」(ユング自身の表現)を出版してから、実に八年が経過していた。この翻訳の「無意識的過程の心理学 The Psychology of the Unconscious Processes」は、『分析心理学に関する論文集』(一九一七)という、イギリスの精神科医コンスタンス・ロング*1の編集で、フロイト以前、フロイト派、ポスト・フロイト派の論考をまとめた五二〇ページにわたる論文集の第二刷にしか収録されていない。一九二五年当時は、この英訳版、および長編の『無意識の心理学 *Psychology or the Unconscious*』と『心理学的タイプ』が、ユング心理学を学ぶ人々が英語で読むことのできる文献のすべてであった。この年の四月、ユングが本書のセミナーを始めてから一ヵ月後のこと、彼は一九一七年の前掲書を一般の大衆にもわかるように全面的に加筆修正したものを完成させている。『健康な、あるいは病める魂の生活における無意識的なもの』（一九二六）と題を変え、「詳細には立ち入らず、この主題に関する概要を示し、思考を刺激すること」を狙った。おそらくこの改訂作業は、セミナーで自らの思想体系を概観し、議論したという体験が促したものだろう。ユングの一九二六年版の概要は、H・G・ベインズとC・F・ベインズの翻訳により一九二八年にアメリカとイギリスの読者に届けられた。"The Unconscious in the Normal and Pathological Mind"との題で、もう一つの概要的な性格を持った論文「自我と無意識の関係[3] The Relations between the Ego and the Unconscious」とともに、『分析心理学に関する二論考 *The Two Essays in Analytical Psychology*』に収録された。『二論考』はその後長年にわたって、一般に好まれる手引書と見なされることになる。

◦ ◦ ◦

分水嶺の年とも言える一九二五年の元日、ユングは何名かの友人と、コロラド川のグランドキャニオンにいた。それから数日後には、ニューメキシコ州サンタフェ北部のタオス・プエブロを訪ね、その後、ニューオリンズ、チャタヌーガ、ニューヨークを巡った。[4] 七月二六日の五〇回目の誕生日は、イングランド南岸のスワネージで迎えている。大晦日には、ウガンダのキョーガ湖のほとりで、ナイル川を外車汽船で下る旅に乗り出す準備をしていた。[5] こうした冒険のような旅の間、ユングに同行していたのはイギリス人やアメリカ人であった。アメリカ南西部では、シカゴ出身のジョージ・F・ポーターとフォーラー・マコーミック、そしてスペイン出身のジェイム・デ・アングロが、アフリカでは、イギリスの分析家H・ゴッドウィン・ベインズ、アメリカ人のジョージ・ベックウィズ、イギリス人女性のルース・ベイリーがいた。ベイリー女史を除いた全員が、一度ならずユングの分析を受けた経験があった。

一九二五年のセミナーに参加していたとされる二七名のうち、一三名がアメリカ人、六名がイギリス人、五名は（苗字から推測するばかりであるが）どちらの可能性もあり、残り二名がスイス人、一名がドイツ人であった。[6] 七名（すべて女性）はユング派分析家、うち二名はスイス人である。この一方はエンマ・ユングで、この頃すでに分析を開始していた（彼女の子どものなかにはまだ一四歳と一一歳の子もいた）。もう一方はティナ・ケラーであり、彼女は後に夫のアドルフ・ケラーとカリフォルニアに移住することになる。アドルフ・ケラーはプロテスタントの牧師であったが、早い時期に精神分析に傾倒している――一九一一年に行われたワイマール大会に参加していた。[7] アメリカ人の中には、ニューヨークの三人――M・エスター・ハーデイング、エレナー・バーティーン、そしてクリスティーン・マン――がおり、彼女らはいずれも医師であった。イングランド西部のシュロップシャー州生まれのハーディングは、一九一四年にロンドン女子医科大学を卒業している。同僚のコンスタンス・ロングに、当時ベアトリーチェ・ヒンクルの翻訳で出版されたばかりであった『無意識の心理学』を紹介されたという。そして一九二〇年代に、ハーディングはユングの個人分析を受けるためにチューリッヒを訪れるようになり、そこでマンやベルティーンと出会う。マンは、英文学教師の仕事を辞め、ニューヨークのコーネル大学医学部に博士号を取りに通っていた。そこで同期だったのが、エレナー・ベルティーンである。二人は一九一三年に学位を取得し、一九二〇年代、スイスへの渡航中にユングとの分析を開始している。そして、一九二四年には、ハーディングと共にアメリカで分析実践を始めることになる。この三人の女性が、ニューヨークのユング派団体を組織し、分析心理学クラブ（そしてクリスティーン・マンの名を冠した比類ない図書館）、C・G・ユング研究所、およびC・G・ユング財団を設立したのである。[8]

もう一人のアメリカ人、エリダ・エヴァンスは、ニューヨークのユング派の集まりには参加していなかったようである。一九一五年、彼女はマリア・モルツァー[*2]との分析のためにチューリッヒに滞在していた。一九二〇年には、彼女の子どもの心理学に関する本にユングが序文を書いている。当時、彼女はニューヨークで、医師でない分析家としてユングともフロイトとも良好な関係を持っていた精神分析医スミス・エリー・ジェリフ[9]の補佐をしていた。セミナーに参加していた分析家のヘレン・ショー博士については、不明な点も多いが、夢分析セミナーにも参加していたのは確かであり、イギリスにもオーストラリアにも職業上の結びつきがあったとされる。[10]

セミナー参加者には、なんらかの形で文学に関わっている人々もいた。アメリカ人の作家チャールズ・ロバーツ・アルドリッチは、セミナーでのコメントから推測するに、人並み外れた知的素養を持つ人物である。ユングが一九二四年の春にロンドンで行った心理学と教育に関する講義の英語版を改訂する際には、その手助けもしている。チューリッヒを離れてカリフォルニアに戻る時、アルドリッチは犬のジョギーをユングに託していったが、この犬はその後何年もユングになつき、診察室に陣取っていたようだ。[11] 一九三一年、アルドリッチはC・K・オグデン[*3]編集の「心理学、哲学、科学的方法の国際図書館叢書」の一冊として、『原始心性と現代文明』という本を出版している。この本には、人類学者のブロニスワフ・マリノフスキー[*4]による序文と、ユングによる前書き[12]がついており、ニューメキシコに行く際にユングに同行していたジョージ・F・ポーターへの献辞が添えられている。ポーターは一九二七年に、自らの手で命を絶っていた。そしてアルドリッチの経歴も、一九三三年の突然の死によって終わりを告げることになる。健康体であったにもかかわらず、彼はその日をきっかりと予言していた[13]。もう一人のアメリカ人、詩人のレナード・ベーコンは、一九二五年にユングの分析を受けにチューリッヒを訪れており、ユングの誘いでセミナーに参加していた[14]。その年の経験は、詩集『彷徨える魂』（一九二六）にも反映されている。その後ベーコンは、詩人、批評家、翻訳家として名を馳せ、一九四〇年には詩の部門でピューリッツァー賞を受賞している。

さらにもう一人の文学系のアメリカ人エリザベス・シェプレー・サージェントは、ユングの分析を受けた最初のアメリカ人の一人、あるいは本当に最初の人物であったかもしれない。二〇代の頃、叔母とヨーロッパを旅行している最中に、サージェントはいくつかの神経症症状を患い、一九〇四年から一九〇五年にかけての冬の間、チューリッヒのサナトリウムで治療を受けた。家族の伝えるところでは、彼女はその時に初めてユングの分析を受けたという[15]。ユングは当時、まだフロイトとは会ったことがなかったが、ブルクヘルツリ病院でフロイトの手法を用い始めており、時には——ザビーナ・シュピールラインの事例のように[16]——言語連想検査との組み合わせも行っていた。サージェントは後に有名な女性新聞記者となる。第一次世界大戦時は『ニュー・リパブリック』誌の特派員となり、ランス近郊の戦場を訪れた際に負傷している。パリでの六ヵ月間の入院中には、ウォルター・リップマン[*5]、サイモン・フレクスナー[*6]、ウィリアム・C・ブリット[*7]といった友人たちが彼女を見舞っている[17]。ジャーナリストと文学批評家としての長い経歴で、彼女が対象とした中には、ロバート・フロスト[*8]、ウィラ・キャザー[*9]、ウィリアム・アランソン・ホワイト[*10]、ポール・ロブスン[*11]、H・L・メンケン[*12]らがいた。ユングについてもいくつかの文章を書いているが、サージェントが一九三一年に出版した「肖像画」には、彼女が出席したセミナーの集まりでのユングの姿が示されている。

> 水曜日の朝11時、[……]ユング博士がセミナーの開催場所である心理学クラブ内の細長い部屋に入ってきた。あの顔この顔に心からの親しみのこもった微笑みを向け、脇には茶色の書類かばんを抱えている。その中には共同口座——心を共通の関心とする国際的な小さな共同体の口座——の書類が保管されているのだろう。ユングがひとたび静かに、厳かに前に立つと、いつしか部屋には静寂が立ち込めていた。羅針盤に目をやる航海士のように、ユングは原稿に目を落とす。ドアから入って来た際に察知した心理学的な凪と波を、それと照らし合わせているにちがいない。出席者の静寂が意味するのは、尊敬の念のみならず、何より強い

期待感である。この創造的な思想家と、今日は果たしてどんな冒険ができるのだろう。彼はどんな問いで、銅鐘を叩くように我々の心をいつまでも鳴り響かせるつもりなのだろう。我々の時代に関する劇的な世界観を彼はどのように提示して、それによって問題に対する主観的で圧制的な理解をゆるめ、より普遍的で客観的な領域に導いてくれるのだろうか[18]。

ユングは、人類学者のポール・ラディンのネイティブ・アメリカンの民俗誌と宗教に関する研究を、カリー・デ・アングロとジェイム・デ・アングロから聞いていたようである。彼らは一九二〇年以前にカリフォルニアでラディンと親交があったのだ。一九二〇年、ラディンは、人類学者W・H・R・リバースのもとで講義、指導、研究を行うため、イギリスのケンブリッジ大学を訪れていた[19]。おそらく当時、タオス・プエブロでの、ジェイム・デ・アングロやマウンテン・レイク[*13]との経験に刺激を受けていたのであろう、ユングは五年後、まだケンブリッジに滞在していたラディンをチューリッヒに呼び寄せ、ネイティブ・アメリカンの宗教について弟子たちと共に話を聞いている（渡航費はユングが支払ったそうである）。ラディンは心理学クラブのメンバーとも非公開で対話したほか、このセミナーにも参加して、その後もユングと生涯の友情を築いた。彼の仲間の人類学者が、次のように書いている。「当時、比較宗教・比較文学に大きな関心を寄せていた彼に知的興奮を与えたのは、リバースを除けば、チューリッヒのユングだけだった。ラディンが決してユング一派でなかったのは言うまでもない。おそらく、ユングの洗練されながらも神秘主義的な精神との出会いが、まさにラディンの懐疑的合理主義に火をつけ、少なくともさらに仄暗い無意識の深みへの探求からは彼を遠ざけたのだろう[20]」。一九四〇年代、ラディン（社会に対するマルクス主義的な見方とは生涯縁を切らなかった）は、ボーリンゲン財団の有力な顧問となり、そのサポートもあって著作活動を続けることができた[*14]。エラノス会議でも講演を行い、ユングやカール・ケレーニイと共著でトリックスター元型に関する本を書いている。

チューリッヒ滞在中、ラディンと妻ローズは、カリフォルニアから来ていた知人、ケネス・ロバートソンとその妻シドニーと遭遇している。ロバートソンは、スタンフォード大学のL・M・ターマン[*15]のもとで心理テストを学び、医師免許を持たない分析家として訓練を受けるべくヨーロッパを訪れていた。パリのシェイクスピア・アンド・カンパニーという書店で、『無意識の心理学』を見つけたロバートソンは、すぐさまユングに手紙を送ったという。ユングは、チューリッヒに来て訓練を受けるよう彼を招いた――そして、トニー・ウォルフの分析を受けて、このセミナーに参加するように誘ったということが明らかになっている。シドニー・ロバートソンの方は、クリスティーン・マンの分析を受けており、発言はないもののこのセミナーにも参加していたようだ。（彼女に最近インタビューしたところによれば、ヘルマン・ヘッセとリヒャルト・シュトラウスも、同じく発言はないが、飛び入りで参加していたとのことである。）ユングは、若きシドニー・ロバートソンに心理学と教育に関する講義の校正とタイピングの作業をあてがったが、夫のケネスには分析は不可能であると伝えたようだ。それでも、ロバートソン夫妻は、このセミナーの参加者の幾人かと共に、ユングに随伴して、七月下旬のスワネージでの夢と象徴のセミナーに出かけている。そしてオークランドに帰り着くと、ケネスは資格を持たない分析家として活動すべくしばらく試行錯誤したが、結局は諦めて郵便局の職を得た。とはいえ、その後何年もの間、彼はサンフランシスコ・ベイエリアでのユング派の先駆者、ホイットニー夫妻とギブ夫妻との友好的な親交を持ち続けたという(21)。

文筆に関わる人物はイギリス女性にも二名いた。シャーロット・A・ベインズと、ジョーン・コリーである。ベインズ（分析家のH・G・ベインズとはまったく関係ない）は後に、ユングが錬金術に関する著作でたびたび引用することになる本、『ブルース写本におけるコプト語グノーシス論』を一九三三年に出版している。一九三七年に彼女がエラノス会議で講演した際には、人類学者、オックスフォードのグノーシス研究者、O・B・E［大英帝国勲章］と紹介されている。また、彼女がイェルサレムでの考古学的な発掘に取り組んでいたことも知られている。一方のジョーン・コリーは、イギリスにおけるユングの弟子として、すでに何年も活動していた。一九二五年のセミナーに参加した後、彼女は小さな本を書き、それがユングの考えを一般読者に示す最初の試みとなった。それが、『ユング心理学ABC』であり、一九二五年のセミナーからの図表や引用も含まれている*16(22)。

ドイツ人にも一名、著述を生業（なりわい）とする者がいた。小説家オスカー・A・H・シュミッツは、現代ヨーロッパ情勢の批評家でもあり、その機知は聞こえが高く、深層心理学やヨーガも嗜んでいた。ユングより三歳ほど歳上であったが、自らをユングの弟子と捉えていた――しかし間違いなく上席の弟子であった。シュミッツはユングをダルムシュタットの「知恵の学校 School of Wisdom」の創設者であるヘルマン・カイザーリンク伯爵に紹介している。ユングはそこでたびたび講義をするようになり、一九二三年には、『易経』学における彼の師であるリヒャルト・ヴィルヘルムとの出会いも果たした(23)。シュミッツは分析家として実践したいという思いを明確に持っており、料金と時間に関して、ユングに一度手紙で相談していることからも、実際に分析を行っていたのかもしれない(24)。一九三一年にシュミッツが急死すると、ユングは「カワウソの話 The Tale of the Otter」への序文という形で、献辞を贈っている。このシュミッツの作品は、無意識的なものの体験から生じたものであった[25]。

セミナーに参加したアメリカ人の中で、どこにも分類できないメンバーは、エリザベス・ホートンである。彼女は、一九二一年から一九二五年までドイツ、一九二五年から一九二九年までイギリスに駐留していたアメリカ大使アランソン・ビゲロウ・ホートンの娘であった。従姉妹には、プランド・ペアレントフッド[*17]の初期に活動していたキャサリン・ホートン・ヘップバーンがいる。彼女の母親のロンドンでの日記によれば（チューリッヒについても心理学についても言及されていないが[26]）、この少女はセミナー参加時一六歳であった――したがって、ユングの招待があったと考えるのが自然であろう。エリザベス・ホートンは、後に赤十字やその他の慈善事業に身を捧げるが、ユング派の界隈には残らなかった。

。。。

カリー・F・デ・アングロは、このユングのセミナー記録の立役者である。カリー・F・ベインズとして、彼女の名は『易経』の翻訳で広く知られているが、翻訳家としても、ユングの友人としても、彼女は分析心理学の世界で中心的な人物であると言える。後の名の方が知られているため、さしあたりここではそちらを用いることとする。

カリー・ベインズは、このセミナーの（おそらくあらゆるセミナーの）参加者の中で唯一、臨床的にであろうとその他のことであろうと、ユングに関心があってチューリッヒに来たわけではない人物である。しかし、まずは最初から語るのが一番だろう[27]。

彼女は一八八三年、メキシコシティに生を受ける。父親のルドルフ・フィンクはダルムシュタットの出身であり、ベラクルスへの鉄道を作っていた。カリーと姉のアンリは、母親の生まれ故郷であるケンタッキー州のルイビルで育った。ヴァッサー大学で（一九〇六年に文学士を取得）、彼女は英文学教師のクリスティーン・マンの指導のもと、議論学のコースで優秀な成績を収めた。一九一一年には、ジョンズ・ホプキンズ大学[*18]で医学博士号を取得している。この前年に、カリーは同じくジョンズ・ホプキンズ大学で医学博士を取得したスペイン系のジェイム・デ・アングロと結婚し、カリフォルニアのビッグサーへと移住した。カリーは医学的な実践は一切行っておらず、夫の方も、米軍の軍医官として勤務しただけで、人類学者として経歴を築いていた。ネイティブ・アメリカンの言語の習得にとても長けていたのである。一九二一年、カリーはデ・アングロのもとを離れる。彼女と三歳の娘ヒメナは、大学時代の恩師であるクリスティーン・マンについてヨーロッパに発つことになる。マンは、この頃には医師となり、ユング心理学に傾倒していた。チューリッヒに居を構えると、カリーはユングのもとで学ぶようマンの説得を受ける。一九二三年の夏には、コーンウォールのポルツェスで行われたユングのセミナーに参加している。本書のセミナーを記録する一九二五年までには、カリーは完全に分析心理学の体系に足場を置くようになっていた。姉のアンリ（芸術家となり、ツィノという男性と結婚していた）もチューリッヒのカリーのもとに合流し、一緒に学んでいた。

　当時ユングの助手をしていたのは、イギリスの分析家のH・ゴッドウィン・ベインズ医学博士であった。彼は『心理学的タイプ』の英訳を行い、一九二五年から一九二六年の冬にかけては、ユングと共に東アフリカを旅している。この翌年に、彼はカリー・デ・アングロと結婚し、イギリスに住んでいる間に、二人は共同でユングの『分析心理学論文集』と『分析心理学に関する二論考』（いずれも一九二八年出版）の翻訳に取り組んだ。その後はアメリカで一年間、カリーと娘はカーメルに住み、ベインズはカーメルとバークレーにて分析の実践を行った。彼はバークレーで若きジョセフ・ヘンダーソンに出会い、分析家になるよう彼に勧めている。

　カリーは再びチューリッヒに戻り、ユングからリヒャルト・ヴィルヘルムが一九二四年に出版していた『易経』のドイツ語版を英訳するよう頼まれる。ヴィルヘルムがこの翻訳を監修するはずであったが、一九三〇年の彼の死によっていったん中断されることになる。この間、カリー・ベインズは、ヴィルヘルムによる中国語版テキストの翻訳とユングの注釈を加えた『黄金の華の秘密』の翻訳出版を行っている（一九三一）。H・G・ベインズと離婚してからもチューリッヒに残り、姉のアンリ・ツィノと共に暮らすようになった。一九三〇年代には、『易経』の翻訳に取り組みながら、（W・S・デルと共に）『現代人と魂の探求 *Modern Man in Search of a Soul*』（一九三三）の翻訳出版を行っており、またユングのセミナーにも出席し、アスコナでエラノス会議を開催しようとしていたオルガ・フレーベ＝カプテイン[*19]の手伝いもしていた。心理学クラブでの活動もしており、仲間の話によれば、「過度に感興をそそるものは自制しようとすることもあり、物事を客観的な地平で見るよう心がけていた」という。ベインズとツィノの家は、アメリカ人やイギリス人だけでなく、ヨーロッパのユングの信奉者や研究者たちの会合の場となっていた。ジェーン・ホイールライトとジョセフ・ホイールライト夫妻[*20]は、分析の期間中、彼女らの家に身を寄せたようである。ユングの要望で、ジェイムズ・ジョイスの娘のルチア[*21]が精神病エピソードを呈していた時期には、カリーが付き添いとして手助けをした。

　ヒメナは、母親のカリー・ベインズについて次のように語っている。彼女は、「決して分析家としての『資格』を取らず、分析的な仕事もせず、患者も持たなかったものの、それはあくまで彼女が分析家と患者の定期的な治療関係や有料診療を受け入れなかったということに過ぎず、円熟期には彼女の助言を求める人々がひっきりなしに押し寄せていたものです。なぜ分析家になろうとしないのか尋ねると、彼女はいつも二つの理由を挙げました。一つは、彼女が『集合的無意識と関わりを持っていない』から、もう一つは、ユングが、パートナーとの強い関係性に裏づけられていない人は、患者の問題に完全に巻き込まれたり、現実との接触を失ったりすることを防いでくれるものがないため、分析に従事すべきではないと述べていたから、ということでした[28]」。そして、ジョセフ・ヘンダーソンは次のように見ていた。「二人の姉妹は、いわば共生的な関係性にありました。カリーがどんな議論でも生真面目に先導していくのに対して、アンリはユーモアや温かさ、女性的な魅力を振りまいていました。カリーはユングの理論を格別に理解し、それを卓抜した能力によって意識的に応用していきました。一方のアンリは、いわばカリーの無意識的なものの体験そのものであったと言えるでしょう。アンリは無意識との際を生き、その絵画や彫刻は純粋に元型的なものでした[29]」。

一九三〇年代後半、姉妹はアメリカに戻る。カリーは、アスコナの近くのオルガ・フレーベ＝カプテインの別荘で、マリー・メロンとポール・メロンに出会っていた。マリー・メロンが一九四〇年に最初にボーリンゲン財団を立ち上げた際には、コネティカット州ワシントンのカリーの家が事務所になった。カリーはボーリンゲン財団の委員会のメンバーであり、ヒメナ・デ・アングロが初代編集長となった。戦況のために、一九四二年には、財団を一度解散せざるをえなくなったが、一九四五年には再建される。副編集長のジョン・D・バレットが一九四六年に初めてエラノス会議に参加した際には、カリーも付き添いで出かけている。その九月にマリー・メロンが急死した後も、財団の代表およびボーリンゲン・シリーズの編集長として、バレットはカリーを非常に賢明なアドバイザーとして信頼を置き続けた。カリーの『易経』の翻訳は、一九五〇年にボーリンゲン・シリーズの第一九巻として刊行され、その後も、リヒャルト・ヴィルヘルムの息子ヘルムートによる『変化――易経に関する八講義 *Change: Eight Lectures on the I Ching*』(Bollingen Series LXII, 1960)を翻訳している。

一九七〇年に姉のアンリが亡くなると、カリーはアスコナに移り住む。そして一九七七年に亡くなるまで、知的な活動を続けていたという――一九二〇年代にユングの周りに形成された弟子や友人の親しいサークルのメンバーの中で、最も長く生きたことになる。「彼女はおそらく、どんな分析家よりも私に多くのことをしてくれました」とジェーン・ホイールライトがカリーの死後に述べている。「彼女がなぜ分析家にならなかったのかわかりません。彼女はまるで難攻不落の砦でした[30]」。

◇ ◇ ◇

原稿編集の際には、一ヵ所も削除を加えていない。主に句読点や綴り、文法、明確さに関わる部分について、わずかに訂正を加えたに過ぎない。推論に基づく変更は、［ ］に入れてあり、必要な場合には注釈を加えた。第16講に続く素材も、講義の一部と見なされる。これについては、第16講の原注5を参照のこと。図表は書き改めたものである。『ユング自伝』に採用された箇所についても、注を付している。

このセミナーの原稿には、他の版も存在している。タイプし直され（頁番号は同じ）、日付はなく、多くの印刷上の誤りの訂正と、図表の書き直しはあるが、改訂は加えられていないものである。本書で利用した版の原稿は、サンフランシスコC・G・ユング研究所のヴァージニア・アレン・デトロフ図書館の厚意により、参照することができたものである。一九三九年に発行された版にまとめられた、マリー・ブリナーによる索引は、一九二五年から一九三四年の冬にかけての英語のセミナーの記録も網羅している。すなわち、『分析心理学 *Analytical Psychology*』『夢分析 *Dream Analysis*』『ヴィジョンの解釈 *Interpretation of Visions*』そして『クンダリニー・ヨーガ *Kundalini Yoga*』である。本書での索引は、ブリナーによる事項の取り扱いを踏襲した。

謝辞

ウィリアム・マクガイア

出版にあたり、セミナーのテキストから生じた疑問に回答をくれたりメンバーと連絡を取ったり、あるいは他にもさまざまな仕方で協力してくれた下記の方々に深く御礼申し上げたい。クリスティーン・マン図書館のドーリス・アルブレヒトとペギー・ブルックス、ヴァージニア・アレン・デトローフ図書館のジョアン・アルパート、そして、ゲルハルト・アドラー、ヘレン・H・ベーコン、ポーラ・D・ブラック、G・W・バワーソック、クラレンス・F・ブラウン、マーク・R・コーエン、シドニー・カウエル、ゴードン・A・クレイグ、ドロシー・サリスバリー・デイヴィス、グイ・デ・アングロ、ヴァイオレット・デ・ラースロー、エドワード・F・エディンガー、マイケル・フォーダム、ジョゼフ・フランク、マリー＝ルイーズ・フォン・フランツ、フェリックス・ギルバート、ジョセフ・ヘンダーソン、ジェームズ・R・ホートン、アニエラ・ヤッフェ、ローレンツ・ユング、ジェームズ・キルシュ、フランセス・ランジ、ヴィクトール・ランジ、フィリス・W・レーマン、ヴェレーナ・マーグ、ヒメナ・デ・アングロ・ロエリ、ジェローム・ロス、マリー・サチャロフ＝ファスト・ヴォルフ、ソヌ・シャムダサーニ、ジョン・シャーマン、ジェーン・リンカーン・テイラー、ジェーン・ホイールライト、ジョセフ・ホイールライトに感謝する。

セミナー参加者

以下に示すのは、印刷された原記録に名前が登場する参加者の一覧である。他の参加者もいたかもしれないが、記録の中に名前は記されていない。原記録には苗字のみ（Mr. などの敬称と共に）記されている。（当時の参加者名簿は残されていない）ここには、可能な限り氏名や居住国などを補足して記した。アステリスク（＊）は、現在わかる範囲で、当時分析家だった人物や、その後分析家になった人物であることを示す。下の列には、参加者の名前が初めて登場するセミナー（講義）の回を示す。巻末の索引も参照のこと。

二〇一二年版では、カリー・デ・アングロが持つ名簿によって明るみに出ることになった、さらなる参加者の名前が加えられた。

アルドリッチ氏、チャールズ・ロバーツ（アメリカ）　第5講
ベーコン氏、レナード（アメリカ）　第7講
ベインズ女史、シャーロット・A（イギリス）　第7講
ベインズ女史、ルース
ベックウィズ氏、G
＊ベルティーン博士、エレナー（アメリカ）　16講への補遺
ボンド博士　第15講
クーパー博士
コリー女史、ジョーン（イギリス）　第9講
デ・アングロ博士、カリー・フィンク（後にベインズ）（アメリカ）　第2講
デ・トゥレイ女史
ダナム女史　第2講
エヴァンズ女史、エリダ（アメリカ）　第9講
ゴードン博士、メアリー（イギリス）　第2講
＊ハーディング博士、M・エスター（イギリス／アメリカ）　第6講
ヘンティ女史、ドロシー（イギリス）　第9講
ヒンクス女史　第9講

ホートン女史、エリザベス（アメリカ）　第13講
＊ユング女史、エンマ（スイス）　第16講への補遺
＊ケラー女史、ティナ（スイス）　第9講
クンツ氏、シドニー
リトルジョン、H・W
＊マン博士、クリスティーン（アメリカ）　第2講
プロヴォット、F・A
ラディン博士、ポール（アメリカ）　第13講
ラエフスキー女史、オルガ・フォン　第15講
ロバートソン氏、ケネス（アメリカ）　第9講
シュミッツ氏、オスカー・A・H（ドイツ）　第15講
サージェント女史、エリザベス・シェプレー（アメリカ）　第15講
＊ショー博士、ヘレン（イギリス／オーストラリア）第2講
テイラー女史、エセル（イギリス）　第13講
ウォード博士、ハリエット　第9講
ツィノ女史、アンリ・フィンク（アメリカ）　第6講

まえがき

カリー・F・デ・アングロ

このセミナー記録は、たとえ概略的なものであっても、いつまでも形として残る講義記録を手元に置いておきたいというセミナー参加者たちの要望をきっかけに印刷された。実際の講義の豊かさや鮮やかさと比べると、この記録は失望するほど「痩せ細った」ものではあるが、この欠点を埋め合わせる方法を見つけることはできなかったため、参加者の善意を請わなければならず、読者にはあくまでこの記録が講義の記憶を呼び起こすための概要であるに過ぎないことを理解していただきたい。

読みやすさを優先して、講義や質疑応答の大部分は、実際に話し手が語ったかのような形で提示したが、本当に文字通り正確に再現されているのは記述形式の質問内容のみである。残りの部分に関しては、語られたことの意味ができるだけ完全になるように補う以上のことはしなかった。

図表の写しは私の手によるものではなく、他の参加者の貴重な貢献によるものである。その他の参加者たちも、資料の補足や校正面において大いに助けとなってくれた。こうして完成した記録はすべて、ユング博士による確認と修正を受けている。

チューリッヒ、一九二五年一一月二九日

文献略語一覧および凡例

B.S. = Bollingen Series. New York and Princeton.

CW = The Collected Works of C. G. Jung. Edited by Gerhard Adler, Michael Fordham, and Herbert Read; William McGuire, Executive Editor; translated by R.F.C. Hull, New York and Princeton (Bollingen Series XX) and London, 1953-1983. 21 vols.

Dream Analysis = *Dream Analysis. Notes of the Seminar Given in 1928-1930 by C. G. Jung.* Edited by William McGuire, Princeton (Bollingen Series XCIX:1) and London, 1984.

Freud/Jung = *The Freud/Jung Letters.* Edited by William McGuire; translated by Ralph Manheim and R.F.C. Hull, Princeton (Bollingen Series XCIV) and London, 1974. New edition, Cambridge, Massachusetts, 1988.

Jung: Letters = *C. G. Jung: Letters.* Selected and edited by Gerhard Adler in collaboration with Aniela Jaffe; translated by R.F.C. Hull. Princeton (Bollingen Series XCV) and London, 1973, 1975. 2 vols.

Jung: Word and Image = *C. G. Jung: Word and Image.* Edited by Aniela Jaffe; translated by Krishna Winston, Princeton (Bollingen Series XCVH-.2) and London, 1979.

Jung Speaking = *C. G. Jung Speaking: Interviews and Encounters.* Edited by William McGuire and R.F.C. Hull. Princeton (Bollingen Series XCVII) and London (abridged), 1977.

Liber Novus = *The Red Book, Liber Novus.* Edited and introduced by Sonu Shamdasani, translated by Mark Kyburz, John Peck, and Sonu Shamdasani. New York (Philemon Series): W. W. Norton, 2009.

MDR = *Memories, Dreams, Reflections by C. G. Jung.* Recorded and edited by Aniela Jaffe; translated by Richard and Clara Winston, New York : Crown Publishing Group/Random House, 1963.

SE = The Standard Edition of the Complete Psychological Works of Sigmund Freud. Translated under the general editorship of James Strachey, in collaboration with Anna Freud, assisted by Alix Strachey and Alan Tyson, London and New York, 1953-1974. 24 vols.

Spring = *Spring: An Annual of Archetypal Psychology and Jungian Thought.* New York and Zurich; now Dallas.

Types = *Psychological Types*, CW 6.

Zarathustra = *Nietzsche's "Zarathustra." Notes of the Seminar Given in 1934-1939 by C. G. Jung.* Edited by James L. Jarrett, Princeton (Bollingen Series XCIX:2) and London, 1988. 2 vols.

---

1. 本文中の引用文献については、基本的には原著のみを示し、邦訳が出版されている場合には、巻末の文献リストに挙げることにした。また、人名の欧文スペルは、巻末の人名索引を参照のこと。
2. 本文中の［　］内は編者による補足を、〔　〕内は訳者による補足を示す。
3. 英語版ユング全集CWからの引用は、パラグラフ番号（§）にて示す。
4. 英訳版『ユング自伝』*MDR*については、原書ではニューヨークとロンドンの出版地の違いによって生じたページ数の違いを両方示してあるが、本書では煩雑さを避けるためにニューヨーク版のみを示すこととした。

分析心理学セミナー1925

――ユング心理学のはじまり

第１講

一九二五年三月二三日

ユング博士　誰であれ、分析心理学に真剣に興味を抱く者は、この心理学が包含する驚くべき領域の広さに気づかずにはいられないでしょう。そのため、こうした連続講義を開き、その領域を展望できるならば、私たち全員にとって有意義だろうと考えたのです。まず、私自身の考えの発展を素描してみたいのですが、それは私が無意識という問題に初めて興味を持ったところから始まります。いままでのセミナーと同様に、みなさんが質問を書いて手渡してくれることで私はとても助けられるのですが、その質問の中から議論に沿ったものを選ぶことをお許しください。

。。。

一八九六年に私に降りかかった出来事は、私のそれからの人生の起動力となりました。こうしたことは、人の一生の中ではいつでも起こりうることです――つまり家族史だけがその人の創造的な扉を開ける鍵となるわけではないのです。私の関心を心理学に向けて始動させたのは、一五歳半の一人の少女でした。『分析心理学に関する論文集』の第一論文[1]として、そのケースについて叙述しています。この少女は夢遊病者で、寝ている間に彼女に質問を投げかけると、風変わりな返答がなされることに彼女の姉妹たちは気づいていました。いわば、彼女は霊媒だと思われていたのです。私にとって印象的だったのは、その見かけ上の姿とは別に、トランス状態や睡眠状態においてのみ、姿を現す隠れた精神的生命が、紛れもなく存在するということでした。ちょっとした催眠で少女はトランス状態になり、時が経つとまるで睡眠から目覚めるようにトランス状態から抜け出してきました。トランス状態ではいくつかの人格が姿を現します。そして少しずつ暗示によって各々の人格を呼び出せることに、私は気がついていったのです。要するに、それらの人格が形作られるように働きかけができると、気づいたのです。

もちろん、こうしたすべての出来事に深く興味を抱き、それを説明することを試みたのですが、当時の私は二一歳で、こうしたことについてまったく無知だったため、不可能なこともありました。しかし意識の世界の背後にはなんらかの世界があるに違いないと思っていましたし、この少女が触れているのがその世界だと考えていました。まず私は心霊術の文献を読みましたが、そこには満足のいくものを発見できませんでした。次に哲学に取り組むことで、この不思議な現象を解き明かす糸口を探しました。

当時私は医学生で、医学に深く興味を抱いていましたが、哲学にも同様に惹かれていました。哲学探求の末に、私が辿り着いたのがショーペンハウアー[*1]とハルトマンです[*2][(2)]。ショーペンハウアーには、きわめて啓発されました。彼の根本的な立場は、存在へと向かう盲目的衝動としての意志は目的を持たないのだ、という点にあります。簡単に言えば、「世界を生み出す創造的な意志は偶然に生じる」のです。これが『意志と表象としての世界』におけるショーペンハウアーの立場ですが、『自然の意志[(3)]』では目的論的な態度へと変遷していきます。これは彼のもともとの主張のちょうど対極にあるものですが、言ってしまうと、そうしたことは哲学者には珍しいことではありません。この著作でショーペンハウアーは創造的な意志には方向づけがあると考えており、私もこの見方を取り入れたのです。だからこそ私の最初の着想において、リビドーはいわゆる形態を持たない流れではなく、元型的な性質を持つとしたのです。つまり、リビドーは形態を持たない状態で無意識から湧き上がってくるのではなく、必ずイメージとなって現れるのです[*3]。比喩的に表現すれば、無意識の鉱床から取り出される鉱石は必ず結晶化しているということです。

ショーペンハウアーを読んだことで、私が考えていた事例の少女の心理学に、一つの仮説を立てることができました。つまり、人格化[*4]はリビドーのイメージ形成傾向の結果かもしれないと考えたのです。無意識状態の少女になんらかの人格を提案すれば、彼女はその人格で行動を始め[*5]、質問に対する彼女の返答は提案された人格の性質に沿ったものとなるでしょう。こうした観点から私は、無意識の素材は、ある種の鋳型に流れ込む傾向があると確信するようになりました。これは人格の分裂について考察する一つの糸口も与えてくれました。たとえば早発性痴呆[*6]には、心のさまざまな部分の独立した活動が見受けられますが、それぞれの部分は概して曖昧なものではありません。聞こえてくる声は明らかに個人の声、特定の人物の声であり、だからこそそれらの声はあれほどリアルなのです。これと同じ感覚で、心霊術師たちは自分の「霊（スピリット）」には高度な個性と人格があると主張するのです。当時私は、やはり幽霊（ゴースト）はいるのだろうと考えていました。

無意識に関する私の考えは、そうしてまずショーペンハウアーとハルトマンによって啓発されました。ショーペンハウアーよりも後の時代を生きたことが功を奏して、ハルトマンはより現代的なやり方でショーペンハウアーの後年の思索を定式化していきました。ハルトマンは自ら世界基盤と名付けたものを創造的な働きをする無意識的な霊（スピリット）や実体だと考えました。これがハルトマンが無意識と呼んだものですが、彼は無意識に精神（マインド）[(4)]を付け加えました。ここでいうハルトマンの精神はショーペンハウアーのそれとは別ものです。ショーペンハウアーは精神を盲目的に創造する意志に対置させました。なんらかの思いもよらぬ偶然で、人間は世界の意識的鏡、すなわち精神を携えることになり、それを通して人間は世界の悪を知り、そして慎重にそこから撤退し、そうして自分を創造する意志とは対極へと向かわせます。ショーペンハウアーの捉え方では、精神はひとえに人間に属しており、世界基盤や無意識的精神とはつながっていません。私は、ハルトマンと同様に、私たちの無意識は意味がないのではなく、精神[*7]を内在させていると考えたのです。こうした考えをとるようになってから、私はそれに矛盾するたくさんの根拠となる事実を発見することになったために、私の考えの振り子は前に後ろにと揺れ続けました。ある時は、目的の糸が無意識の中に広がっているに違いないと思えましたし、別の時にはそんなものはないと思えました。

まさにこの頃に霊媒だった少女が「立ち去った」のです。なぜかと言えば、少女が演技をし始め、私が彼女との関係を完全に絶ったのです[(5)]。私は彼女を二年間観察し、彼女が示した現象を詳細に研究することに自分を捧げ、その現象を自然科学と調和させようと努めてきました。しかし、今ならわかるのですが、私はこの状況のとても重要な点を見逃していたのです。つまり、私自身がこの状況と関わっていたのです。当然の成り行きだったのですが、少女は私にひどく恋をしていて、私はそれにまったく気づかず、さらには彼女の心の動きの内で恋が果たしている役割にもまったく気づいていなかったのです。

トランス状態の時に、少女は超然とした性格を形成し、気高い精神美を体現する齢を重ねた女性でした。現実の彼女は、とても軽薄で底の浅い少女で、心霊術的な舞台装置を使って自分の中に別途に保存されている無意識の衝動を表現する以外には表現手段を持ってはおらず、だからこそ、彼女はその舞台の上にもう一つの人格を行動化する（アクティングアウト）ことを発見したのです。彼女の家柄はもともとバーゼルで古くから続く旧家の一つでしたが、経済と文化の両面で完全に衰退してしまいました。彼女自身のことは「お針子さん」と呼んでいいでしょう。彼女が出会った時に私に関心を持ったのは、彼女が切望しつつも運命のいたずらによって切り離されてしまった人生のあらゆる側面を私に見つけたからです。今の私がわかっていることを、もし当時の私が理解していたなら、彼女がトランス状態の人格を通じて自分の中にある最良のものを表現しようと苦闘していたことを理解できたでしょう。しかし、実際には、私は彼女を軽薄な小娘としか思っておらず、その娘が見苦しいことに、私や他の人たちに自分をより良く見せようと演技を始めたとしか思っていませんでした。私は浅はかにも、彼女は自分でその評判を落とし、自分の人生のチャンスを台無しにしたのだと思っていました。しかし、実際にはまさにこの演技という行為によって、彼女は自分自身を現実へと引き戻したのです。彼女は、霊媒師を務めていた降霊会を辞め、そうして次第に、彼女のあらゆる空想的な面が消えていったのです。後に彼女はパリに行き、名のあるドレスメーカーの工房で働き始めます。そして驚くほど美しく個性的な衣服を作り出し、比較的短い間に、自分の工房を持ち、大きな成功を収めました。この時期に私はパリで彼女に再会したのですが、あらゆる霊媒の経験は、ほとんど、彼女の心から消え去っていました。その後、彼女は結核に罹（かか）るのですが、彼女はその病に罹ったことを認めようとしませんでした。死の数週間前から彼女はどんどん自分の人生を逆行し、ついにはほとんど二歳児のようになって亡くなっていきました[6]。

彼女のことは、一般的な心理学法則の一つの事例だと言えます。つまり、より高次の段階へと発展するために、私たちはたびたびなんらかの過ちに自ら参入しなくてはならず、その過ちは、見かけ上、私たちの人生を破滅させるほど脅かす恐ろしいものなのです。この少女の不正行為は、降霊会の解散という極端な結果を招きましたが、そうすることで彼女は無意識の中で自分自身が育んできた個性を今度は現実の世界で発揮することができるようになったのです。彼女は初め自分が現実に望んでいたものを霊（スピリット）の世界で練り上げるのですが、その後、超越的な要素から抜け出すには、この霊の世界が朽ち果てねばならなかったのです。彼女の人生はエナンチオドロミア[7]という原理の例証でもあります。なぜなら、彼女は自分の中にある最も邪悪なもの、つまり騙そうとする気持ちや、全般的な弱さ、軽薄さから始め、確かな歩みで対極へと至り、そこで彼女の内にある最高のものを表現したからです。

あらゆる私のアイデアの源があるこの時期から少しして、私はニーチェ(8)に出会っています。二四歳の時に『ツァラトゥストラ』*8を読みました。それを理解することはできませんでしたが、その深遠な印象が私に刻まれ、奇妙なことに、『ツァラトゥストラ』とこの少女の類似性が感じられたのです。もちろん後々、『ツァラトゥストラ』が無意識によって執筆されたものであることがわかり、その人のあるべき姿が描かれていることを知りました。もしツァラトゥストラ［主人公］がニーチェの「霊的世界」に留まらず現実に姿を現してきていたら、知性的ニーチェは立ち去らねばならなかったでしょう。しかしこの現実化の偉業をニーチェは完遂できませんでした。それはニーチェの頭脳が自由にできる範囲を超えていたのです。

この間も、私は引き続き医学生をしていましたが、もう一方で哲学書を読むこともやめませんでした。二五歳で医学の最終試験に合格しましたが、その時まで関心はずっと内科にあって、特に生理化学に強く関心があり、その道で著名な研究者(9)の助手になる話もありました。精神医学ほど私の心から遠いものはなかったのです。その理由の一つは、私の父親が牧師として州立精神病者収容施設*9と関係があり、精神医学に強く関心を抱いていたからでしょう。多くの男子たちと同様に、私も父親が関心を持っているものは何であれ間違っていると思っていましたし、できるだけ注意深くそれを避けていたのです。精神医学に関する本は一冊として読んでいなかったのですが、最終試験の時期になって私は一冊の教科書を手に入れ、その馬鹿げたテーマの研究に取りかかったのです。教科書はクラフト＝エビング*10の著作(10)でした。こんなテーマについて教科書を書くほど馬鹿げた人間は、序文で自分のことを釈明しているに違いない、と思って読み始めたのです。一頁目を読み終える頃に私の関心は際立ち、二頁目の途中に来る頃には先を読むのが苦しいほど心臓が高鳴っていました。「何てことだ、これこそ私がなりたかったもの、精神科医だ」と口にしていました。まず試験に合格し、それから私が精神科医になることに決めたと友人たちに知らせた時、その驚きようといったらありませんでした。クラフト＝エビングの著作の中に、私が探し続けてきた謎解きの糸口を見つけたことを、彼らは誰も知らなかったのです。「まったく、お前はおかしい奴だとずっと思ってきたが、これでそれが証明されたな」とみんなが口々に言っていました。精神病の無意識現象を解明しようとしていることは誰にも言いませんでしたが、私はそれを決心していました。心への侵入者を捕まえたかったのです——その侵入者は、笑ってはいけない時に私たちを笑わせ、泣くべきではない時に私たちを泣かせます。連想実験(11)を開発した時、私の興味関心を捕らえて放さなかったのは、その実験が明らかにする人々のさまざまな失敗でした。人がその実験に取り組んでうまくいかなかったところを注意深く記録し、その観察からリビドーの流れを疎外する原因として、自律的コンプレックスという私の理論に行き着くことになったのです。フロイトも同時期にコンプレックスという着想を展開させていました。

一九〇〇年に私はフロイトの『夢判断』[12]を読んでいますが、その時は、それを完全には理解できないものの、意義のあるものとして傍らに置いておきました。一九〇三年になってもう一度『夢判断』に戻った時、そこに自分の理論とのつながりを見いだしたのです。

第2講

質疑応答

ショー博士からの質問　「月曜日に話された少女の事例のような場合ですが、もし分析が適切に行われたなら、彼女が本当の自分を、つまり彼女の優れた無意識の人格化（パーソニフィケイション）と劣等なペルソナの中間的なものを見つける手助けができたのでしょうか？　そして、もし手助けすることができていたなら、あのように退行して痛ましい死を迎えることを避けられただろうと、考えられるでしょうか？」

「このような事例において仲介の機能がどのように引き起こされるのかを説明してくださいませんか？　それを一つの創造、対立物から形成された一つの新たなもの、と呼ぶことは正しいのでしょうか？[1]」

ユング博士　きっと分析によってこの少女はとても救われただろうと思いますし、その発展もさらに円滑だったろうと思います。分析の要点は、この少女に起きたような失敗を避けるために、無意識内容を意識化することです。

仲介機能についてですが、その原理はこのような事例によって非常にうまく説明されるでしょう。その説明をするためには、対立物の原理の説明も必要です。問題となっている少女は、彼女の才能を発揮するには、あまりにも狭い環境に暮らしていて、その環境の中では何の展望も見いだせなかったのです。周囲の環境は際立って発想に乏しく、あらゆる意味において偏狭で貧弱なものでした。その一方で、彼女の無意識はまったく逆の様相を呈しました。無意識において、彼女は非常に重要な人物たちの霊に取り囲まれていたのです。こういった二つの極によって誘発される緊張が仲介機能の基盤となります。彼女は降霊会の中で自分の才能を発揮しようとしましたし、彼女が置かれていた袋小路から抜け出すチャンスをその場に見つけようとしていました。そうして、彼女の現実的生活と非現実的生活の間の緊張は増していきました。私が以前に言ったように、現実では彼女は小さなお針子さんである一方、降霊会では偉大な精神たちと交流するにふさわしい人物でした。このような対立が起こる時、対立物を一つにしようとする何かが生ずるに違いありません。

このような状況は常に対処に困るものです。たとえば私が、あなたは無意識の中では卓越した人物なのですよ、と彼女に告げていたなら、彼女の中に誤ったファンタジー装置を始動させてしまったかもしれません。彼女にとって自分の課題に取り組む最善の道は、自分の人生に足を踏み入れて、そこで何か行動を起こすことだったのです。たとえば私が偉大な人物だと評されれ、数千人の人からそう言われたとしても、私自身が試練に曝されて何かを成し遂げたのでなければ、人々の言葉を信じることはできません。これが彼女の場合に難しかったのは、無意識のファンタジーの中に存在する誤った要素のもつれから彼女を解き放つことで、価値あるものとのつながりまで失ってしまい、その結果自分を信じることができなくなってしまうかもしれない、そういう危険が付きまとっていたからです。分析家が患者に間違った形式を捨てさせる際に、その形式に内包されている価値のあるものまで捨ててしまうことになりはしないか、それを分析家が見極めることなど決してできないのです。[*1]

彼女の場合、仲介機能は次のような順序で働いていったように思われます。彼女はまず霊のことを口にし始め、次に祖父の「霊」と接触し始めました。その祖父は一家にとって神のような存在でした。この一家にとっては永らく祖父の道が正しい道だったため、祖父の言うことはすべて称えられました。次に、ゲーテやありとあらゆる偉大な人物が彼女のファンタジーの中に入り込んできました。そして最終的には、彼女が同一化する重要な人格が発展したのです。それはまるで偉大な人々が彼女の中にそれぞれ堆積物を残し、そこからより偉大な彼女の人格が生じたかのようでした。ご存知のとおり、プラトンは次のような原理を考えていました。醜さを魂の中に受け入れることなしに醜いものを目にすることはできず、同様に、美しいものに相応じることなしに美しいものに通じることはできない、という原理です。[*2](2) これと類似した事柄が彼女にも起こったのです。

彼女が展開した人物像は、仲介的象徴です。それは生きた形式であり、その中に彼女が自己展開していきました。このようにして一つの態度が創造され、対立物の対から解放されたのです。一方で彼女は自分を取り巻く環境の安っぽさから自分自身を引き離し、もう一方で彼女のものではない霊からも自分自身を引き離しました。自然はただ仲介機能あるいは超越機能(3)に沿って働いているだけだと言えるかもしれませんが、認めなければならないのは、自然が時折私たちに抗して働き、いわば誤った人格を現実にもたらすことがあるということです。監獄や病院は自然がそうした実験を行い続けた結果、不幸な結末に至った人々で溢れています。[*3]

ダナム女史　なぜこの少女は子どもの状態に逆戻りしたのですか？

ユング博士　それは彼女のリビドーが弱まったためです。彼女のリビドーは、生命曲線をあまりにも早く辿って、見る見る減少してしまったのです。通常の生命曲線は、いつもある種の緊張の維持を示し続けます。若いうちは、リビドーが幅広くその枠を広げていくものですが、年を取るとその枠はより小さな幅へと縮小していくのです。

超越機能の話に戻ると、一方には現実的な事実が、もう一方には想像（イマジネーション）が見つかることになります。超越機能は二つの極をもたらすのです。この少女の事例では、想像の側では霊たちがあまりにも遠くまで及んでいる一方で、現実の側はあまりにも小さかったのです。彼女が現実へと身を置いた時には、彼女は一流の仕立屋になっていたのです。

ファンタジーは創造的な機能です――生き生きとした姿形はファンタジーによってもたらされます。ファンタジーは象徴（シンボル）の前段階ですが、象徴の本質的な特徴は、象徴がただのファンタジーではないということです。人は袋小路から外に自分を連れ出してくれることをファンタジーに期待します。人は自分の生活を動揺させている葛藤を認識したいと常に願っているわけではありませんが、夢は、一方では葛藤について、もう一方では私たちを出口に導いてくれる創造的ファンタジーについて語ろうと、常に働いているからです。こうして、素材は意識にもたらされることになります。ここで袋小路に陥っていることを認め、ファンタジーに身を委ねるとしても、その時には同時に、自然の持つ実験的傾向を制御するために、意識はコントロールを維持しなければなりません。つまり、無意識がなんらかの破滅的なものを生み出す可能性があることを心に留めておかねばならないのです。しかしもう一方で、無意識に指示を出すことのないように注意する必要もあります――新しいやり方が求められているのかもしれませんし、そしてまた、破滅に付きまとわれているのかもしれないからです。人生はしばしば新しい方法を試すことを要求してきます。それは私たちの生きている時代には到底受け入れられないものですが、受け入れられないからといって、この新しい方法の実践をためらうことはできません。たとえばルター[*4]は、その時代の規準に照らし合わせると、ほとんど犯罪者のような人生を送ることを強いられていました。

デ・アングロ博士からの質問　「(1) 初めてショーペンハウアーを読んだ時、あなたはショーペンハウアーが世界に最も影響を与えた観点、つまり生命の否定という観点を拒絶し、代わりに、彼が生の中の目的性の原理へと傾いた方を選びとりました。あなたがそのような選択をした当時、哲学の思考の主流は、間違いなく、この生の目的性の原理とはまったく逆の方向を向いていました。あなたの選択のわけをもう少しお聞かせいただけるでしょうか。ショーペンハウアーを読む前からそうした傾向をお持ちだったのか、それとも、まずもってショーペンハウアーが、あなたにそのような考えを定式化させたのでしょうか？

この少女を観察したことがショーペンハウアーの論考を理解するのに役立ったのか、それとも、ショーペンハウアーによってその少女のことが解明されたのでしょうか、あるいはその両方でしょうか？

(2) 私がよくわからないのは、あなたが無意識の働きの中に見いだせると考えておられる目的性の原理は、個人の生にのみ適用できるとお考えなのかどうかという点です。あるいは、その目的性の原理は、いわば背後から世界を導く一般的な目的性の原理の一部なのでしょうか？

(3) より高次の発展には一見ひどい失敗に見えるような犠牲を常にともなうことが、一般的な心理学的法則であると、あなたがおっしゃるのは理解しました。分析の経験は失敗を回避できるようにしてくれるけれども、その代わりに犠牲の原理が必要となると私は考えたのですが、このような理解は正しいでしょうか？」

ユング博士　(1) ショーペンハウアーから私は、まず意志の世界的な衝動という着想を得て、そしてそれには目的性があるかもしれないと考えました。この考えはその少女が呈した問題を解明する上で、私には大いに助けとなりました。ショーペンハウアーの思想によって、無意識の中で動いているものが一つの目的に向かう兆候を示すことを、彼女の中に見つけ出せると考えたからです。

(2) 私は無意識の性質について興味を持ち、それが盲目的なのかどうかを自問しました。その問いに対して私が得られた答えは、否であり、無意識の性質は概して目的性を持つということです。しかしもしこうした無意識とは世界なのか、それとも心理学なのかと尋ねられたら、その問いは厄介なものになります。私には世界の背景に頭脳を想定することはできませんから、この目的性の原理を世界にまで広げて適用することもしませんでした。しかし今となっては、無意識と世界の関係に関する自分の観点を修正しなければならないでしょう。もし先ほどの質問を純粋に知性的に考えるならば、私は前回にお話ししたことを繰り返すでしょう。しかし、その質問に対する別の見方もあるのです——つまり、このように問いかけることも可能なのです。「こうした形而上学的欲求を満たす必要があるのだろうか？」と。どうしたらこの問いに対する適切な答えに辿り着けるでしょうか？　知性はこの課題に取り組むことを自制します。しかし別の取り組み方があります。たとえば、私たちがある歴史的問題に関心を持っていると考えてみてください。もし私が五〇〇年もの時間を自由に使えるのなら、その問題を解決することができるでしょう。ところで、私の中に数百万年もの齢を重ねた一人の「人間」がいるとして、彼ならばこの形而上学的な問題に光を投げかけることができるかもしれません。もし私たちがこういった問題を無意識の中に置き、私たちがその「年老いた人間」の観点に立つならば、ものごとはうまくいくのです。もし無意識と一致しない見解に私が固執すれば、私はきっと病気になるでしょう。そうすると、私にとって安全なのは、無意識と一致しない見解は世界の主要な流れに矛盾していると見なすことなのです。*5

この答えでいかがですか、デ・アングロ博士？

デ・アングロ博士　あなたが言わんとすることは理解したと思います。しかし受け入れることはできません。

ユング博士　もっとこのことについて議論しましょうか？

デ・アングロ博士　いいえ。

ユング博士　では次に、あなたの三つ目の質問に移りましょう。分析によって私たちがすべての失敗を避けられるとまでは言えないでしょう。もしすべての失敗を避けられるのなら、人は人生を生きる代わりに人生の分析をすることになるでしょう。あえて進んで失敗を犯すべきなのです。最も完璧な分析も間違いを防ぐことはできません。時には間違いの中に身を投じないといけませんし、そもそも、人の中の倫理的な事柄は、機会を与えることで初めて外に顔を出すことができます。間違いを犯す機会に自分自身を曝すことで初めて、真実への認識に昼の光を当てることができるのです。私は暗闇と失敗には人生において果たす役割があることを堅く信じています。分析が確かな技術に基づくものである時、それはきっと患者を夜から昼に連れ出すだけでなく、逆に昼から夜に連れて行きもします。グロテスクで無意味なことやそういった類のことに換えて、犠牲を払うことができるのは、間違いなく真実です。

マン博士　もしニーチェがツァラトゥストラの理想を現実に自ら体現することができたとしても、もしくは進んでそうしようとしていたとしても、あの本は執筆されたのでしょうか？

ユング博士　たとえどのような状況にせよ、あの書物はきっと書かれただろうと考えています。なぜなら創造的な精神（マインド）の中には、ファンタジーから生まれるものを、永続する形で保存しようとする、とてつもなく大きな衝動があるからです。そのために実際、あらゆる民族が偶像を作り出し、自分たちの理想に永続性と具体性を付与してきました。象徴はみな具体化されることを求めていると言えるかもしれません。このことを念頭に置いて旧約聖書の記述を読むと、「ここまで主が私たちを助けてくださった」[4]と石に銘記されたわけですが、自分たちをこれほど遠くまで連れてきた信仰を保存しようという思いで、この銘記が行われたことがわかるのです。不死の原理が具体化するように、エジプトにはピラミッドとエンバーミング*6が生まれました。同様に、ニーチェは彼の象徴を形あるものにする必要性を感じていたわけです。

　これが通常の成り行きです。人はまず象徴を生み出し、次にこう自問するのです。「どうやってこれは生まれたのだ?」、もしくは「私にとって、これが意味するものは何だ?」と。これらの問いに答えるためにはもちろん自らを省みる強い精神力が必要となるのですが、ほとんどのアーティストがそれを持ち合わせていないなか、ニーチェには高度に発達したそうした精神力が備わっていました。自らを省みる精神力を持ち合わせていないアーティストは概して一刻も早く自分の作品から逃げ出そうとします。特に、自分の作品のイメージから逃げ出し、そのイメージについて話すこともひどく嫌います。それゆえ、シュピッテラー[5]は『タイプ論』が出版されたすぐ後に行われた講義の中で、象徴を理解したがる人たちを罵ったのです。彼によれば、『オリュンピアの春』の中に象徴的な意味など一切なく、もしその中に象徴性を探し求めるならば、それはまるで鳥のさえずりの中に象徴性を見いだそうとするようなものだ、と言うのです。しかしもちろん、シュピッテラーは象徴性であふれています。ただ彼はそれに目を向けたがらず、そして実のところアーティストはしばしば自分の作品の象徴性に目を向けることや作品の意味を知ることを恐れるのです。分析は二流のアーティストにとって致命的なものとなりますが、分析がそのような作用を及ぼすのは、分析にとっては誇りとすべきことでしょう。分析の最中、あるいは被分析者の内側には、大仰なものばかりが現れますが、一方で、子猫や虫たちといったものがアートの世界の中には生み出されやすい。これは、私たちの時代の傾向なのです。今や絵筆を使う者はみなアーティストで、ペンを使う者はみな作家です。分析は、このような「アーティスト」をその競争から脱落させる毒となるのです。

ゴードン博士[6]　「猫」や「虫」を生み出して、かつそれらについて考える人はどうでしょうか?

ユング博士　そういう人は、一日の仕事を終えてもまだそうした作業に煩わされねばならず、自分の人生を苦しいものだと考えることになります。これはその人物に無意識から課された課題ですが、こうした作品とアートとを混同してはなりません。

講義

フロイト理論の真実味を確信したのは、私の連想実験において抑圧の形跡が見つけられたためでした。患者たちは痛みをともなう検査には反応することができず、なぜその刺激語に反応することができなかったのかと理由を尋ねたところ、彼らはいつも、なぜなのかわからないと言い、そう答える時の様子には常に独特のわざとらしさが垣間見えました。この現象はフロイトが抑圧として描写していた事柄に違いないと私は考えました。あらゆる抑圧のメカニズムが私の実験を通じて実質的に明らかになったのです。

抑圧されるものの内容については、フロイトに同意することができませんでした。当時、彼はいつも性的なトラウマやショックについて話をしており、そこから抑圧を説明していました。私は同時期にかなりの数の神経症患者を診る機会を持っていましたが、彼らにとって性的な事柄はきわめて二次的な重要性しかなく、社会適応が果たす役割の方が重要でした。例の降霊術の少女の事例はそのような事例の一つだったのです。

第3講 (1)

ユング博士　フロイトを適切に理解するという課題、むしろこう言った方が良いかもしれませんね、つまり、フロイトを私の人生に適切に位置づけるという課題が、私にとってやすいものであったと思ってはいけません。当時私は、学者としてのキャリアを考え、一つの仕事を完成させつつあり、それによって大学に職を得ようとしていました。(2) フロイトは、当時の医学会でまったくもって好ましからざる人物と見なされており、重鎮たちによってひそかに噂されるだけで、それ以上言及されることはほとんどありませんでした。学会では、彼についてはロビーで論じられるのみで、討議のフロアで論じられることはなく、彼とのいかなる関係もその人の評判を危うくするものでした。そのため、私の連想実験がフロイト理論と直接的な関係があるという発見は、きわめて歓迎されないものでした。ある時研究室にいると、ふと、フロイトは本当は私の実験を説明しうる理論をもう作り上げているのだという思いが閃きました。(3) 同時に、悪魔がそっと、フロイトに言及せずともこの研究は申し分なく発表できると耳打ちしました。フロイトを知るよりずっと前に実験結果を出していたのだし、その限りではまったく独自のものだと主張できるぞ、と。しかしすぐさま、意図的ではないにせよ、自分のこの考えには嘘が含まれていると思いました。*1 ですから、以後の学会で公然とフロイトを擁護し、彼のために戦ったのです。その内の一つですが、ある講演者がフロイトを黙殺して神経症を説明していた時、私はこれに異議を唱え、フロイトの見解に味方をする初めての戦いに乗り出しました。その後、他の学会でも強迫神経症の講演があり、再びフロイトの研究への言及がなされませんでした。[4] この時は、誰もが知るドイツの新聞にその人物を非難する記事を書きました。[5] すぐさま大量の反論が発表され、件の人物は私に手紙を寄越し、もしフロイトに協力し続けるなら私の学者としての未来が危険にさらされると警告してきました。無論私は、そんなものと引き換えに学者としての未来を得なければならないなら、それほど馬鹿げたことはないと感じて、フロイトのことを書き続けたのでした。

この間もずっと実験を続けていましたが、あらゆる神経症の原因が性的抑圧だという点に関しては、フロイトと見解の一致を見ることができずにいました。フロイトはヒステリーの一三事例[6]を発表し、そこではそのすべてが性暴力の結果であると報告されていました。後にフロイトと会った時、彼は少なくともいくつかの事例に関して、自分が騙されていたと語りました。たとえば、その内の一人は四歳の時に父親に暴行されていたと語る少女でした。この父親はたまたまフロイトの友人で、彼によってフロイトは少女の話が嘘だと確信しました。その後の調査で、他の事例も虚偽だったと明らかになりましたが、フロイトは撤回しようとはしませんでした。物事を最初に発表した姿のままにしておくことが、いつでも彼の信条なのです。そういうわけですから、初期の事例全体に、ある種の信頼の置けなさがあります。さらに、彼がブロイアー*2と受け持った有名な最初の事例[7]は、輝かしい治療的成功例として非常によく語られてきたものでしたが、現実にはそういった類のものではなかったのです。フロイトが私に語ったところによれば、彼がその女性を診るように呼び出されたのは、ブロイアーが彼女の最後の診察を終えたその日の夜のことで[8]、彼女は転移が断ち切られたせいでひどいヒステリー発作を起こしていたのです。つまり、それは決して当初発表されたような意味での治癒ではありませんでしたが、そんなことは起きていないなどと喧伝する必要はないくらい、非常に興味深い事例ではありました。ただ、当時の私はこのような事情をまったく知りませんでした。

実験以外にも、私は多くの精神病の事例、特に早発性痴呆に携わっていました。[9] 当時の精神医学領域に心理学的な視点などありませんでした。個々の事例にレッテルが貼られているだけでした。これは退化で、あれは萎縮、そう言われておしまいです――それ以上の何かが為されるようなことはありません。ただ看護師たちの間にだけは患者にまつわる心理学的な関心が存在していて、なかには状態像に関するいくつかの非常に鋭い推測がありました。しかし、医師たちはそれを知らなかったのです。

たとえば、女性病棟での長期にわたる事例ですが、その老女は七五歳で、四〇年間寝たきりの状態にありました。[10] おそらく五〇年近く収容施設におり――事実、とても長期間だったため、入所当時の人々は皆亡くなっていて、誰も彼女の入所を覚えていないほどでした。一人だけ、三五年間施設に勤めている看護師長がおり、この女性の初期の経過について多少のことは知っていました。この年配の患者は話ができず、しかも流動食しか食べられず、指を使いシャベルですくうような奇妙な動きをして食べるので、カップ一杯の食べ物を飲みくだすのに二時間もの時を要しました。食事を摂っていない時、彼女は手と腕を使い、きわめて奇妙な動きをしていました。それを見るたび、私は心ひそかに「何てひどいことだろう」と思っていました。しかし、それが自分の理解の限界でした。彼女のことは早発性痴呆カタトニー型の年配の事例として定期的に臨床講義に提示されましたが、彼女の奇怪な動作をそんな風に片づけてしまうことは、まったくの無意味であるように感じていました。

この事例とそれが私に与えた影響は、精神医学に対する私の反応そのものの特徴を表しています。当時六ヵ月間、そのことに対する自分なりの見解を見いだそうと必死に奮闘しましたが、困惑はいよいよ深まるばかりでした。上司や同僚たちは自信ありげで、[11] 私だけがどうすることもできずに彷徨っている、そう思えて無念さを噛みしめていました。理解ができないことで、大きな劣等感が生まれ、病院から帰宅するのが耐え難いほどでした。専門家でありながら何もわかってはいない、それが当時の私でした。そのため、ずっと居残って事例の研究に専念しました。

ある夕方遅くに病棟を通り、先ほどお話しした年配女性を見かけた時、「なぜ、ああでないといけないのだろう？」と疑問に感じました。私は看護師長のところへ行き、あの患者はいつもああいう動作をしているのかと尋ねました。「そうです。でも以前に男性病棟の師長から、むかし彼女が靴を作っていたことがあると聞きましたよ」と師長は言いました。記録文書を調べると、彼女が靴を作っているような動きをしている事実が記載されていました。昔の靴職人は膝の間に靴をはさんで押さえ、糸を引き抜いていましたが、それは例の女性がしていたのとまったく同じ動作だったのです。今でもある種の未開地域では、そうして靴作りをしているのを見ることができます。

しばらくして患者は亡くなりました。そして、彼女の三歳年上の兄が現れたのです。「なぜ妹さんは精神を病んでしまったのでしょう」と私は尋ねました。その兄が語るには、彼女は靴職人と恋をしていたのですが、男がなんらかの理由で結婚を望まず、その時から彼女は精神病になったということでした。ああいった動作で、彼女は恋人の姿を生き生きと保ち続けていたわけです。

　これが早発性痴呆の心因に関する最初の手がかりでした。それから複数の事例を注意深く見守り続け、心因的要素に注意を払いました。そうして、フロイトの着想がこうした問題に光を当てうることが明らかになってきました。それが『早発性痴呆の心理学』の原点です。私の考えはさほど支持を得ませんでした。事実、同僚からは笑われました。それは、新しい発想を検討することを求められた時に、ある種の人々が感じる困難を表すものでもありました。

　一九〇六年に、私は早発性痴呆の一事例を入念に考察しました(12)。その患者はまたもや洋裁師でしたが、今度は若い娘ではなく五六歳と年配でとても醜かったため、フロイトが病院に来訪して私の診ている患者に会いたいと望んだ時、いざ彼女に会うと肝をつぶしてしまい、これほど醜い人間を相手に仕事ができるのかと驚嘆していました。しかし、この患者は私には大きな感銘を与えました。

　彼女は、街路が狭くて汚いチューリッヒの旧市街の出身で、悲惨な境遇に生まれた上に、ひどい環境の中で育ちました。その姉妹は娼婦で、父親は酒飲みでした。彼女は早発性痴呆のパラノイド型を発症し、つまり抑制観念、今日なら劣等感と言われるような観念と混合した誇大観念を抱いていました。私は彼女の資料を非常に詳細に書き留めましたが、私たちが話していると、たびたび声が邪魔をして言うのです。「その医者に、私の言うことは全部たわごとだから、あなたが耳を貸す必要はありませんよって言いな」。それに加えて、時々彼女は施設にずっと収容されていることに暴力で抗議することがあり、そうすると声は「お前は自分が狂っているとわかっていて、正しいところに居るんだ」と言ったものでした。もちろん、彼女はその声に強く抵抗していました。私は、彼女の無意識が完全に上位にあり、自我意識が無意識の中に消えてしまっていると理解しました。さらに驚き戸惑うことに、誇大妄想と卑小妄想とが、まったく同一の源から来ていることが発見されたのです。卑小妄想とは、冷遇され、不当な扱いやひどい扱われ方をするという観念です。そうしたものを私は自己価値下落と呼び、誇大妄想の方を自己価値高騰と呼びました。当初、私はまだショーペンハウアー＝ハルトマン＝フロイト路線にあったので、無意識がこういうやり方で対立物を同時に生み出すことは不可能だと考えていました。つまり、無意識はただの衝動であって、それ自体の中に葛藤を示しうるものではないと思っていたのです。そこで、おそらくこの二つは、無意識の異なる水準から生じてきているのだろうと考えました。しかし、この考え方ではうまくはいきませんでした。最終的には、彼女の心が同時にこの両方の原理を用いていると認めざるをえませんでした[*3]。

　その後の事例が、この私の発見を裏づけました。たとえば、パラノイアを患う非常に知的な弁護士を診たことがあります。このような場合に精神異常である点はただ一つの考えだけ、つまり迫害です。その一点を除けば、彼らは現実に適応しています。事例はこんなふうに展開します。ある男性が、人が自分のことを噂しているのに気づき、なぜだろうと自問し、自分はなんらかの重要人物であり、他の人々が虐げたいと思うような者なのだという答えを出します。徐々に彼は、自分が救世主であり、消されねばならぬ者だと気づいていきます。私がお話ししているこの男性は危険な人物で、過去にある殺人を計画したことがあり、施設から退所するとまたもや殺人を企てるのです。彼はかつて重要な政治的地位に就いており、相談をもちかけられることもある人でした。彼は医者を毛嫌いして罵ることに時間を費やしていました。一度、私といる時に取り乱してこう言いました。「精神科医がきわめて立派な人々だとわかっています」。そして、失神したのです。この一瞬が訪れたのは、彼と三時間の面接をした後でした。再び意識を取り戻した時、彼は以前の自己価値低下状態にありました。自己価値低下は誇大妄想の補償としてもたらされるのです。私はこの点を大いに強調します。なぜなら、それが無意識内にある「然り」と「否」の真相だからです。言い換えれば、無意識は対立物の対を含むのです。

この早発性痴呆に関する書物を通じて、私はフロイトのもとを訪ねることになりました。[13] 私たちは一九〇六年に出会ったのです。初めて彼と対面した日、それは午後一時でしたが、それから一三時間にわたって尽きることなく語らいました。彼は私の出会った初めての、まごうかたなき重要人物で、他に比肩しうる人物などいませんでした。彼がきわめて鋭く、知的で、とても非凡だとわかりました。しかし、私の彼に関する第一印象はやや混乱していて、彼を完全には見極められませんでした。けれどもフロイトが性理論について真剣そのものであることはわかりましたし、それに対する彼の態度に浅はかなところはまったくありませんでした。私は大きな感銘を受けましたが、なお重大な疑いを持っていました。性理論への疑念を口にすると、そのつど彼は、私が十分な経験を持たないからだと言いました。当時、それに関して批評を行うだけの十分な経験を私が持っていなかったのは事実でした。この性理論がフロイトにとって個人的にも哲学的にも非常に重要であるとわかりましたが、それが彼の個人的な偏りから来るのかどうかを見極められず、この状況全体について疑いを抱いたまま、出立せざるをえませんでした。

性理論にまつわるフロイトのこの真剣さに関しては、もう一つ印象に残っていることがあります。彼は決まって、スピリチュアリティは抑圧されたセクシュアリティ以外の何ものでもないと冷笑するのです。もしそうした考え方に完全に賛同してしまうと、私たちの文明全体が茶番めいたものとなり、抑圧されたセクシュアリティによって不健全に生み出されたものだということになります、と私は発言しました。フロイトは、「ええ、そのとおりです。それは、どうしようもないこと、ただの運命の成り行きですよ」と言うのです。[14] まったく腑に落ちませんでしたが、この主題を彼と論じ尽くすことはできませんでした。[*4]

　当時私が受けた三つ目の印象は、もっと後になってようやく明確になってきたことです。私たちの友情が終わりを迎え、私はようやくそのことについて詳細に検討したのでした。フロイトはセクシュアリティについて語る時――まるで回心した人が神について語るように、話をしていました。あるネイティブ・アメリカンが目に涙を湛えて太陽について話をしていた姿にも似ています。今思い起こしているネイティブ・アメリカンは、私がプエブロ地域を取り囲む山を眺めていると、背後からそっと近づいてきて、まったく唐突に耳元でささやいたのです。「すべての命はあの山からやって来るのだと思わないかい?」と。[15] フロイトがセクシュアリティについて語る様子は、これとまったく同様でした。奇妙な感情的風合いが彼の顔に現れていたのですが、私はその原因を摑みかねていました。ところが、当時の私にははっきりしていなかったもう一つ別の点を考察していた時、ついにその原因を理解したと思ったのです。その別の点とは、フロイトの辛辣さです。彼の一言一句に辛辣さが詰め込まれていて、フロイトという人は辛辣さで出来ていると言っても過言ではありません。彼の態度は、ひどく誤解された人間の持つ辛辣さそのもので、彼の語り口はいつも「理解しない奴らは間違いなく地獄行きだ」と言っているようでした。この辛辣さに、彼と初めて会った時から私は気づいていましたし、私はいつも彼の中に辛辣さを見てきました。しかしこの辛辣さと、セクシュアリティに向かう彼の態度とのつながりを、当時の私は見つけられずにいたのです。

　私なりの解釈はこうです。すなわち、スピリチュアリティに対する拒絶にもかかわらず、フロイトは実際には、セクシュアリティに対して神秘的な態度を取っていたのです。ある詩が性的な基準だけでは理解し尽せない、とフロイトに抗議した人がいたとします。フロイトは「まったくそのとおり。この詩は心理的セクシュアリティなんだ」と答えるかもしれません。けれどその詩を分析する段になると、彼は決まって、セクシュアリティしか残らなくなるまで、あれこれとある筋を抜き取ってしまうのです。セクシュアリティはフロイトにとって、二重の意味を持つ概念であるのだと私は考えるに至っています。つまり、一つは神秘的要素で、他方は単なるセクシュアリティです。しかし、フロイトは神秘的要素を認めようとはしないでしょうから、後者だけが彼の用語法に現れることになります。彼が神秘的要素を持っていることは、彼の示す感情的な反応から明らかであると私は思います。こうして彼は永遠に、彼自身の目的を頓挫させることになってしまうのです。内側から見ればセクシュアリティはスピリチュアリティを含んでいることを彼は伝道したいのに、具体的な性の用語しか使わないために、誤ったアイデアだけが伝わるのです。フロイトの辛辣さは、絶えず自分自身に反することから生まれているわけですが、そもそも自分の最悪の敵が自分自身である人間の持つ辛辣さほど、ひどいものはないのです。

フロイトは無意識の二重性に盲目です。無意識から湧き上がってくるものには、内と外があることを彼は知りませんし、外面についてだけ語るのは殻についてだけ語るのに等しいということも、彼は知りません。しかし、フロイト自身のこの葛藤には手の出しようがありません。殻の内側で働くスピリチュアリティに対して、彼の目を向けさせる体験を彼自身がしていたならば、まだチャンスはあったでしょう。しかしそれでもフロイトの知性は結局、不可避的にスピリチュアリティを剝ぎ取って、「単なる」セクシュアリティにしてしまったでしょう。私は、セクシュアリティ以外の要因が明白な事例をいくつか彼に提示したこともあったのですが、彼はいつもそこに抑圧されたセクシュアリティしか見ようとしませんでした。

さきほどもお伝えしましたが、こうしたひどい辛辣さを持っているのは、いつだって自分自身に反している人々です。私が私自身に反して活動すると、自分が感じている不確かさや恐れを投影することになります。逆にもしそれを避けようとするならば、身を置くべき場所はただ私自身しかないのです。フロイトは一元論的原理に身を捧げたわけですが、その原理に対抗する要素を無意識が生み出すことを、知らずにいました。私は彼を悲劇の人だと思うのです。フロイトは偉大ですが、自分自身から逃げているのも事実だからです。なぜ四六時中セクシュアリティについて語らなくてはならないのかと自問することを、彼は決してしませんでした。自分自身からの逃亡という点で、フロイトはいわゆるアーティストと共通しています。実際、創造的な人間というのは通常こうした振る舞いに陥るのです。[*5]

先述したように、こうしたことを私が理解したのは、主としてフロイトと決別した後のことでした。こうしてお話をしているのは、知ってのとおり、私とフロイトとの関係が公の議論の対象となって久しいからですし、これに関しては、自分の観点を示しておかなくてはならないと思ったからです。

こうして、セクシュアルな要素をこの上なく真剣に捉えなければならないとするフロイトへの最初の訪問を終えました。私はいくぶん当惑して、自分のケースを見直しながら、かなり大人しくしていました。一九〇九年、フロイトと私はクラーク大学に招かれて、約七週間、毎日共に過ごすことになりました。[16]私たちは毎日夢を分析し合いました。私が彼の限界を感じ、しかもそれが致命的だと感じたのは、まさにこの時です。私の見た二つの夢を彼はまったく理解できませんでした。もちろんそんなことはどうでもよいことです。どれだけ偉大な人物にも、夢を理解できないことなどいくらでもあります。そんなことは単なる人間的な限界であって、夢の分析を続けない理由になど決してならないでしょう。むしろ私は、ぜひとも続けたかった――私は彼の息子になったように感じていたのです。しかしその時、分析を中断させる出来事が起こったのです。

ここでその内容には言及できませんが、フロイトは、とある重要なテーマについての夢を見ていました。私はそれを分析しつつ、彼のプライベートの生活についていくつか教えてもらえるならば、さらに語れることが出てくるでしょう、と言いました。彼は奇妙な疑惑の光をその目に湛えて、私を見て言いました。「もう少しお話しすることはできるでしょう。しかし私の権威を危険に晒すことはできません[17]」と。この時私は、それ以上の分析は不可能であることを知ったのです。彼が真理よりも権威を尊重したのですから。私は夢分析をそこでやめねばならぬことを告げ、二度と彼に分析の素材を求めることはありませんでした。私が今ここで相当、客観的に話していることを理解していただかなくてはなりません。ただ私はこのフロイトとの経験をここで話しておかねばならないのです。なぜなら、これがフロイトと私の関係における最も重要な要素だからです。彼は、そもそも批判というものに耐えることができなかったのです。

夢は多くの場合、理解されるまで、その象徴的な素材を増していくものですが、フロイトが私の夢を部分的にしか扱えなかったために、私の夢もそうなっていきました。もし夢の素材に対して狭い視点を保持し続けるなら、解離の感覚に襲われて、盲(め)しいて聾(ろう)するでしょう。これが孤立した人間に起これば、人は石化にまで至るのです。

アメリカからの帰り道、私は『無意識の心理学[18]』の起源となる夢を見ました[*6]。当時私は集合的無意識に関する発想は持ち合わせていませんでした。私が考えていたのは、地上の部屋としての意識、それに対する地下室としての無意識、そして大地の源泉、すなわち本能を高める身体でした。この本能は、私たちの意識的な理想とは不一致を起こしやすく、そのため抑えつけねばならない。そのような図式で考えていたわけですが、そんな時に次の夢を見たのです。あまり個人的なことに引きつけずに、夢について語りたいと思います。

私は中世の家にいました。大きくて入り組んだ家で、たくさんの部屋があり、たくさんの廊下があり、たくさんの階段がありました。私は街路から入って、ヴォールト天井[*7]のある、ゴシック様式の部屋へと降りていき、そこからさらに地下室へと降りました。底に辿り着いたと思ったのですが、その時、正方形の穴を見つけたのです。ランタンを手に掲げて覗き見ると、さらに下へと続く階段があります。私はその階段をさらに降りました。それは、埃まみれの階段で、異様に擦り切れていて、空気は粘つき、全体的に不気味な雰囲気が漂っています。さっきとは別のもう一つ下の地下室へとたどり着きました。それはおそらくローマ時代の古い造りの部屋で、そこには再び穴がありました。その穴を通して見下ろすと、そこは有史以前の陶器や、頭蓋骨や、その他たくさんの骨が詰まっている墓でした。塵が誰に邪魔されることもなく積もっていて、私はものすごい発見をしたと思いました。そこで、目が覚めました。

フロイトはこの夢を、私と関係のある人物の死を私が願い、それが二つの地下室の下に埋葬されている、と解釈しました(19)。一方、私はそれとはまったく別のところにこの夢の意味があると思ったのですが、それをはっきりと摑むことはできませんでした。私は考え続けました。地下室は無意識だとして、では中世の家とは何なのか？　私はずっと後年になるまでわからずにいました。しかも、二つの地下室の下にはさらに何かがあったのです――有史以前の人間の残骸が。これは何を意味するのでしょう？　私にはこの夢がひどく非個人的なものに感じられました。私は、知らず知らずのうちに、この夢についてファンタジーを巡らせ始めました。当時の私は、無意識の素材を引き上げてくるためのファンタジーの原理について何も知りませんでしたが、それでも「発掘してみるのはどうだろう。どこかで掘削をするチャンスに恵まれないだろうか」と考えたのです。そして実際、家に帰ってから、現在、発掘が行われている現場を探し出し、そこに行ってみたのです[*8]。

けれども、それが満足をもたらすはずもありません。そこで私の思考は東へと向きを変え、バビロニアでの発掘の文献を読み始めました(20)。私の関心は本へと向かい、『神話と象徴』というドイツ語の書物と出会います。全三巻だか四巻だかを猛スピードで読み通しました。わけがわからなくなるまで、狂ったように読み耽ったのです。それは臨床に従事していた時に匹敵するほどでした。私は一九〇九年(21)に八年勤めた病院を辞めていたのですが[*9]、この時の私は、自前で作り上げた精神病者収容施設に住んでいるかのようでした。ケンタウルス[*10]、ニンフ[*11]、サテュロス[*12]、神々や女神たち、私はこうしたファンタジー上の人物たちとずっと一緒にいて、まるで彼らが患者で、私は彼らの分析をしているかのようでした。あたかも狂人が語る病歴を聴くかのように、ギリシアの神話やアフリカの神話を読みました――それが何を意味するのかまったくわからないまま、ただ没頭したのです。

やがてゆっくりと、こうした経験の中から『無意識の心理学』が現れてきました。というのも、まさにこの作業の最中に、私はミラーのファンタジーと出会ったのです(22)。それは私の心の中で集めていたすべての素材に対して、触媒のように作用しました。私はミラー女史を、神話的なファンタジーを持ち、徹底して非個人的な性質のファンタジーや夢を持った私自身とよく似た人物だと考えました。それらは、より深い「地下室」からやって来るに違いないと考えましたし、それに「集合的無意識」という名称こそまだ与えてはいなかったものの、私はそれらの非個人性を躊躇なく認めていました。こうして、この書物は育っていったのです。

　この書物の執筆に取り組んでいる間、私は悪夢に悩まされていました。ここで自分の夢について語らなくてはならないと思います。たとえ、夢について語ることが、ある程度個人的な語りにならざるをえないとしてもです。夢は私の人生と理論にあらゆる重要な変化を与えてきました。たとえば、私が医学を研究するようになったのも、夢が原因でした。当初私は考古学者になろうと決心し、大学の哲学科に登録したのですが、その折に夢がやって来て、すべてを変えたのです[*13][(23)]。このように、『無意識の心理学』に取り組んでいた当時、私のあらゆる夢が、フロイトとの決別を指し示していました。もちろん私は、フロイトの考える地下室よりもさらに下にある地下室について、彼に受け入れてもらえるかもしれないと期待してもいました。しかし夢は、正反対の事態に対する準備をさせていたのです。フロイトはその書物に、父に対する反抗の他には何も見ようとしませんでした[*14][(24)]。とりわけ彼を激怒させたのは、リビドーが分裂して、リビドー自身を抑制するものを生み出す、という議論です。これは一元論者フロイトにとって、完全なる冒瀆だったのです。このフロイトの態度から、私はそれまで以上に、フロイトにとって神に関する発想はセクシュアリティの中に存在し、またフロイトにとってのリビドーは一方通行的な単なる衝動なのだ、と確信しました。しかし私は実際に、リビドーに生へと向かう意志だけでなく、死へと向かう意志も見ていました[*15]。私たちは生の頂点において、死への準備をするのです。あるいは、別の言い方をすると、三五歳という年齢を過ぎると、今までよりも冷たい風が吹いていることを、私たちは悟り始めるとも言えるでしょう――初めは誰もそのことを認めませんが、時が経てば、この意味するところから逃れることはできないとわかるのです。

　フロイトとの別れの後、世界中にいた私の弟子たちは私のもとを去って、フロイトを頼るようになりました[(25)]。私の書物は紙くず同然であると言われ、また私は神秘主義者であると吹聴され、そうして事態は片づけられていったのです。私は唐突に、自分が徹底的に孤立していることを自覚しました。これには不都合もあったかもしれませんが、内向タイプである私にとっては、都合がよい面もありました。つまり、リビドーの垂直方向への動きが促されたのです。外の世界の活動が持ち込んでくる水平方向の動きから切り離されることによって、私は心の内の事柄を徹底して調べ上げることに駆り立てられていったのです。

『無意識の心理学』の執筆を終えた時、それまで自らが歩んできた道のりを見渡せるような、奇妙に明澄な瞬間が訪れました。「神話学への鍵を手に入れた私は今、すべての扉を開く力を得たのだ」と思いました。けれど同時に、私の中の何かが囁くのです。「なぜ、すべての扉を開くのか？」[26]。そうして私はすぐに、私は、いったい今まで何をしてきたのか、と自問する破目になったのです。英雄についての書物を著し、古来の民族の神話について解明はしたが、結局私自身の神話は何なのか？　私には何もない、と認めざるをえませんでした。私は他者の神話を知ってはいましたが、私自身の神話については何も知らなかったのです。現代において、誰も自分の神話を携えてなどいないのです。さらに言えば、私たちは無意識についても何も理解していないのです。こうした省察が中核となって、私の着想は展開していき、その一部がタイプに関する本へと表現されることとなったのです。

質疑応答

マン博士からの質問　「超越機能[*1]に至る最も容易な方法は、直観に頼ることではないのでしょうか？　そうすると、その機能を欠いた者――すなわち直観を欠いた者――にとっては、きわめて困難なことになりはしないでしょうか？　その人は、間違いなく自力では超越機能にたどり着けないと思うのです。つまり助力なしではということですが」

ユング博士　それは人のタイプによってまったく違います。

超越機能を発見するのに直観がどのような役割を演じているかによるのです。たとえば、もし優越機能が直観である場合、むしろ直観が直接的な障害になります。超越機能は優越機能と劣等機能の間に作られるもの、あるいはその間に生じるものだからです。劣等機能は優越機能を犠牲にすることで初めて現れてくるわけですが、直観タイプの人の場合、いわば直観が克服されなければならず、そうして初めて超越機能が発見されるのです。逆に、感覚タイプの人であれば、直観が劣等機能であるわけですが、そうすると超越機能には直観を通じて至ると言えるのかもしれません。分析では、しばしば直観が最も重要な機能だと考えられているのは事実ですが、それは、ひとえに分析が研究室での一実験であって、現実ではないからでしょう。[*2]

講義

前回の研究会では、『無意識の心理学』の成り立ちとそれが私に及ぼした影響について、みなさんにできる限りすべてをお伝えしました。それは『リビドーの変容と象徴』というタイトルで一九一二年に公刊されました。私の考えでは、この本の焦点は、私たちの時代に関わる英雄（ヒーロー）神話[*3]が持つ難題にありました。すでにお話ししたとおり、その本の根本的命題、すなわち肯定的な流れと否定的な流れに分かたれるリビドーの分断について、フロイトは断固として反対したのでした。この本の出版によって、私たちの友情は終わりを告げたのです。

本日は、『無意識の心理学』の主観的側面についてお話ししたいと思います。こうした書物を著す時、人はある種の客観的素材について論じたいと考えているものです。私の場合も、ただミラー女史のファンタジーを、それと関連する神話学の素材を頼りにして、一つの観点から検討しようとしているだけだ、と思っていました。画家は一枚の絵を描き終えると〝物事が完結した、もはや自分とそれとは何の関係もない〟と考えるものなのだと私が理解するまでに、長い時間がかかりました。同様にそれが、つまり『無意識の心理学』が、私自身のことと見なしうることや、その分析が必然的に私の無意識過程の分析につながっていくことを理解するまでに、数年の時を要しました。一日の講義でこの理解に達するのは難しいことですが、今日私が議論したいのはこの点です。この書物があたかも未来を予想しているかのように見えたその道筋をあえて跡づけてみたいのです。

覚えておいででしょうが、この書物は、観察されうる二種類の思考についての叙述から始まっています。すなわち、知性的あるいは方向づけられた思考と、ファンタジー的あるいは受動的自律的な思考です。方向づけられた思考過程では、思考は道具として扱われ、思考する者の目的に奉仕させられます。一方、受動的な思考では、思考は言わば一人の人間のように思うままに動き回ります。ファンタジー的思考には順位づけられた階層はなく、その思考は自我に相反することすらあるかもしれません。

私はミラー女史のファンタジーを、そうした思考の自律的形式だと考えていましたが、彼女が私の中にある思考の自律的形式を表現しているとは思っていませんでした。彼女は私のファンタジーを占拠して、その舞台監督になっていったのです。主観水準で、この書物『無意識の心理学』を解釈すれば、そのように言えるのです。言い換えれば、彼女はアニマになって、私がほとんど意識していなかった劣等機能の担い手となったのです。意識的には、私は自分の思考をとても厳格に指揮することに慣れた能動的な思策家でしたから、ファンタジーが動くことは、私を瞬く間に不快にする心の働きでした。思考の形式としては、ファンタジーはとにかく不純で、近親相姦の一種のようで、知性的観点からするとまったくもって不道徳だと思われました。私の中でファンタジーの活動を許すことは、ある人が作業室に入ってみると、あらゆる道具があちこち飛び回って、彼の意思とは無関係に作業をしているのを目の当たりにした時のような効果を持っていたのです。あるいは、私にとって、自分の心の中にファンタジーの生命が存在する可能性を考えることが衝撃的だったとも言えます。それは自分の培ってきたあらゆる知性的な理想に反していましたし、ファンタジーに対する抵抗があまりにも熾烈であったために、私は自分の素材をミラー女史の素材に投影することを通じて、ようやく自分自身の中のファンタジーを認めることができたのです。あるいは、もっと過激に言えば、受動的な思考はあまりにも脆く倒錯したものに思えて、病に陥った女性を通じて扱うことしかできなかったわけです。実際に、ミラー女史は後にまったく混乱した状態になりました。第一次大戦中に、私はアメリカのミラー女史の主治医から一通の手紙を受け取っています。そこには、彼女のファンタジー素材に対する私の分析がまったく妥当なものであったこと、そこで触れられていた宇宙起源神話が、彼女の狂気のもとで完全に明らかになったことが記されていました[1]。私が初めてミラー女史のファンタジーを読んだ時に彼女を観察していたフルールノワ[*4]も、私の分析が正しかったと言ってくれていました[2]。集合的無意識には途方もない活動性があるため、最終的に彼女が打ちのめされてしまったことは驚くには当たらないのです。

　こうして私は、ミラー女史の中で、実は自分自身のファンタジー機能を分析していることに気づかねばなりませんでした。私のファンタジー機能はミラー女史同様に、あまりにも抑圧されていて、半ば病的なものでありました。このように一つの機能が抑圧されると、その機能は集合的無意識の素材に悪影響を受けることになります。ですから、ミラー女史はある意味、私の不純な思考の一記述でありましょう。こうして、この『無意識の心理学』という書物において、劣等機能とアニマとが問われるテーマとして浮かび上がってくるのです。

　この書物の第二部に「創造の賛歌[3]」が現れます。これはエネルギーの展開の肯定的な表現でしょう。つまり創造の力が現れ——その力は上昇に向かいます。「蛾の歌[4]」では、下降に向かいます。光が創造されますが、そこから創造は終局に向かいます。一種のエナンチオドロミアです。創造の賛歌は、成長の時代、若さの時代、光と夏の時代です。蛾の歌では、リビドーは自らの生み出した光によって羽を焼かれることになります。自らを生み出したのと同じ熱望が、今度は自らを殺していくのです。この宇宙原理の二重性とともに、この本は終っています。対立物の対、すなわち『タイプ論』[5]の始まりへと至るのです。

この書物の次章は、創造的エネルギーの別の側面を扱っています。エネルギーは多種多様な形を取ることができて、ある形態から別の形態に移行する(トランス)[6]過程の中に、その姿を表すことができます。基本的な変容(トランスフォーメーション)は、エネルギーが純然たる生物学的欲求から文化的成熟に移り変わっていく中で生じます。この点から言えば、進化の問題はエネルギーの移行によるのです。その時、たとえばセクシュアルなものからスピリチュアルなものへと移行していくことは、科学的観点からのみならず、個人における一つの現象としてどのように可能なのでしょうか。セクシュアリティとスピリチュアリティは対立物の対であり、互いが相手を必要としています。セクシュアルな段階からスピリチュアルな段階に移行していく過程は、いったいどのようにもたらされるのでしょうか。

現れてくる最初のイメージは英雄(ヒーロー)です。それは最も理想的なイメージで、時代の変遷の中でその性質は変化していきますが、どの時代でも英雄は人々が最も重んじる物事を具現化してきました。英雄は私たちが辿ろうとしている移行を具現化してくれているのです。なぜなら、まるでセクシュアルな段階にあるかのように、人間はあまりにも強く自然の力の影響下にあって、その力をまったく制御できないからです。英雄はきわめて完全な人間で、完成の可能性を人間から奪おうとする自然に抗う者として傑出しています。無意識は英雄の象徴を生み出します。それゆえ、英雄とは一つの態度の変化を表します。しかし、この英雄の象徴は無意識から現れ、この無意識は自然であるのですが、この同じ自然が、人間の打ち立てようと奮闘している理想にまったく興味を示さないのです。[*5] こうして人は無意識との葛藤に陥り、そこに起こる奮闘は、自分の無意識から、自分の母から自由を勝ち取るものになります。先ほどお伝えしたように、その無意識は完全な人間のさまざまなイメージを形成しますが、人間がこの英雄の典型を実現しようとすると、無意識に別の傾向が生じ、完璧な人間のイメージを破壊しようとするのです。こうして形成されてくるのが、恐ろしい母親像、むさぼり喰う龍の像、生まれ変わりの危険などです。同時に、英雄という理想像の登場は人間の希望を勇気づけるものでもあります。英雄という理想像は、もし母なるものがそれを許すなら、人が自分の人生の筋書きを再構成できるという理念を与えてくれます。これは文字通りの生まれ変わりによって果たされるわけではありませんので、変容の過程によって、すなわち心理学的な生まれ変わりによって成し遂げられるのです。けれども母なるものとの厳しい対決を避けては通れません。ここに最も重要な問い、〝母なるものは英雄の誕生を許すのだろうか〟という問いが生まれます。そしてそれに続いて、〝どうしたら母なるものを満足させて、英雄の誕生が許されるのだろうか〟という問いが生じるのです。

こうして、ミトラ教[7]の雄牛の犠牲に具現化されるような、犠牲というアイデアに至ります。これはキリスト教的な発想ではなく、ミトラ教的なものです。英雄自身が犠牲に捧げられるのではなく、英雄の動物的な側面、すなわち雄牛が犠牲に捧げられるのです。

誕生の地であり、破壊の源でもある母なるものや無意識の役割についての議論は、母の役割の二重性という発想に向かうことになります。あるいは構築の原理と破壊の原理といった無意識内で対立するものたちの存在という考えに向かうことになります。犠牲は、英雄を無意識の力から切り離し、英雄に個人の自律性を与えるために行われなくてはなりません。英雄は自分自身を切り離して捧げ、そうして無意識の中に残されている空虚をなんとか満たさなければならないのです。何が犠牲にされるのでしょうか。神話学によれば、子ども時代が、幻力（マーヤー）[*6]のベールが、過去の理想が犠牲に捧げられるのです。

これに関連して、たびたび非難されてきた『無意識の心理学』の中の一節[8]があることを紹介しておいた方が良いでしょう。私はその一節で、生まれ変わりの危険を乗り越えて母から独立する際に最も助けになるものは、日々の仕事（ワーク）によって見いだされると言いました。このことに思いを巡らせつつも、時折、このような途方もない課題に向き合うには、これは安っぽい不十分な方法ではないかとも考えましたし、そんな時には私への批判を鵜呑みにしたくなりました。しかし、考えれば考えるほど、自分がそもそも正しかったのだと、あらためて確信するようになりました。無意識から離れるための私たちの日々のたゆまぬ努力――すなわち日々の仕事――によって、われわれの人間性は生み出されるのです。私たちは日々の仕事によって無意識を克服することができるのであって、決して華々しい振る舞いによるのではないのです。もし未開人にどうやって無意識に対処するのかと問えば、「働くことで」と答えるでしょうが、私は「でもあなたの暮らしはすべてが遊びでしょう」と問い返します。相手は強く抗議して、暮らしのほとんどを精霊たちのためにとても骨の折れるダンスを踊って過ごしているのだ、と説明するでしょう。私たちにとって踊ることは実際に遊びで、それは光や恩寵です。しかし、未開人にとっては厳しい労働なのです。あらゆる祭礼が労働と呼ばれます。私たちの感覚で言うところの労働は、そこから派生したものだと言えるかもしれません。

このテーマをさらに先に進めてみると、オーストラリアの未開人が病に罹った時に行う行為を実例として挙げることができます。病気の男は、岩の中に秘められた自分のチュリンガ(9)のある場所に行きます。そしてその石を撫でます。チュリンガは健全な魔力に満ちています。男がそれを撫でる時、この魔力は彼という身体組織の中に入り込み、彼の病がチュリンガの方に移って行きます。そこで、チュリンガは岩の中の元の場所に戻され、そこではこの病を消化することができるため、チュリンガは再び自らを健全な魔力で満たすことができるのです。こうした行為は祈りの代わりになっています。私たちなら、祈りを通じて神から力を授かるというのでしょうが、未開人は労働（ワーク）を通じて神から力を授かるのです。

　仮にみなさんがこの解説に納得してくださるなら、こうした素材が私にとても大きな感銘を与えていたことがおわかりになるでしょう。私が言っているのは自分の取り組んでいた神話学的な素材のことです。最も重要な影響の一つは、ミラー女史の病態を自分にとって納得のいくやり方で神話へと推敲していったこと、そしてその結果、私が自らのミラー女史的側面を同化したことです。それは私にとってとても有益なことだったのです。喩えて言うなら、私は粘土の塊を見つけて、それを黄金に変え、自分のポケットにしまったようなものです。ミラー女史を自分の内に受け入れ、神話学的素材を使って自分のファンタジーの力を高めたのです。その時自分の能動的な思考も続けていましたが、ためらいがちでした。私のファンタジーが素材から離れて行ってしまうように思えたのです。

　この頃、私はほとんど執筆をしていませんでした。フロイトとの問題で悩んでいたために、アドラー(10)を注意深く研究し、アドラーの場合には、どの点でフロイトと対立することになったのかを見極めようとしていました。すぐにタイプの違いという点に思い至りました(11)。二人とも神経症とヒステリーを治療していましたが、一方の人に見えているものと、もう一方の人に見えているものとが大きく違っていたのです。解決策は見つかりませんでした。それは後になって、次第にわかり始めたのです。つまり、おそらく私は二つの異なるタイプを相手にしていて、彼らはきわめて異なる観点から、同じ一連の事実に取り組まざるをえなかったのだということです。私は自分の患者たちを見渡して、ある人たちはアドラーの理論に合っていると思いましたし、別の人たちはフロイトの理論に合っていると思うようになりました。こうして外向と内向の理論を定式化していったのです。そして、この理論について、友人や知人の間のあちらこちらで議論が行われました。その議論を通して、私は自分の劣等的な外向面を外向的な友人に投影する傾向があることに気づき、逆にその友人たちが内向面を私に投影していることに気づいていきました。さらに身近な友人たちとの議論を通じて、私の劣等機能を友人たちに投影し続けることで、常に彼らの価値を減じる危険にさらされていることに気がついたのです。患者は非個人的に客観的に診ることができましたが、友人たちとは気持ちで付き合っていましたし、感情は私の中で相対的に分化していない機能でしたので、感情は無意識の中にあって、おのずと投影の重荷を背負っていたのです。少しずつですが、自分にとって衝撃的な事実が明らかになっていきました。つまり、どんな内向的な人間でも自分の無意識の中に外向的な人格を持っていて、私の場合はそれを友人たちに投影し続けて、彼らを損なってきたのだという事実に気がついたのです。同様に、外向的な友人たちにとって、彼らの中にある劣等な内向性を認めなければならないことは苛立たしいことだったのです。こうした多少なりともプライベートな経験から、私は心理学的タイプについての小冊子を執筆し、それをある学会[12]で論文として発表しました。それはいくつかの問題点を含んでいたために、後に修正を施しました。たとえば、当時は外向的な人は常に感情タイプに違いないと考えていたのですが、それは紛れもなく私の外向性と私の無意識的な感情とがつながっていることで展開した投影だったのです。

こうしたことはみな、タイプに関する私の書物の成立にまつわる外的な事情です。もちろんこの書物はこうして生まれましたと言って、ここで話を終わらせることもできたでしょう。しかし、本当はもう一つの側面があって、私は失敗やら不純な思考やら、その他さまざまなあれこれの間を縫うように進んできたのです。そうしたことを公にするのは、男性にとってはいつも大きな困難をともなうものです。男性というものは方向づけられた思考によって完成した産物を人に見せることを好みますし、その産物が自分の精神の中で生まれた弱さとは無縁なものであることを人に理解させたがります。思考型の男性が知性的な生き方を志向する態度は、女性がエロス的な生き方を志向する態度ときわめて似通っています。もし私がある既婚女性に、「どのようにして結婚することになったのですか？」と尋ねれば、「夫と出会い、恋に落ちました。それだけのことです」と答えるでしょう。彼女は自分が旅してきたエロス的な表通りから外れた細かく入り組んだ裏道や、ちょっとした卑しさをすべて隠し、自分が巻き込まれていたかもしれない直視できない状況をとても注意深く隠すことでしょう。そして類い稀な完璧な人当たりの良さであなたに接することでしょう。とりわけ、彼女は自分が犯したエロス的な失敗を隠したがります。彼女はエロスという自分にとって最も強い機能の中に自らの弱さがあることを認めないでしょう。

男性の自著に対する態度もまったく同じです。男性は、秘密の同盟について、つまり自分の心の中にある失敗について語りたがりません。たいていの自伝の中に嘘が紛れ込んでいるのはこのためなのです。セクシュアリティが女性の中で多くの場合無意識であるのと同様に、男性の思考の劣等的側面も男性の中で大部分が無意識です。そして女性がセクシュアリティの中に力の砦を建て、その弱い側面の持つ秘密を少しも漏らさないようにするのと同様に、男性は思考の中に力の中心を置き、大衆に対する、特に他の男性たちに対する堅固な戦線として思考を用いることを企てます。この戦場で真実を漏らしてしまうことは、自分の要塞の鍵を敵に譲るのと同じことだと考えます。

しかし、男性の思考のこうした側面は、女性に嫌悪感を催させるようなものではありません。そのため、男性は通常女性に対して、特にある種の女性に対して、自分の思考のこうした側面を自由に話すことができます。ご存知のとおり、私は女性が概して二つのタイプに属すると考えています。母親タイプと娼婦（ヘタイラ）*7タイプです。[13] 娼婦タイプは、男性の思考のこうした側面に対して、母親役を務めます。男性の思考が弱く頼りない類のものであるという事実こそが、この種の女性にとっては魅力なのです。そういう女性は男性の思考のこうした側面を胎児のようなものだと見なし、自分がその発達を手助けすることができると考えるのです。逆説的に思われるかもしれませんが、高級売春婦（ココット）*8が男性の妻以上に、男性のスピリチュアルな成長を理解していることすらあるのです。

さて、ここまで私は能動的な思考をしてきましたので、ここで何とか自分自身を差し控えて、自分の精神生活のもう一つの面、いわばその受動的な面を取り上げなくてはなりません。お伝えしてきたように、このことで男性はあまりにも自分が無力だと感じてしまうために、この受動的な面を公にすることを好みません。それをうまくやり遂げることは決してできず、劣等感を抱きます――あたかも自分が水の流れに翻弄される丸太のように感じて、男性は可能な限り速やかにそこから抜け出すのです。男性が精神生活の受動的側面を拒絶するのは、それが純粋な知性ではないからです――さらに悪いことに、それは感情かもしれないのです。彼は自分がそうした事柄の犠牲者であるように感じるのですが、創造的な力を手に入れるためには、自分自身を受動的側面に差し出さなければなりません。これまでに取り組んできたあらゆる神話的素材によって、私のアニマは決定的に目を覚ましていました。そのため、この時の私は受動的な面に、つまり私の無意識的で劣等的な側面に注意を向けることを強いられました。これはとても簡単なことのように聞こえるかもしれませんが、男性が言葉にすることを嫌う事柄なのです。

この劣等的で無意識的な私自身の側面に辿り着くために当時の私がしていたことは、昼間に使用していた心の仕組み*9を、夜には真逆にすることでした。つまり、動き続ける夢を観察するために、自分のリビドーのすべてを内側に向けたのです。レオン・ドーデ[14]は、夢が睡眠中にのみ現れるのではなく、それは夢自身の生命を持っており、意識の閾値下で昼間も夢が続いていると唱えています。もちろんこれは新しい考えではありませんが、何度強調しても強調しすぎることのない考えです。人が夜に最もうまく夢を捕まえることができるのは、その時間帯に人が受動的になるからです。しかし、早発性痴呆の患者に関しては、夢が昼間においてでさえ表面に現れる様子を観察することができます。なぜなら、彼らはいわば終始受動的で、夢の生活に自分自身を素朴に差し出しているからです。思考型の男性の精神は、昼間は活動的ですが（今は専ら男性について話しているということを忘れないでください。女性の内面のプロセスは異なります）、そのような状態では夢を捕まえることはできません。夜は、昼間に人が仕事に向けているリビドーの流れが無意識に注がれる時間帯ですが、夜に受動的な態度を取ることで夢を捕まえることができますし、無意識が遂行している行為を観察することができます。しかし、ただ寝椅子に横たわってリラックスしているだけではそれを達成することはできません。すべてのリビドーを無意識にはっきりと引き渡さなければならないのです。私はそういったことができるように自分自身を訓練しました。[*10] 無意識を動かすために自分のすべてのリビドーを無意識に与え、そうすることで無意識にチャンスを与え、そして無意識の素材が明るみに出て、私はそれを現行犯で捕まえることができたのです。

　私は無意識が巨大な集合的ファンタジーを作り上げることに気づきました。以前、私が神話を理解することに情熱的な関心を抱いていたように、ここに至って今度は無意識の素材に対して、まさに同じ情熱的な関心を抱くようになっていました。事実、このような態度が神話形成を理解するための唯一の方法なのです。だからこそ『無意識の心理学』の第一章に書いたことが、きわめて正確に真実を映すものとなったのです。私は展開し続ける神話の創造を観察し、無意識の構造についての洞察を得て、その結果『タイプ論』の中で非常に大きな役割を演ずる概念を形成しました。経験的な素材はすべて患者から得たものですが、その問題の解決は、私の内側から、私の無意識のプロセスの観察から得たものです。『タイプ論』の中でこれら外と内の経験という二つの流れを融合させようと試みました。そしてその二つの流れの融合のプロセスを超越機能[15]と名づけたのです。意識の流れがある方向に進む一方で無意識の流れは別の方向に進むことに気づきましたが、それら二つの流れがどこで一つになるのかはわかりませんでした。個人には底知れぬ分裂に向かう傾向があります。というのも、知性はただ切断や区別ができるだけで、創造的な要素は知性に手の届かぬ無意識の中にあるからです。意識と無意識の間の仲介の可能性を、私は超越機能に定式化して、それはまばゆい光となりました。

　時間が来ました。とてもたくさんのことをお話ししましたが、私がすべてをお話ししたとはくれぐれも思わないように！

質疑応答

記述形式の質問は提出されず、次のような口頭質問がなされた。「前回述べられていたことですが、あなたが無意識の探索過程にあった時、自分が扱っている道具[*1]を制御できている感覚が常にあったのでしょうか？」

ユング博士　それではまるで、私の道具が私のリビドーによって活性化されたかのようですね。しかし活性化された道具、すなわち生命を吹き込まれたイメージ、それ自身の内側にリビドーを含んだイメージは、もともとそこにあるはずです。その上で、人が供給する付加的なリビドーが、それらを表面に浮かび上がらせるのです。もし私がイメージを表面に浮かび上がらせるこの付加的なリビドーを供給しなかったならば、イメージの活動はまったく同じように進んだでしょうが、その活動が私のエネルギーを無意識の中に飲み込んでしまったことでしょう。リビドーを無意識の中に注ぐことによって、無意識が語る力を増加させることができるのです。

アルドリッチ氏　それはタパス[*2]ですか？

ユング博士　そうです。それは、こうした種類の集中を指すインドの用語です。その方法についてさらに詳しく説明するなら、次のように言えるかもしれません。まずは、想像してみてください。ある人が、一人の男性と一人の女性が一つの部屋の中を動き回っているというファンタジーを抱いています。その人はそのファンタジーとある程度共に歩んでいくことができますが、それほど遠くまでは行けません。このファンタジーから離れて、別のファンタジーへと進んでいく、と言っても良いでしょう——たとえば、その人は森の中で鹿に出会ったり、飛び回る鳥を発見したりするのでしょう。しかし、ファンタジーに関わる技法的な決まりごととは、すべての可能性が尽きるまで、浮かんでいる当のイメージから離れないことです。これに従って、もし私がこの男女を心の中に呼び起こすならば、彼らがその部屋の中で何をしようとしているのかがわかるまで、彼らを解放することはしないでしょう。こうして、ファンタジーを躍動させるのです。しかし、こうすること、つまりファンタジーについて行くことに、通常、人は抵抗を覚えます。何かがきっと耳元で囁いて、それはまったく馬鹿げたことだ、と言うのでしょう。実際、意識的であり続けるために、意識は無意識の素材に対して非常に侮蔑的な態度をとることを強いられています。そのため、たとえば、必要がなくなった信仰から脱却しようとしている人が、その信仰を嘲る様子を見かけることがありますが、この人は実は、無意識の懐へと滑り落ちるのを防ぐ歯車の歯を捨てているのです[*3]。これが、無意識の素材を摑むことが非常に難しい理由です。意識は絶えずこう言います、「そのようなものすべてに近づくな」と。意識は無意識への抵抗を減らすのではなく、むしろ増やす傾向を常に持ち続けます。同様に、無意識は意識と対立します。意識を勝ち取るためには、人間は自然との解離を強いられますが、これは人間特有の悲劇です。人間はエナンチオドロミアの完全な支配下に置かれるか、または自然の力に弄ばれるか、あるいは自然からあまりにも遠くに離れてしまうか、このいずれかなのです。

ファンタジーを働かせることに関する質問に戻ると、もし一度でも無意識との自由な接触に対する抵抗を克服し、ファンタジーについて行く力を展開させることができたなら、イメージの戯れを観察することができるでしょう。アーティストは誰もが、こうしたことをとても自然に行っているのですが、アーティストが美的価値だけをそこから得ている一方で、分析家はすべての価値を、すなわち観念的価値、美的価値、感情的価値、そして直観的価値を手に入れようとします。

このような場面を観察する際には、人はそれが示す自分にとっての特別な意味を明らかにしようとします。生命を吹き込まれた人物像が、その人の意識の傾向からあまりにも遠い場合には、早発性痴呆の事例において見られるように、その人物像たちが勝手気ままに振る舞う事態が生じるかもしれません。そしてその噴出は意識を切り裂いて断片化させ、その断片化したあらゆる内容をたった一つの独立した自我に預けるために、こうした事例ではきわめて不適切な感情反応が生じるのです。もしある程度の量の自我が残されていれば、なんらかの反応が起こるかもしれません――つまり、無意識の中の一つの声は〝お前は気がふれている〟と非難し、もう一つの声がそれに反論するために現れるかもしれません。

しかし、早発性痴呆の事例に限らず、いわゆる健康とされる人々であっても断片的なものです――つまり、ほとんどの場合、彼らは完全な反応を生み出すことはないのです。別の言い方をすると、健康とされる人がすべてを兼ね備えた自我であるわけではないということです。意識の中には一つの自我があり、同時に、別の自我が無意識的な先祖の要素によって作り上げられています。そして、長年しっかりと自分自身であり続けた人が、その無意識的な先祖の要素が持つ力によって、突然一人の先祖の支配下に落ちます。人々がしばしば見せる断片的な反応や不適切な感情は、このように考えてみると最もうまく説明できると思います。みなさんは、いつも人生の暗い面だけを見ている人物を知っているかもしれませんが、その人はもしかすると、先祖に取り憑かれてその一面性を強いられているのであって、まったく突然に、今度は無意識の別の先祖が彼を支配して、やはり一面的な楽天家に変えてしまうかもしれないのです。文学作品には突然性格が変わる多くの事例が描かれていますが、もちろん、それらは先祖の憑依によるものであるとは説明されていません。先祖の憑依という発想は、未だ科学的裏づけを得られていない仮説だからです。

こうした発想をもう少したどってみると、未開人の間では幽霊たちによって引き起こされる疾病しか存在しないことは、興味深い事実です。この幽霊がもちろん先祖たちなのです。

この先祖の憑依という理論と類似する生理学現象があるのですが、それがこのアイデアをもう少し明確にしてくれるかもしれません。癌は、癌へと成長し分化していった組織の中に、もともと折り込まれていた胚細胞が、後天的に無秩序に発達することによって生じるのだろうと考えられています。この説を裏づける有力な証拠は、たとえば成人男性の太ももの中で、つまり奇形腫として知られている腫瘍状のものの中で、部分的に発達した胎児が見つかったことです。もしかすると似たようなことが心の中でも起こっており、その心理学的な構成が複合体（コングロマリット）と呼ばれるのかもしれません。おそらく、先祖たちに属するある特性が、個人の生には一度も同化されず、それ自身の独自の生を保ったまま、心の中にコンプレックスとしてしまい込まれており、そしてそのコンプレックスが、ある時、何か未知の理由によって活性化し、無意識の折り重なった暗い襞（ひだ）から出て、心全体を支配し始めるのです。

私は、無意識から現れるイメージの歴史的性格を、このように説明したいのです。しばしばこうしたイメージの中に生じている詳細な部分は、個人的な経験という視点からでは、いかに想像を働かせようとも説明することができません。ある歴史的な雰囲気が私たちのもとに生まれ、それを用いることで私たちにはよくわからない細部を再現することができるのですが、その時それは、まるで歴史的事実なのです。ドーデは同様の考え（『遺伝性』『イメージの世界』）を展開し、それを「自己受胎[1]」と呼んでいます。このような思弁の真実が何であれ、これらは集合的無意識という理念の枠に間違いなく収まるでしょう。

先祖の憑依という発想のもう一つの考え方は、そのような自律的なコンプレックスが心の中にメンデルの遺伝の単位のように存在していて、それらが世代から世代へと形を変えずに伝えられ、個人の生命によって影響されることはないとすることでしょう。そこで問題となるのは次のようなことです。つまり、そのような心理学的なメンデルの遺伝単位は、個人がその犠牲となることを防ぐために、解体されたり同化されたりすることができるのか否か、ということです。分析は、たしかにそのための有用な試みです。分析によって、コンプレックスや遺伝の単位を心の別の部分に完全に同化させることはできないかもしれませんが、少なくともそれらを扱う一つの方法は示してくれます。この方法において分析は、たとえば消耗症[*4]のような疾病に適用される整形外科的方法と類似したものになります。その疾病自体は変化しませんが、運動感覚の障害を補償する、ある調整機能を発達させることはできます――消耗症患者は眼球運動を通じて歩行時の身体の動かし方を身につけることができ、その結果、失った触覚の代わりを得ることができるのです。

講義

今日はタイプに関する本の背景について、より詳しくお話ししていきたいと思います。

自分の心に注目するようになると、すぐに自律的な現象の観察が始まります。そこで人は観客として存在することもあれば、あるいは生贄（いけにえ）として存在することすらあります。これは、自分の家の庇護下から踏みだして、古色蒼然たる森へわけ入り、そこに棲むありとあらゆる怪物に直面するようなことなのです。もちろん、心の仕組みを反転させてこういう状況に入っていくのは、いささか気の進まないことです。それは自由意思を放棄して自分を生贄に捧げるようなことです。それと言うのも、このような仕組みの反転は、方向づけられた思考とはまったく違った態度を芽生えさせるからです。その時、人は単なる心理学的機能の中ではなく、この世界の未知へと浚（さら）われてゆくのです。ある意味、集合的無意識は無意識であるゆえに、ただの蜃気楼ですが、触知可能な世界と同じくらい現実的でもありえます。私がそう言えるのは、このことを身をもって経験しているからです。しかし、そんなことを言っても仕方がないですね。ひとまずは、その現実性を受け入れることを自ら進んで行わなくてはなりません。あるいは、無意識と手を携えて長い道のりを行く危険を冒す、と言ってもよいでしょう。かつて、私はドイツ人作家ホフマンのいくつかの物語を読んだことがあります。[*5(2)] ホフマンは一九世紀初頭に創作を行っていた作家で、ポー風[*6]のスタイルで執筆していましたが、こうした物語を書いている最中に、そのファンタジーがあまりに真に迫りすぎて、〝助けて〟と叫んで、人々を救助に駆けつけさせたと言います。通常の場合、ある程度は何の危険もありませんが、それでも無意識が圧倒的な印象を与えることは否めません。

私が最初の観察を始めたのは、自分の無意識を調査する体系的な試みを本格的に始めるよりも前のことでした――それは、この問題の本来の重要性を十分に理解する前のことだったのです。

みなさんは、私がフロイトとの関係についてお話ししたことを覚えていらっしゃるでしょう。まだ『無意識の心理学』を執筆していた頃のことですが、理解に苦しむような夢を見ました――おそらく完全に理解したのはようやく昨年のことです。もし理解したとするならば、ですが。それはこんな夢でした。私は田舎道を歩いていて、十字路にさしかかります。誰かと一緒に歩いていましたが、それが誰かはわかりません――今なら私の影だったと言うでしょう。突然、私は一人の男と出くわしました。老いたオーストリア税関吏の制服を着た男です。それはフロイトでした。夢の中で、検閲という考えが浮かびました。フロイトは私を見ずに、静かに歩み去りました。「彼に気づいたかい？　三〇年前に死んでいるのに、きちんと死ねていないのだよ」と影が言いました。私はそれを聴いて、とても奇妙に感じました。そして場面が変わり、私は山の斜面に位置する南方の街にいました。街並みは急坂を上り下りする階段で構成されていました。そこは中世の街で、太陽は真昼の頂から照りつけていました。ご存知のように、正午は南方では霊が戸外にいる時間です。[*7] 私は連れの男と街路を歩いて来ました。そして、大勢の人が私たちの傍らを行き交っています。突然、人々の中に非常に背の高い男の姿が見えました。それは胸と背に赤いマルタ十字のついた鎖帷子（くさりかたびら）を身につけた十字軍兵士でした。彼は非常に超然としてよそよそしく、周りの人にまったく無関心で、通行人たちも彼にまったく注意を払わないのです。私は驚いて彼を見ましたが、彼が辺りを歩きまわっていったい何をしているのかが理解できませんでした。「彼に気づいたかい？」と影が尋ねてきました。「一二世紀には死んでいるのに、まだきちんと死ねていないのだ。いつもここで人の中を歩きまわっているが、誰も彼を見ない」。私は、人々が何の注意も払わないことに非常に戸惑いました。そして、目が覚めたのです[3]。

この夢は長い間私を悩ませました。その頃、フロイトと揉めることになるとは予想もしていなかったので、夢の冒頭の部分にはショックを受けました。「彼が死んでいて、あれほど価値下げされているとは、どういうことなのだろう?」それが自らに投げかけた問いでした。実際、当時の私にとって検閲はきわめて有効な理論だと思われていたのに、なぜこのような観点から検閲の原理を考えたのでしょうか。私は十字軍兵士の姿とフロイトの姿との対立に気づき、そこに強い類似性があることにも気づいたのです。彼らには違いがあるものの、二人とも死んでおり、きちんと死ねずにいました。

この夢の意味は、先祖の人物像の原理にあります。オーストリアの役人の方ではなく——それは明らかにフロイト学派の理論を表しています——もう一方の人物像、十字軍兵士が元型的人物像であって、一二世紀から生きているキリスト教の象徴であり、今日では本当には生きていない象徴なのですが、他方では完全に死んでもいない象徴です。それはマイスター・エックハルト[4]の時代、つまり騎士文化の時代に現れたもので、当時は数多の思想が花開きました。結局は枯らされましたが*8、今再び蘇ってきているのです。しかし、この夢を見た時にはこうした解釈を知りませんでした。ですから私は苦しみ、戸惑いました。フロイトも戸惑い、その夢について満足のいく意味を見いだすことができませんでした。

以上は、一九一二年の出来事でした。そして私はもう一つ別の夢を見たのですが、それもまた、フロイトが決定版としていた夢に関する着想の限界をとても明瞭に示してくれました。それまで無意識を死んだ素材の貯蔵庫に過ぎないと考えてきていましたが、徐々に元型という概念が私の中で形を成してきて、一九一二年の終わりにこの夢を見たのです。無意識は自律性のない物質のみで構成されるのではなく、そこには何か生きたものが存在しているという確信の始まりでした。私の中に自分の知らない何か生きたものがいるのだという考えに、大変興奮しました。

私が見たのは、自分が非常に美しいイタリア風の回廊にいて座っている夢で、そこはフィレンツェにあるヴェッキオ宮殿*9[5]に似ていました。きわめて豪奢な場所で、大理石の円柱や床、大理石の手すりがありました。私は黄金の椅子に座っており、それはルネサンス時代のもので、目の前にはエメラルドに似た緑の石で出来たテーブルが一つありました。並々ならぬ美しさを湛えたものでした。私は宙を見つめて座っていました。それというのも、この回廊が一つの城の塔の頂にあったからです。自分の子どもたちもそこにいるとわかっていました。すると、ふいに白い鳥が飛んできて、しとやかに卓上へ舞いおりたのです。

小さな鷗（かもめ）か鳩のようでした。私が子どもたちに静かにするよう合図を送ると、鳩はふいに金髪の小さな女の子に変わり、子どもたちと駆け出して行きました。このことに深く思いを巡らせながら座っていると、女の子は私の所へ戻ってきて、やさしくそっと首に抱きついてきました。それから突然、その子は姿を消し、そこには先ほどの鳩がいて、おもむろに人間の声で語り出したのです。「夜の初めのひと時だけ、私は人間の姿になるのを許されていますが、その間、雄鳩は忙しく一二人の死者たちの相手をしてくれています」。そして鳩は青空へ飛び去り、私は目覚めたのです。(6)

その鳩は、雄鳩について話す時に独特な言葉を使っていました。それはドイツ語の「雄鳩 Tauber」という単語ですが、これは頻繁に使われる言葉ではなく、私には叔父が使っていたのを聴いた覚えがある程度でした。しかしいったい、雄鳩は一二人の死者たちと何をしているというのでしょう。私ははっとしました。その時、タブラ・スマラグディーナ Tabula smaragdina の物語、またの名をエメラルド板 emerald table の物語[*10]が閃いたのです。それは、ヘルメス・トリスメギストス伝説[*11]の一部ですが、彼はある石板を遺したと考えられており、そこにはギリシア語で綴られた世々のあらゆる叡智が刻まれているとされています。たとえば、次のようなものです。「上にエーテル、下にエーテル。上に天界、下に天界。此れみな上に、此れみな下に。享受せよ、それを」[*12](7)。お伝えしていますように、こういうことすべてに大変驚かされました。私は十二使徒や一年の一二ヵ月、黄道十二宮等々について考え始めました。ちょうど『無意識の心理学』で黄道十二宮のことを書いたところでした。しかし、しまいにはそれを諦めなければなりませんでした。この夢については、そこに無意識の途方もない精気があること以外には、何もわからなかったのです。私はこの活動の根本を摑む技を知らず、できることはただ待つこと、日々の営みを続け、ファンタジーを観察することだけでした。

これらは、一九一二年のクリスマスの出来事でした。一九一三年には無意識の活動をきわめて受け入れがたく感じるようになりました。私は心をかき乱されていましたが、幼児期の記憶の分析に努める他に為すべきことがわかりませんでした。そこで、きわめて綿密に自分の幼児期記憶を分析し始めましたが、何も見いだすことはできません。「では、そういう経験をもう一度生きてみなければ」と思い、子どもの頃の気持ちを取り戻す努力をしました。子どものように遊んだら、そういうものを回復できると思ったのです。少年時代、私は石の家を建て、さまざまな空想のお城や教会や街を作るのが大好きだったことを思い出しました。(8)「まったく、無意識を活性化するためとはいえ、いったいこんな馬鹿げた振る舞いをしなければならないとは、いったいなんということだ」と思いました。その年、私はこうしたあらゆる類の馬鹿げたことをして、愚か者のように楽しんだのでした。それは大変な劣等感を引き起こしましたが、他に良いやり方を思いつきませんでした。秋も間近な頃、自分の中にあるように思われていた圧力がもはやそこになく、大気中にあるのを感じました。実際に空気が前よりも重苦しく思えたのです。まるで、それはもはや私が巻き込まれている心理学的な状況ではなく、一つの現実の状況であるかのようで、そうした感覚はどんどん強まっていきました。

一九一三年一〇月、私は列車での旅の最中に、読みかけの本を手にしていました。そしてファンタジーを働かせ始めると、知らぬ間に目的の街に着いていました。そのファンタジーは次のようなものでした。私は穏やかな気持ちでヨーロッパ地図を眺めていました。すると、北方全体とイングランドが沈んで行き、海がその上を覆い満ちて行くのが見えました。この洪水がスイスまで達すると、山々がスイスを護るため、みるみる高くなっていくのが見えました。おぞましい破滅が進行していると思いました。町が破壊され人々が死んでいき、その残骸や遺体が波にもまれていました。そして海全体が血に染まったのです。初めのうちは冷静に傍観していただけでしたが、破滅の感覚が凄まじい力で私を襲いました。このファンタジーを抑え込もうとしましたが、それはまた心に浮んできて、二時間にわたって私を捉えて離さなかったのです。三、四週間後にもまた現れて、それも再び列車内にいる時でした。同じ光景が繰り返され、血だけはさらに強調されていました。[9]

もちろん、私があまりにも嘆かわしい状態になっていたために、自分の個人的なコンプレックスをヨーロッパ全土にまき散らしてしまったのかと自問しました。大きな社会革命の可能性についても相当熟考しました。しかし奇妙にも、戦争についてはまったく考えなかったのです。こういうことすべてが、怖ろしく不気味なものになりつつあるように思われました。そして、思いついたのです。私にできることがある、出来事の推移を順を追ってすべて書き留めておくことだと。それを書き記している間に、一度「自分のしているこれはいったい何だろう。間違いなく科学ではない。では何か？」と思いました。すると、ある声がして、「それはアートです」と言ったのです。それはきわめて奇異な印象を私に与えました。私の書いているものがアートであるとは、まったく納得できなかったからです。そこで、「たぶん無意識が人格を形成していて、この人格は自分ではないものだけれども、表現されることを求めてやまないのだ」と思いました。理由は定かではありませんが、私には、自分の書いているものがアートだと言った声がある女性から発されたものだとわかりました。[10] いかにも部屋の中に入って来てこうしたことを言いそうな一人の実在の女性です。彼女なら自分の踏み越えた分別を気にも留めないでしょうから。たしかにそれは科学ではない。そうすると、アートの他に何があるのか。まるで世界にただ二つの選択肢しかないかのように考えるのです。それが女性の心の働き方というものです。

さて、私はこの声に向かって断固とした調子で、自分のしているいることはアートではないと言い、自分の中に強い抵抗の芽生えを感じました。しかし、何の声も聞こえてきません。そこで私は書くことを続けました。すると、最初のものに似た別の一撃がやって来ました。「それはアートです」。今回はその女性を捕まえて「いや違う」と伝え、それから論争が続くかのように感じました。しかし、どうやら彼女は私のような言語中枢を携えていないように思えたので、私のものを使うように伝え、彼女はそうすることにしたのです。そして長い語りが聞こえてきました。

これが、無意識内容を直接とり扱うために、私が開発した技法の起源です。

第６講

質疑応答

前回の講義でユング博士が提示したファンタジーについて、個人的な側面にさらに立ち入った解説を、ハーディング博士[*1]が求めた。

ユング博士　山に囲まれたスイスは、私自身を指し示していると理解できますし、沈みゆく世界は私のかつての人間関係の残骸を示すと理解できるでしょう。このファンタジーを取り巻く状況を描写しようとした時、事物が大気中に広がったような奇妙な感覚に陥っていたとお話ししたのを、みなさんは覚えておられるでしょう。けれども、これには最大限の注意が必要です。もし私が早発性痴呆の患者であったなら、私は自分の夢を躊躇なく世界全体へと広げて、それが世界そのものの破壊を示していると考えてしまったでしょうが、おそらく実際にここで示されていたのは、世界に対する私の関係の破滅だったのです。早発性痴呆の患者は、ある日目が覚めると世界が死んでいて、医者は亡霊に過ぎないことを発見します――ただ一人彼のみが生きていて、彼のみが正しいのです。しかしこうした事例では常に、その患者の本質的な異常性を証明するその他のたくさんの症状が存在するものです。その人が正常であればあるほど、実際になんらかの深刻な社会的動乱が進行中であることを、こうしたファンタジーを通じてよりはっきりと想定することになります。そして、そういった時には、無意識を通じてこの動乱を検知している人が少なからずいるものです。

　無意識がこのようなファンタジーを作り出す時、個人的な内容は非個人的な側面を与えられます。無意識の中には、人類一般へとつながる集合的な状況を描き出す傾向が存在しているからです。早発性痴呆やパラノイアでは、こうしたプロセスが明瞭に見て取れます。このような人々が追随者を得るのも、まさに彼らのファンタジーや夢が時として集合的な妥当性を持つからです。[*2]まず、彼らはその病的状態によって世界とのつながりを断ち切ってしまいます。すると特別な使命が啓示され、彼らは宣教を始めるのです。人は彼らを刺激的な人物だと見なし、女性は彼らとの子を儲けることを無上の栄誉と捉えます。未開人は、そうした人々に神々や祖霊の力が漲っていると考えます。

　だから、もし私が狂っていたなら、エルサレムの壁の上に立つ者と同様に、災厄が到来すると[*3]説いてまわったことでしょう。

ツィノ女史　このファンタジーには、激しい感情が溢れていたのでしょうか？

ユング博士　はい、かなり激しい感情が吹き荒れていました。そのファンタジーをどのように活用したら良いのかまったくわからず、「もしこのファンタジーが何かを意味しているとするならば、それは私が救いようもなくおかしくなっているということだ」と思っていました。私は過度に補償された精神病であるという感覚に襲われ、一九一四年八月一日までこの感覚から解放されませんでした。[1]

講義[2]

　無意識の分離された部分と対話するためにどのように自分を訓練し始めたのかを、前回お話ししました。その時に述べたように、私の記録がアートであると宣言する馬鹿げた声は、間違いなく女性のものだったのですが、なぜ女性なのかはわかりませんでした。一人の女性が私の内側から干渉してくることに、とても興味を持ちました。私の結論は、それは、原始的な意味での魂に違いないということです。それから魂に「アニマ」という名が付されている理由について思いを巡らせるようになったのです。なぜそれは女性名詞で考えられているのでしょうか？　彼女の私に対する言葉に、私は根深い狡猾さを見ていました。たしかに私は、自伝的な素材を書きつけてはいましたが、自伝として書いていたわけではありません――そこには様式といったものが存在せず、ただありのままを書き留めたかっただけなのです。それなのに、あたかも私が小説を書いているかのように、例の意見が飛び込んできたのです。その意見があまりにも見当違いだったので、彼女に対して腹を立てました。私が書いていたものは明らかに科学ではなかったので、私自身、それをアートと見なすこともできたかもしれません。しかし、それは間違った態度であるとはっきりとわかっていました。ひそかにそれはアートなのだと納得していたら、無意識の変遷を、映画を見るかのように、安易に眺めることにもなったでしょう。もし私がある種の本を読めば、深く感動はするかもしれませんが、それは結局のところ、私の外側での出来事なのです。同じように、もし私が無意識からの夢やファンタジーをアートだと見なしていれば、私はそれらに感覚的には納得しえたでしょうが、それに対してなんら倫理的な義務を感じなかったでしょう。たとえば、もし、右手の道を進んで、アニマを理解しようとしていたら、私は、さも高みから見下ろすように、この現象を眺めていたでしょう。そしてまた、左手の道を進んで、私が無意識と同一化していたら、無意識の慰みものになっていたでしょう。このような悩みの中から、私は、この時に受けていたアニマ像からの干渉に耐える道を選んだのです。私は無意識の力を推し量ることができていましたし、それは実際あまりにも強大だったのです。

狡猾な仄めかしを行い、誤った偏見を抱かせ、誘惑し、本当の彼女の姿を摑もうとする私を惑わせる。こうしたアニマの悪戯するような働きは、女性の心の中においてはアニムスが担います。なんらかの正当な理由づけがなされる前から、アニムスは確信としてやって来て、物事を歪めます。それは非常に繊細なやり方なので、アニムスを巣穴へと追いやるには、最大限の鋭敏さが必要となります。私のアニマは、場合によっては私を持ち上げ、私は世に理解されないアーティストなのだから、いわゆるアーティストの才能を追求するために現実を無視する特権があるのだ、などとやすやすと思い込ませることもできたでしょう。もし私がこうしたやり方で無意識に従っていたなら、ある晴れた日にアニマがやって来てこう言ったことでしょう。「あなたのやっているこのナンセンスが、アートだとでも思っているの？　勘違いもいいところだわ」と。このように、人はエナンチオドロミアにおいて、ばらばらにされるでしょう。先ほども言ったように、批判的精神を持たずに無意識に付き従うと、人は無意識の対立物の慰みものになります。無意識の対立物の引き寄せる力には、桁外れの激しさがあります。無意識の対立物の中にはエネルギーがあり、実際的な事実へのある程度の適応もありますが、批判的に検討してみれば、それはいつも的外れであることがわかるでしょう。

ご説明したものは、私が経験したこうした類の体験の中で、とりわけ特別な例というわけではありません。ああやって書き留めていた「時には」、しばしば、私をうろたえさせる奇妙な反応に出くわしたものでした。ゆっくりとではありますが、私は、私自身とこうした妨害とを区別することができるようになっていきました。俗悪で陳腐なものが侵入してきた時、私は自分に言い聞かせました。〝こうした馬鹿げた考え方をすることがあるのはまったく確かだが、今はそのようなことを考える必要はない〟と。こういう愚かさが永久に自分のものである、などと受け入れるわけにはいきません――というのもそれは私には不必要な自己卑下だからです。また、私という一個人の一部として受け入れるなど思いもよらないような集合的な観念を押しつけようとしている、などとアニマにただ告げたとしても、まったくうまくいきません――情動にとらわれている時には、それは集合的な反応だ、などと言ってみても役には立たないのです。けれど、もしこうした無意識の現象を人格化することで孤立させられるなら、そこから力を奪う有効な技術となるでしょう。それらを人格化することは、それほど想像を広げることにはなりません。それというのも、そうしたものにはいつもある程度の区分があるからです。この区分に甘んじてしまうことほど不快なことはないのですが、一方で無意識が無意識自身をこのように提示しているという事実こそが、私たちに無意識を取り扱う手段を提供してくれてさえいるのです。こうして、私の中の私ではない何かに馴染んでいくには、長い時間がかかりました――つまり私の個人的な心の中に、自分に所属しない部分があるという事実に馴染むのにです。

その後私は、「女性は魂を持っているのだろうか?」という、この世に大昔からある問題に取り組み始めました。私は、女性はアニマを持ちえないと判断しました。もし女性がアニマを持っていたら、女性を内側から抑制するものがないことになるからです。そして、女性はアニムスを持っているに違いない、というアイデアがひらめいたのですが、活動中のアニムスというのは捉えるのがいっそう難しいものですから、私がこのアイデアをより発展させたのは、もっとずっと後のことでした。

こうしたアニムスとアニマについての発想によって、私はかつてないほど遠く形而上学的問題にまで導かれていきました。そして再検討すべきいっそう多くの事柄が持ち上がってきたのです。当時の私は、カント的基礎[*4]に立脚して、決して解き明かせない物事が存在しており、そうした物事に関しては思弁を労すべきではないと考えていましたが、もしアニマに関してそんなにも明確なアイデアを見いだせるのだとすれば、神の概念を定式化することにも相当の価値があるのではないかと思えました。しかし、満足できるところまではまったく辿り着けず、一時はアニマ像が神かもしれないと考えたこともありました[3]。男性はもともと女性の神を持っていたのかもしれないが、やがて女性による支配に疲れ、この神を廃位したのかもしれないと、そんなことを考えていました。実際、すべての形而上学的問題をアニマに引き寄せて考え、アニマこそ心の中にそびえ立つ精神であると見なしていました。こうして、神の問題に関する心理学的な自問自答に踏み込んでいったのです。

最初に最も強く印象づけられたのは、アニマの否定的な側面でした。若干の畏怖さえ覚えていました。それは、部屋に入った時に不可視な存在を察知して湧き起こるような感情でした。けれども、それから新しい考えがひらめきました。つまり、分析のための素材をすべて書き留めている時、私は事実上アニマに向けて手紙を書いていたのであって、さらに言えば、私とは異なる視点を持った私自身の一部に向けて手紙を書いていた、ということです。そうして、私は新しい人格を観察していました。一人の幽霊、そして一人の女性との分析の場にいたのです。私は毎晩、かなり実直に記録をしていました。もし私が書かずにいれば、アニマはそれを知る術を失ってしまう、と思ったからです。何かを語ろうとすることと、それを実際に語ることには、著しい違いがあります。かつて私はそれを実験的に確かめることができました。その実験で被験者に、何か不愉快なことを思い浮かべるように指示し、さらにそれが何かを私にはわからないようにしてほしいと言いました。そうして、いわゆる精神電流反応実験により、彼の電気抵抗を調べたのですが[4]、ほとんど変化はありませんでした。その日の朝に起こった極度に不愉快なことを彼が思い浮かべていたことを私は知っていたのですが、偶然にそれがわかっただけで、彼は私には何もわかっていないと思っていました。「では今から、その不愉快なことが何かをお話ししましょう」と、私が彼に話すや否や、電流に驚異的な反応が見られたのです。

私は最大限自分に正直であろうとして、注意深くすべてを書き留めていきました[5]。「汝すべてを与えよ。然らば受け取らん[6]」という古いギリシアの命令に従ったのです。この素材については一九一三年一一月まで書き続けましたが、そこでそれは終わりました。次に何が起こるかはわからなかったので、私はもっと内省が必要だと思いました。私たちは内省する時、内側を見て、そこに何か観察されるものがあるかを確認し、そうして、もし何もなければそこで内省をやめます。もしくは一回目の調査で見落とされた素材に向かって「掘り進む」道を見つけることもあるでしょう。私は穴を掘っているというファンタジーを働かせることと、そのファンタジーを完全な現実として受け入れることで、そのような掘削方式を考案したのです[7]。これはもちろん、いささかの困難をともないます——あたかも現実の穴を掘って一つの発見からまた次の発見へと続いていくかのように、いっそう深くファンタジーに入り込んでいけばいくほど、徹底してファンタジーを信じるのは難しくなるのです。しかし、穴を掘り始めると、私の取り組み方はあまりにも激しく、その結果、これから何が起こることになるのかがわかってきたのです――ファンタジーはまた別のファンタジーを作り出したりおびき寄せたりせずにはいられない、ということがわかったのです。

もちろん私は穴のイメージを使うことで、無意識を刺激することに相当な力を発揮する一つの元型を利用しています。洞窟に付随する神秘は有史以前から受け継がれているのですから。ミトラの儀式[*5]やカタコンベなどが、すぐに思い浮かぶでしょう。私たちが大聖堂に踏み入った時に、不思議な感覚を覚えるのはなぜでしょうか？　ひとえにそれが、人の無意識を目覚めさせずにはいられない元型的な状況だからです。コロラドのグランドキャニオンを見た時[8]、私はまさにこうした畏怖の念を抱きました。抱かざるをえなかったのです。それは、独特な手触りで私の無意識に触れてきたのです。そうして、ファンタジーの穴に取り組めば取り組むほど、いっそう深く降りていくようでした。ついに私は、一番下まで降りついたに違いない、と感じました。では次は水平に進むことにしようと決めると、私は回廊にいるようで、黒いヘドロの中をかき分けながら進んでいるようでした。こいつは古い廃坑だな、と考えながら、私はヘドロの中を進みました。

はるか前方におぼろげな赤い光が見え、ついて行くと洞窟に至りました。そこは妙な音を立てるコウモリに似た姿形をした昆虫で溢れかえっていました。洞窟の一角に岩があり、岩の上が光っています。輝くクリスタルでした。「あ、あれは」と私は声が出ました。手に取るとルビーに似ています。クリスタルのあった場所には穴があり、そのクリスタルが穴を塞いでいたのでした。今や、これがファンタジーであることは完全に頭の中から抜け落ちていて、「穴の上にクリスタルを置くとは、なんと奇妙なことをするのだろう」と思いました。穴を覗き込めば、轟々と流れる水の音が聞こえます。驚いてさらによく覗き込めば、仄暗い光の中に何かが浮いています。金髪の男の死体でした。「あれは、英雄（ヒーロー）だ！」と即座に思いました。それから、死体とほぼ同じほど大きな黒い何かが、脚をしきりに動かしながら死体の後から漂ってきて通り過ぎていきます。スカラベでした。そしてその後に、太陽のごとく光る球が、嵐の前の日の出のように、水の中で赤黒く燃えながらやってきます。それが視野の中心に差しかかった時、何十万もの蛇が太陽の上に身を投げ出し、覆い隠してしまったのでした[*6]。

私が穴から身を引き離すと、そこから血が、動脈が切断されたように噴出しました。私はこの上なく不快な気持ちになりました。血は噴き出し続け、とどまることがありません。私は徹底した無力感に襲われ、すっかり疲れ果ててしまいました[9]。

ファンタジーから目覚めた時、自分の心身のメカニズムにはなんら不調がないことを自覚しましたが、今私が目撃したことの意味が摑みとれず、非常に混乱していました。洞窟を照らし出すクリスタルは知恵の石のようだったな、と考えました。あの英雄の隠された殺害については、まったく見当もつきませんでした。甲虫は、もちろん古代における太陽の象徴、沈みゆく太陽、あるいは赤く輝く円盤であることを知っていましたし、それは元型的なものでした。蛇たちはエジプトに存在する素材と関連するかもしれないなどとも考えました。当時はまだ、あらゆるものがこれほど元型的な場合には、関連など探し求めなくてもよいのだということに気づけなかったのです。一方で、このファンタジーの最後の光景と、以前のファンタジーにあった血の海の光景とを結びつけることはできました。

　私はこの英雄の殺害の重大さをこの時には把握できなかったのですが、ジークフリートが私に殺される夢をこのすぐ後に見たのです[10]。これは私自身の能力に関する、英雄的な理想の破壊であって、新しい適応のための供犠でした。つまり、このように優越機能を犠牲にして、劣等機能を活性化させるためのリビドーを得ているのです。優れた頭脳を持つ人なら、キリストに代わって、カントやベルグソン[*7]がその人の英雄となるでしょう。もし、そのような人が、この思考を手放し、この英雄的理想を諦めるならば、秘密裏に殺害に加担する――つまり、自分の優越機能を放棄することになるのです。

　今日は、『タイプ論』の背景にある不純な思考をみなさんに提示させていただきました。初めは英雄の殺害という象徴的な形式で表現されていた優越機能と劣等機能との間のせめぎあいを、『タイプ論』において抽象的な用語を使って言い直したのです。今日、ファンタジーを用いて描写したような事柄は、物事を象徴的な形式で物語るのですが、その物事は後には意識に上り、抽象的な思考の形式を取ることになり、その時にはどれも、可塑的だった最初の形とはまったく別の様相を呈することになるのです。いわゆるベンゾール「環」を発見した有名な化学者は、この私の場合と類似するものです。彼は初め、その環の理論を奇妙なペアダンスとして視覚化したのでした[*8][11]。

質疑応答

ツィノ女史からの質問　「あなたが叙述した内向の技術ですが、もしそれを対立物の対が葛藤の極限に及ぶ前に使用したなら、象徴が解放される代わりに、集合的無意識が布置されるのでしょうか？」

ユング博士　お話しした内向の技術が、一般的な使用や模倣に耐えうるものだとは、決して想定してはいけません。実際には、災いとなることさえあるでしょう。内向の技術は、特定の状況の特定の場合に応用可能で、無意識が生き生きと動き、無意識の内容がさらなる進展を必要としている時に限って適用可能です。意識の素材が消化されることを待っていることはとても多く、そうした場合には無意識の内容を呼び起こすことはほとんど無益でしょう。これに関して一つの事例を思い起こします。その事例では、分析家が誤った状況で無意識を解放してしまい、最も悲惨な結果に至っています。私自身の場合には、無意識の解放が必要だったのです。意識が事実上タブラ・ラサ[*1]となっていて、深層にある内容が解放されなくてはならなかったのです。

マン博士　アニムスについて話す時に、人はいつも軽蔑のまなざしを持って話をします。私はアニムスの肯定的価値に関する議論をお聴きしたいです。おそらくこの後、アニムスについてさらに詳しく話してくださるのだと思うのですが。

ユング博士　はい、アニムスの全体像については回答を先送りにしておきたいのですが、部分的には今お答えすることもできます。アニムスは、たいてい、最も不快な状況にいる時に発見され、そのことでアニムスは被害を被っています。たいていの心理学的事象は同じような発見のされ方をします。なぜなら、物事が穏やかに進行している限りは、誰も心理学的事象を理解しようとは思わないからです。問題が起きて初めて、心的プロセスへと意識的態度を向けさせられるのです。もちろんアニムスには無意識との関係を生み出すというきわめて重要で肯定的な機能があるのですが、主として不愉快な状況で発見されるために、悪評を立てられてしまうのです。

同様に「ペルソナ」も評判が悪くなっています。ペルソナなしでうまくやっていける人がいるとは考えられませんが――というのも、それは外界との関係性ですから――ペルソナと同一化していると、その乱用のために有益な側面は失われていきます。同じように、ある人がアニムスそのものであると、アニムスがその機能を適切な範囲内に保っている時に果たす貢献には、目が行かなくなるのです。

ツィノ女史　私が質問の際に特に思い浮かべていたのは、昨今の現代アートで進行している現象です――つまり現代アーティストはイメージを手に入れるために無意識をくみ出しているのであって、心理学的な必要に駆られているわけではありません。そうやって、象徴を解き放つ代わりに、たくさんの未熟な代物を取り出してきています。

ユング博士　これは現代アートの意義に関する問いになりますね。ここにおられるみなさんが、現代アートは無意識から未熟な代物を取り出してきている、と認識しておられるのかどうか私にはまったくわかりません。アルドリッチさんはこの点についてどうお考えですか。

アルドリッチ氏　現代アートと大括りにしてしまうと満足のいく議論にはならないと思います。

ユング博士　では、絵画に限ってみましょう。

アルドリッチ氏　私にとって、いくつかの現代アートは、本当に魔法の呪文です。たとえば、少し前にルガノ[*2(1)]で雄牛と男性が戦っている絵画を目にしました。背景の単調な青の上に六つの光源があり――それは星あるいは惑星ですが、そのためこの男性と雄牛が第七の星もしくは惑星であるかのように見えました。この雄牛は、今日地球上に存在するいかなる雄牛とも異なり、古代的で、単なる一頭の雄牛ではなく、雄牛の原型だったのです。同様のことがこの人物像にも言えます。すなわち、そこには一人の人物を肖像画や肖像写真のように描こうといった営為はまったく見られませんでした——それは人間以上の何かであり、人間の原型だったのです。途方もない力と広がりが感じられました。雄牛は、自分を支配しようとする人間を一緒に引きずりながら星々の脇を通り過ぎます。そのアーティストは——私は彼に聞いてみたのです——ミトラ教と雄牛について聴いたことさえありませんでした。すなわち、その絵は無意識から現れてきた純粋なファンタジーだったのです。もう一つの例は、ここチューリッヒのクンストハウス〔チューリッヒ美術館〕[2]にあるもので、悪魔のようなエネルギーを発して野性的に前足を高く上げていななく大きな黒い馬の絵です。馬の背には、手に槍を携えた英雄のような男の姿があり、その男は兜を身につけてはいるものの全身裸体で、一心不乱にはるか前方を見つめているようです。その男は自分の馬の凶暴さをものともしません。この馬は、雄牛の原型と同様に、特定の動物ではありません——そうではなく、馬の原型なのです。この二枚の絵は私を激しく揺り動かしました。[*3]

ユング博士　どうしてこれらの絵はあなたを揺り動かしたのでしょう？　あなたにお答えいただけるならば、それが現代アートの魅力を伝えることになると思います。

アルドリッチ氏　これらの絵はリビドーの象徴だと思うのです。そして、この雄牛との格闘は、たとえば、人間の魂の葛藤を絵にしたものだと思います。

ユング博士　こうした絵画と一五〇〇年や二〇〇〇年前の絵画との間には何か違いがあるのでしょうか？

アルドリッチ氏　ええ、とても大きな違いがあります。古いスタイルで描かれた農家の馬の絵を見た時に、それは素晴らしい絵だとわかってはいましたが、それが私を揺り動かすことはありませんでした。

ユング博士　まさしくそういうことです。アートの基準はそれが人の心をつかむかどうかということです。コンスタブル[*4]はもはや私たちを震撼させることはありませんが、その時代には間違いなく人々を震撼させていました。恐らく、現代に生み出されたほとんどのアートは、私たちの先祖にとっては呪われたものでしょう。それは彼らにとって何の価値もないのです。アーティストは時流の変化に適応していくものだということを、知らなくてはならないと思います。

さて、アートに関するこうしたテーマについて、ぜひみなさんのお考えをお聞きしたいと思います。

アートを夢の一形態と見ることもできます。ちょうど夢が、心理学的なバランスを取ろうとして、無意識的な要素を使って日中の意識の態度を改めようとするように、アートもその時代の一般的な傾向を調整しているのです。こうした観点からアートを考えてみることをどう思いますか？

のでしょうか？

ツィノ女史　主観的であることが現代アートの特徴ではないのでしょうか？

ユング博士　そう考えるならば、主観的という言葉で何を表そうとしているのか、そこに十分注意を払わなくてはなりません。とても頻繁に経験は主観的だと思われ、その理由とされているのは、主体の心の中でそれが生じているからということですが、それは必ずしも客観的であることと対立するわけではありません。なぜなら集合的無意識のイメージ、すなわち無意識の集合的性質から現れるイメージは、心の外側の物事と同じように、真の客体であるからです。そうすると、現代アートには主観的な傾向があるという場合、それはアーティストが、客体そのものに関わっているのではなく、客体と自分との個人的なつながりと関わっている、という意味でそう考えられるのです。

現代アートの内的対象への関心が増加傾向にあることもたしかに真実ですが、今言ったように、そのことがそれ自体で主観性を構成するわけではありません。現代アートには、内的プロセスの優位性を決定的に感じます。アルドリッチさんの挙げてくれた例で言えば、これらのアーティストは現実の動物よりも、馬のイメージや雄牛のイメージにより関心を抱いて、さらにはそうしたイメージと自分との関係に関心があったと言うことができるでしょう。しかし、そうするとアートの目的とは何でしょうか？　ある種のアーティストはこのような問いに即座に憤慨し、アートはアートであって、目的など持っていないと言うでしょう。

ベインズ女史　現代生活の仕組みが生み出すものに対抗することが、アートの目的ではないのでしょうか？

ベーコン氏　アートはアーティスト自身のために行われているものではないのでしょうか？

ユング博士　もちろんお二人のご指摘は正しいと思います。しかし、それらを凌駕するものがあるはずです。

デ・アングロ博士　私は、現代アートとは、科学的思考が現代人に強いた極端な行き過ぎを調整しようとする、ずれた取り組みだと思っています。ずれていると思うのは、アーティストが病的なほど極端に駆り立てられているからですし、そしてまた、自分の作品と現代の意識的観点とを結びつけるために、その病的な極端さを公衆に「さらす」からです。

ユング博士　現代アートが病的であるという点については、きっと多くの人々が異議を唱えるでしょう。

アルドリッチ氏　現代アートに特徴的なことですが、アートはもはや単に美しくあることには関心がないのだと思います。現代アートは単なる慣習的な美を通り越し、それを超えて行き、そこに私たちの変化した人生観を映し出しているのです。第一次世界大戦以前には私たちは美しい世界に生きていました――あるいは、世界はただ甘美で愛らしく、じめじめして感傷的で、凶暴なものや醜いものの出る幕などない世界に私たちは生きていた、と言った方が適切かもしれません。間違いなく、現代アートは愛らしさには何の注意も払っていません。事実、現代アートは愛らしさよりも醜悪さを選び、そして時には、かつて可能とされていた限界を超えて、美の新たな実現を――たとえ醜悪さそれ自身の内においてでさえ――探求しているのだと思います。

（ここで参加者の間でいくつかの議論が行われ、現代アートは本当に私たちを感傷主義から解放したのか、あるいは単に別種の感傷主義へとかすかに移行しただけなのかが話し合われた。）

ユング博士　感傷主義が人々の心を捕らえ、盲目にし、自分自身の官能性や暴力性に気づけなくさせていることに疑いの余地はありません。そうやってルイ一六世の時代には、ああした美しい女性の羊飼いや、あれこれの田園詩[*5]がフランス中に溢れかえって、それに続いてフランス革命が起きたのです。あるいはまたヴィクトリア朝[*6]では、紳士淑女が悪についてはまったく語らず考えもしなかったのですが、その時代の感情の純潔性や誇張された繊細さの感覚の後に、戦争という剥き出しの地獄が訪れたことを私たちは知っています。歴史全体を見渡せば、明白に暴力的である時代は、それに先立つアートの感傷性によって、直接的に予言されていることがわかります。そしてもちろん同じことが、アーティスト個人の場合にも進行していきます――すなわち、アーティストは暴力性を覆い隠すために感傷性を利用しているのです。感傷性と暴力性という二つの事態は、エナンチオドロミアが作動する対立項であると思われます。

ツィノ女史　現代アートの最良の表現は彫刻の分野に見られるのではないでしょうか？

ユング博士　そうは思いません。彫刻は形態を必要とし、形態には着想［が必要］です。一方で絵画は形態を必要とせずに、省略することができます。キュビズムの彫刻は、全か無か、と言っているように見えます[3]。しかし絵画では、その発展の筋を辿ることができます。たとえば、ピカソの絵画の変遷を私は注意深く辿ってみたことがあります[4]。まったく突然にピカソは、頬の上に映る鼻の三角の影に打たれたのです。後には、頬の上の影自体が、四辺を持つ影になり、それが続いていきました。この三角と四角は、それら自身の独立した価値を持った核になり、人間の姿は徐々に消えていき、空間の中に解消されていきました。

『階段を降りる裸体』[5]というタイトルの絵画がニューヨークで展示されたことがあります[*7]。これは、客体の二重の解体を表現していると言えるかもしれません。すなわち時間と空間の両面における解体です。人物と階段とが三角形と四角形の中に入り込んで混ざっていくだけではなく、この人物は階段を同時に上りかつ下りているのです。しかも、一般的な絵画ではアーティストは時間と空間における人物の統合を保つのに対して、この絵画では、絵を動かすことによって初めて、絵から浮かびあがってくる人物を捉えることができるのです。このプロセスの本質は、客体の価値低下です。これは、私たちが生きた人間の現実を横に置いて、その人を幼児期の悪行に還元して理解してしまうのと、いくらか似ている行為です。このアーティストは対象を私たちの視界から外し、そこから部分的に取り出されたものに置き換えているのです。それはもはや鼻ではなく、私たちに対して示された鼻の影なのです。あるいは、別の言い方をするならば、本質的なものから非本質的なものへと強調点を移したのです。それは言ってみれば、まるで機知に富んだ言葉で事物を説明し、事物を移ろいやすい息で解説したようなものなのです。

このプロセスは、不可避的に客体から主体へと関心が移ることを導き、現実の客体ではなく、内的な客体が価値の担い手になります。プラトンが概念化した影像[*8]が改めて前面に出てくるのです。こうして、アルドリッチさんが話してくれたような雄牛をアーティストが描く時、それはアーティストが描いたその雄牛であり、同時に、あなたの雄牛であり、私の雄牛であり――そう表現したければ、神の雄牛なのです。この雄牛の調教師は、途方もない力という集合的なアイデアを一つのイメージの中に集約したのです。これは克己――英雄的な特質を持つ人間だけがこの雄牛を克服すること――について物語っているのです。こうして現代アートは、私たちを外的な対象へ向かうリビドーの極端な拡散から引き離して、私たち自身の内にある創造的な源へと、その内的な価値へと導いていくのです。言い換えれば、現代アートは、分析が私たちを連れて行こうとするのと同じ道程へと導いていくわけですが、そこにはアーティストの側に意識的なリーダーシップがないというだけなのです[*9]。

私たちの分析は、まさしくそうした内的価値へと立ち戻ることを目的としているのですが、それはほとんど現代人には理解されていません。分析というものは、中世には思いもよらなかったものでしょう。なぜならば、当時の人たちは、今日の私たちが自分たちから切り離してしまった内的価値を自由に表現していたからです。現代のカトリックは分析を必要としてはいませんが、それはカトリックに無意識が布置されていないからです。――カトリックの儀式を通して無意識は永続的に抜き取られています[*10]。カトリックの無意識は空虚なのです。

かつて私は、中世の人々と現代の私たちの心理学的態度の変化を跡づけるために、中世まで辿って肖像画を収集したことがあります。現代から一六世紀中頃あたりまでは、私の親類たちの肖像画があります。そこに描かれている男女は、現代人を理解するのと同じ感覚で理解することができます。しかし、一六世紀中頃で変化が始まり、ゴシック時代の人々や宗教改革以前の人々が登場すると、その人は、もはや私たちにとって見知らぬ人物です。とても奇妙な姿をしていて、その目は石のようで、感情が欠如しています。私たちの目の中に見られるような生気が、彼らの中にはまるでないのです。時にこの同じ表情が、近代の農夫や近代生活に目覚めていない無教養な階級の人々にも再現されていることに気がつきます。同じようにして、私の義母宅の料理人は、まさにゴシック的な顔つきをして、聖母のようなアーチ状の眉と尖った笑みを湛えているのです。[*11]

　ルターの顔つきに着目するなら、その表情があまり近代的なものではなく、宗教改革以前のものだと気づくでしょう。ルターはまだゴシック的な目つきと、ゴシック的に口をゆがめた渋面をしていたのです。[*12]

　その笑顔には、迫害と殉教のパラノイア的な思想と、カタトニー的な冷笑[*13]とが一つになっています。モナリザの笑顔でも同じです。[*14]それは古代の笑顔とも関連していて、大理石のアイギナ(6)にも、死を笑顔で受けとめている人々の表情を見ることができます。[*15]ゴシックの笑顔は、ほとんど口吻の始まりのようで――やさしさに満ちていて、母のようでもあります。あるいはそれは、密通している女性と道で出くわした時の男性の笑顔でもあります。その笑顔には理解が示されていて――「お互いわかり合っている」と言っているかのようなのです。

　ゴシックの構えのこうした奇妙さは、かつては北から南まで一つの言語と一つの信仰だけに統一されていたという事実から説明しうるでしょう。その笑顔はあらゆる疑いを排除した完全な確信を表していたのであって、だからこそそれはパラノイアと近親関係にあるのです。近代的観点の出現とともに、こうしたものはすべて消え失せました。世界は多様な信仰の時代に突入し、内的な統一と安息は、外的世界の征服へと向かう物質主義的な衝動に、その場所を譲りました。科学を通じて価値は外化されたのです。

　現代アートは、つまり、まずはこうした外的価値を低下させ、その対象を解体することで始まり、そうして次に、基盤となるものを探し、対象の背後にある内的なイメージ――影像を探したのです。これから現代アーティストがさらに何を生み出すのかを予言することはできませんが、偉大な宗教はいつの時代も偉大なアートと緊密な関係を持ち続けてきたのです。[*16]

講義

　前回の講義で、洞窟への下降についてお話をしました。洞窟への夢が訪れ、その中でジークフリート[*17]を殺さなければならなくなりました。ジークフリートは私にとって特に共感できる人物というわけではなく、なぜ私の無意識が彼に夢中になったのかはわかりませんでした。特にワーグナーのジークフリートは外向性が誇張されていて、時には実際に馬鹿げていました。私はジークフリートのことを決して好んでいませんでした。それにもかかわらず、夢はジークフリートを私の英雄として示したのです。その夢を見た時に抱いた強い情動を、私は理解できませんでした。今ならここで、それについて適切に話すことができるでしょう。なぜならその強い情動は、私たちがアートに関して議論してきたテーマ、つまり価値の変化とつながっているからです。

その夢は次のようなものでした。[7] 私はアルプスにいました。私一人ではなく、身長のやや低い褐色の肌の不思議な男も一緒でした。二人ともライフルを携えていました。時刻はちょうど夜明け前、星は空から消え始めていて、私たちは共に山を登っていました。突然、ジークフリートの角笛が上方から鳴り響くのが聞こえ、彼こそ私たちが銃口を向けるべき相手だとわかりました。次の瞬間に、彼は私たちの上方の高い位置に現れ、日の出の光によって照らし出されていました。彼は骨でできた二輪戦車に乗って山の斜面を滑降してきました。「こんなことができるのは、ジークフリートだけだ」と思いました。まもなく、山道の曲がり角から彼が現れ、私たちは彼の胸に目一杯発砲しました。そしてすぐに、自分たちが臆病風に吹かれてしでかしたことに気がつき、おぞましさと自分への嫌悪感で一杯になりました。例の小柄な男が前へ進み出て、ジークフリートの心臓にナイフを突き刺そうとしていることに気づきましたが、それは私にはあまりに行き過ぎたことだと感じられて、背を向けて逃げ出しました。「彼ら」が私を見つけることのできない場所までできるだけ早く逃げようと考えていました。谷へ降りるか、かすかに見える道を辿って山をさらに登るか、二つの選択肢がありました。私は後者を選択し、山を駆け上っていくと、ひどい大雨が私を激しく打ちました。そこで目が覚めて、大きな安堵を感じました。

以前にもお話ししたように、英雄は私たちに受け入れられている最も偉大な価値の象徴です。私たちがキリストの生の原則を私たち自身の原理として受け入れる限り、キリストは私たちの英雄であり続けます。またヘラクレス[*18]やミトラも、私が彼らと同じように克己的であろうと決意する時、私の英雄となります。そのように、ジークフリートはまるで私の英雄であるかのように現れたのです。私は自分が撃たれたのではないかと思うほど、非常に強く哀れみを感じました。そのとき私の感情によっては評価されていなかったものが、私の英雄だったに違いありません。[*19] その英雄とは、強さや能力に関する私の理想であり、それを私は殺害したのです。[8] 集合的無意識の人格化であるあの小柄な褐色の男に助けられて恐ろしい行為を実行し、自分の知性を殺害したのです。言い換えるなら、自分の優越機能を玉座から退位させたのです。

同様のことがアートの領域においても起こっています。つまり、他の機能を解放するために、ある機能の殺害が行われているのです。

降りしきる雨は緊張の解放の象徴です。すなわち、無意識の力が弛んだのです。このようなことが起こると安堵感が生じます。犯した罪は償われます。なぜなら、主要な機能が退位するやいなや、人格の他の側面が人生の中に生まれるチャンスが訪れるからです。(9)

第8講

質疑応答

ハーディング博士からの質問　「前回のアートに関するお話の中で、〝主観的〟という言葉が使われました。その言葉の意味について、私たちのグループの何人かで議論が交わされたのですが、人の数だけ異なった見方があるように思われます。特に、主観的という言葉が、内向タイプにだけ適用できると広く信じられているようでありながら、内向的な人は一つの具体的な人格と一体化できないという考えも広く信じられているようです。この点について明確にしていただけませんか？」

ユング博士　「主観的」という言葉は第一に、みなさんがご存知のとおりのもので、つまりある特定の個人の観点で、それはその人に特有で他の人とは異なるものを指しています。この意味で、主観的という言葉はしばしばある態度を批判するために用いられます。つまり、特定の事柄を客観的に捉えていない、いわば「あるがままに」受け取っていないといった意味においてです。しかしもちろん、ある意見を主観的である、と言うことが非難であるとは限りません。特定の個人の私的な意見が求められているかもしれないからです。

さらに、「主観的」という言葉はその主体に由来する主張のことを指しますが、それにもかかわらず、その主張は一つの客体でもあるのです。すべての人々の中には集合的な観念があります――たとえばダーウィンの理論のように――それらはきわめて客観的なものです。それらが単に人の心の中に見つかることになるというだけでは、その主体に属しているとは決して言えないのです。さらに、ある種の無意識の産物について、人々はそれを自分たちの個性の唯一性を永遠に確立してくれるものだと考えがちですが、そうした無意識の産物は実際にはあらゆる人々に共有されていて、そのような集合的な性質を備えているために、主観的な心と向かい合わせになる客体でもあるのです。

もちろん忘れてはならないのが、ある程度主観的でない客観的な主張はないということです。つまり、客観的な主張は、主体の精神を通過するために生じるある程度の屈折の影響を受けるのです。この点は、『タイプ論』を執筆していた当時の私には、まったく明らかになっていませんでした。望ましい程度までその屈折を減らすことは、ほとんど不可能であることがわかりました。物事が言葉にされた途端に、言葉にされるというまさにそのことによって、物事はその客観性に制限を受けるのです。たとえば、感情に関するドイツ語の表現を例に挙げましょう。ドイツ語に特有な点は、英語やフランス語と異なり「感覚 sensation」と「感情 feeling」[どちらもドイツ語では *Empfindung*] の区別がないことです。そのために、感情についてのドイツ語の言語表現では感情ではなく感覚について話題にすることが起こりがちで、その結果、ドイツ人の思考には間違いなくドイツ人特有の偏りが生じてきます。[*1] さて今度は、現実 *Wirklichkeit* という「現実 reality」を意味するドイツ語の単語を取り上げてみましょう。「現実（リアリティ）」が由来するラテン語は、「もの thing」を文字通りに意味する「レ *res*」です。しかしドイツ語は「物事の現実性 thing-reality」を「物質性 *Dinglichkeit*」と翻訳し、「現実 *Wirklichkeit*」はドイツ人にとって特別な種類の現実、つまり作用している現実や、人生に効力のある現実を意味するようになりました。もし私たちが、さらにこういった言葉の由来を辿っていけば、微細な違いがひどく絡まり合っていることに気づくでしょう。ただ、完全な客観性を実現する上で言語がいかに重い枷（かせ）をはめられているのかはわかります。このように、人の心の中のイメージは偏見を形成する傾向があります。その偏見とは、もちろんその堅固さに強弱はありますが、私たちがそこから完全に自由になることは決してできない類のものです。私たちの個人的な経験が集まった川の流れと接続している先在的な心のイメージを、私は主観的要素と呼ぶのです。心の過程は、こうした先在するイメージとの混合を避けることができません。新しい発想が生き残りを賭けて、常に先祖の性質と戦わなければならない理由は、そのため容易に理解できます。もしあなたがある人に新しい発想を伝えたところ、「たしかに、そのとおりですね」と彼が言うならば、彼が理解してくれたことに満足はしますが、それはおそらく、彼がその発想を受け取り、そこから生のあらゆる火花を抜き取り、彼の心を構成する遺体安置所に収まりやすいように変形したということなのです。彼にその発想を投げかけなければよかったという思いとともに、あなたと彼のやりとりは終わることでしょう。

この二つ目の意味で考えると、主観的要素は、客観的素材によって構成されていると考えられます。つまり、先祖の見方によってです。アーティストはこういった先祖の見方に立ち戻ります。外的な対象から離れ、五感によらず、むしろ心によって捉えられるこの対象に立ち戻るのです。これであなたの質問に答えられていますでしょうか、ハーディング博士？

ハーディング博士　ええ。ただ「主観的」という言葉と内向性や外向性とのつながりについてより細かな点を伺えたらと思うのですが、いかがでしょうか？

ユング博士　外向タイプは外的な客体の価値に自分の基礎を置き、一方で、内向タイプは内的な客体の価値に自分の基礎を置きます。外向タイプは外側のものとの関係に、内向タイプは内側のものとの関係に左右されます。このような態度は共に、未開人未開部族の間で見いだされる態度を脱却したものです。未開人にとっては、内的なものと外的なものが一つの経験を形成する傾向があるのです。彼らは自分が内的な価値と外的な価値の両方を持っていることを当たり前のように確信しています。それら二つを区別することなど、思いもよらないことだからです。古代の神々は外在化した感情が人格を帯びたものでした。意識を通してのみ、内的な経験と外的な経験とを区別することができます。そして、意識を介して初めて、人は内的な客体を顧みることができないほど自分が外的な客体とつながっていることに気づき、そしてその逆もまたありうることに気づくことができます。

意識が外向的である人は、外的な客体とのつながりを重んじ、自分の内的な自己を恐れます。内向タイプは、自分自身を恐れはしませんが、客体に対しては強い恐れを抱きます。それは彼が自分で客体に極度の恐怖を付与してしまうからです。アルキビアデスとソクラテスの逸話を覚えておいででしょうか。アルキビアデスは大衆の前で演説をすることになっていたのですが、彼はソクラテスを訪ね、以前聴衆に対する恐怖のあまり演説できなかったことがあると話をします。ソクラテスは、アテネ近郊までアルキビアデスを案内し、まず鍛冶屋へ行って「この男を知っていますか？」とアルキビアデスに尋ねました。「はい」「この男が恐いですか？」「いいえ」。次に、ソクラテスはアルキビアデスを靴屋に連れて行き、同じ問答を繰り返しましたが、アルキビアデスはやはり恐怖を感じませんでした。ソクラテスは、「この人たちこそ、あなたが目の前で演説することを恐れていた、まさにその人たちですよ」と言いました。しかしこのようなことは内向タイプにとってはよくあることなのです。目の前にいる群衆がひとりでに膨れあがって、怪物に変貌してしまうのです。時にはその人も補償を働かせ、とても力強く振る舞って、その怪物を制圧することもできるのです。内向タイプが感じる恐怖は、客体があまりにも生き生きしているという無意識的な前提に端を発します。そしてそれは魔術に対する古代的信仰の一部なのです。

その一方で外向タイプは、世界がまるで愛すべき家族であるかのように振る舞います。客体に恐怖を投影するのではなく、客体と非常に親しくなります。それでは、外向タイプが自分自身についてはどのように感じるのかを示すために、私が診ていた患者について紹介しましょう。その患者は行き過ぎた外向タイプで、そのために自分自身をすり減らしていました。私は彼に、本来の自分自身でいられる時間を毎日一時間は割かなければならないと言いました。彼はそれに対して、夜の一時間を、妻と一緒に音楽鑑賞できたらよいだろうと答えました。「いいえ」と私は言いました。「私が言っているのはそういうことではありません。あなたは一人でいなくてはならないのです」「読書をしろということですか?」「違います。何もせず、ただ考えるのです」「まったく何もせずにいるなんて」と言った後に、彼は「それでは完全にメランコリー〔憂鬱症〕になってしまいますよ」と続けたのです。

デ・アングロ博士　もし外向的な態度を集合的無意識の素材に向ける人がいると言われたら、その事態をどのように捉えるのですか?

ユング博士　それは答えるのが難しいですね。あなたはどのように考えますか?

デ・アングロ博士　私にはその意味するところがわからないのです。

ユング博士　内向タイプの場合、その人が集合的イメージに向かう態度は、外向タイプが外側の世界に向かう態度と同じです。内向タイプは集合的なイメージの世界を、恋愛や冒険をしているかのように生き抜くのです。その一方で外向タイプは、無意識の素材を内向的なやり方で受け取ります。つまり、極端な警戒とたくさんのおまじないを必要とするのですが、それは客体がその人に及ぼす内的な力を追い払おうとするためなのです。外向タイプは緑の生い茂る場所を見るやいなや、そこに飛び込み、ところがそこは沼地で首まで水に浸かってしまい、しかしまたそこから抜け出て身体を揺すって水を払い、陽気に自分の道のりを歩みます。もし内向タイプがそのようなことをすれば、再び歩き出すことなどほとんど不可能で、自分の失敗から天上地上のあらゆるものを呪います。しかし自分自身の中の沼地であれば、彼はそこに飛び込んで無事抜け出します。その一方で外向タイプにとっては、自分の中の沼地はどんな犠牲を払ってでも避けるべき所なのです。

講義

前回お話しした、ジークフリートが殺される夢を思い起こしてください。その夢では、かつて洞窟内でほのめかされていた何事かが完遂されていました。洞窟には殺された英雄がいましたが、この夢において殺害が成し遂げられます。ですから、この夢は、洞窟のヴィジョンが仕上げられたものと言うことができるでしょう。無論、英雄の殺害のような出来事の後では、何がしかのことが起こることが十分に考えられます。ジークフリートは理想を表し、理想の殺害は優越機能の殺害です。それというのも、この出来事が機能の克服だからです。優れた頭脳を持つ男性は、自分の知性を最も大切な手段とし、知性が真に理想となるでしょうが、この理想が他の人々の知性的理想と調和していなければ、彼は適応することができないでしょう。知性やなんらかの優越機能がそこまで高められると、血が通わなくなり、浮ついた気体のような性質をまとうことになります。それは一般的にも妥当する理想ですから、そこまで著しく一つの機能を分化させた時には、人は何かとても素晴らしいことを成し遂げたと思うものです。しかし、実際にはそれは非常に機械的なことなのです。知性的な男性を連れてきて、感情タイプが高度に分化した女性と対面させてご覧なさい。お互いに失望して、二人とも相手を中身がないとか無味乾燥だとか思うでしょう。

人間味のない感情と思考は、まさに相対主義的なものです。そういう人々を見ると、何か非凡な人のように思われますが、実際には彼らは死んでいるのです。なぜならその人の個人的な無意識は一つの機能の極端な分化から離れ、より完全な生活に立ち戻ろうとするからです。そのため、未開の機能が増大し始めます。思考タイプの人との分析においては、思考が二律背反に――つまり何かが真実であり、同時にまた真実ではない状態に――突き当たるまでは、どこにも至りえないのです。同様のことは感情についても当てはまります。分化した感情タイプでは、最も愛されるものが最も憎まれるものである地点に突き当たらなければなりません。その後で、避難所が別の機能に求められることになるでしょう。

以前の洞窟のヴィジョンでは、金髪の英雄の後に黒いスカラベが現れました。英雄は昼の太陽であると考えられます。すなわち優越機能です。英雄が去った後、闇夜が訪れます。そこから新たな太陽が誕生します。私たちが期待するのは新たな英雄の誕生ですが、実際には真夜中の太陽が現れるのです。

こうした、昼の太陽が夜にその対立物を持つという考えは、元型的なものです。たとえばピタゴラスは、地球には双子の片割れがいると考えました。[*2] そうした考えは、戦時中に出版された作者不詳の本にも登場しています。この本は『ピーター・ブロップス――本当の夢(2)』と呼ばれ、最初の夢には真夜中の太陽のアナロジーが現れていて、「揺れる香炉の夜」[*3]と呼ばれています。夢見手は古い大聖堂の中にいて、徐々にそこが人で溢れ返っていきます。時は日没か日没後。大聖堂の真ん中には香炉が吊られており、前後に揺れています。夜の更けゆくほどに、揺れはさらに増し、同時に教会はあらゆる時代、あらゆる世紀の衣装をまとった数百の人々で溢れます。とうとう、未開人たちまでやって来ます。教会が人で埋まるにつれ、香炉はいよいよ揺れ、さらに輝きを増していきます。真夜中に最高潮に達し、夜明けにつれて弱まり、日の出とともに終わりを迎えるのです。

これは、無意識の動きに関するきわめて見事な実例の一つです。昼の光が消えゆくにつれ、無意識が賦活され、香炉は真夜中に燦然と輝きますが、それは過去を照らすものです。潜勢的原理（ダイナミック・プリンシプル）[*4]が力を増し、遠い過去へ遡れば遡るほど、人は無意識に圧倒されることになります。狂人（ルナティックス）たちは奇異な心理状態にまで退行しきってしまい、そうなれば自分の考えを理解することも、他の人にその考えを理解させることもできません。時に、精神病とされる人がなんらかの形で自分の着想を理解してもらえると、きわめて異常な状態から回復することもあります。かつて、ある若いスイス人男性が花束を持ってドイツの皇后の馬車に飛び乗ろうとしました。そのような行為に及んだ時、彼は「皇后のためのスイス国旗 Les couleurs Suisses pour l'Impératrice !」[*5]と叫んだのです。この男性の経歴は次のようなものでした。彼は一時期、非常に精神病的な状態に陥り、自分をルソーと同一視してルソー島(3)へ行き、五千頁にわたる本を書いたそうです。ルソー島逗留中に、あるドイツ人夫妻がそこに移住してきました。妻は自分が理解されていないと考えており、彼女と若きスイス人は恋に落ちます。その後、女性はその若者に耐え切れなくなりベルリンへ逃れますが、彼はすぐに彼女の後を追います。ですが、彼は彼女を皇族の中に探さねばならなかったのです。なぜなら、もちろん彼にとっては、彼女がそれよりも地位の低い家系の中に見つかるはずはなかったからです。皇后に花束を渡した時、彼は自分の姑であるべき人物に向けてそれを渡していたのです。

私は、彼の分析を非常に深いところまで行い、すべての着想が非の打ちどころのないほど論理的に筋道立っていることに気がつきました。彼は、なぜ自分が精神異常と思われねばならないのかわからず、もし教授たちが自分のことを理解していたら、自分を閉じ込めたりしなかっただろうと確信していました。その青年は、私に彼を理解させることに成功し、とうとう私は彼を退院させたのです。二年ほど前、アメリカにいる彼から感謝を述べる手紙を受け取りました。彼はすでに結婚し、成功して家族を養っており、問題が再発することはありませんでした。私は彼の着想に沿って、彼の後に付いていったわけですが、そうすることで彼は、どのような点から見ても精神異常と思われていたところから、現実へと越え出ることが可能になったのです。後に、他の諸事例でも同様のことが生じるのを経験しました。[*6]

潜勢的原理が大きな振り幅を持てば持つほど、早発性痴呆の状態が生じるかもしれない程度にまで、無意識はますます大きな力を獲得していきます。香炉の夢は、夜が進むにつれて力が徐々に前進していく様を、大変美しく描き出しています。燃え立つ香炉は真夜中の太陽のアナロジーであり、それは昼の太陽、あるいは優越機能が姿を消す時に煌めき始めるのです。

なぜ、劣等機能はすぐには意識に昇らないのでしょう？　劣等機能は集合的無意識に留め置かれていて、まずは集合的なファンタジーの中に現れなければならないのですが、その集合的ファンタジーを初めて目にした時には、もちろんそれが集合的であるようには見えません。人はそうしたファンタジーを非常に独特だと考えます。そして、そのようなファンタジーを持つ人々は、大きな秘密を抱えた人のように、内気で引っ込み思案で、しばしば疑り深いのです。こういう状態から、全知全能なる神のような状態へは、ほんの一歩です。その人は、ますます集合的無意識と一致するようになります。

私に降りかかった次なる事件は、もう一つの途方もないヴィジョンでした。以前と同様に下降技法を用いましたが、この時はもっとずっと深くまで行きました。[4] 初めの時は、おそらく一千フィートほどの深さに達したといったところでしたが、この時は宇宙的な深さでした。それは月へ行くようでもあり、あるいは虚空へと降りて行くような心持ちでもありました。初めの情景はクレーターか、山脈が環になって連なっているものでしたが、感情的に連想されたのは、いかにも犠牲になった死者の見る情景でした。そこには、あの世の雰囲気があったのです。[5]

私は二人の人物をとらえることができましたが、それは白髭をたくわえた老人と大変美しい娘でした。私は彼らを現実だと思い、二人の言うことに耳を傾けました。老人はエリヤ[*7][6]と名乗り、私は非常に衝撃を受けましたが、娘がサロメ[*8]だったことでさらに動転しました。サロメとエリヤとは、これはまた奇妙な取り合わせもあったものだと思いました。しかしエリヤは、彼とサロメが遠い昔から共にいたと断言したのです。私はこれにも動揺しました。[7] 彼らと一緒にいたのは黒蛇で、それは私に親近感を抱いていました。私は、一同の中で最も賢明な人物であるエリヤの傍から離れずにいました。エリヤには心があるように見えたからです。サロメについてはきわめて疑わしいと思いました。それから私たちは長い会話を交わしましたが、私にはそれが理解できませんでした。もちろん、私がこうした人物たちと出会う理由として、自分の父が牧師であることを考えました。では、この年老いた人物、エリヤをどう考えたらよいのでしょうか。サロメにいたっては触れようもありませんでした。サロメとエリヤの関係がまったく自然なものだと思えたのは、もっとずっと後になってからでした。こういう旅をすれば、必ず老人と同行する娘に出会いますし、メルヴィル[*9]やライダー・ハガード[*10][8]の小説のような馴染み深い本に、このような二人の人物像の例が沢山見つかります。グノーシスの伝統では、シモン・マグスはいつも娘と行動を共にしており、彼はその娘を売春宿で見つけたのでした。彼女はヘレンと名づけられ、トロイのヘレンの生まれ変わりと考えられていました[9]。それから、クンドリとクリングゾル[10]の例があります。一五世紀の修道士F・コロンナによる一四五〇年の著作、『ヒュプネロトマキア（夢－愛－葛藤）』[11]もあり、そこでも同様の物語が繰り返されています。先ほど挙げたハガードやメルヴィルのほかに、マイリンク[*11]の著作などもあります[12]。

第9講

質疑応答

（以前の議論[1]で、現代アーティストは外的客体から離れて内的客体に、すなわち集合的無意識のイメージに取り組んでいるとの見解がユング博士によって述べられた。その発言に関して例を挙げるため、ユング博士はしばらくの間自分の患者だった、ある彫刻家の作品の写真をいくつか提示した。写真そのものから離れてそうした写真に関する議論を説明するのは困難だが、一般論として当てはまることが多く話されたので、ここにその説明を試みる価値があると考える。）

ユング博士　こうした彫刻の数々は、集合的無意識の経験を表現しようとするアーティスト側の努力の表れです。集合的無意識に関する直観を得る時、個人に創造力があれば、素材が断片的な形で現れてくるよりも、むしろ明確な人物像が形作られます。たしかに、それは断片的なやり方でもたらされるかもしれませんし、そうしたことはたいてい早発性痴呆で生じます。しかし、もしその人に創造的な能力があるなら、その素材を形作る傾向があり、集合的無意識との接触の通常の形式は、外見上一つの形をとって現れると言えます。そして、早発性痴呆の場合のように断片化されたイメージに侵襲される時には、そこに疾病が生じていると言えるでしょう。

アーティストが集合的無意識から一つの人物像を受け取れば、彼はすぐその美的側面と戯れ始め、そしてたいていそれを、たとえばモニュメントとして具体化しようとするのです。見てのとおり、このアーティストは人間の像を愛していて、彼の想像はその周りを巡っています。その彼を神経症へと迷い込ませることになったのは、プロテスタント教会から受注したフレスコ画の製作でした。テーマの選定は製作者自身に委ねられていたので、ペンテコステ[1]の聖霊が降りてくる場面を制作することに決めたのです。構図を考案してみると、聖霊のために中央部を開けたままにして、両側にうまく使徒たちを配置することができました。けれども、どのように聖霊を描写するかという段になって、彼は迷ったのです。慣例となっていた火の象徴を拒絶し、聖霊とは結局いかなるものなのか、そのことを黙考し始めたのです。聖霊を探し求めて自分の精神を掘り進めることで、集合的無意識をかき回してしまい、そうして悪夢やその他さまざまな形式の恐怖が荒れ狂い、彼が治療を求めて私のもとへとやって来た時には、すでに当初の目的である聖霊の探索のことをすっかり忘れてしまっていたのです。私との分析期間中、彼の課題は集合的無意識の人物像を塑像にすることでした。

お気づきのように、最初の塑像たちは、口を開き、死んだ目をした神々です。リビドーは無意識に吸い戻されてしまっています。それから彼はこれらの比較的単純な塑像たちでは不十分であると考え、ここに示されるようなひどく複雑なものに取りかかりました。結局彼はそれらを、ジャワ島の鬼神の一つとかなりよく似た異様に悪霊的な塑像へと仕立て上げました。当時はそれこそが彼の聖霊だったのです。その後の彼がどうなったのかは、私にはわかりません。

ウォード博士　彼はそれまでに、宗教体験と思えるようなことをしたことはあったのでしょうか？

ユング博士　そうですね。集合的無意識とのこうした接触こそが彼にとって宗教体験でしたし、彼もそのような意味で受け取っていました。このことと関連して興味深いのが、ルターが神の二重性という着想に至ったことです。彼は顕現する神と、秘匿する神[2]とを思い描き、後者を生命に宿る悪の力の象徴であるとしました。言い換えれば、ルターは否定的な力によって深く心を動かされたので、その否定的な力を神性に帰せずにはいられなかったのです。そうして悪魔は、神のこの二つの力の間で働いているだけの、副次的な役割しか担わなくなったのです。

アルドリッチ氏　もしこの作品がそのアーティストにとって、神の否定的な観念だったのだとすると、肯定的な観念の方はどういったものだったのでしょうか？　フレスコ画において彼が完成させた図像はどういったものだったのですか？

ユング博士　それは使徒たちの、おおよそ慣例に沿った表現でした。内向タイプがみなそうであるように、意識の上では彼は伝統的形式を重んじる傾向があったのです。

（事前に提出された質問がいくつかあり、残りの時間はそれらにあてられた。）

エヴァンス女史からの質問　「私たちの中にある対立物の対の両極が、それぞれに引っ張ったり駆り立てたりしてくることはないのでしょうか？　そして、私たちは均衡を保つことが必要なのではないでしょうか？　たとえば人は良くもあり悪くもあり、寛容であると同時に狭量でもあり、頑固かと思えば譲歩したりもします。これらの対立物の片方だけから来る衝動が、道徳的にも身体的にも人を破壊するのではないでしょうか？」

「善と悪は両方とも個人的な人格の発達に欠かせないものなのでしょうか？」（『無意識の心理学』［一九一九年編集］英語版一二一頁）

「対立物の間の中心点には、無為が、つまり何も成長しない静止した状態があるのでしょうか？　それは東洋の神秘主義が瞑想の中で追求するニルヴァーナを指すのでしょうか？」

ユング博士　この問いに適切に答えるには対立物の対に関して総合的な議論をしなくてはなりません。みなさんの希望はどうですか？　その議論のためにいったん立ち止まりますか？　それとも、後の講義に延期しますか？

（投票の結果、対立物の対についての議論は後の講義へと繰り越されることとなった。）

コリー女史　以前の講義で、夢に対する受動的な観察者となるために、心の仕組みを反転させるというお話が出てきました。しかしその後の講義では、[2] 見物するだけでは、単に無意識と知覚的につながり、それは考えられうる最悪の態度であると話されていました。この違いをどう理解したらよいのかわかりません。昼も夜の態度でいた方が良い、ということではなかったのでしょうか？

ユング博士　昼と夜の生は、一緒にはなりません。観察のために心の仕組みを反転させると言ったのは、単に観察だけを目的にすると言いたかったわけではないのです。目的は自分の無意識の素材の同化であって、これを達成する唯一の方法は、表舞台に立つ機会を素材に提供することです。これはある種の直観的な人々にしばしば認められることですが、もし無意識に対して知覚的な態度をとるならば、その人は素材を人格に同化するための努力を何一つしていないことになります。観察された素材と人格との間に、いかなる道徳的な関係も存在しないわけです。しかし、もし同化するために観察するならば、それは、私たちのあらゆる機能の関与を求めるような態度になります。ニーチェは美的態度を人間の最も重要な態度としましたが、[3][*3] 知性的態度も同じように最も重要な態度になりうるのであって、つまりまだ生きたことがなくても、ただ生について考えることはできるのです。まだその生は始まっていないかもしれませんし、自分のものでさえないかもしれません。意識性を獲得するために、私たちは生から一歩離れて観察しなければなりませんでした。言い換えれば、解離しなければならなかったのですが、この過程がいくら意識の進化にとって必要だったとしても、今日のように私たちを生から締め出すための手段として使われてはなりません。私たちが今日すべきなのは、意識的であることと、それでいて同時に生へと全霊で関わることという、二重の努力なのです。今日の私たちに共有されている理想は、何をおいても労働workですが、しかし多くの人はただ働くだけで生を生きてはいません。私たちは労働の尊さを軽んじるわけにはいきませんが、それでも労働が人を生から離反させるなら、それには価値などないことはわかるでしょう。

ヘンティ女史からの質問　「前回お話しされたような優越機能の転覆なしには、劣等機能は発達できないものなのでしょうか?」

ユング博士　滝壺から水を汲み上げるのに、エネルギーを消費せずにいられるでしょうか?　劣等機能を活性化させるにはエネルギーが必要で、もし優越機能からエネルギーを持ってこないならば、いったいどこからそれを持ってくるというのでしょうか?　もしすべてのエネルギーと意志とを優越機能へ残しておくならば、あなたはゆっくりと地獄へ落ちることになります――あなたはそれに吸い尽くされてしまうのです。普通の人は環境がどうであれ、それに抵抗することなく生きていきますが、自らの中のさまざまな人生の状態によって抵抗を募らせていく人もいます。たとえばバランスのとれた生を送ろうと努力する人々です。そうした生は最も高くつくものなのです。今日の私たちにとって、劣等機能を育て引き上げることが生きることそのものですが、しかしそのための代償として、私たちは過ちを犯し、エネルギーも消費しなければなりません。

それは私たちが選び取っているからとは限りません――劣等機能は不意に私たちを連れ出すのです。二千年前の、キリスト教が普及していく時代はそうした状況をはっきりと示しています。当時、スピリチュアルな価値は無意識の奥底へと沈み込んでいて、その価値を呼び戻すためには、徹底して物質的なものの価値を拒絶するという途方もない努力をしなければなりませんでした。黄金、女性、アート――すべてを諦めなくてはならなかったのです。俗世から逃れるために、砂漠への隠遁までせざるをえないキリスト教徒も多くいました。最終的に彼らは、命そのものをも放棄せざるをえないところにまで追い込まれ、闘技場で殺し合いを演じさせられたり、生きたまま火あぶりにされたりもしたのです。これらすべてのことがキリスト教徒の身に降りかかったのも、ある種の心理学的態度が成長したからです。彼らが犠牲にされたのは、当時最も神聖とされた理想を突き崩してしまったせいなのです。彼らの神学的な議論によって、ローマの共同体に混乱が引き起こされる恐れがありました。彼らは皇帝を神聖と見なすことを拒絶したのです。彼らが当時の集合的なものの見方に与えた影響は、現代において西欧に君臨している神――つまりリスペクタビリティ[4]――に抗して、何かが主張された時に生じる反響とよく似ています。私たちも、今この時代にあって、何か別の価値を探しているのです。私たちは、能率とか効率とかではなく、生そのものを探し求めていて、そしてこの私たちの探索は、この時代における集合的な理想と真っ向から対立します。ただ十分にエネルギーのある者だけが、あるいは無自覚に召命された者だけが、この探索をやり抜くことができるのですが、一度これに身を投じれば、血を流さなければなりません。この探索は世界中で、現在進行中です。

ロバートソン氏　二千年前、何が人々をそうした態度に駆り立てたのでしょう？

ユング博士　異教がもたらした極端なものと出会う方法が他に見当たらなかったのでしょう。キリスト教徒は態度の逆転を引き起こし、それはその時代の文学からもアートからも、精髄を絞り取るほどでした。文献学者は、ただアプレイウス[5]の中にかすかに燃え残った炎だけを残して、すべての価値あるものは消え去ってしまったと言います。しかし実際は、創造力の水流が古代人の掘った運河を捨て去って、新たな流路を探し始めたというだけでした。新たな文学やアートが育ったのであって、その好例がテルトゥリアヌス[6](4)です。リビドーはスピリチュアルな価値へと流れ込み、以後三〇〇年にわたる人間精神の計り知れない変化が引き起こされたのです。これらの集合的な動向は常に激しいもので、個人には耐えることができません。この集合的な動向は、何が彼らの身に降りかかったのか悟らせないまま、無意識の中から人々を捕らえるのです。こうして当時の文学は、不快なほどの感傷に溢れることとなりました――火花はすでに意識的な観点からは消え去っていて、無意識の中へと埋もれていたのですから。初期キリスト教時代のローマ人たちは、その時代に起こっていた全体的な動向に気づけずにいました。彼らは自分たちがすでにキリスト教徒となっていることを悟れずにいたのです。しかし、さまざまな秘儀へのイニシエーションを探しながら、実はその中でキリスト教が提供しているものを求めていたのです。キリスト教の起源が、蔑むべき民族の手の内にあったがゆえに、それを受け入れられなかったのです。

現代が直面している困難の多くも、私たちは本流からそれた群れの一部である、という自覚の欠如に由来しています。群れの中に安住していると、危険を察知する感覚が損なわれてしまい、そうして私たちが集合的な底流からどこでそれたのかをわからなくしてしまうのです。

ヒンクス女史　あなたは劣等機能を育てたとおっしゃいましたが、それは無意識にあった機能のことですか？

ユング博士　はい。

ヒンクス女史　思考と相反する直観を発達させたということですね？

ユング博士　いえ、思考の対極として、私は感情を置いたつもりです。自然科学者である私にとって、思考と感覚は最も重要なもので、直観と感情は無意識の中にあり、集合的無意識によって蝕まれていました。優越機能から、直接的に劣等機能へ至ることはできず、必ず補助機能を経なければなりません。それはまるで無意識が優越機能に強い反感を持っていて、直接的な攻撃を許さないかのようでもあります。補助機能を通した劣等機能への働きかけは、次のように進みます。あなたが感覚をよく発達させていて、けれど特段その機能にこだわってはいないとしましょう。そうしてあなたはあらゆる場面で、ある種の可能性のオーラを感じることができるとします。つまり直観的な要素が入ってくるのを容認しているのです。補助機能としての感覚であれば、直観が存在するのも認めるでしょう。けれど（この例で言えば）感覚が知性[*7]を支持するのに応じて、直観は、ここでの劣等機能である感情の味方をします。それゆえ知性は、この場合、直観を認めようとはしなくなり、追放への一票を投じるでしょう。知性は感覚と直観とが団結するのを好まず、むしろ仲違いさせようとします。こうした破壊工作は、直観に肩入れしている感情によって抑制されることになるでしょう。

逆方向から見てみると、たとえばもしあなたが直観タイプだとしたなら、直接感覚へと至ることはできません。感覚には怪物たちがひしめいているのですから、知性か感情か、いずれかの意識の中にある補助機能を経由していかねばなりません。こうしたタイプを現実に根づかせるには、冴えた合理的判断力が必要です。要するに、優越機能から補助機能へ、そしてさらにまたその補助機能の対極にある当の機能へと、道は伸びていくのです。意識にある補助機能と、それと対極の無意識にある機能との間で争われるこの最初の葛藤は、普通、分析の中で起こります。これを事前試合と呼んでもよいでしょう。優越機能と劣等機能との全面戦争は、実生活の中でしか勃発しません。たとえば知性的感覚タイプであれば、事前試合は感覚と直観との間で起こり、最終決戦は知性と感情との間で起こるのです。

デ・アングロ博士　なぜ主要な戦いが分析では起こらないのでしょう？

ユング博士　そういったことは、分析家が客観性を失って、患者に対して個人的に巻き込まれた時に起こってしまうことです。この関連で付け加えれば、分析家は常に、無意識を通した中毒症状に陥る危険に晒されていると言えます。ある女性がやって来て、あなたは私の救い主です、と分析家に向かって宣言したとしましょう。ひどい投影をしたものだと、意識の上では完全にわきまえていたとしても、一方で無意識的には、それを鵜呑みにして、増長してぶくぶくに膨れ上がってしまうかもしれないのです。

ケラー女史からの質問　（質問の書かれた用紙は失われてしまったが、意志に関する質問であった。）

ユング博士　人間の意志が、坂を転がり落ちる石であるとは言えないでしょう。正しくは、意志を通してこそ、たとえばファンタジーのような過程を解放しうるのであって、その後は、それがひとりでに進行していくのです。意志に関しては二つの見方があります。たとえば、生への意志と死への意志を論じたショーペンハウアーは、生への衝動と死への衝動という意味でそれを語っています。しかし私は、私たちが意識的に使えるわずかばかりのエネルギーを表すものとして、意志という概念を取っておきたいのです。そうして、もしこのわずかばかりのエネルギーを、本能的な過程を活性化させる方に向かわせるならば、本能はあなた自身よりもいっそう大きな力を持って活動していくのです。

人間のリビドーは対立する二つの衝動を、あるいは二つの本能を含み持ちます。すなわち生への本能と死への本能です。若いうちは生へ向かう本能がより強く、そのために若者は生きることにこだわりません――若者は生を携えているのです。リビドーはエネルギー現象としてこうした対立物の対を含んでいるのであって、そうでなければリビドーに動きなどないでしょう。生と死という用語を使うのは比喩であって、対立を表現できるなら別の用語でも良いのです。動物や未開人においては、いわゆる文明化された人々よりも、対立物の対がより身近にあって、それゆえ動物も未開人も、私たちよりもずっと安易に生を手放してしまいます。未開人は贅沢なことに、敵のもとへ化けて出るためだけに自殺することだってできます。言い換えれば、私たちは解離しているがゆえに、対立物の対が彼らの場合より引き離されているのです。これによって私たちの心的エネルギーは増大し、その代償として私たちは一面的になってしまうのです。

対立物の対が寄り添った時、その人は容易に変容します。成長の心持ちから死の心持ちへと、あっという間に移っていくのです。

さて、対立物の対について議論するところまで来ました。このテーマについては次の集まりで議論することでよいですか？

（そのように投票が行われた。）

第10講

ユング博士　みなさん、今日は対立物の対の問題を扱いますが、何か特別にこうしてほしいという要望はありますか？

デ・アングロ博士　まずは自然の中に現れる対立物の対から始め、それから徐々に、人間の中に現れてくるところに取り組んでいただけたらよいと思います。

ユング博士　それでは屋根の上で始めることになってしまいます。なぜなら、ある意味では対立物の対の概念が自然への投影だからです。そう考えてみれば、対立物の対の心理学的経験から始めた方が良いわけです。それというのも、世界の客観性に関しては、私たちはまったく確信が持てないからです。たとえば一元論が世に広く行き渡っていますが、それは世界の二元論的な側面の否定です――すなわち私たちの単一性と世界の単一性を主張しているのです。もしあなたが対立物の対の理論を所持しているなら、一元論と二元論を共に保持することができて、それが対立物の対になるわけですが、ここであなたは自分の人格の魔法円の中にいるあなた自身にもう一度気づかされることになります。あなたは死んで亡霊にならない限り、自分の体の外には出られないのです。

ヒンクスさんが書面で提出してくれた質問が、私たちをこの問題の哲学的な面へと導いてくれています。そこからこの問題に取り組んでいくことが最も良い方法だと思います。

ヒンクス女史からの質問　「分析の中で対立物を扱う場合に、それを心理学的な現象あるいは生物学的な現象と見立てて、そこから対立物の要素を取り除いていくのでしょうか？　対立物は論理的に対立していて和解不可能であるとする哲学的な視点とは矛盾すると思うのですが」

ユング博士　対立物の対という発想は、この世界の始まりからあるもので、もし私たちがそれを適切に取り上げるなら、中国哲学の最古の原典まで、つまり卜占の書『易経』[1]まで戻ってみるべきでしょう。興味深いことに、対立物の対は、たとえばエジプトの思想にはそれほど現れていません。この思想は、中国とインドの思想の根幹にあります。『易経』では、対立物の対は永遠に繰り返されるエナンチオドロミアとして現れ、その活動を通じて心の一つの状態が不可避的にその対立物へと導かれます。これは道教における本質的な考え方で、老子と孔子の著作にはこの原理が浸透しています。

私たちは、中国哲学の原典『易経』を文王と周公によって整えられた形式で手にしていますが、彼らは幽閉されていた時に『易経』の卜占の直観的な解釈に取り組んだのだと言われています。『易経』の実践方法を知っている方もおられると思いますが、その配列はエナンチオドロミアを象徴する六線形／ヘキサグラム[*1]の形式で表現されています。それは矛盾心理学と呼ばれるかもしれません。すなわち、原理aが増加すると、その反対に原理bが減少し、しかし原理bがいつの間にか増加に転じて、それが支配的になっていく転換点が必ず現れます。これと同じ考え方は道（タオ）の象徴にも関連しています。その象徴では、対立する原理が渦巻き状に白と黒に分けられた一つの円によって表されています[*2]。それは、それぞれ男性と女性の要素と考えられています。白い部分あるいは男性原理は、その内側に黒い点を含んでいて、黒い部分あるいは女性原理は、白い点を含んでいます。陽という男性原理が十分に行き渡った時に、陰という女性原理を生み出し、またその逆も然りなのです。

『老子道徳経』も対立物の原理に基づいていますが、それはまた違ったあり方で表現されています。『老子道徳経』の著者である老子は、『ウパニシャッド』の哲学となんらかの形で接触していたと考えられるほど、この二つの思想は類似しています。おそらく老子が司書として仕えていた王の蔵書の中にバラモン教[*3]の教典があったのでしょう。もしくは旅行者によって伝えられたのかもしれません。老子では対立物のアイデアが、次のように表現されています。すなわち、高きものは低きものに基づき、偉大なる善と偉大なる悪、つまり均衡を保つ対立によらずに存在するものは何もない、と[2]。これは、木は大きく育つほど、より深く根を張ると言った時のニーチェの観念と通じるものです[3]。

対立物に関するインドの哲学的な姿勢は、より先に進んでいるのです。「対立するものの対から自由であれ。高さと低さに関心を向けてはいけない(4)」という教えがあります。完全な人間は、悪徳を超越していると同時に、美徳を超越していなければならないのです。これもやはり「自分の悪徳と同様に自分の美徳も支配しなさい(5)」とニーチェが表現しているのと同じ発想です。こうして中国の観点とは対照的に『ウパニシャッド』で強調されるのは、対立物そのものではなく、対立物の間にある独特の創造的過程です。そのため『ウパニシャッド』にある一般的な観点は、一元論であると言えるのです。アートマン*4は対立物の間にある中心的なものです。対立物それ自体は当然のこととしてほとんど気にかけられていないのです。一方で、老子は二つのものの間、道（タオ）を知り、生の本質としてそれを認めているわけですが、それにもかかわらず、先ほど見たように、対立物を強調するのです。老子はいつも変わらずこの問題の教育的な側面に関心を向けています。老子には、弟子たちが対立物の道程にあることを決して忘れることがないようにしたいという思いがあり、その道程に沿って弟子たちを導くように物事を教えなくてはならないのです。

それに対して、バラモン*5の弟子はそうした物事を教わる必要がありません。バラモンの弟子はこの物事を心得ているのです。おそらくバラモンの場合、この心得はカーストを通じて伝えられる叡智に関わるところから生じています。対立物の知識は、この聖職者のカーストに一体化していて、それを教わる必要はなかったのです。要するに、バラモンの弟子は、生まれた時からある哲学的水準にあって、次の段階すなわち対立物の対の間にある事象に進む準備が、そもそも整っていたのです。それに対して、老子が相手にしていたのは、スピリチュアルな意味での貴族階級ではなく、平均的な知性を持った人々でした。老子が隠棲前に叡智を書き残したという伝説を、ここに一つ挙げましょう。老子は山裾にある自宅を離れて西方へ放浪に出たと言われています。彼が万里の長城の門に到着した時、門番が彼にすぐに気がつき、この門番は老子がその叡智を書き記すまでは門を潜らせなかったといいます(6)。そこで老子は五千語からなる書物『老子道徳経』を著したのです*6。この伝説が示すところによれば、この書物は一般に学ばれることを意図して書かれており、聖職者用ではないわけです。それに対して、『ウパニシャッド』は対立物の対を超えている人々に向けられています。もしあなた方が幻想から自由であるなら、人生はほとんど同程度に価値があり、かつまた価値がないわけです。幻想から自由であるそうした人々は、もっぱら哲学的な訓練に専念する階級に存在します。

当時、哲学者にとって思考とは、自然の営みそのものでした。思考はあまり意図的なものではありませんでした。むしろ奇妙なことに直接的な形で湧き起こってくるもので、そうして思考は心によって作られたと言うよりも、心に与えられたものという印象があったのです。もちろん、偉大な発見やアート作品を思い起こしてみれば、この種の事態は私たちの西洋でも数え切れないほど挙げられます。マイヤーのエネルギーに関する着想は、このようにして、あたかも天上から降りてきたかのように現れています[7]。タルティーニの『悪魔のソナタ[8]』も同様です。(現在はドレスデンにある)ラファエロの『聖母[*7]』は突然のヴィジョンの結晶で、ミケランジェロの『モーセ[*8]』も同様です[9]。こうした形で思考やヴィジョンは人間のところに現れて、圧倒的な力で確信に至らせるのです。これは先ほど言った起源の思考に類するものだと思います。今日、私たちは、こうした思考が内在しているという感覚をほとんど喪失し、代わりに自分たちの思考を自分たちで生み出す幻想を抱いているのです。今では、私たちの思考がそもそもはじまりにある存在だとは思っていませんし、それが私たちの頭脳の中を歩きまわっているとも思っていません。思考は私たちの丁寧な創造活動がなければ無力なものだという考え方をしています。私たちは、思考によってあまりに影響されすぎないようにするために、こうした考え方を発明するのです。私たちの思考に対する関係は、太陽と雄鶏の関係に似ているかもしれません。雄鶏は太陽が自分の鳴き声がなければ昇らないものだと確信していたので、あるとき実験をするように説き伏せられました。しかし、雄鶏は太陽の力をあまりにも疑っていたので、太陽がいつも通り昇ったのとちょうど同じ瞬間に鳴いたのです。そうして、雄鶏は今度は逆に、太陽がなければ世界がその日を迎えられないことを確信したのです[*9]。

もちろん、私たちの思考が意図的な思考の自由な表現であるという考えを抱くことは、きわめて有益なもので、さもなければ、私たちは自然の魔法円から決して自由になることはなかったでしょう。結局は、たとえ自然からの絶対的独立が得られなくとも、私たちは実際に考えることができるわけですが、ここで二重の陳述をすること、すなわち人間の思考の力を認めつつも、人間は身体に縛られていて、それゆえその人間の思考は常に自然から完全には制御できないような影響を受けていると主張することが、心理学者の義務なのです。

先ほどお話ししたように、この起源にある思考は直接的な確信をもたらします。そうした思考を得る時には、それが真実であると確信されています——それは啓示のようなものとして訪れるのです。投影ほどこれがきれいに現れる現象はありません。投影においてはそれが素朴に真実だと思えて、それに対する修正の提案には腹を立てることになります。これは特に投影を意識すらしていない女性に当てはまります。無意識は信じられないような仕方で私たちの思考に対する影響力を持っています。これに関しては、人間が近親相姦の時代を通り越したことはきわめて明白であるとするランプレヒトの[10]本の一節を読んだ時のことを思い起こします。それを読んだ時に私はその説を受け入れましたが、同時に「なぜ、近親相姦の時代を通り越したことは明らかなのだろうか」と自問し、それを考えれば考えるほど、確信は持てなくなりました。間違いなく、アダムとイヴの神話を無意識的に認めることで、ランプレヒトは自説へと導かれていったのです。このように私たちを摑んで放さないある種の思考が常にあって、そうした無意識の思考は人形劇の人形遣いのように活動しているのです。

自然な思考に自然な事実の確信がともなう限り、初期の哲学者たちが自然に関して思考していると、いわば突然の啓示が彼らにもたらされ、そのため哲学者たちは自然そのものが彼らに話しかけていると確信し、さらには自分たちが自然の真実と議論の余地なく本当に一体化していると思い込みます。それが、投影かもしれないとか、事実世界に基盤を持たないなどとは決して思わないのです。そしてこれは対立物の原理に関しても同様です。対立物の原理は自然によって人間に与えられたのだと初期の哲学者たちには思えたのです。『易経』の伝説によれば、一頭の馬が黄河から現れ、その背中に三重文字(トリグラム)を刻まれており、そこから象徴が生み出されたのだと言います。賢人たちがそれを書き写し、それが河図となったのです[*10(11)]。

私たちは、このようには考えません。私たちはもはや、自分たちの思考が自然であるとは見なさないのです。私たちの内で働いている思考過程そのものが、思考している時には自然が話しかけてくれているのだという発想から私たちを遠ざけています。しかし、このような人々でも、自分たちの心が制御なしに動いていくことを許しています。それに脳も一つの自然現象ですから、思考は自然の真の産物であって、それゆえに自然の力の活動成果を内包しています。この脳が生み出す果実は自然の産物であり、自然の産物として自然の一般原理を内包していると想定されなくてはなりません。真の賢者であれば、一つのリンゴから世界全体を構成することができるでしょう。リンゴを生み出す気象、リンゴを実らせた樹木、リンゴを食す動物たち、すなわちリンゴにまつわるすべてを語ることができるでしょう。あらゆるものが全てつながっているのです。では、なぜ脳が完璧な自然の果実を生産し、その果実があらゆる自然を再生産する、と想定されるべきではないのでしょうか。そうであると証明する手法は、明らかに存在しないわけですが、私たちの脳の産物が自然に由来していないと想定することもできません。しかし逆に、私たちの脳の産物が自然から生み出されたものではないことを確かめることもできないのです。それゆえ、私たちは『易経』が表しているような古代の賢人たちの思想に驚くべき真実を見いださないわけにはいかないのです。孔子は、自分の人生のすべてを『易経』の研究に捧げなかったことを後悔し、また、『易経』を自分の行動の指針としなかったことが自分の過ちだと語ったと言われています。[*11]

最古の時代から対立物の対は人間の思考のテーマでした。この問題に関して私たちが注目しなくてはならない次に重要な哲学者は、ヘラクレイトス[*12]です。ヘラクレイトスは、その哲学において著しく中国的で、真に東方を見据えていた唯一の西洋人でした。もし西洋世界が彼の導きに従っていたなら、私たちの観点はキリスト教的ではなく、すべて中国的であったでしょう。ヘラクレイトスを東と西の転換を生み出す者と考えることができます。ヘラクレイトスの次に、歴史上で対立物の対の問題に深く真剣に関わった人はアベラールです。しかし彼は自然とのあらゆるつながりを捨てて、この問題を完全に知性的なものにしたのです[12]。

近年この問題の再燃は、分析を通じて現れています。フロイトは対立物の対に関して、それが病理学的心理学の中に現れるために、多くを語っています。サディズムの場合には、マゾヒズムがいつも無意識の中に発見されますが、またその逆も真です[13]。一方でけちな人が、もう一方で浪費家です。過度に善人である人々の内には残酷な側面があるものですし、品行方正な人々がしばしば乱暴者の息子たちを授かるのです[14]。フロイトとアドラーの著作では、共に上と下という対立物の原理が一連の役割を演じています。

私自身も病理学的な面からこの問題に接近しました。まずは性的心理学、そして次に、性格全般に関してです。私はそれを発見的原理として定式化して、あらゆる動向にいつも対立するものを探すことにしたのですが、すると至る所にこの原理が働いていたのがわかるのです。極端な狂信は、隠された疑いを基盤にしていることがわかりました。異端審問所の神父であるトルケマダ[*13]は、自分の信仰への自信のなさからその職に勤めたのです。すなわち、トルケマダは意識的には信仰に満たされているのと同様に、無意識的には不信に満ちていたのです。このように一般的には、極端に強い姿勢はそれに対立する物を生み出すのです。私はこの現象をリビドーの根本的な分裂まで辿っていきました。この分裂があるために、私たちが何かを強く望むなら、同時にそれを破壊する以外に方法はないのです。これに関する非常に鮮やかな実例が私のある患者に生じたことがあります。彼女は若い女性で、ある男性と婚約していましたが、経済的な困窮のために結婚できずにいました。結局、彼は日本に行き、そこで三年の歳月を過ごしました。この間彼女はとても素敵なラブレターを彼に送り続けていました。彼を思う気持ちがあまりにも大きく、毎日生きた心地がしないほどでした。そうして彼は彼女を呼び寄せ、二人は結婚しました。結婚した途端に彼女は完全に正気を失って、家に送り帰されることになってしまったのです。

このように、人は「はい」と言いながら、同時に「いいえ」

と言うのです。この原理は非常に激しいものだと思われるかもしれませんが、実際にはリビドーの中にはこの分裂はなくてはならないものです。それがなければ何も機能せず、私たちは生気のないままに留まることとなるのです[15]。死に囲まれている時ほど、生が美しくなることはありません。かつて私はとても裕福な患者を診ていたことがありますが、その人は私のところに来て、こう言いました。「あなたが私に何をしようとしているかはわかりませんが、あなたがくださるものが、灰色でないとよいのですが」。そして、間違いなく人生は、もし対立物がなければ、そうしたものになるでしょう。ですから、対立物の対は過ちではなく、生の源として理解されるべきなのです。なぜなら、同じものが自然の中に隠れているからです。もし高低の差がなければ、水は流れません。現代物理学は、自然から対立物が取り除かれたら帰結するであろう状態を、エントロピー*14という用語によって表現しています。すなわち、変化のないぬるま湯の中の死です。もし自分のあらゆる希望が満たされてしまったなら、あなたは心理学的エントロピーと呼ばれうるものを手にすることになるのです。こうして私は、病理学的な現象だと考えられていたものが、実際には自然の法則であるということを発見したのです。私たち自身が一般的エネルギー過程の一部であり、私が『タイプ論』で提示しようとしたのは、こうした心の中の事実によって眺めた心理学だったのです。

私が『タイプ論』を書き始めた頃、フランスの編集者から一通の手紙を受け取ったのですが、彼が編集している対立性に関するシリーズの中の一冊を私に執筆してほしいということでした。彼は注目すべき対立項の長いリストを私に送ってくれました。活動と無為、スピリチュアリティと唯物論などです。しかし、私は、これらの派生的あるいは従属的な対立性は取り合わず、それらをより根本的なものへと辿っていくことに専念しました。まずはエネルギーの流出と流入という原始的なアイデアから始め、そこから内向タイプと外向タイプという理論を描き出していったのです[16]。

みなさん、以前の講義を覚えておいでだと思いますが、『無意識の心理学』に取り組んでいた時に、私はリビドーの分裂という理念に思い至ったのですが、この「リビドーの分裂」という言い回しは、誤解を招くものだったかもしれません。リビドーそれ自身が分裂するのではありません。それは対立物の間での平衡運動と言える事象であって、リビドーは一つであるとも言えるし、二つであるとも言えて、その時に、流れに注目しているのか、それとも、流れが生じる対立した両端に注目しているかによるのです。リビドーの流れの必要条件が対立性なのです[17]。そしてこの事実によって世界の二元論に参入しているとも言えるでしょう。しかし、この「流れ」——すなわちエネルギー——は一つであり、それは一元論であるとも言えます。高低がなければ水の流れは生まれません。高低があっても水がなければ、何も生じません。このように世界の二重性と単一性は同時に成立しているのです。そして、どちらの観点を選択するかは気質の問題なのです。もし、あなたが老子のように二元論者ならば、主として対立物に取り組み、その対立物の間に何があるかを語るために、あなたが見いだすものはいつも「道（タオ）は、とても静寂である」[15]という老子の言葉に集約されるかもしれません。しかし、もしもう一方で、バラモンのように一元論者であるならば、アートマンについて、対立物の間にある物についての全集を執筆することができるでしょう。

　このように一元論と二元論はそれ自体で妥当性を有するわけではなく、心理学的な問題なのです。私たちがより密に関心を持つのは、対立物の対の存在です。私たちにとって、ある意味、すべての物事が対立の中にあるというのは、新しい発見です。私たちが未だ受け入れ難いのは、私たちの善が有する悪や、私たちの理想が理想とはほど遠い物事に基づいているという事実です。私たちは鋭意努力して、自分たちのこのような姿勢を否定できるようになり、生が二つの極の間に起きるプロセスであることをしっかりと理解しなければならないのです。なぜなら生は死に囲まれる時にのみ成立するからです[16]。私たちは実際のところ老子の弟子と同じ立場にいて、道（タオ）については「それは、とても静寂である」と言わざるをえません。というのも、タオは私たちに声高に訴えかけてはこないからです。しかし、私たちが対立物に気づく時、その対立を解決する方法を探すように駆り立てられます。なぜなら、私たちは有ると無いが同時に生じる世界の中では生きることができないため、対立物の対に優る第三の点を獲得することを可能にする創造に向かって進んでいかなければならないからです。道（タオ）やアートマンを私たちの回答として採用することもひょっとしたらできるかもしれませんが、それはただ、今の私たちの哲学的な発想が私たちに対して示しているものを、これらの用語が当時の用語の創始者たちに対して示していたという前提に立つ場合にのみ成り立つのです。しかし、そうではありません。道（タオ）もアートマンも成長するものでした。アートマンは蓮から外に伸びていますし、道（タオ）は静かな水の流れです。すなわち、これらはかつては啓示だったのですが、私たちにとっては概念であり、私たちを冷静なままに留めます。私たちは、当時の人たちがしたようには、それらを同化することはできません。たしかに、神智学者はこの同化を試みますが、その結果、知らないことを語り続けて宙に漂って、現実とのあらゆるつながりが切断されてしまうのです。

　こういった啓示は当時の人々に降りかかったのであり、リンゴが木から育つのとまさに同じように、彼らはその啓示によって育ちました。私たちにとって、これらは知性に対して大きな満足を与えてくれますが、対立物の対を結合することに関しては、何の役にも立ちません。もし大きな葛藤を抱えた患者が私のもとに来て、私が彼に「『老子道徳経』を読みなさい」だとか、「あなたの悲しみをイエス＝キリストに投げかけなさい」などと言ったとしましょう。これは素晴らしい助言ですが、その患者の葛藤を助ける上で何の意味があるのでしょうか？　何もありません。たしかに、イエス＝キリストが象徴する物事は、カトリック教徒や、部分的にはプロテスタント教徒には機能しますが、すべての人々に機能するわけではありません。そして私の患者のほぼ全員が、伝統的な象徴が機能しない人々なのです。よって私たちの進む道程は、創造的な特徴を持ち、啓示の性質を持つ成長プロセスをともなう道程でなければなりません。私たちを捕らえて放さないような経験、上方から降りかかるような経験を、分析は始動させることになり、それは古代人が体験したような、実質と実体をともなった経験なのです。もし万が一それを象徴化しなくてはいけないなら、受胎告知を選ぶかもしれませんね。

スウェーデンボルグ[*17]はこういった直接的で揺さぶる特徴を持った経験をしています。彼はロンドンの宿屋にいたのですが、非常に満足のいく夕食をとった後の夜分遅くに、突然、床全体が蛇やヒキガエルで覆われている光景を目にしました。彼は非常に驚き恐怖しましたが、さらにそう感じたのは、目の前に赤いマントに身を包んだ男が現れた時です。みなさんはおそらく、この突然現れた人物がスウェーデンボルグに向かって重々しい言葉を放ったと想像するでしょうが、その人物が言ったのは、「そんなにたくさん食べるな！」でした。このように、スウェーデンボルグの思考は肉体的な形式を呈し、そしてとても客体的なものであったため、彼にとてつもない影響を及ぼしたのです。彼はそれによって深く揺さぶられたのです[18]。

私にはもう一つの類似した事例が思い浮かぶのですが、それはある酔っ払いの男の話です。ある晩、彼はとても素晴らしい大酒盛りの後に帰宅しましたが、泥酔していました。上の階の住人たちが大宴会をしている様子が耳に入り、彼はそれを楽しみました。五時になり、大きな騒音の正体を確かめるために窓に向かいました。彼は狭い通り沿いに住んでおり、窓の外には何本かのプラタナスが植わっていました。窓の外に家畜の品評会が行われているのが見えましたが、その家畜である豚たちが、すべて木の上にいたのです。彼は大きな叫び声を上げて、この出来事に注意を促したのですが、そうすると警察が来て彼を精神病者収容施設に連れて行ったのです。自分の身に何が起こったのかを悟った時、彼は飲酒をやめました。

この二つのいずれの事例においても、自然は大きな恐怖を生み出しています。これらの例はグロテスクですが、それにもかかわらず、解き放たれたこの表象には間違いなく古代的な性質があって、人を確信へと導く、という私の論点を例証しているのです。それは有機的に生きた真実であるに違いなく、すなわち、私たちの存在の内側でも外側でも真実に違いないのです。私たちは、こういった出来事を無理矢理に引き起こす方法はないと思っていますが、世界には、直接的な真実との接触を促す心の状態を生み出す方法が溢れています。こういった方法の中で、ヨーガは最も顕著な例です。さまざまな種類のヨーガがあり、呼吸や運動、断食などと関係があるものがあって、その上、ある種のセクシュアルな訓練で、いくぶん猥褻な性質を持つクンダリニー・ヨーガ[19]のようなものもあります。セクシュアリティが選ばれるのは、それが本能的な状態で、それ故に直接的な経験が起こりうる状態を引き起こしやすいためです。こういったヨーガの方法やそれと似たあらゆる実践は、求められた状態をもたらすでしょうが、それは言わば神が望む限りにおいてです。言い換えれば、そこには必要なもう一つの要素があるのですが、その要素の性質を私たちは知らないのです。あらゆる種類の原始的な実践は、自然からの啓示を受容しやすくするための人間による努力であると理解されるでしょう。

第11講

質疑応答

ユング博士　以前の研究会から持ち越されている質問がありましたが、今回それらを持って来るのを忘れてしまいましたので、ここで質問を口頭で述べていただけたらと思います。ケラーさん、あなたからの質問があったと思うのですが。

ケラー女史　私は先祖から受け継いだイメージや、それが個人の生にどのように影響を及ぼすのかについてもっと知ることができたらと思います。

ユング博士　残念ながら、そのような質問に答えるための十分な経験がないかもしれません。この主題についての私の考えは、結局のところいくぶん暫定的なものですが、それが働いているように思われる例を一つ挙げましょう。四〇年ほど、正常な発達をしてきた男性がいたとしましょう。彼はある時、先祖から受け継いだコンプレックスを目覚めさせる状況に陥ります。コンプレックスが目覚めさせられることになるのは、そうした状況では先祖と同じ態度をとると極めてうまく適応できるからです。たとえば、私たちが話題にしているこの想像上の一般男性が、大きな権力を持った責任の重い地位に就くとしましょう。

彼自身はリーダーになったことはありませんが、彼の遺伝子の中に、リーダーである人物像や、リーダーになりうる人物像がいるのです。その遺伝子が今や彼を手中に収め、その時以来彼は異なる性格となるのです。神のみが、彼がどうなったかを知っています。それはまるで彼が自分自身を失い、そして先祖が彼を乗っ取ってむさぼり飲み込んだかのようです。彼の友人たちは何が起こったのかを理解することができませんが、そこには以前とは異なる彼が存在しているのです。こうしたことはよく起きることですが、この人物の中には葛藤さえ生じていないのかもしれません。つまりそれはこうしたイメージが非常に強い生命力を有しているために、自我はそれを前にして後退し、イメージによる支配に屈するということかもしれません。

ケラー女史　しかし、もし新たな立場で力を発揮するために、こうしたイメージが必要とされているなら、葛藤に陥りながらもイメージを克服し、自分自身と和解するにはどうすればよいのでしょう？

ユング博士　そうですね、一般的には、そうしたイメージと自我を調和させるためにできることは、ただ分析的治療を受けることだけです。もしその人物が弱ければ、そのイメージが取り憑きます。このようなことが繰り返し何度も起きるのを、少女たちが結婚する時に観察できます。結婚するまではまったく普通の少女だったのかもしれませんが、その時、演じるべきだと感じられるある役割が現れます——その少女はもはや彼女自身ではなくなります。通常、彼女が陥るのは、神経症です。私は四人の子どもを持つ母親の事例を思い出します。彼女は自分の人生においては、大切な経験を何もしなかったと不満を述べていました。「あなたの四人の子どもたちについてはどうなのですか？」と私が尋ねたところ、「ああ」と彼女は言い、「子どもたちは、ただ私の身に降りかかってきたというだけです」と答えました。彼女自身ではなく彼女の祖母がその子どもたちの親だったと言ってもよかったかもしれません。そして実際、彼女は子どもたちとの縁を切ったのです。

他に質問はありませんか？　マン博士はどうですか？

マン博士　質問を提出しましたが、おそらくそれには今後の講義の中で答えていただけると思っています。合理的タイプが優越機能から劣等機能へと至る進展を、あなた自身の経験を用いて辿ってくださったように、非合理的タイプにおける優越機能から劣等機能への進展を辿ってもらえないでしょうか。

ユング博士　それでは、補助機能が思考である直観タイプを例として取り上げてみましょう。その人は直観の頂点にまで達し、そこで失敗しているとします。ご存知のように、直観タイプの人は常に新しい可能性を追い求めています。最終的に、彼は彼自身を穴の中に入れて、そこから出られなくなっていると、想像してみましょう。まさにこれほど彼が恐れるものはありません——彼が嫌悪するのは永久的な収監と監獄ですが、結局、彼は穴の中にいて、直観によっては自分を外に連れ出す術が見つけられないことを悟るのです。川は流れ、列車が通り過ぎますが、彼はただ彼がいる所に取り残されています——行き詰りです。その時、おそらく、何かできることはないかと、彼は思考し始めます。彼が知性的な機能を用いる時、感情との葛藤に陥りやすくなります。彼は思考を駆使して苦境から脱するための入り組んだ道を進むことになりますが、こちらでは嘘をつき、あちらでは欺くために、彼の感情が、それを受け入れ難くなるのです。そこで彼は感情と思考のどちらかを選ばなければならなくなり、選択に迫られて、その二つの間に存在するずれを認識することとなります。彼は、感覚という新しい王国を発見することでこの葛藤から抜け出し、その後初めて、彼にとって現実が新しい意味を帯びます。感覚を育ててこなかった直観タイプにとって、感覚タイプの世界は本当に月面の風景のように見えます——つまり、空虚で死んでいるように見えるのです。彼は感覚タイプが人生を死体と過ごしていると考えていましたが、一度自分自身の中のこの劣等機能を拾い上げてみると、自分の投影した雰囲気を通して見ることを止め、対象を本当にあるがままに、そしてそれ自体に則して楽しみ始めるのです。

直観が過度に発達して、客観的な現実を軽蔑するようになり、ついには私が今描写したような葛藤にまで至るような人々は、たいてい、特徴的な夢を見ます。かつて私が診た患者で、並外れた直観力を持つ少女がいましたが、彼女は自分の身体ですら非現実的なものとなってしまう地点にまで、その直観力を推し進めてしまったのです。一度冗談半分で、自分が身体を持つことを一度も気づいたことがないのではないかと彼女に尋ねたところ、彼女はいたって真面目に、気づいたことがないと答えました——彼女は自分をシーツにくるんで入浴させていたわけです！　私のもとに来た時、彼女はもはや自分が歩く時の足音さえ聞こえなくなっていました——まさに世界を浮遊していたのです。彼女の初めての夢は、彼女が気球の上に座っているというもので、それは気球の中ですらなく、驚いたことに空高くに向かう気球の上で、身を乗り出して私のことをこっそりと見下ろしていたのです。私は銃を持っていて、気球に向けて発砲を続け、最終的にそれを撃ち落としました。私のもとに来る前の彼女は、ある家に住んでいて、そこにいるかわいらしい女の子たちに感銘を受けていました。そこは売春宿でしたが、彼女はその事実にさえまったく気がついていなかったのです。この事実が彼女に衝撃を与え、彼女を分析に来させることになったのです。

感覚に直接訴えても、このような事例では現実感覚へと着地させることはできません。直観タイプにとって、事実は単なる空気だからです。思考が彼女の補助機能であるため、私が単刀直入に理を説き始めれば、彼女はやがて自分が事実に投影していた雰囲気を、その事実から引き離す準備を始めるのです。たとえば彼女にこう言います、「ここに緑の猿がいます」と。すぐに彼女は「いいえ、赤です」と言うでしょう。そこで私は「一千人がこの猿を緑だと言うのです。もし赤だと言うのなら、それはただあなたの想像に過ぎません」と言います。次の段階は、彼女の感情と思考が葛藤する地点にまで彼女を至らせることです。直観タイプの感情の働き方は、彼女の思考の働き方と、まったく同じです。つまり、もし彼女がある人物に関して否定的な直観を持つと、その人物が完全に邪悪な存在に見えるようになり、その人物が本当はいかなる人であるのかはまったく重要でなくなります。しかし、結局のところ少しずつそのような患者は対象がどのようなものであるかを問い始め、対象を直接知りたいという願望を持つようになります。そうして、彼女は感覚に対して適切な価値を付与できるようになり、対象を曲がり角から覗き見ることをやめます。要するに、直観によって支配するという強力な願望を犠牲にする準備が整うのです。

感覚タイプにとっては、私が直観タイプの心の働きについて述べたことは、おそらく完全に無意味なものに見えるでしょう。その二つのタイプが現実を見るやり方は、非常に異なるのです。私がかつて診た患者は、分析が半年ほど経過した頃に、私が大きな青い眼をしていないという事実にある種の衝撃をともなって気づきました。他の例として、さらに長期にわたって私の研究室に通っていた人物が、研究室の塗装はもともと緑色なのですが、私に向かって、なぜ研究室をオーク材の壁板から緑色の壁に変えたのかと尋ねたことがありました。私のもとに通って来ている間、ずっとオーク材の壁板があったと言うのです。その人に、この部屋にオーク素材の壁板を張っていたのはあなたなのですよと納得させることは、きわめて困難でした。

これと同じ現実の曲解は、あらゆる優越機能に生じる特徴で、優越機能がその発展の限界にまで推し進められた時に起こるのです。それが純粋なものになればなるほど、ますます現実をある図式の中に押し込めようとします。世界はその中に四つの機能すべてを備えています——機能には他にも種類があるかもしれませんが。そしてもし人がその機能の一つかそれ以上を無視すれば、世界との接触を続けることは不可能となるのです

コリー女史　対立物の対と両価性との関係について説明してくださいませんか?

ユング博士　対立物の対について考えるということは、二つの党派が戦争状態にあると思っているのとほとんど同じことなのです——対立物の対とは二元論的な着想なのです。両価性は一元論的な着想で、そこでは対立物は分裂したものとしてではなく、一つの同じ物事の対比的な側面として現れます。たとえば、良い面と悪い面を持っている男性を取り上げると——その

ような男性は両価的です。彼は弱く、彼は神と悪魔との間で引き裂かれているのです――良いものはすべて神の中にあり、悪いものはすべて悪魔の中にあり、そして彼は二つのものの間で揺れ動く原子であり、彼がこれからどうなるのかはまったくわからない――彼についてはそのように言えるでしょう。彼の性格は一度も確立されたことがなく、その性格は両価的なままです。他方で、対立する両親の間で動けなくなっている息子を例に挙げることができます――彼の性格については何も語るべきものはなく、彼はこの対立するものの犠牲者であり、そのため彼は漠然とした者に留まりかねません。こうした事態に対処するために、「イメージ」という用語が発明される必要があったのです。父と母という対立物の対の間で自分自身が犠牲にされていると考えるだけでは、事態の半分について述べているに過ぎず、そのことを自覚するまで、この人物に進歩はありえません。彼は自分自身の中にその二つのイメージを携えていることに、そして彼自身の心の中でそのような対立が起こっていることに気づかなければなりません――言い換えれば、彼自身が両価的であることに気づかなければならないのです。彼がこの認識に至るまでは、彼は実際の両親やその両親イメージを、生との出会いから自分自身を守るための武器として用いることができます。もし彼がその対立している党派は共に自分の一部だと認めるなら、それらが表している問題に責任を取ることになります。同様に、私たちに降りかかった物事を戦争のせいにするのは、道理に合いません。私たちそれぞれが、自分自身の中に戦争を引き起こす要素を携えてきたのです。

両価性と対立物の関連は、したがって、主観的な観点ということになります。

ロバートソン氏　もしリビドーが常に分裂だと見なされるのなら、いずれかの方向にそれを推し進める物事はどこにあるのでしょうか?

ユング博士　推進力が問題になることはありません。なぜならリビドー、エネルギーは、仮説上いつも運動しているからです。「両価傾向」という表現は、エネルギーの矛盾した性質に対する一つの呼び方です。対立物なしでは潜勢力はなく、そのために人は両価傾向を持つのです。エネルギーの本質は言うなればエネルギーの放出であり、つまりある方向に向かう運動として以外には決して観察できません。機械的なプロセスは理論上可逆的ですが、自然界においてエネルギーは常に一つの方向に進みます。つまり、より高い水準からより低い水準に向かいます。ですからリビドーにおいてもエネルギーは方向を持っていて、どの機能も目的的な性質を持つと言えるのです。もちろん、この観点に対するよく知られた偏見が生物学の中にありますが、それは目的論（テレオロジー）*1と目的性（パーパス）の混同に関係しています。目的論は、万物は具体的な目的地に向かっていると主張しますが、そのような目的地は、私たちを明確な到達点に導く精神を仮定しない限り存在しえず、私たちにとって支持できない観点です。しかしながら、前もって考えられていた到達点と関係せずとも、プロセスは目的性を持った特徴を示すことができます。生物学的なプロセスはすべて目的性です。神経系統の本質は目的性です。神経系統はまるで身体のすべての部分を調整するための中央電信局のような働きをするからです。すべての適切な神経反射は、脳の中に集約されます。両価的な傾向が始まる原点のあたりまで戻れば、エネルギーそれ自体は分裂していません。つまりそれは対立物の対でありながら、同時に分けられてもいないのです――つまり、パラドックスを示すのです。

ロバートソン氏　目的論と目的性をどのように区別しているのかが私にはまだわかりません。

ユング博士　ある到達点を予期することのないまま、行動へと向かう目的性を持った性質はありうるのです。ご存知のとおり、この考えはベルグソンによって十分に展開させられています。心の中に最終的な到達点を思い浮かべていなくても、一つの方向に向けてしっかりと歩みを進めていくことはできます。ある極致に至ろうと思わないままに、その極致に向かっていくことはできるのです。私はこの性質を方向づけとして用いますが、到達点としては利用しません。本能は盲目だと言われますが、それでも本能は目的性を持ったものです。本能はただある特定の状況下で適切に機能し、そういった状況と調和しなくなるや否や、種の滅亡の危機をもたらします。未開人の古からある戦闘本能が、毒ガスやその他の発明によって現代の国家にあてがわれると、自滅的なものになるのです。

ロバートソン氏の記述形式の質問　「心理学的タイプによる二つの見方が提示されています――内向タイプは滝の上部と底部を見ようとする一方で、外向タイプはその間の水を見ようとするという見方です」

「しかしあなた自身は、上記の考えを形成する中で、〝上部と底部〟を見ていたのではないでしょうか？　そうして、エナンチオドロミアを見ようとするあなた自身の（内向的な）傾向を例証していたのではないでしょうか？　もしくは、この特殊な概念に対する客観的な妥当性を主張しようとされているのでしょうか？」

ユング博士　たしかに、上部と底部を見るのは内向的な態度ですが、そこがまさに内向タイプが役割を果たすための場所となっているのです。内向タイプの人は自分と客体の間に距離をとっているために、タイプの違いに敏感なのです――彼は分けたり識別したりすることができるのです。内向タイプは事実や考えが多過ぎることを望みません。外向タイプの人は常に〝事実を、もっと事実を〟と求めます。外向タイプはたいてい、そうした事実全体を背後で一つに統一する偉大なアイデア、膨れ上がったアイデアを持っているものですが、内向タイプはまさにそのような膨れ上がった考えを分割したがるのです。

客観的妥当性の問題に関しては、非常に多くの人々がエナンチオドロミアを体験しているので、エナンチオドロミアに真実があるに違いないと言えるでしょう。また非常に多くの人々がそこで継続的な発展を体験しているので、やはり継続的な発展に真実があるに違いないと言えるでしょう。しかし、厳密にはいずれにしても客観的妥当性があるとは言えず、あるのはただ主観的妥当性だけなのです。もちろん、これはまったく満足ゆくものではありませんし、内向タイプの人はこれを主観的に受け取って、「自分の視点だけが正しい」と心ひそかに思うものです。

デ・アングロ博士　内向性とエナンチオドロミア現象を捉える能力との論理的なつながりがわかりません。エナンチオドロミアを理解する外向タイプの人たちも無数にいるはずですが。

ユング博士　そこに論理的なつながりはありませんが、私はそれが二つの態度間の気質的な違いであることに気づきました。内向タイプの人たちは小さなものが大きくなり、大きなものが小さくなるのを見たがります。外向タイプの人たちは偉大なものを好みます――彼らは良いものが悪くなるのを見たがらず、常により良くなるのを見たいのです。外向タイプというのは、自分を地獄的な対立物を抱えた人間だと考えるのを嫌がります。さらに言えば、内向タイプがエナンチオドロミアという概念を容易に受けいれられるのは、この概念が客体から多くの力を奪うためなのですが、一方で、外向タイプは客体の重要性を最小限にするという願望を持たないので、客体には力があると見なすことを厭いません。

アルドリッチ氏　あなたのおっしゃったことのいくつかが、『タイプ論』で述べられていること、つまり事実を直接つかむ外向的な唯名論者と、抽象を通じた統一性を常に求める内向的な実在論者との話と矛盾しているように思うのですが。[1]

ユング博士　いいえ、そこに矛盾はありません。唯名論者は個々の事実を重視しますが、その事実のすべてを覆う永遠なる存在をイメージすることで、ある種の補償された統一性をつくり出します。実在論者は、単一のイデアに到達することよりも、諸々の事実から離れ、諸々のイデアたちによる諸々の事実の抽象化へ至ることを望んでいるのです。ゲーテの「原植物」[*2][2]という考えはひどく総合的なイデアの一例で、「偉大なアイデア」を形成する外向タイプの傾向を示していて、私が言わんとすることを例証してくれています。他方、アガシ[3]は動物が個々別々のタイプに由来するという概念を発展させましたが、これはゲーテの着想よりもずっと内向タイプに相応しいものです。プラトン主義者の生に関するイデアでは、根源的なイメージの数は常に限られたものですが、それでもなお一つではなく多数あるのです――つまり内向タイプは多神教的な傾向を持つのです。

アルドリッチ氏　しかし、プラトンは世界の起源を神の精神に帰したのではないですか？

ユング博士　たしかに彼はそう考えましたが、プラトンの興味がすべてその着想にあったのではなく、エイドーロンの着想、もしくは根源的で抽象的なイデアの方にあったのです。(4)

講義

前回、(5) 英雄の殺害に関する夢をお伝えし、エリヤとサロメに関するファンタジーをお話ししました。

さて、英雄の殺害は取るに足らない事実ではなく、典型的な帰結をともなうものです。イメージが消滅することは、人がそのイメージになることを意味します。神の概念を捨てることは、人がその神になることを意味します。*3 常に意識的であったイメージが消滅すると、そのイメージに注がれていたリビドーが無意識に流入して、このようなことが起こるのです。そのイメージが強ければ強いほど、人は無意識においてそれに捕らえられることになり、そうしてもし意識の上で英雄を捨てるなら、無意識によって英雄役を強いられるわけです。

これに関連して思い起こす相応しい例があります。ある男性のことですが、その男性との面接で彼の置かれた状況に関する非常に優れた分析がもたらされました。彼の成長過程で、その母親は男性に、〝いつかあなたは人類の救世主になるだろう〟と繰り返し語り、彼はそれをまったく信じていなかったにもかかわらず、その語りがなんらかの形で彼を捕らえていたのです。そこで彼は勉強を始めて、最終的に大学へ進学しました。そこで調子を崩し、家へ戻ったのです。しかし、救世主は化学を勉強する必要がなく、その上、救世主はいつも誤解されるものだという、母親と本人自身のファンタジーに沿って看病が為され、彼は意識の上ではまったく意気消沈した状態に陥ることを自らに許したのでした。彼は、切手貼り程度の仕事に等しい保険会社の職に就くことに甘んじました。その間ずっと、人々に見下された者という秘密の役を演じていたのです。最終的に彼は私のもとを訪れました。彼を分析した時、私はこの救世主ファンタジーに気づいたのです。彼はそれを知的に理解していただけで――救世主ファンタジーについて彼が考えたことは色々あったものの――彼を捕らえていたそのファンタジーの情動的な支配力は変わらないままであり続けたため、彼はなおも認められずにいる救世主であることから満足を得続けていたのでした。

分析は彼を十分に目覚めさせるだろうと思われましたが、それさえも彼の心に沁み入ることはありませんでした。彼はそういう奇妙なファンタジーの中で暮らすことをとても面白いと考えていたのです。ある時、彼は仕事で今まで以上に実績を示し始め、それに続いて、ある大きな製作所の管理職に応募し、採用されました。そこで彼は完全に潰れてしまったのです。彼はファンタジーの持つ情動的価値が現実化されていないことを理解できておらず、そしてこの現実化されていない情動的価値こそが、彼をまったく向かない役職に応募させたのだということも理解できていませんでした。彼のファンタジーはまさに力のファンタジー以外の何ものでもなく、救世主になりたいという願望は力を志向することに基づいていたのです。このように、人はそうしたファンタジー体系を現実化しうるのですが、それでもその体系の活動は依然として無意識であり続けるのです。

したがって、英雄の殺害は、人が英雄になることを示し、何か英雄的なことが起こらざるをえないのです。

私が記述を始めたファンタジーには、エリヤとサロメの他に第三の要素がありましたが、それは彼らの間にいる黒い大蛇でした。[6] 蛇は英雄に相当する片割れを示唆しています。神話学は、こういう英雄と蛇の関係に満ち溢れています。[7] 北方の神話では英雄は蛇の眼を持つと言われ、多くの神話で、死後に蛇に変容し、蛇として崇拝される英雄が描かれています。これはおそらく、墓穴から這い出てきた最初の動物が、埋葬された者の魂であるという原始的な考えに由来するものです。

したがって蛇の存在は、それもやはり英雄神話であろうと告げているのです。二つの人物像の意味に関しては、サロメはアニマの像であり、意識と無意識をつないでいますが、無意識の働きを見ることがないために盲目なのです。エリヤは認識の要素の人格化で、サロメはエロスの要素の人格化です。エリヤは叡智に満ちた老預言者という人物像です。[8] これら二つの人物像は、非常に明確に形作られたロゴスとエロスの人格化と言えるでしょう。これは知性的遊戯のためには実用的なものですが、ロゴスとエロスは純粋に思弁的用語であって、まったく科学的なものではなく、非合理的なものですから、その人物像をあるがままにそっとしておく方が、つまり出来事や経験としてそっとしておく方がよほど良いだろうと思います。

蛇に関してですが、そのより深い意味とはどのようなものでしょうか？[9]

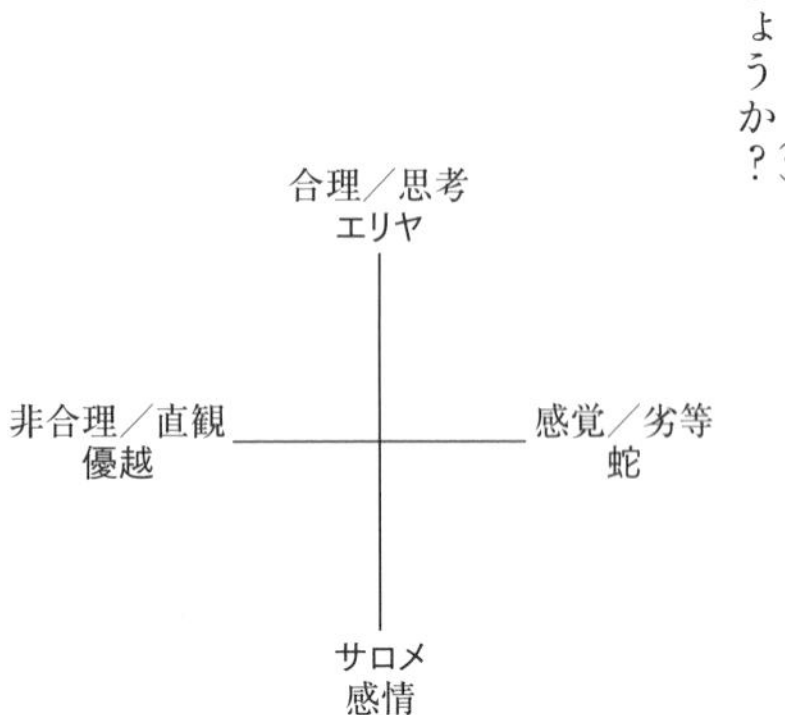

質疑応答

ウォード博士からの質問　「エネルギーを高い水準から低い水準へ落ちるものと言われ、実例に滝を用いられました。水を雨雲に上昇させるという、同等であるけれど反対方向のエネルギーをどのように説明されますか？　このような場合、雨雲は低次のものでしょうか？　水準という言葉を熱エネルギーの用語に変換するかどうか、ということなのですが。心的エネルギーに関して、このさまざまな表現形態への変換可能性を考慮に入れるべきではないのでしょうか？　これは神経症の問題の核心ではありませんか？　もし心的エネルギーが十分に自由で流動的で簡単に変容するならば、神経症は生じないでしょう。しかし、倫理の問題がここに入り込みます――方向選択の問題です。この問いをご検討いただけますか？」

ユング博士　海から水を上昇させるには新たな力が必要です。水が上昇方向に向かう時、そこには常に付加的なエネルギー源があります。言い換えれば、太陽の力が水を上昇させるのです。上昇して雲になった水は再び降下しなければなりません。集合的無意識においては、私たちの水準を高めるような付加的なエネルギー源が解放されます。集合的無意識の中には、太古からの「堅固な」形のエネルギーがありますが、それは炭鉱で見つかるものに似た付加的なエネルギーであって、炭鉱で見つかるエネルギーと同じく、枯渇する危険があるのです。もし、原子力[1]もしくは風力や潮力といったエネルギーの解放に成功しなければ、ヨーロッパの人口はきっと減少しなければならないでしょう。集合的無意識のエネルギーをもうそれ以上はないというところまで解放したとき、私たちは分化に至るのです*1。元型はエネルギーの源です。人生に何の展望もない人々でも元型的な発想、たとえば宗教的な発想を得ると、その人たちは有能な人物になるのです。平凡な人々の頭に、ある考えを吹きこんでみなさい。そうすれば、彼らは偉大になり非常に有能になるでしょう。

私たちは、道徳観念を用いて人生を方向づけられると考えやすいのですが、道徳観念では人生を捉えられません。もしそうできたら、とうの昔にすべてがうまく行くようになっていたことでしょう。道徳的視点は集合的無意識に影響しません。意志の力の及ぶ範囲では私たちに選択の余地がありますが、それを超えたところでは、選択の余地は皆無です。

黒蛇は内向するリビドーを象徴します。サロメはアニマ、エリヤは老賢者です。本能的でまったく盲目なサロメは、エリヤが持つ予見する叡智の眼を必要としています。預言者の人物像は、盲目のアニマの人物像を補償するものです[2]。

私が内向－知性タイプなので、私のアニマはまったく盲目［な］感情を持つのです。私の場合、アニマの中にサロメだけでなく何匹かの蛇(サーパント)も含まれ、それはまた感覚でもあります。みなさんご記憶のように、本物のサロメは継父のヘロデ王と近親相姦関係にあり、王から寵愛されていたために、洗礼者ヨハネの首を手に入れることができたのです[3]。

このファンタジーが生じる以前、私はたくさんの神話を読んでいました。そして、この読書がすべて、こういった人物像の中に凝縮されたのです。老人は非常に典型的な人物像で、至るところで彼に遭遇します。老人はあらゆる種類の姿をとって、たいてい少女と一緒に現れます（ライダー・ハガード『知恵の娘』参照[4]）。

感情－感覚が意識的な知性－直観と対置されていますが、釣り合いがうまくとれていません。このアニマが、意識内の分化した機能の優位性によって成立していると想定するならば、無意識は無意識自身の中で、このアニマ像を補償する人物像によって釣り合いをとられているわけです。それが老人エリヤです。あたかも人が天秤を持っていて、天秤の片方には意識が、もう片方には無意識があるようだ、というのが私の最初の仮説の一つでした。フロイトの説と同じく、無意識は常に受け入れ難い素材を意識の中へと溢れさせ、意識はこの素材を引き受け難いために抑圧するわけですから、そこには釣り合いがないことになります。

　当時、私は補償原理を意識と無意識の間のバランスを示すもののようだと考えたのです。しかし、後に無意識はそれ自体でバランスを保つとわかりました。無意識は然りであり否であるのです。無意識は意識と厳密に正反対というわけではありません。そのような筋の通った異なり方をするわけではないでしょう。意識から無意識を推定することはできないのです。意識と同様に、無意識はそれ自体で釣り合いを保ちます。サロメのように仰々しい人物像に出会う時、無意識の中には補償的な人物像が存在します。もしサロメのような邪悪な人物像しか存在しなかったら、意識はこれを隠しておくための垣根を、大げさで狂信的な道徳的態度を築き上げていたはずです。しかし、私はこうした大げさな道徳的態度を持ち合わせていませんでしたので、サロメはエリヤによって補償されていたのだと思います。エリヤが自分はいつもサロメと一緒にいると言った時、私は彼がそんなことを言うのはほとんど冒瀆だと思いました。自分が惨めたらしく血塗られた雰囲気の中に頭から飛び込んで行くように感じました。そういう雰囲気がサロメの周りに漂い、エリヤがいつも彼女と一緒にいると断言するのを聴き、私は深い衝撃を受けました。エリヤとサロメが一緒にいるのは、彼らが対立物の対だからです。エリヤは、女性ではなく男性の無意識において、重要な人物像です。彼は威厳ある人物であり、意識の防壁の低い人物であり、すなわち目覚ましい直観の持ち主です。より高次の社会では、エリヤは老子に匹敵する賢者であるでしょう。彼は元型と接触する能力を持ちます。彼はマナ[*2]に取り巻かれているでしょうし、彼は他の人々の中にある元型に触れるので、他の人々を目覚めさせるでしょう。彼は人を魅了し、彼の周囲を震撼させます。彼は賢者で呪術師で、マナ人なのです。

　これは後に発展していき、賢者はスピリチュアルなイメージとなり、神や「山から下りてくる老人」（喩えるなら、律法をもたらす者として山から下りてくるモーセ）となり、部族の魔術師となります。賢者は法を定める者です。キリストでさえ、変容の際にモーセやエリヤと共にいました。[*3] あらゆる偉大な法の制定者や過去の導師、たとえば神智学の教えにあるマハトマたちは、神智学者によって、今なお存在するスピリチュアルな代弁者と考えられています。[3] たとえば、ダライ・ラマは神智学者にとって、そうした人物だと思われています。グノーシスの歴史ではこの人物像が大きな役割を果たし、あらゆる宗派が、自分たちの宗派はそうした人物によって創始されたのだと主張しています。キリストは完全にそれに相応しいわけではありません。マハトマには若すぎます。彼のように偉大な人物にはまた別の役目が与えられるべきです。洗礼者ヨハネは偉大な賢者、教師、教導者でしたが、力を弱められてしまいました。同様の元型がゲーテではファウストとして再び出現し、ニーチェではツァラトゥストラになり、ツァラトゥストラは天恵として訪れました。ニーチェは偉大な賢者の突然の躍動に襲われたのです。これはすでにお伝えしたように、男性の心理学において重要な役割を果たしますが、残念ながらアニマが果たすものよりは重要性の低い役回りを担うものです。

蛇（サーパント）は動物ですが、魔術的な動物です。蛇に対して平静でいられる人間などそうはいません。蛇を思い浮かべる時、人間は常に種の本能に触れているのです。人間と同じように、馬や猿だって蛇恐怖症を患っています。未開の土地に行ってみれば、なぜ人間がこのような本能を備えることになったのか、容易に見てとることができるでしょう。ベドウィン[*4]たちはサソリを恐れて自らを守るために魔除けを携帯しているのですが、特にローマのある遺跡から持ってきた石がよく使われます。このように、蛇が現れたら常に恐怖するという根源的な感情について考えなければなりません。黒い色はこの感情に相応しく、蛇の持つ地下世界的な特徴ともよく似合います。蛇は隠されていて、それゆえ危険です。動物としての蛇は何か無意識的なものを象徴しています。蛇は本能的な動き、あるいは傾向であって、隠された宝のありかを指し示し、場合によっては宝を守ってもいます。竜は蛇の神話的な形態です。蛇は魅力的ですが、一風変わった、恐怖ゆえの魅力です。ある種の人はこの恐怖によって魅了されます。畏怖させるものや危険なものは途方もなく魅力的なのです。この恐怖と魅力との組み合わせは、たとえば蛇によって催眠術にかけられた鳥に見られます。蛇を捕らえようと舞い降りる鳥は、逆に蛇に魅了され、捕らえられてしまうのですから。蛇（サーパント）は隠された何ものかへの道を示し、そうしてリビドーの内向を表しているのであって、人間は安全な領域の境界を越えて、深い溝として表されている意識の境界を越えるところへと、連れ出されていくのです。

蛇は陰、つまり暗い女性の力でもあります。中国でならきっと蛇（すなわち竜）は陰ではなく陽を示す象徴として使われるでしょう。中国［の伝統］では、陰は虎によって、陽は竜によって象徴されます。

蛇（サーパント）が、心理学的な運動を影たちの王国へ導き、屍臭漂うよこしまなイメージの王国へと迷い込ませるのは間違いのないことですが、蛇は大地にも、あるいは具象化にも、導きます。陰のやり方にならって、物事を現実のものに変え、存在を与えます。影へと導くのですから、蛇にはアニマとしての機能も備わっています。それは人間を深みへと導いて、上方と下方とをつなぐのです。[(6)]そこには神話的な対応関係が存在します。ある未開人たちは魂のことを「私の蛇（サーパント）」と呼びます――彼らが「私の蛇が私に語った」と言うのは、「思いついた」という意味です。それゆえ蛇は知恵の象徴でもあって、深みから含蓄に富んだ言葉を語るのです。きわめて地下的であり、まさに大地に根ざしていて、エルダのごとき大地の娘なのです。[*5]死んだ英雄は地下世界で蛇へと変容するのです。

神話において、太陽鳥だったものは、自らを貪り食い、地中へと潜っていき、そして再び出てきます。[*6]セメンダ鳥[*7][(7)]はフェニックスのように、蘇るために燃え尽きます。その灰から蛇が、そして蛇から再び鳥が、現れます。蛇は、天上の存在が鳥へと再生する時の移行段階なのです。蛇は太陽神ラーの乗る船をぐるりと取り巻きます。夜の航海において、そしてその第七番目の時間において、ラーは蛇と戦わなければなりません。[*8]ラーは僧侶たちの儀式によって支えられます。ラーが蛇を殺せば太陽は昇りますが、もし負けるようなことがあれば、太陽はもはや昇らなくなるのですから。

蛇は、深みへと沈み込んで影の魅惑的な世界に自らを明け渡そうとする傾向が人格化したものです。

私はすでに、例の年老いた男を興味深い会話へと引き込んでいました。まったく予想外でしたが、彼は、私の思考様式に対してずいぶんと批判的な態度をとりました。私がまるで自分自身で生み出したかのように思考を扱っている、と彼は言うのですが、彼によれば、思考とは森に住む動物たちのようでもあり、部屋の中にいる人々のようでもあり、大空ではばたく鳥たちのようでもあるのだそうです。「君は部屋の中にいる人々を見た時、その人たちを自分が作り出したとは言わないでしょうし、君がその人たちの存在に責任を負っているとも言わないでしょう？[(8)]」と彼は言います。それでようやく、私は心理学的な客観性とは何かを悟りました。ようやく、私は患者にこう伝えられるようになったのです、「静かにしてごらん、何かが起きようとしているよ」と。家の中に住むネズミたちのようなものが、そこにいるのです。ある考えを抱いたからといって、あなたが悪い、とは言えません。無意識を理解するためには、私たちは思考を出来事として、現象として、捉えなくてはならないのです。私たちは完全なる客観性を持つ必要があります。

数日後の夜、私は、ファンタジーを続けていくべきだと感じました。そして、同じ手続きを試してみたのですが、それは下降してはいきませんでした。[(9)]私は表面にとどまっていました。それから私は胸の内に、降りて行くことに関連した葛藤があるのだと気づいたのですが、それが何であるのかはわからず、ただ二つの暗い原理が、つまり二匹の蛇（サーパント）が、戦っているのを感じるだけでした。ナイフの刃のごとく尖った山の尾根があり、陽の降り注ぐ砂漠の土地と、闇の土地とを分けていました。白い蛇が明るい側に、黒い蛇が暗い側にいるのが見えました。二匹は狭い尾根で衝突しました。恐るべき戦闘が巻き起こりました。最終的に、黒い蛇の頭が白くなり、撤退し、敗北しました。「これで私たちは続けられる」と私は思いました。すると年老いた男が、尾根の岩肌の高い場所に現れました。私たちはさらに上り、巨岩を円環状に積み上げた特大の壁に行き当たりました。「はあ、こいつはドルイド教[*9]の聖なる土地だな」と私は思いました。その開口部から中に入ると、私たちは広い場所にいて、丘[になった]ドルイドの祭壇がありました。年老いた男が祭壇に上ります。突然彼は小さくなっていき、彼と一緒に祭壇も小さくなっていき、その一方で、壁はどんどん大きくなりました。壁の傍に小さな家が見え、さらに人形のような、小さな小さな女性が見えましたが、彼女はサロメでした。それから蛇も見えましたが、こちらもとても小さいのです。壁の巨大化はさらに続いていて、その時私は気づいたのです。自分は地下世界にいて、壁は溝の岩壁であり、そしてここはサロメとエリヤの家なのだ、と。この間ずっと私は大きくなることもなく、普段通りのサイズでした。壁が大きくなるにつれ、サロメとエリヤは若干大きくなりました。私は自分がその世界の底にいるのだとわかりました。エリヤは微笑んで、「おやおや。上だろうと下だろうと、どちらでも変わらんよ」と言いました。

その時、この上なく不愉快なことが起きました。サロメが私にやたらと興味を抱きはじめ、私が彼女の盲目を癒せると思い込んだのです。彼女は私を崇拝し始めました。「なぜ私を崇めるのだ？」と私が問うと、「あなたはキリストです」と彼女は答えます。私が反論しても彼女は譲りません。「狂っている」とつぶやいた私の胸は、懐疑的な抵抗で張り裂けそうでした。すると、さっきの蛇がやって来ます。近くまで来たかと思うと私をぐるりと取り巻き、とぐろを巻いて私を締め上げだしたのです。とぐろは私の胸のあたりにまで達しました。私はもがきながら、自分が十字架に磔にされた体勢にあることに気がつきました。もがき苦しむ中でたっぷりとかいた汗が、周囲に流れ落ちました。その時サロメが立ち上がります。彼女の目は開かれたのです。蛇に締め付けられている間、私は自分の顔が、ライオンやトラといった肉食獣の様相を帯びていると感じていました[10]。

これらの夢の解釈は以下のようになります。まず二匹の蛇の激闘があります。白は昼間への運動を、黒は闇の王国への運動を意味し、これには道徳的な面も関わってきます。現実の葛藤が、つまり降りゆくことへの抵抗が、私の中にあったのです。上昇しようとする傾向の方が私には強かったのです。前日に目撃した情景のむごたらしさにあまりにも衝撃を受けていたので、私は上昇して意識へと向かう道を見つけたいと痛切に願い、山の上でそうしたのでした。この山は太陽の王国であって、円環状の壁は、人々が太陽を集める器でした。

エリヤは上方も下方も変わらないと告げました。ダンテの『地獄篇』を参照してください。[*10][11] グノーシス主義も同じアイデアを逆さ円錐に象徴化しています。このように、山と溝とは相似形なのです。これらのファンタジーにおいては、なんら意識的な構築物は見当たらず、それらはただ出来事として発生したのです。だから私は、ダンテもこの同じ元型からアイデアを得たのだと思います。私はこれらのアイデアが患者の中にあるのを、何度となく見てきました――上方と下方の円錐を、つまり上にあるものと下にあるものとを、見てきたのです。

サロメの接近と、彼女の私への崇拝とは、明らかに、悪のオーラをまとわりつかせた劣等機能のものです。私は彼女の仄めかしを、この上なく邪悪な呪文だと感じました。ひょっとしたらこれが狂気なのかもしれないという怖れによっておびやかされます。このように狂気は始まり、これこそが狂気です。たとえばあるロシアの本に、気が狂うのではないかと怖れる男の話があります。[12] 夜、ベッドに横たわりながら、彼は部屋の中央に明るく射す、四角く切り取られた月光を見やります。彼は一人考えます。「もしあそこに座って、犬のように遠吠えしたら、私は狂うのだろうな。でも私はそんなことをしないから、狂っていないのだ」と。それから彼は、こうした考えを霧散させようとするのですが、しばらくするとまた考えるのです。「私はあそこに座って、犬のように遠吠えするかもしれない。だが、それをわかっていて、それを自ら選ぶのだから、まだ狂わないだろう」と。再び彼はその考えを追い払おうとするのですが、ついに彼はそれ以上抵抗できなくなります――起き上がり、月明かりの中に座り、犬のように遠吠えし、そうしてその時、彼は狂っているのです。

無意識に身を委ねることがなければ、こうした無意識の事実を意識化することはできません。無意識への怖れを克服し、そこに降りて行くことができれば、こうした無意識の事実はそれ自身の生命を帯びるのです。こうしたアイデアに捕らえられれば、本当に気が狂うか、そこまでは行かなくともほとんど狂った状態になります。これらのイメージはありありとした現実性を帯びていて、自らを押しつけてきますし、圧倒的な意味を持っているので、人はそれに捕らえられてしまうのです。こうしたイメージは古代の秘儀の一部を形作っています。実際、秘儀を作り出しているのは、まさにこうした人物像たちなのです。イニシエーションをともない、さらにはその儀礼を通過した者の神格化をともなう、アプレイウスによって語られるイシスの秘儀を参照してください。[*11][13]

畏怖が秘儀を、とりわけ神格化の秘儀を、取り巻いています。これは秘儀のうちで、最も重要なものの一つです。個人に不死の価値を授けるのです――不死性の確信がもたらされます。こうしたイニシエーションを通過させられると、人は独特な感情を覚えるものなのです。神格化へと通じる重要な部分は、蛇が私をぐるぐる巻きにするところです。サロメの行いの神格化です。私の顔が変容したように感じられた野獣の顔は、ミトラ教の秘儀において有名なレオントケファルス［神］です[*12][(14)]。とぐろを巻いて人間を締め上げる蛇、締め上げた人間の頭上に置かれた蛇の頭、そしてその人間の顔はライオンの顔をしている。このようにこの神の像は示されています。この神の彫像は神秘の洞窟（教会地下。最後期のカタコンベの遺跡）で見つかったのみです。カタコンベはもともと潜伏場所だったのではなく、地下世界への下降の象徴として選ばれた場所だったのです。聖人たちは殉教者たちと一緒に埋められるべきであり、そうして復活の準備に地下へと降ることになるのだとする初期の着想にも、このカタコンベは関わっています。ディオニュソスの秘儀も同じアイデアを持っています[*13]。

　カタコンベが衰退すると、それに続いて教会というアイデアが現れました。ミトラ教もまた地下教会を持ち、通過儀礼を終えた者だけが地下の儀式に携わりました。地下の一部の壁に穴が開けられ、平信徒は教会の上部で、地下にいる信徒たちによって語られていることを聴けるようになっていました。地下の教会には長椅子や小部屋が[*14]、それぞれ向き合うように据えつけられていました。儀式では鈴が用いられ、パンには十字が刻まれました。彼らがミサを執り行っていて、そこでこうしたパンが、ワインではなく水とともに摂られたことが知られています[*15]。ミトラ教団は厳格な禁欲主義でした。女性は加入を許されません。これらの秘儀において、象徴的な神格化の儀式が一役買っていたことは、ほぼ確実です。

　蛇に巻きつかれたこのライオン頭の神は、アイオーン、あるいは永遠の存在と呼ばれました。彼はペルシアの神、ズルワナカラナに由来していて[(15)]、この言葉は「無限に長く続く時間」を意味します。この教団における、もう一つの大変興味深い象徴は、炎が立ち上るミトラのアンフォラで[*16]、一方にライオン、もう一方に蛇がいて、両者ともに火を得ようとしています[(16)]。ライオンは若く、熱く、光の絶頂期である乾いた七月の太陽であり、それは夏です。蛇は湿気であり、闇であり、大地であり、冬なのです。それらはこの世界における対立物であり、間にある和解の象徴によって、一つになろうとしています。これは有名な器の象徴で、一九二五年まで生き残ってきたものです――『パルジファル』[*17]を見てください。それは罪の壺と呼ばれる聖杯なのです（キング『グノーシス主義とその遺物』を参照[(17)]）。またこれは初期グノーシス主義的な象徴でもあります。もちろん人間の象徴でもあって、つまり子宮の象徴でもあるのです――火が燃え上がる人間の創造的な子宮の象徴です。対立物の対が一つとなる時、なにか神聖なことが起こり、そしてその神聖なこととは、不死であり、永遠であり、創造的な時間なのです。生成のあるところ常に時間があり、それゆえクロノス[*18]は時間の神であり、火の神であり、光の神なのです。

こうした神格化の秘儀において、あなたはこの器の中に入り、そうして対立物を和解させる創造の器になるのです。これらのイメージがありありと実感されればされるほど、あなたはそのイメージの虜になります。イメージがやって来て、そのイメージが理解されない時、あなたは神々の世界にいるのであり、あるいはこう言ってよければ、狂気の世界にいるのです。もはや人間の世界にはいません。自分について語れないのですから。あなたは、「このイメージはこれこれである」と語れる時にだけ、まさにその時にだけ、人間の世界に残るのです。誰しもこうしたイメージに捕らえられうるし、こうしたイメージの中で迷子になりえます――こいつはまったくナンセンスだ、と決めつけて、この体験を捨て去る人もいますが、そうすることで彼らは最も価値あるものを失うことになるのです。なぜなら、それらのイメージが創造的なものだからです。一方で、自分自身とこうしたイメージとを同一化して、奇人か愚者になる人もいます。

質問　この夢はいつ見たのですか？

ユング博士　一九一三年の一二月です。この夢は徹頭徹尾ミトラ教の象徴に溢れています。一九一〇年に私は、ミサが執り行われている最中の、ゴシック様式の大聖堂を夢に見ました。[(18)]唐突に大聖堂の壁全面が崩落し、牛の大群が鈴を鳴らしながら教会へなだれ込んできました。もし三世紀になんらかの理由でキリスト教が終わっていたら、現代はミトラ教的世界になっていたかもしれないとのキュモン[(19)]の言葉を、みなさんは思い出されるかもしれませんね。

第13講

質疑応答

ユング博士　ここに、ある若いアメリカ人が描いた数枚の絵を持参しました。これらの絵を描いていた頃、彼は私の理論については何の知識も持ち合わせていませんでした。私はあまりにひどく混乱した彼の心の内的状態を、色で表現してみてはどうかと促しただけでした。どのような形式で描くべきかという指示は出しませんでしたし、絵に対する彼の素朴な関わりを邪魔しないように、絵について解説することはほとんどありませんでした。

これらの絵は発展的な連作になっていて、見ていただいたらおわかりになるように、超越機能、つまり、無意識の内容を意識化する取り組みのさらなる表現となっています。ここには対立物の対の間に生じる争いが示されるとともに、二つのものを結びつけるという課題の解決が試みられています。ですから、これらの絵について、本当は対立物の議論に含めるべきだったのですが、今まで調達できずにいました。

第一絵画（第1図参照）[1]：この絵について、描き手は上方に明晰さを、下方に何か動いているもの、蛇のようなもの、さらには大地の重みを、中間部に空虚さや暗黒を感じる、と語っています。話のついでに言っておくと、このような象徴はアメリカ人だけが作り出せるように思われます。この一番下の円の上部の青は海を連想させます——描き手は実際、当時の彼を取り巻く状況について、まさに海をさまよっているように感じているのです。この黒、つまり無意識は悪というアイデアを連想させます。この絵は男性心理の典型を示しているのです。すなわち、意識は上部に、性は下部に、中央には無があります。

第二絵画：二つの円が分かれて、一つは上に、もう一つが下にあります。これは完全な分離を表し、陽が上に、陰が下にあります。さらに下の円には、原始的な装飾へと展開していく傾向が見て取れます。

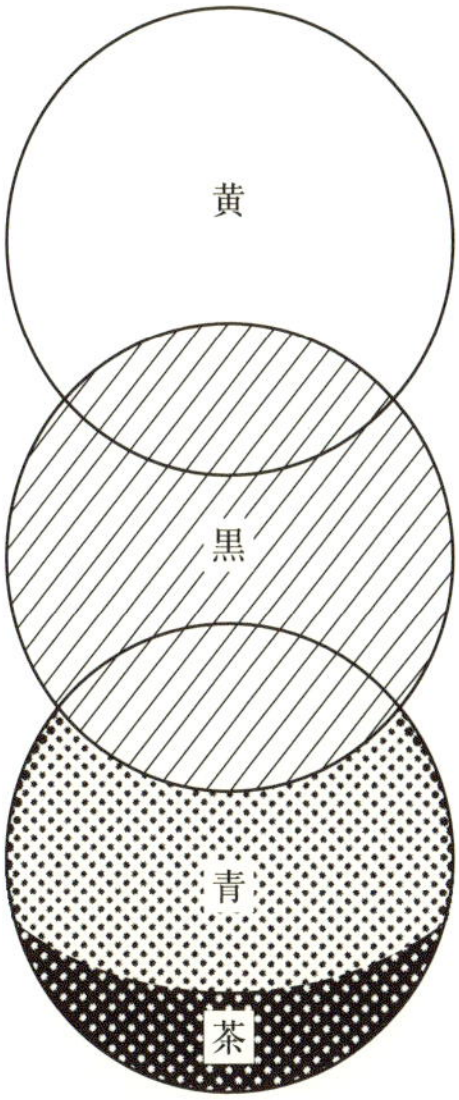

第三絵画：ここには物事を一つにまとめようとする試みが表れています。陽の色が上に、陰の色が下にあり、成長の兆しが緑色の一本の木を描こうとする取り組みの中に見られます。下方からは蛇たちが現れようとしています。

第四絵画：物事を一つにまとめようとする非常に活発な試みが、ここにあります。二つの原理、陽と陰が図の中で組み合わさっています。直観－感覚の問題はその図柄の垂直的な形態に表されています。ここに水平的な形態が表れているということは、合理機能が現れているのです。なぜなら、合理機能は私たちの大地の上にあるものだからです。

第五絵画：ここにはさらに典型的なインディオ的あるいは未開人的な傾向が表されています。「魂の鳥たち」が描かれています。手助けしてくれる動物が必要なのです。前の図柄では、彼は可能性の無さに行き当たっていましたが、それは合理機能が非合理機能によって直接には受け入れられないからです。そのため描き手はここで鳥を採用しているのです。陰陽の陽はほとんど消え去り、この鳥たちが中心にいます。大地には奇妙な動き、つまりいくつかの水路、複数の蛇や根のようなものが見受けられます。鳥は本能的な傾向を表しています。もし描き手が、援助してくれる鳥たちが周りにいるのを知れば、それは彼にとって合理機能以上のものをもたらすでしょう。

第六絵画：第五絵画で描き手は大地の領域に関わっていきました。この第六絵画ではそこに深く入り込んでいきます。大地

第1図

が天に届かんばかりに隆起していき、雲が太陽を隠す一方で、陰陽の陽は大地へと降りていき、海の中に沈んでいきます。高みには、無意識の深みへと飛び込もうかと思案している男がいます。無意識内容は魚として感じ取られています。この男の立ち位置と、無意識の深みにはつながりがなく、男は跳躍することができません。

第七絵画：この絵画で男は跳躍しました。しかし、水中ではなく、空中に飛び込んでいます。そこは砂漠で、頭蓋骨が描かれています。男は鉄球で底部に結びつけられていますが、あらゆる生命は上部に描かれています。これは、対極へと向かうことが、上方に留まるのと同じくらい破滅的で死に満ちていることを示しているのです。彼は大地の最深部にいます。

これらの絵画の制作は、心の未開の層を刺激するもので、そのため、描き手本人は本能的な衝動へと至るでしょう。一連の絵画には、東方からの顕著な影響が感じられますが、それはヨーロッパ人と比べてアメリカ人の心理学に見られる一般的な特徴です。ヨーロッパ人にはこのような絵画を制作することはできないでしょう。

（この後、さまざまな人種が未開文化と接触した時に、その文化に対して示しがちな反応の仕方がしばらく議論された。）

この点に関して、北アメリカと南アメリカではまったく別の経過を辿りました。アングロ・サクソンの人々は未開人との距離を保ちましたが、ラテンの人々は未開人の水準まで降りていきます。私は、そのことを例証するいくつかの非常に不思議な心理学的問題に出会っています。ここで少し、南アメリカで起きていることについてお話ししましょう。

以前私は、ある南アメリカの家族から、ご子息の状態について相談を受けたことがあります。その子は友人たちの影響でほとんど狂気に陥っていました。両親はオーストリア人で、結婚後初めて南アメリカに移住したのです。家の中ではヨーロッパ人の伝統が守られていましたが、家の外ではあらゆることがインディオ的で、ラテンの入植者たちは、その影響に対して抵抗を示すことはありませんでした。インディオの家庭には、子どもたちをわずかな賃金であるいは無賃で都市へ働きにやる習慣がありました。そして、それが少女の場合には、そこで性的虐待が行われることは避けられませんでした。

こうした生活様式は、このオーストリア人一家の息子の神経にひどく障りました。そこで彼は敬愛する教授を訪ねて、その助言を求めたのです。この教授は、彼がマスコットを持っているかどうかを尋ねましたが、もちろん彼はそんなものを持ってはいませんでしたので、一体のマスコットが彼に与えられました。教授は、彼がこの一体の人形をいつも持ち歩いて、その力を増大させる仕事に励まなくてはならないと言いました。そうして、この人形が強くなればなるほど、少年の問題は消えて行くだろうというのです。初めにやらねばならないのは、この人形を腕に抱えて街に出かけることでしたが、ひどく恥ずかしくはあったものの、少年はそれを実行しました。そこで、彼は教授のところに人形を連れて行って、何かもっとすべきことがあるかどうかを尋ねたところ、まだあると言われます。人形はまだ十分には強くなっていないということでした。次は、共和国大統領のために開催される大祝賀会に人形を連れて行かねばならないと言います。警官隊の警備網を越えて、大統領の面前でその人形を三度左右に振らなくてはならないのです。少年はそれを実行に移し、もちろん警官隊と揉めごとにはなりましたが、マスコットを強くすることだけが少年の関心事だとわかると、彼は解放されました。そして少年は、教授のところに戻ってきました。すると、「いや、この人形はまだしかるべき強さには達していない！」と言われます。今度は、小さな女の子を見つけて、少女が死に瀕するまで人形でその首を絞めなくてはならないと言うのです。死を目前にした少女の苦痛の生み出す力がこの人形の中に入り込み、人形は真に力強くなるだろうと言われました。この最後の試練を終えて少年は破綻してしまったのです。彼は話をすることさえも怖くなっていました。なぜなら、自分が何かを話せば人形から力がすべて抜け出てしまうと思えて、そのために彼は完全に神経症的な状態に陥りつづけたのです。とうとう少年の両親は人に助けを請わねばならなくなったのです。

この少年の母親はカトリック信者でしたが、かといって教会がこうした事柄の助けになると考えるのは、愚かなことでしょう。ラテンアメリカの国々に暮らしているスペインの聖職者たちは、昔からずっと、そしていまでもおそろしく迷信深い人たちです。私が今お話ししたような事柄がラテンアメリカのすべての国々でなお続いているのは明らかです。征服者たちが原住民たちとの婚姻によって混じり合っていけば、そうしたことになるのです。こうした行いで、ラテンの人々はなんとか意識と無意識の分裂を避けてきたのですが、そのために自分たちの優越性は失ってしまったわけです。アングロ・サクソンの人々は未開人と交わることはしなかったのですが、彼らは無意識の中で未開の水準まで沈んでいったのです。

テイラー女史からの質問（1）　「ミトラ教がなんらかの発展をして、近い将来に生きた宗教となることがあると考えられますか？」

ユング博士　そうしたことが起こるとは思えません。私がミトラ教に言及したのは、自分のファンタジーがそれと深く関わっていたからに過ぎません。それ自体では、ミトラ教はこの上なく時代遅れのものです。キリスト教の同胞として相対的な重要性があるに過ぎません。キリスト教はいくつかの要素をミトラ教から引き継いで同化しています。キリスト教によって廃棄された要素と受容された要素の両方を描き出してみるのは興味深いことでしょう。ミサを行う際に鈴が鳴らされるのは、おそらくミトラ教に起源があるでしょう。ミトラ教ではその秘儀の特定のタイミングで鈴が鳴らされます。また、クリスマス祭もミトラ教の祭日です。以前、クリスマスは一月八日に行われ、それはエジプトから伝えられたオシリスの体の発見を祝う祭日だったのです。ミトラ教の信者によってソル・インヴィクトゥス神[*1]の日として祝われていた一二月二五日は、キリスト教のクリスマスになりましたが、それはミトラ崇拝が打ち捨てられた後の世のことです。初期キリスト教にとってクリスマスは太陽の復活の日であり、アウグスティヌスの時代になって、キリストがその太陽と同一化されたのです。

テイラー女史からの質問（2）「前回の講義で紹介されていた見解は、無意識の内容は無意識に欠けているものから類推される、という以前の見解がさらに発展したものなのでしょうか？」

ユング博士　ええ、そうです。しかし、私の以前の見解と、無意識の中で釣り合いがとれていると先日私がお話しした内容との間に、矛盾があると示唆したいわけではありません。たださらに一歩先に進んだだけです。

意識はある程度無意識から類推されますし、その逆もまた同様であることは確かです。もし、ある夢がなんらかのことを語っていれば、意識の態度はこのようなものであるに違いない、と述べることもできます。もしある人が偏って知性的ならば、無意識へと感情が抑圧されたに違いなく、当然ながら私たちは無意識の中に感情が見つかることを期待しても良いのです。

さらに私は、無意識は意識に対する補償の役割を担うのに加えて、無意識自身の中でも釣り合いをとっているとお話ししたと思います。つまり、無意識の主要な内容は意識に対して釣り合いをとるものであると言い切ることも、その逆であると言い切ることもできないのです。それゆえに、多くの人々がそうしているように、本当に意識においてしっかりと人生をまっとうに送ることは可能ですし、無意識にはほとんどあるいはまったく注意を払わないでもいられるのです。そうした人生に現れてくる症状や抑制に耐えられるならば、問題はないのです。

さて、この意識の中の釣り合いは、比較検討の過程から構成されています。人は、ある事柄に対して〝然り〟と言い、別の事柄に対して〝否〟と言います。同じように、夢を見ると、その夢の中でも〝然り〟と〝否〟を見いだすことになります――これが私が夢の両義性と呼んでいるものです。夢は、全面的に一つの事柄や別の事柄に委ねられることはなく、だからこそ私は、無意識が的確に機能している場合、無意識はそれ自身の内で釣り合いをとっていると言うのです。無意識が極端な偏りを見せている場合にはいつでも、無意識の働きに狂いがあるために、その偏りがあるのです。好例は、サウロ／パウロの物語です――サウロの意識の中でもっと釣り合いがとれていたのなら、彼の無意識は別の針路を取っていたでしょうし、いわば完全なるパウロが突然に生み出されることはなかったのでしょう。[*2]

互いに補償関係を維持しながら別々に分かれているものは、どんな場合でも、このように釣り合いをとる原理が働いているのを見ることができます――たとえば、男性と女性のお互いに対する関係がその一例です。女性がいなければ存在できない男性などいません――すなわち、もし男性が自分の人生を女性なしで送らなければならないようなことがあっても、その男性は自分自身の中に必要なバランスを身につけているのです。同じことは、男性に対する女性の場合にも当てはまることです。しかし、もし両方の性が完全な人生を送ろうとするならば、補償的なものとしてもう一方の性を必要とするのです。それは意識と無意識でも同じです。私たちはまさに無意識からの補償の恩恵にあずかるために、分析を求めるのです。未開人は、非合理的なものが入り込むことを拒絶しないため、私たちよりも釣り合いのとれた心理学を示しますが、私たちは非合理的なものを嫌悪します。時おり夢やファンタジーが性的な内容を持っているかもしれないというだけでひどく憤慨する患者があります。とはいえ、セクシュアリティを認識することが今日では間違いなく一つの流行になっています。しかし、夢見手個人に対する道徳的な批判を夢が示すならば――あなたには穢れた醜いところがあると夢が語るならば――性的な夢にともなって生じていたような暴力的な反応が起こるのです。

ロバートソン氏　意識の中でその釣り合いが生じていることを観察する術は他にないのでしょうか？　つまり、もし四つの機能すべてが働いていれば、その状態は釣り合いがとれていることを意味するのではないでしょうか？

ユング博士　しかし、たとえ四つの機能すべてが働いていたとしても、そこには忘れ去られている事柄があって、無意識がそれを抱えています。意識に属して然るべきものを、無意識に担わせる傾向を持つ人々があり、その傾向がいつも無意識の機能を混乱させます。そのような場合は、個人的無意識と集合的無意識の両方から多くを移動させることで、無意識を自由にしてより正常に機能させることができます。たとえば、自分たちは宗教的感覚を持たずに生まれてきたと考えている人々に出くわすことがありますが、それは、まるで自分たちは目を持たずに生まれてきたと言っているのと同じくらいおかしなことです。これは、彼ら自身が持つその側面をすべて無意識の中に置き忘れていることを示しているだけです。もし、これらを無意識から意識の中に移すことができれば、先ほど述べたように、無意識の機能は改善されることになります。もう一つの例として、多少の分析経験を持った人たちが、「それについては決断を下すのをやめておきたいと思います。私の夢が何を語るのかを見てみましょう」と言うのをよく耳にするでしょう。しかし、意識による決定を必要とする事柄は数多くあって、その決定を無意識に「委ねる」のは、愚かなことなのです。

　実際には意識に属する要素を無意識から解放するこの作業は、あらゆる古からの秘儀の実践によって大いに促進されます。イニシエーションの儀式を全霊で通過する人はみな、その儀式の中に魔術的な性質を見いだしますが、それはひとえに、その儀式が持つ無意識への影響力のためなのです。この無意識にまで達する解放を通して、驚くほどの洞察力を展開することができます。千里眼を手に入れることすらありますが[*3]、そのようなものとして才能が展開すると、大気中に広がるあらゆる種類の状況に浸透性が高くなり、それはその人にとって悲惨な結果につながるかもしれません。人生が耐え難いほど不毛なものになる時、人々は力のそうした拡張を求めて手を伸ばしますが、手が届いた時には、ただ運命を呪うばかり、ということはよくあります。ただその一方で、もし人が心に火を携えているならば、その洞察力は歓迎されます。ラディン博士[(2)]の前回の講義を聞いた方は、魔除けの踊りの中で四つ目の小屋を通過した後に出くわすジグザグ状の道について覚えておいででしょう。その四つ目の小屋を過ぎる頃には、儀礼を通過する者は名誉を与えられており、力の大いなる増大を得ていたのですが、その先の道は今や恐ろしい障害物で満ちているのです。このように、現実化していない内容を無意識から解放するということは、その内容の持つ特殊な機能を自由に働かせることになり、それはまるで動物のように前方へと突き進んでいくことになるのです。あなたは未開人がそのジグザグ状の道に出くわした時に感じるのと同様の、非常に強い恐怖をともなってその道を知り経験することになるでしょうが、未開人の非常に豊かな経験も味わうことになるでしょう。事実、未開人にとっての人生は私たちの人生よりもずっと豊かなものなのです。なぜならそこには物事のみならず、その意味もあるからです。私たちはある動物を見て、それはこれこれの種であると言いますが、もしその動物が私たちの霊的な兄弟であるとわかれば、それはまた別の事態となることでしょう。あるいは、森の中に座っていて、一匹の甲虫が誰かの頭の上に落ちてきたとしましょう。「ああ、嫌だなあ」というのがその場面において出てくる私たちの言葉でしょうが、未開人にとっては、その出来事に意味があるのです。私は患者との面接で、時折この未開的な反応に出会いました——本来は明らかに些末な事柄に対して、意味深さを見つけ出す並外れた感覚です。そもそも、動物は毛皮をまとった事物でしかないはずはなく、それは完全なる存在なのです。コヨーテはコヨーテ以外の何ものでもないと言われるかもしれませんが、その時誰かが現れて、それは呪医のコヨーテだ、マナとスピリチュアルな力を備える超動物だと言うのです。そう言っているのが、未開人なのです。

無意識は私たちにとって超動物のように振る舞うものです。雄牛の夢を見る時、その雄牛を人間より下位の存在に過ぎないものとしてだけ捉えるべきではなく、上位の存在として――つまり、神のような存在としても捉えるべきなのです。

◇　◇　◇

ホートン女史　今、質問をしても差し支えなければ、なぜアメリカ人はヨーロッパ人より極東の人々に近いのかをお聞きできたらと思うのですが。

ユング博士　第一に、地理的により近いですし、第二に、東洋とアメリカのアートにおける関連性は東洋とヨーロッパのそれよりも非常に強く、そしてアメリカ人は東洋人の土壌の上に暮らしているからです。

ホートン女史　民族学的にという意味ですか？

ユング博士　そのとおりです。プエブロ族の女性たちと、スイスのアッペンツェル州の女性たちとが似ていることには本当に驚かされましたが、そこにはモンゴル人侵略者たちの子孫にあたる人たちが暮らしているのです。このことは、アメリカ人の心理学の中にある何かが東洋に傾倒する、という事態を説明してくれるものかもしれません。

デ・アングロ博士　それは意識の観点から説明されることではないのですか？

ユング博士　ええ、その観点から説明することもできるでしょう。つまり、アメリカ人はとても分裂しているために、無意識が表現されることを求めて東洋に向かっているということです。アメリカにおける中国人への評価の高さは驚くべきものです。中国の物事についての私の知識は、すべてアングロ・サクソンの側に由来していて、ヨーロッパから得たものではありません――たしかにそれはイングランドからもたらされたものですが、アメリカはイングランドの延長なのです。

講義

前回私がお話ししたあの人物像たち、つまりアニマと老賢者を理解するために、本日はみなさんにある図式を提示したいと思います。男性を分析する際、もし十分な深みまで達すれば、ほとんど常にそういった人物像たちに行きつくものです。最初は、その人物像たちは分離しておらず――私には三人の人物像がいましたが――人によっては、人物像たちを動物と、つまり女性的な形態と融合させているかもしれません。あるいは、動物がそこから分離されれば、両性具有的な人物像が現れること

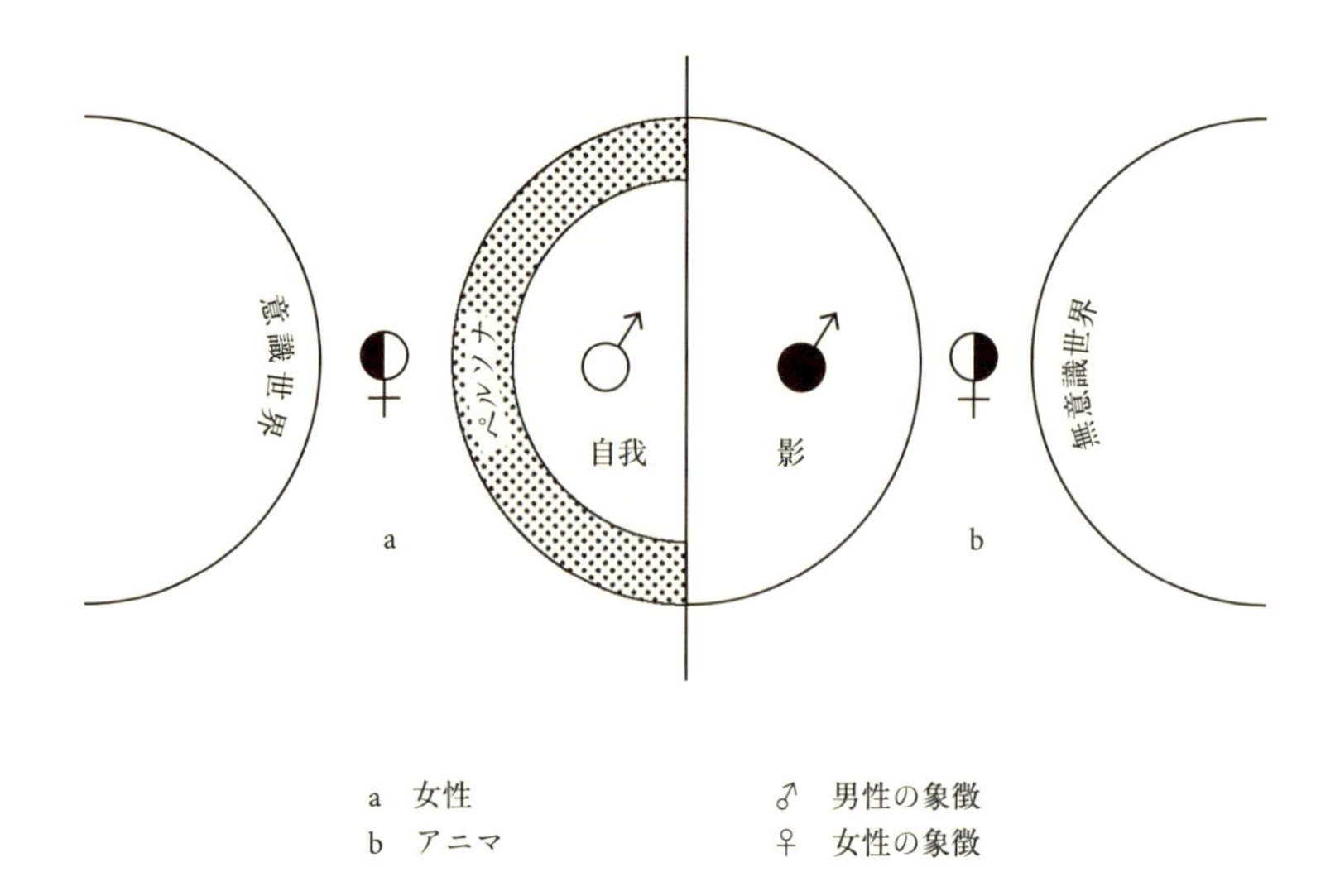

第2図

もあるでしょう。その時、老人とアニマは一つになっているのです。

こういった人物像たちはみな、意識的自我とペルソナの特定の関係と対応していて、その象徴性は意識の状態によって変わります。この第2図をもとに説明していきましょう。

この部屋を意識だとしましょう。つまり、私は自分がこの目に映る意識野の光点であると感じます。私はみなさんが何を考えているかわかりませんので、この領域はある程度範囲が限られていて――その外側に、触れることのできる現実の世界が広がっています。この世界は客体を通して、私に対して現れてきます。たとえば、もし私が男性Aさんに何かを問えば、その特定の瞬間に、その人は私にとって世界への足がかりになります。しかしもし私が、どうやって世界との絶対的もしくは無条件的なつながりを作り出すのかと自問するならば、自分が受動的でありかつ能動的である時にのみ、そして犠牲者でありかつ行為者である時にのみ、そのようなつながりを確立できると答えます。男性にこのようなことが生じるのは、女性を通してのみです。女性が、男性と大地をつなげる要素なのです。結婚をしていないのであれば、人はどこでも自分の望むところへ行けるでしょうが、結婚するや否や、男性は特定の場所に留まらなければならず、根を下ろさなければならないのです。

私が話しているこの目に映る領域は私の活動領域であり、その活動が拡大することで、私が影響を与えたり受けたりする領域も拡大します。このことによって私の仮面（マスク）が作られるのですが、私が能動的な時、私の行う活動はあなたがそれを受け取ることによって、初めてあなたに届きます。このように、あなたが私の出現の手助けをしているのです――私はそれを一人で行うことができません。別の言い方をすれば、私のあなたへの影響とあなたの私への影響とによって、私は自分の周囲に殻を創造するのです。これをペルソナと呼びます。殻があると言っても、そこに欺きの意図はありません。ある関係性のシステムがあり、そのために私は客体がもたらす影響から決して切り離されえないという事実が存在し、そうしてそれが成立しているだけです。人は世界に住まう限り、ペルソナを形成することを避けられません。「私はこれこれのペルソナを持ちたくありません」と言われるかもしれませんが、一つのペルソナを捨てたとしても、別のペルソナを手にすることになるのです――もちろん、エベレストに住むのであれば話は別ですが。人は、他の人々にもたらす影響を通してのみ、自分が何者であるのかを知ることができます。このようなやり方で、自分の人格を創造するのです。意識についての話はこのくらいにしておきましょう。

　無意識の側については、夢を通して推測することで作業をしなければなりません。意識と同じような目に映る範囲を想定しなければなりませんが、少し独特なのは、夢の中では人が厳密にいつもその人自身であるわけではないからです。無意識の中では性別すら必ずしも明確に定められるわけではありません。無意識の中にも事物が存在すること、つまり集合的無意識のイメージがあることを想定することができます。こういった事物とあなたの関係とは何でしょうか？　それもやはり、女性です。もしあなたが現実において女性を手放すのなら、あなたはアニマの犠牲になります。男性が最も好まないのは、女性とのつながりが避けられないものであるという自分の感情です。男性が女性との関係を断ち切って自由になったと確信し、さて自分自身の内的世界を動きまわろうとするまさにその時こそ、注意してください。その男性は自分の母親の膝の上にいるのです！

第14講

ユング博士　前回始めた議論を、同様の図を用いて続けたいと思います（第3図参照）。闇と光の色で塗られたaとbによって示しているように、男性は現実の女性とアニマの両者に対して、肯定的な関係と否定的な関係の両面を持っています。たいていの場合、現実の女性への態度が肯定的であれば、アニマへの態度は否定的なものとなり、その逆もまた然りです。しかし、非常によく起きるのは、男性が女性に対して肯定的な態度と否定的な態度を同時にとっており、ただ否定的な態度の方だけが埋もれていて、それは無意識の深みから探し出されなければならないのです。たとえば結婚においてこの否定的要素は当初は非常に取るに足らなかったものの、その後年月を重ねることで二人の関係の最も明白な課題となり、最終的に破局が訪れるといったことがしばしば見受けられます。しかし、それまでの間ずっと当の二人はとても調和のとれた結婚生活を送っているという幻想を抱いていたのです。

　ここで二重の記号であるxとx'で示そうとしているように、男性の集合的意識の中には二元論的原理が見つかります。つまり、一般的に私たちの規範や理念は良いものであって、男性の意識的世界を調べ始めると、まずは肯定的な象徴のxと出会います。歴史を振り返ってみると、教会や国家の中で発達した事

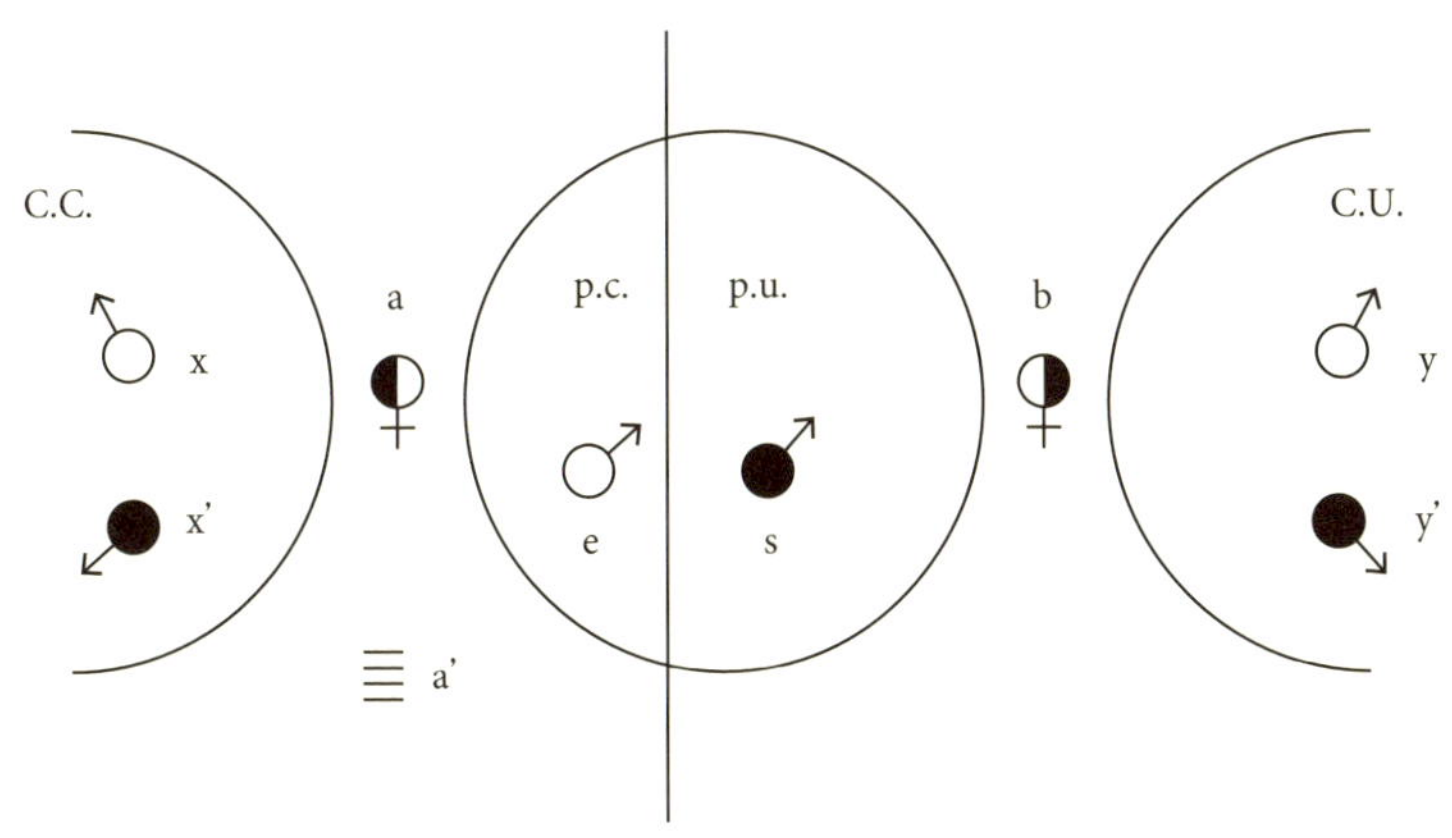

C.C. ＝ 集合的意識
p.c. ＝ 個人的意識
p.u. ＝ 個人的無意識
C.U. ＝ 集合的無意識
x ＝ 集合的意識の肯定的側面
x' ＝ 集合的意識の否定的側面
y ＝ 集合的無意識の肯定的側面
y' ＝ 集合的無意識の否定的側面
a ＝ 現実の女性もしくは絶対的客体
a' ＝ 多数の絶対的客体
b ＝ アニマ
e ＝ 自我
s ＝ 影の自己

第3図

柄には、その射程の広さや偉大さにおいて強い感銘を受けるでしょう。もし未開人の視点に立って述べるならば、そこにはこうした物事を取りはからってきた古老たちである賢者の集まりがあると言ってもよいでしょう。例として、カトリックのミサを取り上げてみましょう。これについて学んでみると、ミサは私たちが有するものの中でも、最も完璧なものの一つだとわかるに違いありません。私たちの持つ法と同様に、そこには尊敬と賞賛を引き起こすに違いない多くの側面があるのです。しかし、それだけでは全体像を完成させられません。そこには非常に邪悪な側面もあるという事実から逃れることはできないのです。たとえば、キリスト教において表現される善は私たちにとっては明白ではあるものの、あなたが自分の身体を脱ぎ捨ててポリネシアの原住民の身体の中に入ってみれば、キリスト教は実際のところ非常に黒く映ります。[*1] もしくは、神の栄光のために火あぶりにされたスペインの異端者たちに、キリスト教について何を思うか尋ねてみるとよいでしょう。

　無意識の方に目を向けると、アニマ像の二重性は明白です。男性が自分のアニマのことを知る時、アニマは彼にとって夜であり昼でもあるものです。それはライダー・ハガードの「彼女」、つまり古典的なアニマ像で観察されるように、私たちはアニマの善良な面と邪悪な面をはっきりと区別することなどできません。ある時はこちらの面、またある時はあちらの面が、私たちを引きつけます。彼女の潜在力は相当程度、その本性の二重性の中にあるのです。すでにお伝えしたように、男性は現実の女性に関しても、その光と闇の両面を知っているかもしれませんが、男性が女性の中に〝彼女〟の本質である魔術的な性質を見るやいなや、彼はその女性に途方もないほど強く、無意識を投影し始めます。

男性の集合的無意識との関係にも二重性があります。アニマを通じて集合的無意識に入っていくと、老賢者やシャーマン、呪医といった人物像に行き当たります。一般的に、呪医には非常に有益な側面があります。もし牛が行方知れずになっても、呪医はどこでどうやって牛たちを見つけられるか知っているはずです。もし雨が必要なら、呪医は雨が降るように取り計らうに違いありません。その上、病気の治療も請け負うはずです。呪医はこうしたさまざまな場面では、肯定的な人物像として現れ、私はそれを図中にyとして示しています。しかし黒魔術があることも考慮されるべきで、こちらは悪と密接に関連しています。そのため、人はしばしばyから分離したy'を持ちますが、それは黒魔術師と呼びうるようなものです。

男性の集合的無意識が自らを表現するこの二重性は、かつて私が間接的に助言を求められたことのある若い神学生の夢によって、とても鮮やかに私の関心を引くこととなりました。[1] その神学生は、聖職者になるという自分の選択が正しかったのか、自分は信仰していると思っているが果たして本当にそうなのか、そういった疑いを持って葛藤していました。けれども、多くの方々が以前この夢をお聴きになっていると思うので、もう一度お伝えする価値があるのかわかりませんね。

（その夢をもう一度話してほしいという要望が出た。）

わかりました、ではお話ししましょう。夢見手は、気づくと大変美々しく尊い老人の前にいて、その人は黒いローブをまとっています。彼にはこの老人が白魔術師であるとわかっていました。老人は、ちょうどある種の語りを終えたところで、夢見手はその話が素晴らしい内容に満ち溢れていたことを知っていますが、どのようなことが語られていたかはまったく思い出せません。しかし、老人が「黒魔術師が必要とされるだろう」と語ったことはわかっていました。ちょうどその時、白いローブを身につけたもう一人の大変美しい老人が現れました。これが黒魔術師だったのです。黒魔術師は白魔術師に話しかけようとしましたが、若者がいるのを見て躊躇しました。すると、ただちに白魔術師は、若者が「無垢なる者」であると説明し、黒魔術師に、若者の前でまったく自由に話して構わないと告げました。そこで、黒魔術師は次のようなことを物語るのでした。彼はとある国からやって来ていて、そこには国を治める老王がいました。この老王は、自分の死期が近いと思うようになり、自分が埋葬されるのにふさわしい、威厳ある墓を探し始めたのです。いくつかの古い遺跡のうち、非常に美しい霊廟に行きあたり、王はそこを開けて中をきれいに整えさせました。霊廟内に、一行ははるか昔に生きていた処女の墓を見つけました。その骨を外へ放り出すと、骨は陽光のもとに出るなり黒馬の姿となって、砂漠の中へ走り去り、見えなくなったのでした。黒魔術師は馬のことを聴き、その馬を見つけることがとても重要だと思い、あらためてこの出来事が生じた場所へ行き、そこで馬の足跡を見つけたと言います。その足跡を追って砂漠に入り、来る日も来る日も足跡を辿り、ついに砂漠の反対側まで来た時、彼は黒馬が草を食んでいるのを見つけたのです。傍には、楽園への鍵束がありました。黒魔術師はそれをどうしたら良いのかわからず、鍵束をもって白魔術師の助力を求めに来たのでした。

これは、分析的な考えにまったく触れていない男性の夢でした。彼は自分一人で問題に取り組み、それがこのような形で彼の無意識を活性化させたのです。彼には人知れぬ詩的な素質が備わっていたために無意識内容はこのような形を取りましたが、そういう素質がなければ可能にはならなかったことでしょう。明らかにこの夢は叡智に満ちていますが、もし私がこの若者を分析していたら、彼はきっとこの叡智に感銘を受け、無意識に対する深い敬意を抱くようになったことでしょう。

。。。

さて、今度はみなさんに女性の心理学についてお伝えしてみたいと思います。この同じ図を使いますが、多少変えてあります（第4図参照）。

女性は現実の男性を、彼の明るい面において見ているため、現実の男性に対する女性の関係は、比較的排他的なものであると言えるかもしれません――この点で、男性から現実の女性への平均的な関係とは、正反対であると言えるでしょう。男性においては、女性との関係は排他的なものではありません。もし平均的な男性が、自分の妻を他の女性たちと比較する機会を与えられたとしたら、「妻は女性の一人です」と言うでしょう。しかし、女性にとっては、彼女に対して世界を体現している客体（図におけるａ）が私の夫、私の子どもたちであり、相対的には面白みのない世界の真ん中に彼らがいるのです。この「唯一無二の」夫は、現実の女性に対する男性の関係で見たように、妻にとっての影の面を持っています。

同様に、アニムスにも光と闇の面があり、この意識内の唯一の男性と釣り合いをとるために、女性の無意識の中には多数のアニムス像が存在しています。男性は自分のアニマとの関係を非常に情動的な出来事であると理解しますが、女性のアニムス

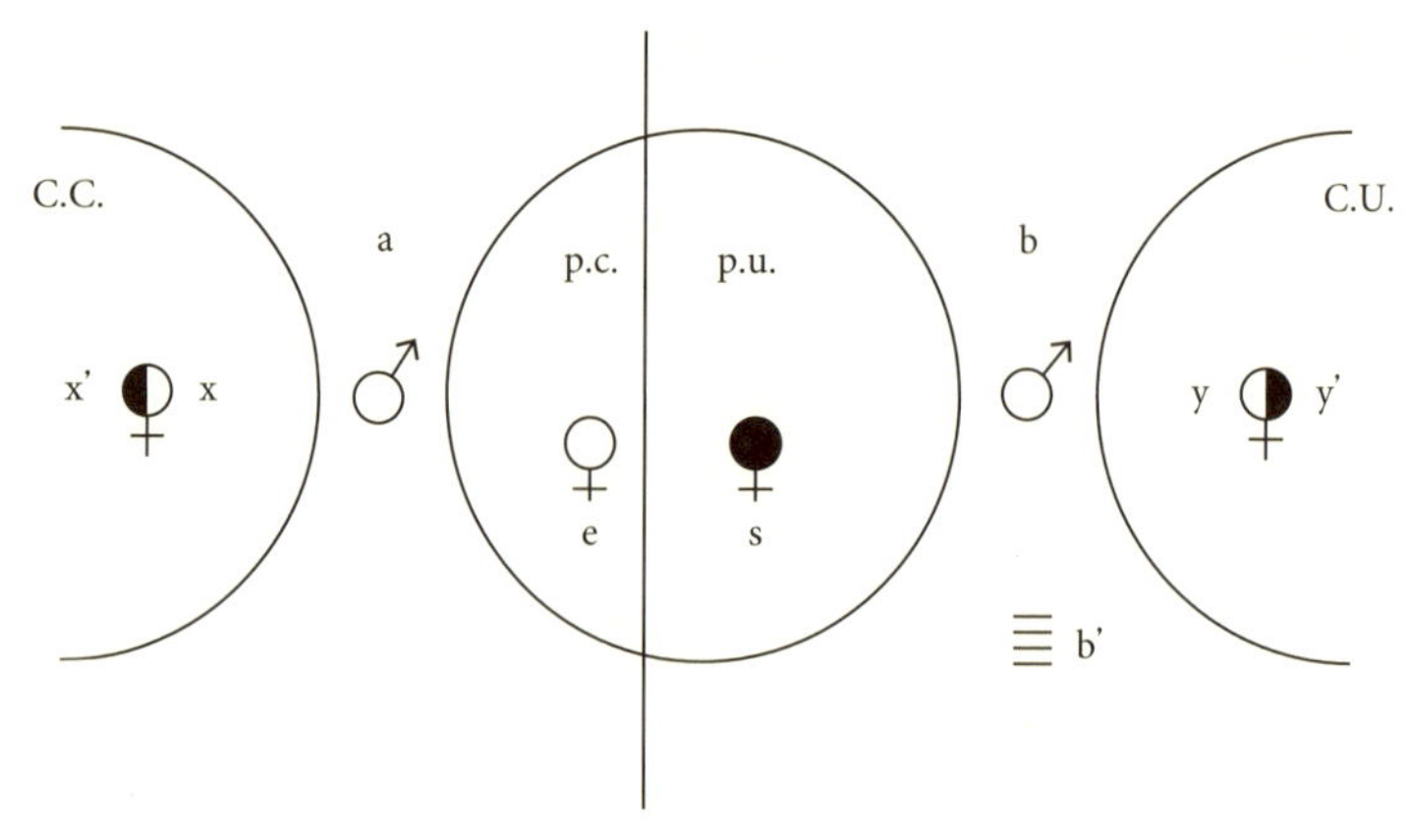

集合的無意識C.C.、個人的意識p.c.、個人的無意識p.u.、
集合的無意識C.U.は第3図と変わらない。

x'x ＝ 集合的意識の融合された二重の側面
y'y ＝ 集合的無意識の融合された二重の側面
a ＝ 現実の男性または絶対的客体
b ＝ アニムス
b' ＝ 多数のアニムス

第4図

との関係は、よりロゴスの領域にあるものです。男性がアニマに取り憑かれると、特殊な感情下におかれ、自分の情動を統御できず、情動の方に支配されてしまいます。一方、アニムスに支配された女性は、意見に取り憑かれています。女性の方は、これらの意見を識別しないのです。そうした女性は、「一九〇〇何年だったかに、パパが私にこう言ったの」とか「何年か前、白髭の男性がこれは本当のことだと教えてくれました」などと言い、それは永遠に彼女にとって真実であり続けます。女性のこうした現象に出会うと、男性はそこに偏見が潜んでいると感じます。それは彼にとって何かとても当惑させられることで、その力や不可視性のためにいささか苛立たしくもあるのです。

さて、今度は女性の集合的意識との関係を見ていきましょう。私は女性の感情を持ち合わせていませんので、おそらく私には、その関係がどういったものなのかに、十分な光を当てる能力はありません。しかし、女性の人生の真の基盤とは家族であるように思われるので、おそらく、意識の世界に対する女性の態度は、母の態度であると言って差し支えないでしょう。女性はまた、自然に対して独特の態度をとりますが、それは男性のものよりもずっと自然を信頼した態度です。男性が今にも不安で破裂しそうな時、女性はいつも「あら大丈夫よ、きっとうまく行くわ」と言うのです。自殺者が女性よりも三倍も多く男性に存在する事実は、このようなことで説明できるに違いありません。

しかし、女性の集合的意識との関係には男性に生じるような顕著な分裂はないものの、やはりx' xのような象徴を生み出しうる十分な二重性があることを、私たちはいつも発見するのです。言い換えれば、あらゆることをうまく取りはからってくれる親愛なる古い神さまには、神さまなりのご機嫌があるので、信頼し過ぎてはいけないと女性は考えているのです。これは懐疑的な態度、つまり影の側面です。男性にはxとx'を分ける傾向があります。そして女性にはxとx'を一緒にする傾向があるのです。もしあなたが男性同士の議論に耳を傾ければ、いつでも彼らが主題の否定的な面と肯定的な面を分けたままにしているのがわかるでしょう。男性たちは、今はこの面、そして次はまた別の面というふうに討論していくでしょう。しかし、こうした区別の原理を前提として女性と議論を始めてご覧なさい。ものの二分とたたぬ内に、彼女は肯定的なものを否定的領域の真只中に持ちこんだり、その逆を行ったりして、あなたの論理構造全体を撃ちぬいてしまうでしょう。おまけにその女性に、そうやって議論の論理を破壊してしまったのだと納得させることなど決してできません。彼女の考え方にとって、その二つは互いにとても近くにあるものなのです。男性の心理学的なプロセスには、女性のものと正反対の原理、区別の原理が貫かれているように、結合の原理を求める奮闘が、女性の心理学的プロセス全体を貫いています。

さて、女性の無意識の話になると、その全体像は実に不明瞭なものになります。私は、そこにもやはり母親像が見いだされると思います。そこでも、独特ではあるけれど、女性は二重の側面を持っています。すでに見てきたように、男性は善と悪、秩序と混沌を明確に区別しますが、女性の集合的無意識では、それが人間と動物の融合になります。私は、女性の無意識の動物的な側面に大変深い感銘を受けてきました。私には女性とディオニュソス的要素との関係は非常に強いものがあると考えるだけの理由があります。男性は女性以上に、動物から本当に遠いように思われます——男性が自分の中に動物との強い類似性を持っていないということではなく、その類似性が女性の場合ほどには心理学的でないのです。それはまるで、男性において動物との類似性は脊髄で止まっているのに対し、女性の場合は脳の低次の層の中まで伸びているかのようです。あるいは男性が、自分の中の動物界を横隔膜より下に保っているのに対して、女性では動物界は彼女の存在全体にまで拡大しているかのようなのです。男性がこの事実を女性の中に見つけた時、彼は直ちに、女性は動物的な性質をより多く携えているという点で自分とは異なっているけれども、その女性の性質は自分の持っているものとよく似たものだと考えます。しかし、それはまったくの誤りです。それというのは、女性の動物性はスピリチュアリティを含んでいますが、一方で男性の中のそれは単に野蛮なだけだからです。たとえば馬といった動物を、私たちがよくやるようにただ外側から見るのではなく、内側から見ることができたら、そのとき動物の中に見いだされるものが、女性の動物的側面に似ているのです。内側から馬の心的生活を見るとすると、それは私たちにとって非常に未知なものとして見えてくるでしょう。しかし、男性はいつも動物を外側から見ます――彼は自分の無意識の内に、心的動物性を持っていません。女性は、そうした心的動物性を自分の中に携えているのです。

言うまでもないことですが、私はみなさんに女性の心理学という分野に関する概略を提示したに過ぎません。これに関連してたくさんの問いが生じうることと思います。

◦◦◦

（ここでその後、おおよそ二つの線に沿った議論が続いた。一つ目は、男性には対立物の対を分離させる傾向があり、女性には対立物の対の相対的な結合を維持する傾向があるということである。二つ目は、女性が女性特有の感情世界で獲得した意識の重要性を、ユング博士が正当に評価していたか否かに関する議論であった。）

（第一の点に関連して、シュミッツ氏は、男性と女性の本質的な違いとは、女性が生まれつき両極性の感覚を持つ一方で、男性はそれを知性を通じて獲得する――言い換えれば、女性はいまだ無意識的で、男性は意識的であり、これがヘレネー[*2]もしくはアニマ像が老人と共にいるということの基本的な考え方のように思われると述べた。）

ユング博士　そうです、それが男性に対するアニマ像の現れ方です。けれども、女性が男性には理解できない類の意識を持っているかもしれないことは、絶えず心に留めておかねばなりません。また、こうした事実から男性が女性に対して抱く典型的な誤解があることにも留意しなければなりません。ヘレネーは男性にとっての女性でしかなく、男性が望むであろう存在ですが、決して本物の女性と呼べるようなものではありません――ヘレネーは人工物なのです。現実の女性はそれとは完全に異なった人物で、男性が現実の女性と出会って彼女にヘレネーを投影すると、まったく実情にそぐわず、大惨事になるのは避けられないでしょう。

◦◦◦

（シュミッツ氏は、女性の意識のこうしたあり方はさほど不思議なことではなく、女性は別々にしておくべき物事を混ぜ合わせる傾向を、避け難く持っているだけではないかと考えた。）

ユング博士　しかし、それもまた男性の偏見です。男性が発展させたような種類の意識は、分裂や区別に向かう傾向にありますが、女性の持つ結合の原理は、あなたが暗に言おうとされたように、必ずしも単なる無意識の状態に過ぎないものではありません。とはいえ、概して女性が意識的になることにしばしば気の進まぬ様子を見せることは、まったくの真実なのですが。

◦　◦　◦

（第二の点、つまりユング博士が、女性が感情の世界で獲得した意識を正当に評価していたかという点に関して、次のようなことが語られた。それは、ユング博士が男性によって集合的意識の領域で成し遂げられた区別を非常に明瞭に示した一方で、その領域における女性の話になると、むしろ女性は絶望的に不定形な生きものであるとの印象を残したというものであった。講義の出席者の幾人かにとっては、そうした描写を完全なものにするために、さらに次のような事実が強調されるべきだったようである。つまり女性は感情を価値とする世界を築き上げ、その世界の中で、知性の世界における男性と同程度の精密さをもって物事を識別するという点や、また男性にとって自分の知性的な価値を思慮を欠いた女性に「一緒くたに取り散らかされる」ことが悩ましいのと同様に、これもしばしば起こりがちなことだが、女性にとって情緒を欠いた男性によってこうした感情の価値が踏みにじられることは、まさに困惑することであるという点である。）

第15講

質疑応答

ユング博士　質問を取り上げる前に、みなさんに取り組んでもらいたい課題を割り振りたいと思います。それはアニマがテーマとなっている三冊の書物の分析です。その三つとはハガードの『彼女』[*1][(1)]と、ブノアの『アトランティード』と、マイリンクの『緑の顔』です。これらの書物に取り組むため、おおよそ五人ずつからなる三つのグループを作って、それぞれのグループでみなさんの検討結果を発表するための議長を選出してください。こうすれば、みなさんがこれまでの講義から何を得たかが、よくわかるだろうと思います。もちろん、適切だと思えばどんな方法で検討を進めてもらってもよいのですが、いくつか提案させてください。(1)議題となっている当の本を読んだことがない人もいるかもしれませんので、内容に関する要約[*2]があった方がよいでしょう。(2)発表には、登場人物の性格描写や、彼らについての解釈が含まれていた方がよいでしょう。(3)それに続けて、冒頭から結末に至るまでの関連する心理学的プロセスやリビドーの変容、無意識の人物像の振る舞いを発表できるとよいでしょう。内容の発表だけで一時間ほどはかかるでしょうし、議論のためにもおおよそ三〇分は時間を取るつもりです。

（三つともアニマを取り扱った本にするのではなく、一つはアニムスを扱った本にするのが面白いのではないかと受講者から提案があり、ユング博士の推薦によって、『緑の顔』の代わりにマリー・ヘイの『悪のぶどう園』[2]が加えられた。）

担当は次のように決定した（議長は★で示されている）。


『彼女』
★ハーディング博士
ベインズ女史
ボンド博士
ラディン氏
ウォード博士

『アトランティード』
★アルドリッチ氏
ツィノ女史
ホートン女史
サージェント女史
ベーコン氏

『悪のぶどう園』
★マン博士
ロバートソン氏
ヒンクス女史
ベーコン氏
デ・アングロ博士

講義[3]

第5図は、現実には決して目にすることのない理想的な状態を図示しています。つまり、すべての機能が完全に意識化されたと仮定しています。そのため、これらの機能を同一平面上に配しました。中心には、私が自己と呼ぶ仮想の核があって、[4]これは意識と無意識のプロセスの全体あるいは総体を表しています。この仮想の核は、自我あるいは部分的自己とは相容れません。自我や部分的自己は心理学的プロセスの無意識的要素とつながっているとは想定されないからです。自我は、人格の無意識的な側面と接触を持っていないため――つまり必ずしも連携しているわけではないために――私たちは、たとえ投影を考慮に入れたとしても、他者が私たちに対して抱くのとはまったく異なる考えを、自分自身について非常に頻繁に抱くのです。私たちが無意識によって印象づけられている自覚がなくても、無意識は絶えず私たちに関与していますし、強烈な役割を演じる

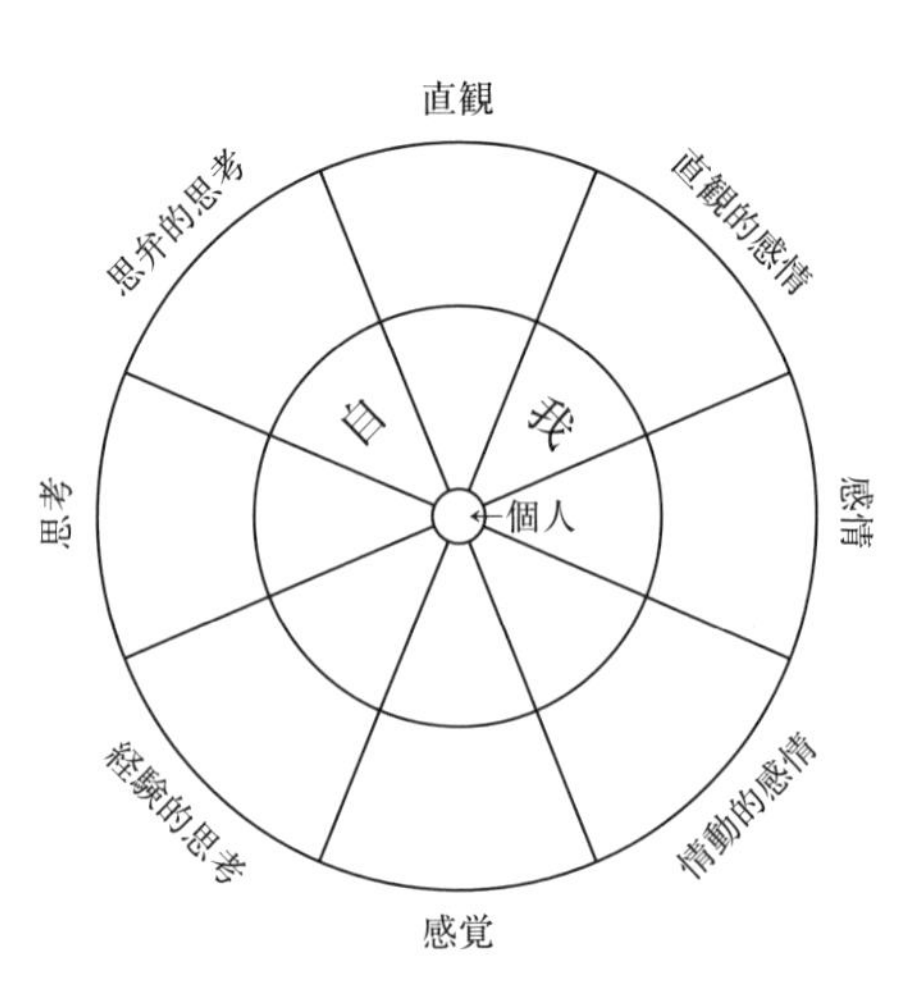

第5図

ことすらあります。自分では自覚もないままに、まったくもって混乱したことをしてしまうこともあるのです――たとえば、街道を歩いている時、私は注意深く、行き交う人々の間を縫うように進むかもしれませんが、一、二区画ほど過ぎたところで、誰かに「あなたは、何人とすれ違いましたか？」と問われたとすれば、私は何も答えられません。しかし私がすれ違った人々は、心には個別に記銘されているのです。私は単純に、その計算結果を自我にのぼらせていないだけなのです。

同様に、私たちはめったに自分の表情を気をつけて意識したりはしません。しかし、つねに何かが無意識から顔をのぞかせており、それは外部の観察者にはそのまま見えているものなのです。時にそうした観察者は、彼にとっては非常にはっきりと見えていることに私たちが無自覚であることを、理解し難いと思うことさえあるのです。こうして私たちの中に、自我によって顧みられることのないものが多数残存する限り、自我が心のプロセス全体を表現しているとは言えないわけです。

もちろん、私が存在していると推測するこの仮想の中心を、実際に私たちが携えていると過信することはできません。それは証明し難いものです。中心は一つではなくて、二つあるかもしれませんし、あるいは早発性痴呆のように、たくさんの中心があるかもしれません。しかし、いたって通常の個人とやり取りしている時には、いつもさまざまな事柄が通じている中心があって、何か重大なことが起きた時には、それが中心的な統治機関から現れてきているように思えるのです。ある種の人々は、この自分自身の中枢から得た反応を、神から与えられたメッセージであると投影しています。自己調整の中心は、このように仮定されるのです。

私は自己を図の中心点として示しましたが、全体を包み込むものとして、あるいは世界にあまねく行き渡るものとして、考えた方がよいかもしれません。私の考えたことと同様にインド哲学もこの自己を描写する際に、「小さいものよりもさらに小さく、けれど大きなものよりもさらに大きい」と語ります。*3

図を見れば、私がそれぞれの機能を、一つひとつ円の一部をなすように配置しているのがわかるでしょう。思考[5]から、つまり純粋な知性から、始めてみましょう。これは合理機能として、思弁的思考、あるいは直観的思考と私たちが呼ぶものを介して、非合理機能の直観とつながっています。それから私たちは、直観的感情を通して思考の対極、つまり感情に行き着きます。そしてそこから、情動的感情を通して直観の対極にある感覚へと至るのです。情動とは、生理的に基礎づけられた感情の一種で、感覚によって知覚されるものです。感覚から、私たちが経験的と呼ぶ種類の思考を通って、つまり事実に関する思考を通って、私たちは再び思考へと戻ってきます。このように、思考から直観や感覚に推移するのは容易ですし、その逆の推移もまた容易ですが、思考は感情とは最も離れているのだとおわかりいただけたでしょう。

さて、感情という概念を正確に理解すべく取り組みたいのですが、以前の講義でも見てきたように、これはかなり困難な仕事です。感情の本質的な性質について、みなさん何か発言していただけますか？

◦ ◦ ◦

（受講者たちは、思いつくことをいくつか発言したが、それによってうまい答えを見いだせたと言うよりは、このテーマに対する熱意を見せるに留まったと言わねばならない。ある観点からは、感情を他のすべての機能の中に置いてみることで定義しようとする努力が見られた。また別の観点からは、感情だけに当てはまる特徴で定義すべきだとする意見もあった。現在の分析心理学で受け入れられている感情の定義——つまり、主観的な価値を形成する機能としての感情——では十分ではなく、主体と客体との間の潜勢的存在についての理念を含まなければ、満足のいく定義とは言えないという点で、おおまかな合意には至った。終わりの時間が訪れても、受講者たちの議論は尽きなかった。ユング博士は、彼の考え方の概略を話してほしいと求められた。）

ユング博士　感情とは、一方では非思考的な類の評価（アプリシエーション）であり、もう一方では潜勢的な関係性である、というのが私の考えです。

第16講

ユング博士　機能全般について、さらに明確化が必要な点がいくつかあると思います。ここで、現実との関係で四機能に関してお話をしておきたいと思います。それというのも、この四機能の一つひとつが現実の特殊な側面を主体にもたらすと私は考えているからです。この図（第６図）は、その主要な四機能を表現しています。それは仮想の中心から生じ、その四機能の全体性において主体を構成しているのです。

主体は客体たちの世界に宙づりにされていて、客体から分離して考えられることはありません。通常、私たちは外的世界に属するものだけを客体に分類していますが、それと同様に重要なのが、心の内なる客体であり、主体はそれらと関わりを持っているのです。この心の内的な客体に分類されるものは、意識から滑り落ちたり、いわば忘れ去られたり、抑圧されたりしたなんらかの意識的内容と、あらゆる無意識的過程です。意識の内側でいつもあなた自身の一つひとつの機能が役割を果たしています。そこには常に、意識内の機能に属する部分もあれば、心的活動領域にありながらも意識されてはいない部分もあるのです。

こうした心の内なる客体のいくつかは実際に私に属しており、それらが忘れられてしまった場合には、失われた調度品になぞ

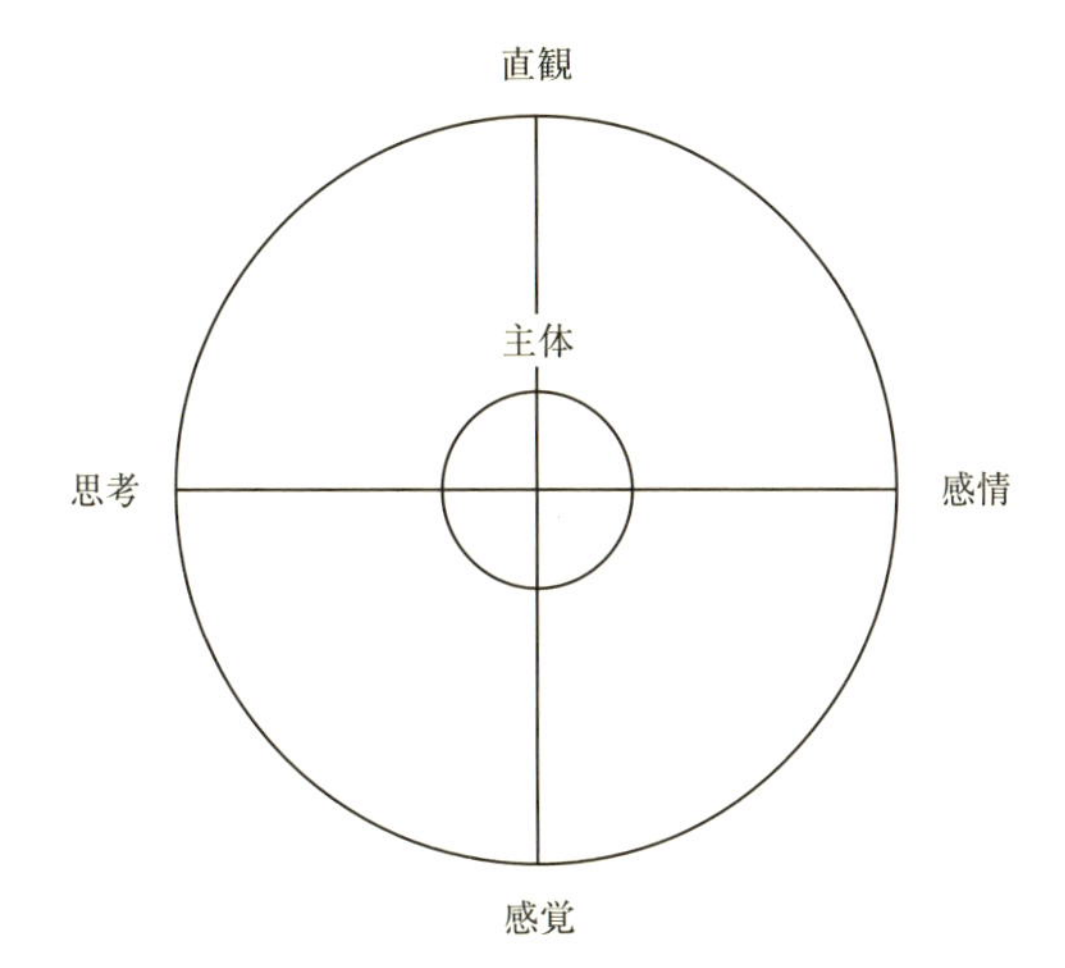

第6図

らえることができます。しかし一方で、いくつかのものは私の心の領域への侵入者でもあって、そうしたものも集合的な無意識から現れてきています。侵入者は外的世界からやって来ることもあります。たとえば、直観[*1]を例に取りましょう。これは無意識的なもので、それゆえ自分の中から現れてくる客体なのかもしれませんし、あるいは周囲の環境にある何かによって、外側から始まったのかもしれません。

外的世界が諸機能に何の影響も与えずにいることなどないのは明らかです。もし感覚がただ主観的なもので、現実に根ざしていないならば、感覚には外的世界が生み出す確信がともなわないことになるでしょう。たしかに、あらゆる確信の感覚が、外的客体からもたらされる影響を基礎としているわけではありません。確信には時折、病理的な事例に観察される幻覚や幻想が示すように、著しく主観的な要素もあります。しかし、感覚がもたらす確信の大部分は、現実の超主観的事実や客観的事実が感覚と結びつくことによって引き出されているのです。感覚が物語るのは現実そのものであり、こうあったかもしれないとか、こうあるかもしれないという現実ではなく、今こうある現実なのです。そのため、感覚は現実の固定したイメージだけをもたらします。これが感覚タイプの基本原理です。

さて、直観には、これと似た確かさの感情がともなっていますが、それはまた別種の現実です。直観は可能態の現実を物語っているにもかかわらず、直観タイプにとっては、これが絶対的な現実であり、それは固定した事実と同様に絶対的な現実なのです。私たちは、その可能態が実際に現実に生じるかどうかを見て直観の妥当性を判断することができますし、そして直観によって見いだされた何百万もの可能態が現実態になっていますから、現実の一局面を、すなわち潜勢的な現実を理解する方法として、直観タイプが直観機能を尊重するのは、正当なことなのです。

　合理機能へと話を進めると、事態は変わってきます。思考はただ間接的に現実を基盤としますが、それにもかかわらず、思考は同じだけ多くの確信を担っています。思考する人にとって、アイデアほど現実的なものはありません。思考する人は、ある一般的なアイデアあるいは集合的なアイデアから自分の判断を引き出してきます。それを私たちは論理的なやり方だと思っているのですが、この論理的なやり方もある種の根底にあるアイデアから引き出されたものなのです。言い換えれば、論理的なやり方は元型的な起源にまで遡ることができるのです。こうした歴史を跡づけることは、実際には困難なことでしょうが、いつか今以上に人間が知性的になるならば、それは間違いなく行われるでしょう。しかし、今の私たちにできる荒っぽいやり方であっても、思考の歴史を辿るならば、あらゆる時代で根源的イメージの存在を認めてきたことが難なくわかります。カントにとっては、それが「物自体」というヌーメノンたちです[*2]。プラトンにとってはそれがエイドーロンたちにあたり、それは世界の存在以前から存在している諸々のひな型であって、そこからあらゆる物が世界にもたらされてきたのです。

　思考は、こうして、イメージの現実性から引き出されるのですが、では、このイメージは現実性を持つのでしょうか？　この問いに答えるために、自然科学の領域に立ち返ってみましょう。そこにはイメージの潜在力に関する豊富な根拠を見いだすことができます。もし、一匹のミミズを二つに切断すると、頭部をともなった部分は新しい尻尾を生み出し、尻尾をともなった部分は新しい頭部を生み出します。また、サンショウウオの眼の水晶体を破壊すると、新しい水晶体が発達してきます。いずれの場合も、有機体がそれ自身の内側に、破壊されても再組織化する傾向を持つ全体性のイメージを、なんらかの方法で担っていると想定せざるをえません。同様に、成熟するオークの木が、そのどんぐりに内包されていることも、全体というイメージの原理を暗示します。もちろん、部分が切除された時に全体のまとまりを再組織化するこの原理は、その働きに制限があります。置き換えられたものは、もともとあったものよりも太古的な種類のものです。つまり一般的に、分化した形態が取り除かれると、代用される組織はより原始的な水準に戻ると言えるでしょう。同じことが心理学的にも生じるのです。すなわち、分化した機能を廃棄するやいなや、私たちは原始的な水準を思い出し遡るのです。議論の展開といったとても素朴な物事の中にさえ、こうした事柄を見いだすことができるでしょう。論理的な思考での説得に失敗する場合、私たちはそれを放棄し、より原始的な方法に手を出して、すなわち、声を荒げて、流行の言葉を追いかけて、皮肉屋や毒舌家になるのです。言い換えれば、洗練された道具が失われると、私たちは情動の金槌と火箸を手に取るのです。

イメージの問いに戻ると、私たちはイメージに含まれている原理に対応したものを、自然の中に発見します。思考だけにこの着想を当てはめるなら、イメージは固定したものである、ということになります。偉大な哲学者たちは常に、永遠なるものとしてイメージについて語っていますが、それは思考の基盤にある固定した諸々のイメージなのです。もしそうしたければ、それをロゴスと呼んでも良いでしょう。

すでにおわかりのように、感情も現実的な確信をともなうものであって、つまり超主観的事実と関係しています。ある観点から見ると、感情は思考に類似していますが、これは単に外見上のものであって、両者に現実的な関連はありません。たとえば、私は自由という概念を選んで、それを高度に抽象的で固定した概念として提示し、すなわち、それを一つのアイデアとして保つことができます。しかし、自由はまた非常に強い感情も運んできます。同様に、「私の国」という表現は、抽象的にも情動的にも受け取ることが可能です。このように私たちの持つ一般的なアイデアの多くが、感情的な価値と知性的なイメージを共に携えていて、そのために、感情の底に横たわっているものは潜勢的なイメージだと言うことができるのです。すなわちそのイメージとは、稼働しているイメージであって、それは自ら原動力を備えたものなのです。感情についてなされた抽象的な叙述には動きがなく、それは固定されたものになります。もし私が神を、あらゆる変化の過程を統合する不変の全体性として定義するならば、そこには完全に固定したアイデア以外に何があるのでしょうか。しかし、神を可能態にある、最も潜勢的なイメージとして思い描くことは簡単です。それというのも、潜勢状態にあるイメージの全体性は、エロスを利用できるからです。

要約すると、私たちは四種類の現実を考察したわけです。(1) 感覚を通じて訪れてくる固定した現実、(2) 直観によって明らかにされる潜勢的な現実、(3) 思考によって私たちにもたらされる固定したイメージ、(4) 感情によって感得される潜勢的なイメージです。

この四機能の発見という事柄は、この世界を叙述することに等しいものだと思います。つまり、世界がこうした現実性に関する四側面を持っていると述べているのも同然なのです。私たちには、世界が調和なのか混沌なのかを知る術はありません。なぜなら、私たちが世界を知る時に、私たち自身によって、そこにあらゆる秩序が導入されるからです。私たちは、別の一つの機能や、あるいは別の諸機能をそこに持ち込むことによって、世界の変化の可能性を考えることができます。さしあたり、私はそうした変化へ向けた一つのありうる提案として、こうした着想を提供しているのです。

ここまでで、私が感情についてどのように考えているかをおわかりいただけたでしょう。

もしここにいる何人かが自分に現れた感情を叙述したら、それについて私がすすんで議論したいかどうか、という質問が以前にありました。もちろん、喜んでそうしたいと思いますし、この主題を論じるには有効な方法ではあります。しかし、こうした場合に感情をあまりに主観的に捉えてしまわないように、みなさんに忠告しておかなくてはなりません。四つのどの機能のタイプでも、感情を理解するそれぞれ独特の方法を持っていて、めいめいが、感情に関して、他のタイプからすると真実とは思えないことを見いだすことになるでしょう。私が最も苦闘してきた四つの機能に関する要点の一つが、感情は合理的であるという私の主張です。私の著した書籍は、主として知識人たちに読まれていますが、もちろん彼らはこの観点から感情を理解することはできませんでした。なぜなら、彼らの感情は、無意識の要素が混交して完全に非合理的になっているからです。同様に、感情がある程度発達していても、感情とともに直観がある人々は、感情を非合理機能であると見なすのです。

自分自身の最も強力な機能を通じて人生を理解しようとするのが、人々の常です。時折きわめて難しくなるのは、どんなにその機能が強力であったとしても、一つの機能だけで超主観的世界を把握することはできないと納得してもらうことです。思考タイプに関して言えば、強迫神経症で相談に訪れたある男性によって、この困難がとても印象深く私の心に残りました。[1]「あなたが私を癒せるとは思いません。ですが、なぜ私は癒されないのかを知りたいとは思うのです。なぜなら、いずれわかるでしょうが、私自身のことで私が知らないことなど、実際、何もないのですから」と彼は私に言いました。そして、それは事実だとわかりました。彼は本当に明晰な知性で自分の病状を覆っていましたし、フロイト派の観点から見れば、彼は完全に分析し尽くされていました。最も早期の幼児期まで辿っても、彼の過去には未踏の場所はなかったのです。しばらくの間、彼が良くならない理由が私にも見当がつきませんでした。そんな時に、彼の経済状況について尋ね始めたのです。というのも、彼はちょうどサン・モリッツから来たところでしたが、冬の間はニースに滞在していたからです。「仕事をしておられないのに、そんな生活を送るだけの大金を工面することができたのですか？」

と彼に尋ねました。この点を指摘したことで彼はいらいらし始めましたが、最終的には真実を語るしかありませんでした。つまり、彼は働くことができず、自分のために稼いだことは一度もないのですが、彼より一〇歳年上の教師に援助してもらっているのでした。彼は、このことと自分の神経症は何の関わりもないと言い、自分はその女性を愛し、彼女も彼を愛し、そもそも二人ともこの状況をよく考えた上で続けているので、すべては順調だと言うのです。私が彼にわかってもらえなかったのは、彼がまるでこの女性に飼われている子豚のように振る舞っていること、そして彼がヨーロッパをまたいで酒を飲み歩いている間、この女性はとても質素に暮らしていることです。彼はすべての事柄を「考え」尽くし、分析は終わったと喜び、確信し、私のところを離れていきました。

　しかし、感覚タイプの人も同じくらいたやすく、現実を危険にさらしうるのです。自分の姉妹の夫に恋をしてしまった女性がいるとしましょう。その夫は、女性の義理の兄弟で、普通は義理の兄弟とは恋に落ちないものですので、この事実は決して意識に上りません。このような状況によって抑制されている時、問題となるのは今ある事実だけなのです。背後にある可能性については慎重に締め出されなければなりません。そうして二人は二〇年の歳月を過ごし、分析を通じてようやく、この情事の真の状態に辿り着くのです。

　直観タイプの人が現実を無視しうることをすでに一度ならずお話ししてきました。感情タイプの人が同じことをする例も、同じ数だけ挙げることができると思います。もし物事が感情タイプの人々にとって納得がいかないものならば、感情タイプは、物事の現実性をいとも簡単に避けて通るでしょう。

　女性は男性よりもエロスとより深くつながっているため、彼女たちは感情について独特の概念を持つ傾向があります。それはちょうど男性が、知性的ではなかったとしても、思考について独特の概念を持つ傾向があるのと同様です。だからこそ、男女がお互いを理解するのは難しいのです。女性は感情を現実と同一化する傾向があり、男性は頑なに論理的表現にこだわるのです。

。。。

　ここまで私たちは、あたかも主体は時間が過ぎても変化しないかのように話してきましたが、ご存知のように、身体は四つの次元からなる実体で、その第四の次元が時間なのです。もしこの第四次元が空間ならば、私たちの体はミミズのようになることになって——つまり二つの点の間にある空間に引き伸ばされてしまうでしょうね。第7図では、個人の変化についてのアイデアを、空間によって、つまり三次元の空間によって、描い

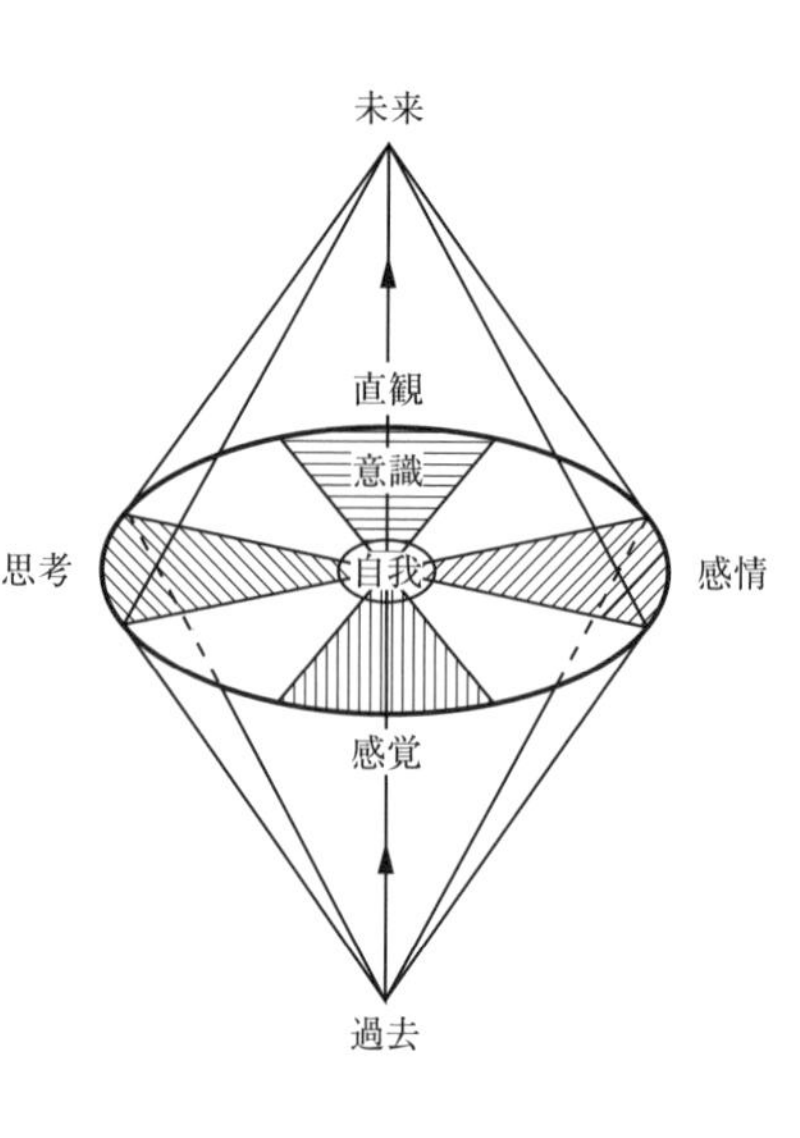

第7図

てみようとしました。個人が固定した実体として理解されるはずはありません。もし、個人という完全な概念を求めるならば、時間という要素を加味しなくてはなりません。時間は過去と未来を示し、個人というものが成立するのは、過去の出来事の結果としての現勢態を加味し、同時にその現勢態を新たな傾向の出発点として捉える時だけです。この考えに従えば、二つのタイプを見分けることができるのですが、一つは過去に呪縛されて自分の時間を後ろ向きに預けている人々で、もう一つが自分の前ばかりを見ている人々です。後者は、彼らの持つ未来への志向によってこそ理解されます。

今までのところ、提示された図には無意識が考慮に入れられていません。そこで、第8図にはその要素を考慮に入れてみました。この図が前提としているのは、思考タイプの最も発展した状態で、感覚と直観がそれぞれ半分は意識的で半分は無意識的、そして感情が無意識である状態です。そうしたタイプが感情を欠いているということではありません。思考に比べて、感情が制御不能で爆発する性質を持っているというだけで、そのために通常、感情はまったく現れないのですが、突然現れてはすっかりその人に取り憑くのです。

第9図では、一方で外的客体の世界と、他方で集合的無意識のイメージと関係している個人を表現してみました。個人と一つ目の世界、すなわち、外的客体の世界とをつなぐものがペルソナで、それは外側からの力と内側からの力の相互作用で発達していきます。ペルソナは意識的人格の持つ皮膚と考えても良いと思います。別の機会にもお話ししたように、ペルソナがどんなものとなるかは私たちが全面的に選択できるものではありません。なぜなら私たちの意識的人格に働きかけようとする力を完全に制御することはできないからです。

この意識的人格の中心に位置するのが自我です。この自我の一つ前の層に「戻る」と、そこでは個人の人格の潜在意識に行き当たります。この個人の人格の潜在意識には、自分と相容れない願望やファンタジー、幼年期からの影響、抑圧されたセクシュアリティが含まれていて、一言で言えば、なんらかの理由によって意識に保持することを自分が拒絶したものたち、あるいは意識から失われてしまったものたちがすべて含まれているのです。その中心には、仮想の核、あるいは中心的な統治機関があって、意識と無意識的自己との全体性を表現しています。

そして次に、私たちの内側に存在する集合的無意識に至ります――すなわち私たちが内側に携えている種族的経験の部分です。そこはカベイロイやドワーフの棲み家です。[2] 彼らを目にすることは許されていません。もし目にしてしまったら、彼らは私たちに仕えることをやめてしまうのです。この領域には、もう一つの仮想の核があって、それがしばしば夢に登場します。それは自分のもう一つの人物像ですが、無意識がそれを安易にほめそやすので、通常は友人に投影されています。私はそれを影の自己と名付けました。未開人は自分の影に対する一連の関係を込み入った形で発展させていますが、それは影の自己という私のアイデアをとても的確に象徴しています。未開人は決し

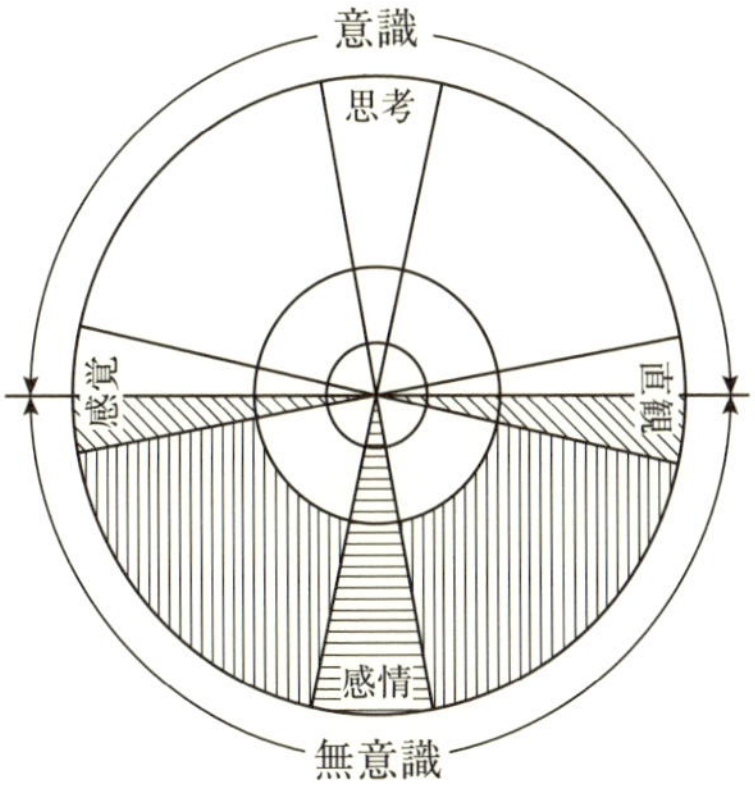

第8図

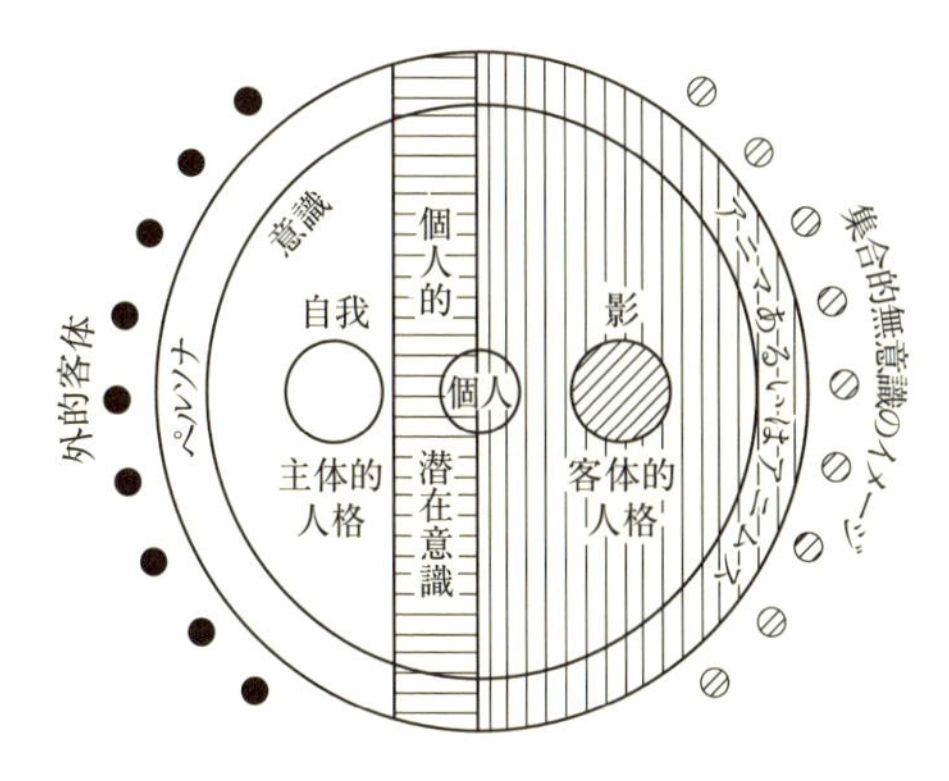

第9図

て他人の影を踏んではならないことになっていますが、同様に私たちも決して他人の弱味を、すなわちその人が恥じていて眼に入らないようにしているその人の内側にある事柄を、指摘してはならないのです。ある未開人は、「真昼には外に出かけてはいけません。自分の影が見えないのは危険なことです」と言います。私たちは「自分の弱点がわかっていない時には気をつけなさい」と言います。

意識的な自我を主体的人格と呼び、影の自己を客体的人格と呼ぶことができます。後者は、私たちの中の集合的無意識の一部で出来ていて、私たちの内側に現れてくるものの影響を伝達しています。私たちは自分では予測することも十分に説明することもできない影響を、人々に与えているのです。本能は、私たち自身のこうした種族的側面と距離をおくように忠告してきます。もし自分の内側に息づいている先祖に気がついたなら、私たちは崩壊するかもしれません。先祖は私たちに取り憑き、私たちを死へと向かわせるかもしれないのです。未開人は「自分の中に亡霊を侵入させてはならない」と言います。この言葉は、「あなたは無意識の中へ訪問者を受け入れてはならない。同時に、先祖の魂を失ってもならない」という二重の発想を含んでいるのです。

私たちが集合的無意識と呼んでいるものに対する未開人の畏怖の念は、とても大きなものです。それは未開人にとっては亡霊の世界なのです。次にお話しする物語はエスキモーの調査に出かけた探検家が語ったこの畏怖の一例ですが、そこでは呪術医でさえ畏怖を感じていたのです[3]。北極圏のエスキモー小屋をこの探検家が訪ねた時、ある病気の男に呪術が行われていたのですが、それは男を病気にさせている亡霊や悪霊を退散させるためのものでした。小屋はひどい騒音に満ちていて、この魔術師は狂ったように跳んだり走りまわったりしていました。入ってきた探検家を見つけた途端に、彼は急にとても静かになって「こんなことは全部無意味だ」と言いました。魔術師は、探検家を見て別の呪術師がやって来たと思ったのですが、というのも呪術が行われている小屋に近づく者など、呪術師以外には考えられないからです。そしてまた、亡霊と格闘している呪術師たちにとって、お互いに微笑みかけて、これはすべて無意味だと言うのは一つの慣例なのです。しかし、そう言うのは実際に無意味だと彼らが考えているからではなく、厄除けの効用を持った冗談の一種として行っているのです。その冗談には恐怖に対抗して自分たちを守ってくれる婉曲表現の性質があるのです。

集合的無意識に対するこうした本能的な恐怖は、まさしく私たちの内側にとても強く存在しています。集合的無意識からは私たちを押し流す絶え間ないファンタジーが生じるのですが、この流れを止めることができない時に、危険信号が発せられるのです。こうした出来事に遭遇した人は、心の底から恐怖を感じます。一般的には、私たちはこのような事柄に関してあまり想像が働かないものですが、未開人はこの事柄を熟知しています。私たちはたいてい、この集合的無意識から切り離されて、その上部を漂っているのです。

集合的無意識の存在する場を特定するという繊細な課題に取り組む場合、それを単に脳によって統括されているものとして思い描くのではなく、交感神経系[*3]も含んで考えなくてはなりません。集合的無意識のうちの、脊椎動物から継承された部分だけが――すなわち脊椎動物の先祖から引き継がれた部分だけが――中枢神経系の統制内にあると考えられます。その他は人間の心理学的領域の外にあります。非常に原始的な動物的な層は、交感神経を通じて継承されると考えられていますが、脊椎動物に連なる比較的後期の動物的な層は脳脊髄系によって表現されています。最新の人間的な層が実際的な意識の基盤を形作りますが、ここに挙げた他の領域を通って集合的無意識は意識に辿り着き、ここまで来てようやく、集合的無意識を心理学的なものと呼べるようになるのです。私たちは、このように使われる「心理学的」という用語を、少なくとも理論的には意識の統制下に入った要素のために取っておきたいと思います。この原則に則ると、集合的無意識の主要な部分は、厳密には心理学的とは言えず、心的と言えるでしょう。私たちは、この区別をあまり頻繁に用いることはできませんが、それというのも、私たちが以前に集合的無意識を私たちの脳の「外側」のものとして述べた時に、私が思考停止していると思われてしまったからです。今、この解説をした後では、自分の内側にも外側にもおそらく存在する超主観的事実を通じて、集合的無意識は絶えず自分に働きかけているということが明瞭になったと思います。

集合的無意識がその内側の事実を通して人にどのように働きかけるかに関する例として、次のようなものを挙げたいと思います。ある男性が戸外に座っていると、近くに一羽の鳥が舞い降りてきます。また別の日に同じ場所にいると、似たような鳥が訪れます。この時、その鳥はなぜか不思議なことに、その人の心を動かします。この二羽目の鳥にはどこか神秘的なものがあるのです。この普通の素朴な男性は、二羽目の鳥の持つ奇妙な効果も、一羽目の鳥の持つありふれた効果も、いずれも外界からもたらされたものだと考えるでしょう。もしその男性が未開人であれば、一羽目の鳥はただの鳥だが、二羽目の鳥は「呪医」の鳥だと言って、二羽の効果を区別するでしょう。しかし私たちは、「呪医」の鳥が生み出した奇妙な効果が集合的無意識から、つまりその男性の内側からその鳥に投げかけられた投影によって生じていることを知っています。

通常、集合的無意識のイメージの意識化は、そのような外的世界への投影を通してのみ起こります。たとえば、外側から奇妙なものがもたらされて、その影響の分析を行うと、結局のところそれが無意識内容の投影であることが明らかになり、その内容が何であるのかを理解することになります。先ほど述べたような普通の男性の事例は、主として自我や意識に同一化している個人を想定している通常の事例です。しかし、万一個人がもっと自分の影の側に立つことができるなら、その人は投影をすることなく、無意識の直接的な――つまり、自律的な――運動を認識できるかもしれません。しかし、もしその個人が自分の通常の自我と同一化しているならば、無意識のそのような自律的な現れ――すなわち、投影によって発生したのでもなく、外側からの働きかけによって発生したのでもなく、その人自身の内側から生み出されたもの――ですら、まるで外側の世界の出来事であるかのように見えることでしょう。言い換えれば、自分の神話的な、もしくはスピリチュアルな経験の起源が自分自身の内側にあることを認識し、経験がいかなる形をとっていようとも、実際にはそれが外的世界からもたらされるものではないことを認識するには、無意識との密接な接触と、無意識に対する理解とが必要になるのです。

今議論した図（第9図）を用いて、分析について説明することができるかもしれません。分析家はペルソナを通して接近します。ある種の形式的な挨拶がなされたり、表敬の言葉が交わされたりするでしょう。このようにして、まず意識の入り口にやって来ます。次に、意識の内容が注意深く調べられ、個人的潜在意識に進みます。ここで、意識されていない多くの物事がそこにあることに医師はしばしば驚きます。なぜなら、観察者にはそれらがとても明らかであるように見えるからです。フロイト派の分析が、この個人的潜在意識で終わるのは、以前に示唆したとおりです。ですが、個人的潜在意識で分析を終えると、過去の因果的影響を認めて分析を終えることになってしまいます。その次に、再構成的な面に至らなければなりませんし、そうすることで集合的無意識はイメージを通して語り始め、無意識的な客体に関わる意識が動き始めます。もし個人的潜在意識によって作られた隔壁を壊すことに成功するなら、影は自我と結合することができ、個人は二つの世界の媒介者となるでしょう。そうすればその人は、自分自身を「こちら側」からだけでなく「もう一方の側」からも見ることができるようになるでしょう。ここに至ると、影の自己についての意識だけではもはや十分ではなく、[4]無意識のイメージを自由に使えるようにならなければなりません。今やアニムスやアニマが活動し始めており、アニマは老人の人物像をもたらすでしょう。こういった人物像はすべて意識的な外的世界に投影されるでしょうし、無意識の客体はその外的世界における客体と対応し始め、その結果外側の世界の客体が、つまり現実の客体が、神話的性質を帯びるのです。これは人生が非常に豊かなものになることを意味しています。

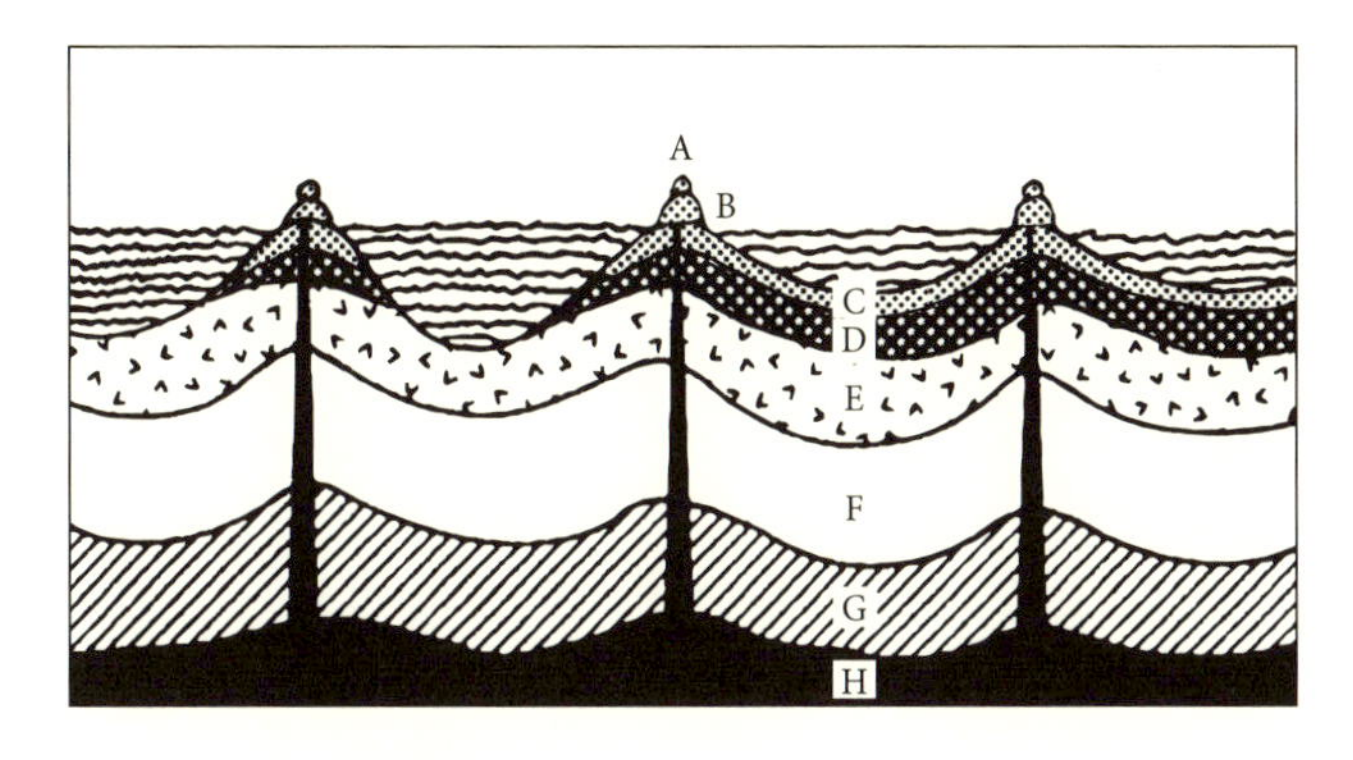

A＝個々人
B＝家族
C＝一族
D＝民族
E＝大きなグループ（たとえばヨーロッパ人）
F＝霊長類の先祖
G＝動物全体の先祖
（文中でHは「炎」とされている。）

第10図

◦ ◦ ◦

人格の「地質学」についてしばしば尋ねられるので、それを何とか図示してみました。第10図は、山脈の個々の頂が海の中から現れ出るように、個々人がある種の共有された水準から現れ出る様子を示しています。個々人の最初のつながりは家族のつながりであり、次に多くの家族を結びつける一族が、その次にさらに大きなグループを結びつける民族が来ます。その後は、「ヨーロッパ人」というくくりで包括されるような、関係した民族間を結びつける大きなグループの形をとることができます。さらに下に行くと、類人猿グループや霊長類の先祖のグループなどと呼べるものがあるでしょうし、その後は動物全体の層、そして最終的には中心部にある炎が来るでしょうが、この図が示すように、私たちは今なおその炎とつながっているのです。[5]

第16講への補遺

　主体の外的客体に対する関係について、また主体の無意識的なイメージの世界に対する関係について私が述べてきたことには、明らかに非常に多くの誤解が生じています。今回の講義の内容に付け加えた補足資料の中でこういった点を整理してみたいと思います。これらはきわめて重要な点であり、たとえ多少主題から離れることになるとしても、この問題をさらに追求することは無駄ではないでしょう。歴史的に見ることを通して、主体の外的客体に対する関係にさらに光を当ててみたいと思います。これは非常に古い時代から、哲学者たちが論争してきた主題なのです。物質内存在*esse in re*という原理は、古代世界の観点でした。そこでは私たちが自分自身の外側に知覚するものはすべて、私たちがそれをどのように知覚するかにまったく左右されないほど、完全に「外側」のものとされます。それはまるで私たちの目から発せられる光が客体を照らし出し、それによって私たちに見えるようになるということであって、見ることの主観的側面はほとんど認識されていません。これは現代においても教育を受けていない人が持っている観念です。

　この考え方の次には、唯知性内存在*esse in intellrctu solo*という考え方が続きました。つまり、私たちが見るものは頭の中のイメージであって、それ以外の何ものでもないというのです。超越するものは存在するのか否か、という問いは棚上げされます。これは独我論につながるでしょうし、そうして世界を巨大な幻覚にするのです。

　私たちの考え方は、魂内存在*esse in anima*という類のものです。[6]この原理は私たち自身の外側の世界の客観性を認めてはいますが、私たちはその世界のいかなるものも知覚することはできず、ただ心の中に形成されるイメージを知覚すると考えます。決して客体それ自体を見るのではなく、その客体に投影するイメージを見ているのです。このイメージはあるがままの事物に不完全に類似しているものに過ぎないことを私たちは明確に知っています。たとえば、音が波から成り立つのは疑う余地のないことですが、波がある特定の速度でもたらされる場合にのみ、たとえば一秒につき約一六回波がもたらされる時にのみ、その波を音のように知覚します。振動が一六回もしくはそれ以上の速度で生じる場合、波をまったく感知できませんが、音は聞こえます。その速度より遅いと音は聞こえませんが、肌に空気の振動を感じます。光についても同じことが当てはまり、光もそれに見合った機械を用いて測定すると波の性質を持つことがわかりますが、私たちの目にはそのような類のものとしては映りません。このことは私たちが知覚するとき、それがいかに主観的イメージ——つまり、私たちの内にあるイメージ——であるか、ということを示しています。同時にこのイメージは、私たちの感覚から独立していて、私たちには知覚不可能であるような絶対的な本質を持つ物自体と関連しており、また関連せざるをえないのです。私たちが知覚するものは、あらゆるものが心の中のイメージなのです。このような意味で、外的現実は私たちの頭の中にあるのだとすら言えますが、それはあくまでもこのような意味においてであって、この世界が主観的なイメージである、と声高に言うことは避けなければなりません。そうでなければ、実質的には唯知性内存在 *esse in intellectu solo* である超越論的観念論に固執しているという印象を与えることになってしまうでしょう。

こうした魂内存在 *esse in anima* は、私たちの世界認識が主観的な性質を帯びていることを認めつつ、同時にこの主観的イメージとは、個人的な実在あるいは意識という実在と、未だ知られていない客体とが本質的に結びついたものである、という想定を明示しているのです。私はこの場合の主観的イメージこそが、意識という実在と未知なる客体との間に生じる緊張によって引き起こされる、超越機能のようなものの初めての顕現である、とさえ考えています。

いわゆる外的現実のイメージについてお話ししたすべてのことを、集合的無意識のイメージについてもまた繰り返さなくてはいけないでしょう。つまり、絶対的に実在する外的客体の影響について、そして外的客体に対する心的反応について、私がお話ししたことを繰り返さなくてはいけないでしょう。外的現実のイメージと元型的なものとが違うのは、ただ前者が意識的で、後者が無意識的であるという点だけです。分析の手続きによって私たち自身の中の元型が「発掘」されなければ、元型もまたいわゆる外的現実の中に現れることになります。しかし、同じ分析手順を外的現実のイメージに適用することもできますし、そうすればそれらがいかに主観的なものであるのかがわかるでしょう。

外的現実のイメージと元型との間には、さらに違いがあります。外的現実のイメージは意識的な記憶の内容になったり、人為的な回顧録——つまり、本や記録文書など——の内容になったりしますが、一方の元型は、主観的な感覚イメージへの反応が記録されたものです。意識的な記憶においては、私たちは主観的に見ている物事を現実の記憶として記録しますが、無意識においては、そのように意識で知覚した事実に対する主観的な反応を、私たちは記録するのです。私なら、こうした反響によって、つまり反応への反応によって、そこに層が作られると考えますし、それらが心の地層を形作るとも想定するでしょう。

一つ例を取り上げてみましょう。キリスト教が長きにわたって存続しているという事実は、私たちの無意識的な心の中に、ある反応を残してきました。それを反応bと呼びましょう。これは私たちが反応ａと呼ぶことのできるもう一つの反応への反響であり、反応ａとはつまり私たちとキリスト教の長年続く意識的な関係のことです。無意識の層に達して元型として私たちの心の中に存続しているのが、反応ｂつまり意識的な反応への反響です。

この反応ｂはこの時すでに元型を模範としていますが、この元型とは新たな沈殿物によって容易に鋳造され作り直されます。また別の例を挙げましょう。世界における最も規則的な繰り返しは、太陽が昇ることと沈むことです。意識はこの現象の現実的な諸事実を記憶していますが、無意識は数え切れないほど多くの日の出と日の入りを英雄神話の形で記録していて、その英雄神話は無意識が日の出と日の入りの意識的なイメージに対してどのように反応してきたのかを表現しています。反応ａが外的世界のイメージを形成しているのと同じように、反応ｂは集合的無意識を形成しています——それをある種の蜃気楼の世界、もしくは反射的世界と呼ぶこともできるでしょう。

しかし、集合的無意識の品格を起源に対応する二次的なものだと見なすと、いささか過小評価していることになるでしょう。集合的無意識は一次的な現象であり、何か独自のものであると推測することができる次のような考え方があります。外的世界のイメージの背後に絶対的な実在があると想定するのと同じように、知覚する主体の背後にも実在があると想定しなければならないのです。そして、そちらの端から考察を始めれば、集合的無意識が反応 *a*、つまり最初の反応であり、世界の最初のイメージであると言わねばならず、意識の方が二次的なものに過ぎなくなるでしょう。

『彼女』[7]

この講義に先立って、ラディン氏が小説『彼女』の内容を登場人物の概略とともに紹介した。それに関する分析は、次回の研究会まで持ち越されたが、ここではその分析内容の記録を示しておくことにする。

この本を担当したグループを代表してハーディング博士が分析を提示した。まず担当のメンバーたちは、この本をある種の病歴素材を表しているものとして扱ったこと、ホリーがハガードの意識面であると見なしたこと、そしてこの物語の中に現れる素材を通してホリーを分析することにしたことが報告された。非常に徹底した分析が提示されたが、ここでは、以下に簡単な要約を示すにとどめよう。

ホリーは、学者として身を固めるべき人生の節目を迎えている。つまり、まさに彼は、知性的な人間の持つ極端な一面性にその身を捧げようとしているのである。まさにその時、無意識からの呼びかけが訪れる。ホリーが今までないがしろにしてきた人生のあらゆる要素が、ホリーの関心を引きつけようとして、その最後の力を結集したのである。ドアがノックされ、この無意識の芽生えは謎をもたらすが、それはまだ心を動かしはしない。そしてここに、生命あるものとしてレオが登場し、レオはホリーを人生の新たな方向へと促し、その背中を押すのである。この謎は、二〇年もの間眠りにつくのだが、そこで再び眠りから揺り起こされる。そして、小箱が開けられる。ホリーは自分の無意識の内容に取り組むことを受け入れ、その無意識の箱を一つずつ開けて奥へと入り込み、ついにその最奥で壺の破片とスカラベを見いだす。遠い昔から蘇ったその箱の中身が、ホリーの長年の課題を明らかにする。つまり、生命を表すものに対立する陳腐な道徳性という問題を明らかにする。

　ホリーと、これから生まれ出ようと奮闘しているホリーの若い側面であるレオは、コールの地へ向けて出発する――つまり、ホリーがアニマ像の「彼女」を見つけるまで、無意識の中へいよいよ深く入って行こうとする。「彼女」とは、ホリーが自分の心の中に立ち入ることを許してこなかった物事すべてを支配するアニマ像である。「彼女」が見いだされ、ついにホリーが「彼女」を愛する時、彼は一瞬狂気の淵に立つ。そこで彼は、外的世界に自分の無意識的な象徴を押し付けることはできないかと思いを巡らす。つまり、「彼女」をイングランドに連れて行けるかどうかを思案するのである。

　コールの地では数えきれない冒険が繰り広げられ、ホリーの心理学的発展の道のりにおいてそれらはすべて重要な里程標だが、その冒険は、火柱の中に入って燃えるという偉大な試練において最高潮に達する。ホリーとレオは、賢明なことに、その試練に臨まないことを決断する。ホリーは自分に求められている根本的な態度変化に対する準備がまだできていない。しかし、彼は決して冒険に出発した当初のようなつまらない人間に戻ることはない。人生の内的な意味についてなにがしかのものが見つけられたからである。

◦◦◦

ユング博士　『彼女』に関する発表をしてくださった担当のみなさん、そしてハーディング博士に感謝したいと思います。いくつかの素晴らしいアイデアが提出されて、大変楽しめました。さて、少し批評をしたいのですが、よいでしょうか。なぜホリーを主人公（ヒーロー）だと考えたのでしょうか？　いずれにせよ、この点に関しては、別の見解も可能です。私が思うところでは、作者は明らかにレオを主人公にしようと意図しています。このことは第二巻[*4]の中で明確にされていて、そこではレオが非常に発展を遂げた人格となり、きわめて重要な登場人物となっています。しかし、もちろんこれは、私たちが扱っている第一巻において作者の意図したものが成功しているかどうかという問題はありますし、あるいはそれが単に作者の見方であるかどうかという問題もあります。そしてハーディング博士がホリーを主人公だと見なしたということは、ハガード〔作者〕の意図通りにはならなかったということでしょう。

ハーディング博士　論点は、レオはこの物語の主人公（ヒーロー）なのか、あるいは心理学的な意味での英雄（ヒーロー）なのか、ということではないでしょうか？

ユング博士　もちろん、この物語全体がハガードのファンタジーですし、ハガードはおそらくレオよりもホリーの方をよりハガード自身としたでしょうから、ホリーが主人公であると言えるかもしれませんが、それにもかかわらず、ハガードはレオをこの物語の主人公にしようとしています。ハガードは実生活ではあまりにもホリー的であって、そのためレオは影の人物像、比較的未発達な人物像のままです。言い換えれば、ハガードはレオを生きてこなかったのです。

残念ながら、『彼女』のタウフニッツ版[8]にはイングランド版に出てくる詩が含まれていませんが、その詩は、ハガードとこの物語の関係を理解する真の鍵を与えてくれます。「彼女」に捧げられたこの詩の中で、彼は、失われた愛の墓が見つかるのは、コールの地やその洞窟ではなく、他のいかなる神秘の地でもなく、心の中であること、そしてそこに「彼女」が住んでいると語ります。これこそが、ハガードが『彼女』はいかなるものであるべきだと考えていたかを明示しています。これは愛の物語、いわば彼自身の愛の物語なのです。しかし、この物語は意識の側からもたらされたのではありません。それがどんなものであるにせよ、それは無意識の側からもたらされたのであり、意識的な経験からの反響としてもたらされたものなのです。もちろん、こうしたことは内向的な作家の持つ習性です。『彼女』は、つまり、こういった無意識的な反応を明らかにしてくれるものとして、私たちにとって貴重なのです。この作者はどうやら、完全には満足できなかった独特な恋愛を経験したことがあるようです。それが作者に『彼女』という課題を残し、彼の多くの著作で、同様の課題がついて回ったのです。おそらくその恋愛はアフリカで起こったのではないでしょうか[9]。

ホリーは無意識の一つの人物像であり、レオもまた無意識の別の人物像であり、つまりそれぞれをハガードという人間の別の側面であると見なすことができるかもしれません。ホリーを主人公だと考えたとしても、先ほど議論したように、この本の持つ一方の性質からはそれほど遠く離れたわけではありません。なぜなら、やはりハガードがホリーに同一化しているからです。おそらくハガードは、ホリーと同様に、自分の恋愛事情の重要性を理解してはいないのです。そして、恋愛が動き出した時、情動的経験を持ちながらも、同時にそれを真剣にしっかりと受け取ることを拒むと、無意識の中にその素材が積み上がることになるのです。これが、ハガードに当てはまることは明らかです。

　さて、私が議論したいと思っている点がいくつかあります。なぜこうした古代的な素材が現れるのかについて、何かお考えはありますか？

コリー女史　それは集合的無意識から生じるのではありませんか？

ユング博士　そのとおりですが、ではなぜ生じるのでしょうか？

コリー女史　内向タイプの人々には、遅かれ早かれ、それが現れるものです。

ユング博士　いいえ、必ずしもそうとは限りません。

シュミッツ氏　『彼女』は、ハガードによるヴィクトリア朝時代全体への反感、とりわけヴィクトリア朝の女性に対する反感と見なすことができるのではないでしょうか。ライダー・ハガードは数多くの国々を旅して回っていたために、イングランドで大きくなっていた女性に関する馬鹿げた考えを覆すには相応しい作家であって、[*5]さらには、あらゆる女性は自分の中になんらかの「彼女」に相当するものを持っていてもおかしくはないという事実を明らかにするのにも、うってつけの作家だったのでしょう。

ユング博士　あなたの言われることは、部分的にですが、核心を突いておられますね。つまり、もしライダー・ハガードが未開の国々を旅することがなかったら、集合的無意識はこうした独特な形で活性化されることはなかっただろうということです。無意識はここまで活発に反応することはなかったでしょう。もちろん、集合的無意識が強く刺激される他の方法もあります。精神病を抱える人は、無意識の中にいわば穴があいていて、そこから集合的なものが現れる機会が絶えず生じています。しかしこれはハガードには当てはまりません。彼の無意識は彼を取り巻く未開人の暮らしに触れることで活性化されたのです。未開の国々での生活が、そこを訪れた文明人に及ぼす影響の大きさを観察するのは、実に興味深いことです。インドからイングランドに戻る役人の多くが脳を焦げつかせて帰郷すると言われています。もちろんこれは気候とは何の関係もありません。彼らの生命力はその異質な空気の中でただ吸いつくされてしまったのです。こういった人々は、すべてが逆の方向を示す国の中で、自分たちの教え込まれてきた基準を維持しようとして、その二つの間で生じる緊張によって破壊されてしまうのです。

　私は、現地の女性と長いあいだ関係を持った後に、植民地から帰還した男性の事例をいくつか診てきました。その人たちは、こうした経験の後では、ヨーロッパの女性を愛することはできません。彼らはあらゆる種類の症状を、たとえば消化不良などを呈してやって来るのですが、実際には、現地の女性によって解離させられているのです。未開人であれば、彼らは魂を喪失したのだと言うことでしょう。他の点では非常に出来が悪い作品ですが、このことを描写する上ではとても適切な短編がアルジャーノン・ブラックウッドによって書かれた本の中にあります。この本は『驚くべき冒険』[10]という書名で、その短編は「エジプトの奥底へ」[*6]という物語です。主人公の男はただ姿を消してしまい、ヨーロッパ人としての彼はいなくなってしまうのです。

つまり、これがライダー・ハガードの中に集合的無意識がおびただしく湧き出してきた理由なのです。集合的無意識が未開人との接触を通して生じることで、愛の問題は複雑になります。しかしそれでは、アフリカで暮らしたことによって、彼の愛の問題はどのように複雑になったのでしょうか?

シュミッツ氏　おそらく「彼女」は、ディケンズの小説に出てくるような女性[*7]とはまったく正反対の女性で、いわば願望充足的な存在と見なしうるでしょう。もちろんハガードは、「彼女」のような女性を望まなかったでしょうが、それでも「彼女」がある程度必要な存在であることは理解していたのでしょう。つまり男性の場合と同様に、女性も十全であるためには原始的な側面を持たねばならないことを理解していたのでしょう。

ユング博士　しかし、もしハガードが女性のあるべき姿についてそのような考えを持っていたとしたら、それが彼の問題解決の助けになっていたはずですが。

シュミッツ氏　彼はそのことをはっきりとはわかっていなかったために、無意識がこうした欲望を生み出したのでしょう。

ユング博士　まさにそうしたハガードの無意識の探究から、『彼女』という物語が発展したわけです。しかし、アフリカにいる男性が愛の問題にあまり対処できないのは、なぜでしょうか?

ロバートソン氏　アフリカという環境に影響されて、今までのやり方で自分の感情に対処するのが困難になるからではないでしょうか?

ユング博士　そうですね。一般化して言うならば、そうした言い方で表せるでしょう。つまり、愛の問題に対する男性の態度が変化して、彼にとって本当に手に負えない問題となるのです。

ベーコン氏　未開人ではない女性に、未開人的なアニマを投影することに、問題の本質があるのではないですか?

ユング博士　ええ、まさにそのとおりです。そうしたことが起こると、未開人でない女性は、その投影下で完全なヒステリー状態になります。

アニマの投影の問題全体が、きわめて難しい主題なのです。もし男性が自分のアニマを投影できなければ、彼は女性たちから切り離されてしまいます。その人はきわめて実直な結婚をするかもしれませんが、その結婚には火の輝きがなく、自分の人生に確かな現実味を感じることがないのです。

さて物語の方に戻りましょう。みなさんは、レオの父親をどう理解されますか？

ハーディング博士　私たちは彼のことを、伝説上の前時代の英雄の一人であるとする以上には、解釈しようと思いませんでした。

ユング博士　たしかに、彼は強い印象を与える登場人物ではありません。事実、物語が始まるとすぐに姿を消していきます。しかし、その出来事自体が重要なのです。それというのも、心理学的に、英雄の誕生の際には父親が姿を消さねばならず、さもなければ英雄の発展は著しく妨げられてしまうことを私たちは知っています。私がこのことに言及するのは、ハガードのファンタジーが古代エジプトの宗教をめぐるものであって、古代エジプトの宗教においては、英雄の誕生に際して、父の死が非常に重要なものであるからです。たとえば、オシリス[*8]は死んで死者たちを支配する亡霊となり、その息子ホルス[*9]が上昇する太陽になります。それは永遠のテーマです。

シュミッツ氏　息子が自分独自の道を辿れるようになる前に、父親を排除する必要があるという優れた例をフリードリヒ大王[*10]にも見てとることができます。フリードリヒ大王は、父の死のまさにその日まで、著しくやわな男性でした。クービン[(11)]も、父親が死ぬまではまったく執筆活動をしていませんでした。

ユング博士　それは男性の人生におけるきわめて重大な契機なのです。しばしば息子というものは、父親の死を契機に人生に向けて自分を開放する代わりに、神経症になるものです。神話は、父親の死が息子にとって非常に重要な契機であるという事実を記録しています。実際、人生におけるこうした重大な契機はすべて、神話の中に具体的に表現されてきました。なぜなら、神話は、そうした問題の渦中にあった人類によって見いだされた典型的な解決策の提示だからです。

みなさんは箱について、非常に適切に解釈されていると思います。箱の中に箱があるという事実は、螺旋状の内巻き過程を示唆します。

カリクラテス[(12)]の愛に関しては、はるか以前の時代に物語がそっくりそのまま先取りされていたことがわかります。では、なぜそうなのでしょうか？

ベルティーン博士　この物語が個人的なものではなく、元型的なパターンを繰り返しているからです。

ユング博士　まったくそのとおりです。それは永遠なる真実なのです。人間は、こうしたことを幾度も繰り返すことになっているのです。これが、無意識の素材が現れ出る、もう一つの原因です。しかし、再び目覚めさせられるのは、いかなる元型でしょうか？

それは、オシリスとイシス、[*11]ネフティス[*12]の神話です。神話によれば、オシリスは昼の女王イシスと夜の女王ネフティスと共に母親のヌートの子宮の中にいましたが、子宮内にいる間に、オシリスと彼の二人の姉妹たちは性的な関係を持っていました。ここには、絶えず繰り返されるモチーフ、英雄の愛をめぐる二人の人物間の対立が存在します。「彼女」とアメナルテスとの対立が存在するのです。『彼女の復活』[(13)]においても再び対立が生じ、その際には「彼女」と、レオとの結婚を望むタタールの女王とが対立します。小説では「彼女」がイシスに扮し、別の人物がネフティスであるというだけで、やはりこれも昼と夜との対立なのです。これが、アフリカによってハガードの中に呼び覚まされた元型なのです。ハガードはまったく「実直な」人物で、彼の結婚はきわめて型通りのものでしたが、『彼女』の物語の行間に、ハガードが十中八九ほかの女性を愛していたことを読み取ることができるでしょう。

それでは、レオは著者の中ではどのような人物なのでしょうか？　ホリーは比較的年配の男性で賢者の年齢にさしかかっており、この問題にともなう危険を引き受けるにはあまりに年をとりすぎています。そのため、ホリーはレオという若々しい人物像を生み出すのです。レオは若き愚者以上のものではありませんが、概して紳士です。その若さによって、レオは老いたホリーを補償し、ホリーが危険を冒さないで済むようにします。危うく焼けた壺をかぶせられるほどの危険を冒すのはいつもレオです。

みなさんは、焼けた壺の意味は何だと思いますか？

シュミッツ氏　頭の中を占めている激情の熱を意味するのだろうと思うのですが。

ユング博士　それは何を指していると思われますか。ええ、狂気——俗に言う、〝頭の中が目茶苦茶になる〟ということです。私は、集合的無意識に対してこうした反応を示さない人をほとんど見たことがありません。初めのうち過去は死んでいるように見えますが、過去に近づくにつれて過去が私たちを捕らえてはなさないのです。古い家を例にとりましょう。最初は、その古色蒼然とした佇まいに大喜びしますが、徐々に謎めいた雰囲気がその家を取り巻き、知らず知らずのうちに私たちは「亡霊たち」を抱えこんでしまいます。その家の持つ何かが、人の中にある無意識を賦活するのです。ほんのわずかなリビドーをそこに向けただけで、集合的無意識は、私たちにとって途方もない魅力を帯びたものになります。その他の例としては、歴史が私たちの心に及ぼす力を考えてみてください。

ラディン氏　ウォルター・スコット[*13]は、過去が人間の意識的な適応を呑みこむ一例です。彼はアボッツフォードに居を移して、言うなれば歴史の中で生き始めて、全財産を失い、自分の人生を方向づけるあらゆる力も失いました。[(14)]

コリー女史　「彼女」は自分の王国は想像の帝国だと言っていました。

ユング博士　そうです。自分自身を想像にゆだねると、人は事実上この世界のものではなくなってしまいます。もはや自分自身を把握できなくなり、すぐに精神病者収容施設へと続く道が開かれます。人が集合的無意識の傍にある時に、現実との架け橋を生み出すなんらかの表現方法を学ばなければならないのは、このためです。さもなければ、すがるものが何もなく、その人は解放されたさまざまな力の餌食になります。人々が集合的なものの中で我を忘れた状態になった時、もしあなたが、彼らにその発想を展開することのできる表現形式を提供できるならば、彼らは再び正気づくのです。

これが焼けた壺をかぶらされることの危険性なのです。これは未開人によって行われます。この未開の深層は大変大きく広がっていて、簡単に人を圧倒してしまいます。

みなさんのジョブに関する解釈は適切なものだと思います――つまり平凡で正しい人間は、幸いにも、失われるのです。これはつまり、ホリーがもう二度と旦那さまと呼ばれることはないと告げているのです。ジョブの喪失を埋め合わせるのは、レオが「彼女」のマントを受け取ることです。それでレオは力を増しますが、レオが「彼女」からこのようなものを受け取るには、まずホリーが自分の従来の慣習的な側面すなわちジョブを手放してこそ、それが可能になるのです。

アステーンについては何も言われていませんね。

ハーディング博士　すでに、あまりにも多くのことが語られたので省略したのですが、彼女がそれほど重要でないようにも思われたからです。

ユング博士　そうですね。事実、彼女は死んでしまいました。みなさんはヌートとビラリ、ホリーを正しく位置づけられていたと思います。つまり、彼らを老賢者像として位置づけていましたね。ホリーは彼らの中で一番人間味があります。ハガードは、ホリーを通して自分自身を老賢者と同一視する傾向がありますが、ホリーの人物像には、本物の叡智よりも衒学的なところがあります。レオが死にかけているのにホリーが墓の探索をしたりするのは、まさしくその典型だと思います。

みなさんは一角獣と雁に関する一節について話をされていましたよね。それはどこでしたでしょうか？

ハーディング博士　一角獣ではなくて、ライオンとワニの戦いの後で撃たれた雁です。[*14] 雁は頭に蹴爪を持っていて、私がそれを一角獣と関連づけてお話ししました。

ユング博士　ご指摘のとおり、雁の殺害はたしかに聖杯物語のモチーフと同じものです。それは来たるべき出来事の兆し、あるいは先ぶれです。古代人は常に、来たるべきものはその前に投げかけられる影を持つものであると考えました。ここでは殺害される動物が登場しますが、それは実のところ神話的な動物——つまり本能です。そうしたものが殺される時、人は意識的になるのです。パーシヴァルの物語[15]では、無意識的であった英雄のパーシヴァルが白鳥を射ることによって意識的になります。『彼女』では、主人公たちはこれから彼らの前に繰り広げられる驚くべき事柄を、前もって認識させられるのです。象徴的には、鳥は心の動物ですから、この気づかれていなかった無意識性は心の中にあるのです。

　不死のテーマについて一言つけ加えると、それはアニマの問題と密接に結びついています。アニマとの関係を通じて、人はより大きな意識に至る可能性を得るのです。アニマとの関係は、意識と無意識の機能との全体性、そうした自己の自覚を導きます。その上、この自覚は、遺伝された単位と新たな単位、その両単位が自己を形作っているのだという認識につながります。つまり、意識と無意識の意味を共に把握すれば、私たち自身の生の生成過程に入り込んでくる先祖の生に気づくようになるのです。

　そうして、あなたは自分の中にあるあなたの前段階の人間を自覚するようになるだけでなく、自分の中にある動物をも自覚することになります。この集合的無意識の感覚は、終わることのない生の更新の感覚をもたらします。それは世界の仄暗い黎明期より受け継がれ、そのまま続いているのです。そのため、自己の十全な自覚を獲得する時には、不死の感覚をともなうのです。分析においてさえ、そのような瞬間は訪れるかもしれません。幾時代をもくぐりぬけ、自分の生が持続するという感覚に至ることが、個性化の目指すところです。それは、この地上における永遠の感覚をもたらすものです。

　ハーディング博士が指摘されたように、この男性たちには火柱に身を投じる準備がありません。「彼女」の現象全体が、まだ同化されていないのです。課題は、なおも主人公たちの前にあり、彼らは無意識との新たな接触を持たねばならないのです。

『悪のぶどう園』

マン博士が、『悪のぶどう園』の担当を代表して報告を行った。彼女の報告した物語の心理学的な諸側面の概要のみを以下に記しておく。物語を現実の水準で捉えると、この物語は、真の関係が存在する可能性がなかった結婚について語っていると思われる。少女は、女性としての本能を抑圧しながらラティマーと結婚するが、それは彼が知性的な世界の象徴であり、彼女がそうした世界に完全に魅了されていたためであった。彼女にはラティマーへの愛はなく、彼を怖れてすらいる。彼女より二〇歳年上のラティマーは、メリーによって若さの再生を求め、感情ではなくセクシュアリティを彼女にもたらす。ラティマーは結婚前から奇異な［体験］を持っていたと描写されていて、その奇異さが戦争でのショック体験を経て神経症へと至り、その中で彼は、伝説上のイタリアの傭兵の悪事を追体験せねばならない。

ラティマーはメリーによって投影された無意識を表しており、要するにメリーにとってアニムス像であるため、メリーは現実的な形で別の男性を愛するようになるまで、ラティマーから自分自身を自由にすることができない。

象徴的に捉えると、この物語はアニムスの悪の面に屈する女性が、最終的にはアニムスの肯定的な側面の到来によって救われる物語である。終始、メリーは心理学的に著者と同一人物であると考えられる。

これに対するユング博士の意見としては、担当のグループはこの本のより深い心理学的な意味の把握に失敗しており、その理由は、ラティマーがメリーと出会った時に常軌を逸していたという想定をしたためであるとのことだった。ユング博士の考えでは、そういった見方をするに足る十分な根拠はなく、物語をそのように受け取ることは話をあまりにも限定し過ぎてしまうというのであった。つまり、それはもっとずっと深い次元で考えられるべきだという。

ユング博士　男性の方々から意見をお聴きしたいのですが、ベーコンさんはいかがですか？

ベーコン氏　私が興味を引かれたのは、自分にそんな能力があるとも思えませんが、もし私が諸象徴を正しく読み取れていたなら、著者について何か非常に興味深いことがわかっただろうに、と思ったことです。著者はなんらかのひどい経験をしたに違いないと思いますし、この本は彼女の個人的な困難を反映したものであると思ったのです。

ユング博士　この本を著者の話であると考えてしまうのは誤りだろうと思います。私たちは、物語がどの程度著者の内的なモチーフに由来しており、また、どの程度カサ・ディ・フェッロ[16]の伝説から引き出されているのかよくわかっていません。著者はスイスに住んでいたようですし、スイスの生活についてよく知っていたようです。彼女が既製の筋書きを引き継いだとすると、この物語を病理的だと言うのは適切ではないでしょう。そのため、著者の葛藤について直観したものは取り上げなくても良いでしょう。『彼女』の方が、もっとそうした観点から考えることが可能でしたが、この物語では関連性は非常に不明瞭です。ハーディング博士がホリーに関してされたように、この物語を主人公たちの観点から考える方が良いでしょう。たとえば私なら、物語をまず少女の観点から分析し、次にラティマーの観点から分析するでしょう。二つの側面から見ると、非常に異なったことが明らかになります。私の知る限り、著者とアニムス像の直接的な関係を立証しうる本など存在しません。しかし、ここには問題の重要な部分が提示されています。著者はヒロインを通じて女性の心理学を表現したと考えることができますし、私たちはその女性が経験したこととアニムスの発達に関して再構成を試みることができるでしょう。

マン博士は、ラティマーを適切なアニムス像だと思われますか？

マン博士　そう思います。なぜならラティマーは力のある人物像ですから。

ユング博士　彼は力のある人物像になったのだ、と言う方がより事実に近いと思います。ラティマーはまず学識ある男性として登場し、叡智の源、叡智を体現する男性としてメリーの興味を引きました。アニムスは必ずしも力のある人物像ではありません。他方で、アニマの方はたいてい、力のある人物像です。まさに初めからアニマはそうした形で登場するのです。

しかし、みなさんが提示してくださっていたと思いますが、女性の叡智への反応は、必ずしも力への反応というわけではありません。それはまったく正当な切望です。著者はここで、スピリチュアルな側面に飢えていて、まっとうな希求をしながら年配の男性に行き当たった少女を描き出そうとしたのだと思います。もちろん世界は少女が愛以外のものを求めて男性のもとを訪れることを認めないので、常にこのスピリチュアルな希求を取り上げて、恋物語に仕立て上げてしまいます。実際にこうした場面に男性が行きあうと、男性は容易に誤った想定をしてしまうものです。たしかにその想定は正しい場合の方が多いのですが、それでもなお、学ぶことに興味を持つ真摯な少女の例も多いと認めないわけにはいきません。そのようなわけで、私はメリーがラティマーを通じて知識を得ようとしたのだと思っています。

そして、悲劇的な状況が生じます。ラティマーは、メリーが知識に興味を持っているのだとは思いたくなく、彼女が自分を男性として求めていて、彼を誘惑しようとして知的な興味を装っているだけだと考えます。ここに悲劇的な葛藤が生まれます。ラティマーは、メリーが本当に知的な興味を持っているのだとは考えていないので、彼女を罠に陥れるのです。そしてメリーの間違いが生じます。メリーは自分の本能を自覚しておらず、彼に対する愛情も一切持ち合わせていません。ラティマーに彼が間違いを犯したことを伝えるのが、メリーの義務であっただろうと思いますが、メリーはただ彼に自分との結婚を許しただけで、彼を愛していないとは言いませんでした。

メリーが自分の本能を無視してしまったため、本能は闇の中で育ち始めます。そしてアニムスが働き出し、この瞬間からアニムスはメリーの無意識過程に邪悪な捻じれをもたらすようになります。本能を自覚する前に、彼女は、一目見ただけのラティマーにアニムスを投影するのです。こうしたことは、素朴に起こることであって、もし真剣に検討していたのなら、この状況は首尾よく解決していたでしょう。しかしラティマーにはその状況が見えていなかったために、彼のメリーに対する態度はまったく間違ったものになったのです。ラティマーは、メリーの彼に対する真の気持ちがわからず、メリーが彼を恋人として求めていると考え違いをしたのです。自分自身の本能に完全に自覚的な男性は、このような間違いを犯さないでしょう。しかし、明らかにラティマーは、アニマを完全に抑圧し、精神を重視して生きる非常に知性的な男性でした。彼がメリーに出会う時、アニマがそっくりそのままメリーに向けられて、彼は決して立ち止まってその状況の現実を理解しようとはしませんでした。しかし、メリーは彼の投影を引き受けようとはせず、やがて彼は自分には理解できない何かがメリーの中で育ちつつあることを感じ始めます。そこで、私たちはアニマとアニムスとの戦いに投げ込まれるのです。

まず、メリーの葛藤の方を取り上げましょう。彼女は自分の本能に無自覚であるという無知の罪を犯しました。自然は、無知に対して仕方のないものと配慮を示すのではなく、それをただ罪として罰するのです。自然は、状況をありのままに取り扱います。故意の悪意をもって誤った道を選んだのだろうと、ただそこに転落してしまっただけであろうと、自然にとっては、大した違いがありません。メリーの受けた教育全体が生の知識を排除するものであったために、メリーの本能への無知は、ある意味継承された罪であると言えるかもしれません。メリーの家族は、彼女が自分の本能に無意識のままでいるようにあらゆる手を尽くし、メリーは女性が果たすべき役割について何も知らないままです。彼女は非常に無邪気に男性を欺き、あたかも彼の妻であるかのように振る舞いますが、実際はそうではないのです。

そのような結婚では、初めに男性の側にセクシュアリティの暴力的な爆発が生じるでしょう。男性の中の未開人が目覚めるのです。なぜなら、男性の本能に奉仕することを、この女性に叩き込まなくてはならないからです。無論、これは絶望的に間違ったことですが、男性はそのように駆り立てられるのであって、自然のままの男性であれば皆そうするでしょう。女性は古代の女性の立場になり、男性の獣欲がかき立てられます。アフリカのある地域の女性は、男性との性的な闘いで受けた傷跡を誇示します。そのとき、男性はすっかり獣性の流れへと解き放たれるのです。けれども、教養ある男性は、これをいつまでも持続させることはできません。彼は挫かれて、不能になります。

女性は、抑えつけられているうちは動物として生きています。野獣の犠牲者になり、そこからある種の動物的な満足を手に入れます。しかし、男性同様、女性もそのような低い次元のままでいることなどできず、そのような状態はやがて崩壊に至ります。

それから何が起こるでしょう？　行き場のないリビドーが、どっと無意識の中に入って行くと言えるかもしれません。それは彼女が温めて孵化させる卵になります。この卵の中には何があるでしょうか？　女性の本能です。若い男性像にまつわるファンタジーが形成され始め、彼女はそうした男性が現れて自分を暴君から解放してくれると思うのです。こうした残酷な暴君に囚われた身であるというテーマのもと、ファンタジーはどこまでも進行していきます。私は、このような若い男性と、小鳥を金メッキの鳥籠に閉じこめる老人というファンタジー素材を頻繁に目にしてきました。

彼女はこのファンタジーに耽り、それをひたすら温めますが、その理由がよくわかっていません。こういう状態にある女性が意識的であることは滅多にありません。もしかしたらそういう女性は、四〇歳や四五歳くらいになってから目が覚めて、自分の心に何が起こっているかを知るのかもしれませんが、たいていは自分のしていることにまったく無知なままです。それで、こうした無意識のセクシュアルなファンタジーが形作られるのです。そして、このファンタジーが、無意識のコンプレックスを形成するための素晴らしい素材を生み出すのです。これは個人的無意識の中で始まります。メリーが、最初の性的な経験でこれを理解できた可能性もあったでしょう。多くの女性がまさしくこういった形で意識化に至るのです。しかし、野蛮なセクシュアリティがもたらされる時、人格のより深い層が開かれます。これはまさに人を猿の時代にまで遡らせる出来事です。リビドーは表層から離れて深層の中へ降りて行くのです。

こうした地点に至ると、女性はファンタジーを包みこむために歴史的な素材を用い始めるでしょう。女性は「夫が私を力でねじ伏せるのです」と言う代わりに、こうした悲劇が演じられた古（いにしえ）の物語を語り出すでしょう。この歴史的な要素は集合的無意識を指し示しています。したがって、なぜファンタジーがその悲劇に特定の時代を、この場合では中世を選ぶのかが明らかにされねばなりません。そしてこの物語の場合は、中世の観点の中に、それと関連する特殊な心理学があるためなのです。他方で、もしアニマの抑圧が始まった地点を歴史の中に探し求めて遡るなら、中世をはるかに超えてキリスト教の歴史を遡り、異教信仰にまで導かれます。これは、ここで踏み込むにはあまりにも複雑なテーマですが、私はアニマの抑圧は人類の集合的な教化の問題に関係していると思っています。国家が作られるために、アニマは抑圧されねばならなかったのです。これが『彼女』において、カリクラテスの物語が最初に古代を舞台とする理由です。しかしながら、バビロン[*15]やエジプトほど古くはありません。なぜなら厳密に言えば、こういう国々はいずれも国家というものをまったく知らなかったからです。バビロニアの神殿から明らかなように、王は神々の水準にありました。つまり、一方の極には王が、もう一方の極には神がいるのです。古代エジプトのいくつかの彫刻には、神々に命令を発している王が描かれています。無論、このような状態では国家というものは不可能で、単にマナの脅威による群衆の支配があるのみです。古代ギリシアのポリスではそういったことが存在せず、国家の始まりを見いだせるのもそこからです。しかし、もしアニマが支配するとしたら、国家の形成は不可能になることでしょう。けれども、そうしたアニマの抑圧はどのようにして漸次発生するものなのでしょうか？　契約し、これこれの条件下では戦わないと約束し、武器を下ろし、がなり立てたりせず、とても礼儀正しく、他人の影を踏んだりもしない。そうやって抑圧は未開人たちの間で進行し、忍耐が成長の機会を生むのです。この数々の順守を通じて、男性のアニマは抑圧されるようになったのです。

　この例では、本能の抑圧の原因は中世の心理学にあり、その理由を見いだすためには中世を振り返ってみなければなりません。みなさんはこの主題について何かお考えはありますか？

シュミッツ氏　女性の本能の抑圧は、戦争に行っている間、女性を貞淑な状態にしておきたいという男性の欲求から生じたのではないでしょうか？[*16]

ユング博士　そうですね。しかし当時の過度な貞節に関する理想を説明づけなくてはいけませんね。

シュミッツ氏　母権制の時代にまで遡れば、女性の貞節に関する理想は存在しません。しかし、徐々に父権制が生じると、男性は自分の子どもに対する父権を確立することに興味を持つようになったため、貞淑な妻という構想を発展させ、そこからアテナのように純潔を通じて強い力を持つ処女という考えに移っていったのでしょう。

ユング博士　そうすると、処女崇拝と過剰な貞操観念とを関係づけていらっしゃるのですね。私もそれにはまったく賛成です。その上この崇拝は、貞節を強要するとても野蛮な手段をともなっていました。未開の部族に遡れば、多少なりとも厳格な一夫一婦制の決まりがあっても、女性たちは男性が油断すれば裏切るのが当たり前だと思われていますが、男性が妻に過剰な愛着を持っているのでなければ、そのことにはあまり注意が払われません。女性は必ずしも誠実とは限らないとわかっているのですが、未開人の夫はそのことを特に気にしません。また女性の方でも、夫が他の女性と関係を持っても、夫が奪われない限りは構わないのです。言い換えれば、嫉妬はさほど存在しません。貞節の理想とともに嫉妬が生まれるのです。

ベーコン氏　ニカラグア[17]の原住民の間では、夫は妻に過剰に嫉妬します。実際、妻への嫉妬に関して、夫はとても残忍になるのです。

ユング博士　そうですね。特定の例を説明づけるある種の部族的な考え方はありますが、平均的な例を調べれば、私の申し上げたことが本当であるとわかるでしょう。しかし、不貞に対して怖ろしい制裁が下される例は他にもあります。私たちの貞節に関する過剰な感覚も、それと同様の残酷さをともなってきました。魔女狩りにまつわる風習で示されたように、原始的な罰にはしばしば独特の残忍さがあります。しかし、それに関する私たち自身の慣習はどうでしょうか？　七〇〇年には魔女を火あぶりにすることは許されていませんでしたが、その七〇〇年後から一七六九年に至るまで魔女たちは火あぶりにされていました。それが最高潮に達したのはローレタリアン連禱[18]の登場と同時期であり、その連禱は処女マリア崇拝の全盛を示すものです。魔女の火刑のような残酷さが世の中に生まれる時、それは心理学的な面では本能が拷問にかけられていることを意味します。事実、本能は純潔の極端な過大評価によって拷問にかけられるのです。本能の目覚めには、実に地獄的な拷問が待ち受けているのです。

こうして、中世的なファンタジーがこの本の中に現れているのは、本能の完全なる抑圧として説明できます。ヘンリコ・フォン・ブルンネンのような行為が一般に行き渡っていた時代のイメージが、再び目覚めるのです。妻の、そしてその妻の恋人の殺害者であるブルンネンは、オーガ〔鬼〕に捕らえられた者であると自らを捉えていたメリーの無意識的なファンタジーにとって、最適な人物像となります。こうしたファンタジーが形成されると、それは心の中に充満し、そうして集合的無意識が活気づいて、人はそれに反応します――つまり、こうした人物と親密に関わる人は誰もがそうなる、ということです。それはまるで、息づいた集合的無意識が、他者に影響を与える波動を送り出しているかのようです。この物語の夫は、妻の中で起こった集合的無意識の活性化に反応します。自分ではよくわからない何かに彼は支配され、そうして落ち着かなくなるやいなや、妻の集合的なファンタジーたちに追いかけ回されるのです。彼にはそれらの出どころがわかりません。そうして放浪しているうちに、彼はこの、カサ・ディ・フェッロに行き着くのです。私はその場所を知っていますが、実際そこは常軌を逸した所です。人はこの場所はいったい何なのかと驚嘆し、その地にまつわる伝説の真実味を感じ取るのです。

ラティマーがそれを見た時、何かが彼の身に生じます。「ここだったのだ。そして私はヘンリコ・フォン・ブルンネンだ」と彼は思います。元型に突き当たった後に必ず生じる直接的な確信がここにはあって、これは並はずれた体験なのです。配偶者のファンタジーがあなたの中に入ってくる場合、あなたはそのファンタジーに対する責任を引き受けます。そしてもし、ファンタジーに骨組みを与える現実と出会ったなら、あなたも、「私はヘンリコ・フォン・ブルンネンだ――それが私の鋳型だ」と言った時のラティマーとまさに同じことをするのです。この出会いはラティマーを安堵させましたが、同時に彼はそれを生きざるをえませんでした。彼はファンタジーの持つ魔力に呪縛され、打ち倒されました。もはやラティマーは自分自身ではなく、自分の無意識と一体となったのです。そのため、殺害を実行した時に、彼はまさしく死に至ったのです。彼がそれを犯したのではなくて、自然がそれを引き起こしたのです。

要するに、私たちはこの物語の中に、女性の無意識が男性へと完全に投影されていることを、つまりアニムスの操作を見いだすのです。そうして悲劇的な愛の否定が起こります。抑圧された本能的リビドーのすべてが、無意識のより深い層を活性化させるのであって、それは結果として私たちが見てきたようなファンタジーの組織化をともない、ついには投影を受けた男性はファンタジーの魔力に「呪縛」され、そうしてそのファンタジーを生き抜くまでに至るのです。これが女性の側から見たお話です。もし男性の側からこの物語を見れば、また異なったものになります。

ラティマーは結婚まで、教養ある男性として生きてきました。アニマを完全に抑圧してきたのです。それから「彼女」を探しに出かけ、それをこの愛らしく若い少女の中に見いだすのです。彼の中で青春に特有の情緒が呼び覚まされます。この少女が不気味なほど無意識的で、奇妙な曖昧さに満ち溢れていて、あるがままの本能に無自覚でいることをラティマーは発見し、そうして少女は彼に、アニマを投影する絶好の機会を提供することになったのでした。こんな薄ぼんやりしていて曖昧な骨組みならいくらでもファンタジーを投影できますし、こうして彼は彼女を慰みものにしたのです。彼女はおとなしくしていることで、彼の願望を満たしました。彼女が曖昧になればなるほど、アニマは仕事をする機会を得ました。彼女がアニマの役割にうまくはまればはまるほど、彼が実際の彼女を知ることはなくなっていきます。そうして彼はさまざまな憶測をし始め、それが現実に取って代わります。彼は彼女を覆う完全なる霧の中に足を踏み入れ、彼女は月明かりよりももっと捉えがたいものになります。彼女は愛を否定していたので、彼はそれを探し求めるようになるのですが見つかりません。彼はこの未知のものを探して、ヨーロッパ中を回るようになります。彼女は彼からすべてのリビドーを撤収させて、彼から彼女を解き放ってくれるだろう恋人たちのファンタジーを紡ぎ始めていたのですから、彼の妻は彼にとって、実にまがい物でした。妻が本当は不誠実であることを彼は確信するようになり、夜の恋人たちを確かめようとします。こうしてアニマのもたらす疑念に従っていくことで、彼はますます罠にはまっていきました。ついには彼女を閉じ込めるまでに至ります。ずたずたに引き裂かれる苦しみから逃れるために、彼はこれらをせざるをえなかったのです。

デ・アングロ博士　ラティマーがメリーと結婚した時、いたって健康な男性だったというのであれば、あなたの言ったことはすべてそのとおりだろうと理解できるのですが、発表者が言ったことにも、つまり初めてメリーと出会った時にラティマーはすでに分裂していて、その一面性ゆえに異常だったということにも、正当性があるのではないでしょうか？　戦争の体験が彼を完全に圧倒し、彼は無意識を生き始め、最終的にヘンリコ・フォン・ブルンネンとの同一化に導いたということです。[*17]そうするとメリーは彼の人生においては単なる偶発事で、狂気へと追い込んだのは、彼自身の感情に触れるための彼自身の能力の欠如であるということになります。メリーが彼に会った時、彼があまりにも非現実的だったというだけで、彼は彼女のアニムス像になったのだと考えられます。

ユング博士　いえ、ラティマーが初めから異常だったとするのは、理にかなっているとは思えません。それに、そう言ってしまうのは物事を言葉の背後に隠してしまうだけで、何も説明していることにならないのです。

『アトランティード』

ベーコン氏が、『アトランティード』担当グループの報告を読み上げた。適切な心理学的解釈について、グループ内の意見は割れた。意見の一つは、この本はブノアの、スピリチュアルな側面と、世俗的評価を求める傾向との間で引き起こされた心の中の葛藤を示している、というものだった。たとえば、ブノアは「ベストセラー」執筆のために無意識からのメッセージを意識的に悪用しているように感じられた。この観点から見れば、アンティネアは真のアニマ像——つまり無意識的ファンタジーによる産物——としては認められず、そのほとんどが文学的効果を狙って構築されたものだと捉えられたのだった。

グループ内のまた別の意見は、この本はスピリチュアルな観点と物質主義的な観点との間の葛藤と言うよりも、ブノアの心理学の中にある、合理的なものと非合理的なものとの間の葛藤を表現している、というものだった。

アルドリッチ氏はどちらの意見とも異なる少数派の意見を発表し、彼女は真のアニマ像であるだけではなく、肯定的で重要な象徴でもあるとアンティネアを果敢に擁護した。彼の意見では、アンティネアは善良な女性でも、邪悪な女性でもなく、すべての側面を備えていて、完全であるとのことだった。彼は自分の発表を次のようにまとめた。

「完全な女性に対する自然な補完物は、完全な男性です。男性が不完全な発達状態にある限り、あるいは自分の本質の一側面以上のものを女性に与えることを拒絶する限り、その男性は彼女が自分を罰するだろう、と予測するかもしれません。ブノアの小説において、主人公は二つに分裂しています。つまり彼の官能的な側面はサンタヴィによって人格化されていて、一方でモランジュは幼稚で型にはまった類のスピリチュアリティを表しています。実質的に、主人公はアンティネアのもとへ行って、こう告げるのです。〝自然の力が私を駆り立てるので、あなたに私の官能的な側面を提供します。けれど私のスピリチュアルな側面には、あなたに関与してほしくありません。なぜなら私の因習的な道徳観からすれば、女性への愛とスピリチュアリティとは対立し、調和しえないからです〟と。当然、これはアンティネアの中の悪魔を目覚めさせます――なんらかの個性を持った女性であれば誰もがそうなるように。男性にとって適切な女性とは、明らかに、彼自身の発達段階を補完してくれる女性なのです。つまり、母は赤ん坊にとってふさわしく、妻は現世的地位を得ようとしている男性にとってふさわしく、娼婦（ヘタイラ）――完全に発達をした女性で、同志である者――は完全な個性を獲得した男性、賢者にとってふさわしいのです。アンティネアであれば賢者にとって素晴らしい同志となったでしょう。しかし、戦士の段階を抜けだしていない男性にとってアンティネアは、赤ん坊のために妻が存在するようなもので、不適切で破壊的だったのです」

◦　◦　◦

ユング博士　この作品で最も興味深い点は、『彼女』とは異なるあり方です。ベーコンさん、そうではないですか？

ベーコン氏　そうですね。その違いを理解しようとして少し混乱したと言わざるをえないのですが、一つには、ブノアの作品では豪華さというテーマがとても強調されています。

ラエフスキー女史　それだけではありません。この作品の中には、もっと言えばアンティネアの中には、とても成熟した官能性があります。

ユング博士　そう、外見上の細部に注目すれば、きわめて大きな違いがあります。みなさんが言ったとおり、『アトランティード』には豪華な雰囲気があり、情景の美しさも詳説されますし、登場人物たちが歓待される様子も細部まで明らかになるよう描写されていますが、対する『彼女』はと言えば、こうしたことはわずかしかありません。ブノアは率直に美を語ります。アングロ・サクソンの作家がこうした物理的な細部に同様の注意を払うとは、想像できる［ない？］でしょう。たとえば、とても馬鹿げた状況のアフタヌーン・ティーを描写する時など、ハガードは実際、物理的な細部にかなりの注意を払っていますが、ハガードの描写には、ある種の慎ましさが付きまとうのです。それはスポーツマンの持つ官能性といったようなもので、一方ブノアの方のそれは、サロンの官能性なのです。

みなさんが『アトランティード』における官能性に言及したのは、何かを摑んでいるからですが、この二人の作品の間にはもっと大きな違いがあります。ブノアはセクシュアリティの勘所をよく押さえていますけれど、ハガードには、それはいつも悪魔的要素として現れています。ブノアでは、セクシュアリティが重要な役割を担っていますが、ハガードでは、すべて徹底して背景にひいています。フランス人の観点とアングロ・サクソン人の観点とは、この点で対立していると言っていいでしょう。アングロ・サクソンの観点だけが天の国と調和していると見なすことはできません。フランスの観点もまた正当性を持つと見なされなければならないのです。そのためこの態度の違いには、ある程度詳細に検討してみるだけの価値があります。そのためにはアンティネアに相当の関心を向けなくてはなりません。みなさんが明確なアンティネア像を摑んでいるかどうかはっきりしないですね。ベーコンさん、アンティネアが「彼女」とどう違うか、説明してもらえますか?

ベーコン氏　アンティネアは、曖昧模糊とした「彼女」よりも、ずいぶんと生理学的な対象です。アンティネアは動物的な欲望に満ちています。

アルドリッチ氏　「彼女」は私には何も語りかけてきませんが、アンティネアは私にとって、真の女性です。私はグループの中で、彼女を毒とは考えなかった唯一のメンバーだったと思います。もし作者が頭を冷やして、分裂した人格で彼女に接近してさえいなければ、彼はアンティネアがとても魅力的な少女であるとわかったでしょうに。

ユング博士　けれどあなただって、大広間を死んだ男たちで一杯にするのは、少々悪い冗談だと認めざるをえないでしょう。

アルドリッチ氏　ええ、けれど彼女は、彼らを不死のものとしました。

ユング博士　それは少し楽観的すぎる考えだと言わざるをえませんね。しかしアンティネア[19]にまつわることを考える際には、彼女がいつも、しかも不必要に軽視されるというのは本当のことです。彼女はどんな気まぐれや思いつきをも満足させられる全能の女王です。このようなオリエントの女王[*18]であれば、悪意なく、冷酷無比となっても不思議ではないのです。別の似たタイプと比べれば、それほど悪い人物ではありません。さらに、彼女は難しい状況にいます。彼女は、教育による干渉に邪魔されることのなかった女性で、完全に開花できた女性ですが、私たちはそれを最善のことであると見なすわけにはいきません。彼女は、自然の価値を理解も評価もしていて、しかも聡明で、知性的な教育を受けてはいますが、より高次の価値についての教育は受けていません。もちろん、こうした高次の価値が役に立つかどうかは疑わしいかもしれませんが、まったく無視できると考えるのは間違いでしょう。「彼女」をアンティネアと比べれば、悲劇はこの価値の問題をめぐって起こっていることがわかるでしょう。「彼女」は、そうした価値を認めるまで、何千年もの間苦しみます。アンティネアは、それらの存在を認めたり理解したりするところまでは進んでいませんし、奮闘もしません。ですから私たちは「彼女」よりも、アンティネアを低い水準にあると見なします。私たちの共感は「彼女」に向かうのです。しかしアンティネアは、天然の女性特有の魅力をあますことなく備えていて、こうした女性に相応しいエロティックな力や本能をすべて持っているのです。これらは、「彼女」においてはいくぶん消えています。というのも、「彼女」はすでに事物の影響下にあるからです。

しかしアンティネアは現実の女性ではなく、フランス人男性のアニマであることに注意しなくてはなりません。ここにはフランス人とアングロ・サクソン人との、典型的な違いがありますす。もしこの違いを浮き彫りにするような作品があるのだとすれば、この作品こそがそれなのです。この点について、みなさんに聞いてみたいですね。みなさん、この独特な違いをどう説明しますか？

シュミッツ氏　フランス人とアングロ・サクソン人との違い、さらに言えばフランス人とその他のヨーロッパ人との違いは、異教の世界との関係性の違いから生じているのだと、私は思います。フランス人は異教の世界と直接的なつながりがある限られた人々です。ローマ人はガリアを征服した時、そこをローマの文化で包み込みました。そうしてキリスト教徒が入ってきた時、彼らはフランスがドイツとは違って文明化された国であると気づきました。ドイツ人たちはローマの文化に抵抗したため、異教の世界との文化的連続性がないのです。キリスト教は私たちドイツ人を野蛮人と見なし[*19]、私たちの異教信仰は、野蛮な要素とともに受け継がれてきたのです。この違いがフランス文化全体に影響を及ぼしています。

ユング博士　シュミッツさんの言われるとおりです。フランス人とアングロ・サクソン人の観点の違いはそこに理由があります。ガリアは早い時期から文明化されていました。ドイツ人やアングロ・サクソン人が相当原始的な発展段階にあったのと同時期に、ガリアはローマの豊かな文化を吸収していました。当時、まさにパリは文明化された場所として存在し、ガリア出身の詩人たちもいましたし、ガリア出身の皇帝すらいたのです。つまりそこは上質な文明社会で、古いガリアはローマの人々と同化していたのです。ケルトの言語は消滅し[*20]、そこにやってきたドイツ部族たちもまた、ローマ化された人々に吸収され[*21]、そうしてやはりローマの文明を受け取りました。こうした土台の上にキリスト教が植え付けられたのであって、ドイツのように、野生の人々の上に植え付けられたのではありません。それゆえローマの精神性と中世の精神性との間には、絶対的な連続性があるのです。中断はありません。初期の教父たちの中にさえフランス人はいました。

ローマに加え、ローヌ川まで達するギリシアの強力な影響もありましたし、最早期における地中海からの文化的影響もありました。こうした異教の世界からの影響すべてが、独特な効果をもたらしました。キリスト教が破壊することができないほど、それらは古代の層を揺るぎないものにしました。同じことは、多かれ少なかれ地中海の民族すべてにあてはまります。つまり、彼らはキリスト教徒というより、異教徒のままだったのです。こうしたことはフランス人には言いにくいでしょう。なぜなら彼らは自らを良きカトリック教徒だと見なしているのですから。それもある意味では間違いのないことで、最大の懐疑に陥っている時でさえ、彼らはまだ良きカトリック教徒なのです。さもなければ、ヴォルテールやディドロ[*22]があれほど受け入れられることはなかったでしょう。こうしてフランス人は否定的な形でもカトリック教徒でいることができますし、かつて最も崇拝されていたものに喜んで毒を注ぐことだってできるのです。

教会の中にいる人々は、非常に前向きな姿勢を持ち合わせています。彼らはカトリックの教義が生全体を包みこんでいるように感じているため、それを暮らしの中心に置きます。そのカトリックの世界に異教的精神が生き残っていて、だからこそ、きわめて厳格な宗教的フランス人の中に、セクシュアリティに対する完全な容認を見いだせるのです。今日の彼らのセクシュアリティに関する見解は、道徳観念とは無縁[(20)]のものです。セクシュアリティが認められていて、道徳観念がほぼ不問に付されているのは、一目瞭然です。人は定期的に教会に通い、同時に、自分に合ったセクシュアルな実践であれば、どんなものでも続けます。セクシュアリティと道徳観念とはまったく関係ないと、彼の目には映るのです。これが、フランスにおいてセクシュアリティが特別待遇を受ける理由です。

この独特の差異が、「彼女」とアンティネアとの間のあらゆる差異を説明してくれます。そしてアンティネアにはこれほど明白な特徴があるため、私たちは著者の意識にあるものを再構築できるのです。そして、現代フランス人に対する一つの評価のあり方にも到達できるのです。

フランス人の心の解明に多くの光を当てる登場人物は他にもいます。たとえば、ル・メージュ氏です。純粋な合理主義者がまったく非合理的な生き方をしているのですが、これはフランス人に典型的なものです。行動上の非合理さを、限度を超えて許容するのがフランス人の心の特徴で、これほど多くの滑稽な人物たちは実際、フランス以外のどこにも見つかりません。それにもかかわらず、彼らの立場から見ると、彼らは合理的なのです。

次にビエロフスキー伯爵ですが、彼はポーランド人であるにもかかわらず、典型的な第三帝政[*23]のフランス的人物であり、パリ社交界の常連です。この登場人物は、モランジュという人物像と不可欠な対をなしています。教会の気を引こうとするモランジュの態度は、ビエロフスキーの、「高位の生」[*24]の気を引こうとする態度に補償されます。この二人の間を仲介する登場人物が、ル・メージュ氏です。こうした矛盾にはいつも妥協が不可欠で、そして妥協は合理的な仲介によってもたらされます。しかし、ここにはあまりにも生が乏しいので、だからこそ激しさや情熱をもたらすために、サンタヴィが登場するわけです。

フランス人は、美辞麗句を思うままに駆使して、いつもあえて「発作」を起こします。目を瞠るような言葉を完璧な文体で長々と並べ立て、それから正気に戻るのです。

アルドリッチ氏　私の見たところ、モランジュは貧弱なスピリチュアリティしか持ち合わせていません。彼は宗教的な情動など一度も覚えたことがないのだと思います。

ユング博士　しかし、あなたはアングロ・サクソン人ですが、彼はカトリック教徒でした。私たちには、サクレ・クール[(21)]が彼らにとって何を意味するのか本当のところわからないわけですし、聖処女のイメージによって彼らがどのように心を動かされるのかもわからないのです。

さて、『アトランティード』にはこのように独特の雰囲気があり、『彼女』とはまったく違うわけです。これが、私が深く感じたことですが、みなさんも同じなのではないかと思います。こうした本を読むと「いったいこれはどこに向かっているのか」と、自問せずにはいられません。みなさんはこの本からどのような意味を感じ取りましたか？

ツィノ女史　生よりも死に向かっているように思えました。

ベーコン氏　何とも言えない安っぽい感覚がありました。続編の布石となるような終わり方でしたし。

ツィノ女史　「彼女」の人物像には、非現実を現実につなげようとする努力が見られましたが、アンティネアは非現実の中で、つまり無意識の中で、立ち往生したままのように思えます。

ユング博士　大事なことに触れていますね。アンティネアは外に出ようとはしませんし、世界に触れようともせず、世界に触れさせようともしません。「彼女」は世界を支配しようとして、なんらかの方法でそれを手中に収めようとしています。これはアングロ・サクソン人の特性で、彼らは世界を手に入れ、支配したいと望むのです。これはきわめてイングランド的な意識ですが、たぶんこれからの五〇年のうちに、アメリカでもそうなるでしょう。けれども、今いる場所にとどまることがフランス的な視点です。フランス人は実際、世界を治めることに関心などなく、それ――ヨーロッパを支配するというアイデア――

は、本当はフランス人ではないナポレオンによって持ち込まれた見せかけのものです。[25] フランス人は彼ら自身の国のことを考えているのです。

そうするとアンティネアが今彼女のいる場所に拘泥するのも、不思議ではありません。こうした彼女のあり方から、私は痛切に希望のなさを感じ取るのです。この物語は一〇〇回ほども繰り返されるかもしれませんが、それからすべてが終わりを迎えます。アンティネアは死に、そうして彼女にふさわしい装飾品とともに、最高の美として玉座に就くでしょう。これはある種の神格化であって、映画化された物語の最後に見られる、栄光というアイデアです。そこには死んだ英雄たちの神殿があり、すべての野望が水泡に帰すのです。

ところが『彼女』の結末には、多大なる期待感があります。未来が何かわからないのに、それは求められています。フランス人のアニマとアングロ・サクソン人のアニマとの間に大きな違いを生んでいるのは、アングロ・サクソン人のアニマが将来性という神秘的な側面を備えているからです。それゆえ「彼女」はアンティネアよりもスピリチュアルな潜在力を感じさせるのです。

アンティネアの出自を推測することで[26]、彼女からはこうした神秘的な要素が失われます。こうした合理的な懐疑は、もちろん元型の持つ機能に対するはなはだしい軽視です。ここにおいてまたも、「それに過ぎない」[27(22)] という精神が生じているのです。価値は元型から去っていきます。「元型をお前の土台にすることなどできはしないのだから、そこに自分を築くことはしない方が良いのだよ。その土地は安全ではないぞ」と懐疑は語りかけてきます。これはフランス人男性との分析にあたって、考慮しなくてはならない特別な点です。彼らに十分な真剣さをもって分析に取り組んでもらうのは、とても難しいことです。彼らの合理主義があらゆる点で邪魔をします。彼らはあらゆることに対して厳密なものの見方をして、それが何であるのかを最後の一点まで知ろうとするのです。彼らはその格闘の中で疲弊します。あらゆることがどのように機能しているのかを知ることで、彼らは魂の直接的な事実を軽んじ、すべてを過去の文明の結果であると見なしがちなのです。これは中世に、古代の力[28]に対する補償として彼らが身につけねばならなかった態度です。キリスト教は初め、彼らを包み込むほど十分な強度を持たず、この合理主義が教会を支えたのです。合理主義と教会とのこの関係は、アングロ・サクソン人にはほとんど理解できないものです。

デ・アングロ博士　アンティネアは無意識的な人物像ではなく、意図的に無意識的設定の中へと押し込められたのだ、という担当グループの意見について、検討してもらえますか？

ユング博士　アンティネアは、ある部分は意識的であり、またある部分は無意識的な人物像であると思います。アングロ・

サクソン人が、彼女は個人的無意識によって歪められていると言う時は、アンティネアの独特なフランス的性格について語っているのです。

ユング女史〔エンマ・ユング〕　アニマと不死について検討したのと同じように、アニムスと不死の関係について、何か話してもらえませんか?(23)

ユング博士　アニムスは一四世紀までしか遡れないようですが、アニマは遠く離れた古代にまで遡れるようです。でもアニムスについては、私には確実なことは言えないと告白せざるをえませんね。

ユング女史　アニムスは不死の象徴ではなく、運動と生の象徴であったように思います。またアニマにアニムスとは異なる側面を与えているのは、男性の態度であるようにも思います。

ユング博士　アニムスがしばしば動きのある人物像で表されるのは、そのとおりだと思います――パイロットだったり、貨物輸送管理者だったりします。おそらく、女性の方が歴史的に安定していたので、それで無意識の方ではより動きがあるのでしょう。

シュミッツ氏　きっと母権性の時代には、アニムスの抑圧などありえなかったでしょうね。

ユング博士　確信は持てません。

ツィノ女史　神々の像は不死のアイデアを伝えているのではないでしょうか?　それがアニムス像でもあって、女性の夢に現れる場合、やはりアニムスも不死の意味を携えていたと言えるのではないかと思います。

ユング博士　そのとおりなのですが、やはりアニムスとアニマの間にはとても大きな違いがあります。

シュミッツ氏　不死とは個人の中にあるものでしょうか?

ユング博士　いえ、イメージとしてあるだけです。不死はアニマの子どもに属します。アニマがまだ出産していなければ、アニマが不死性を担っています。アニマが出産した時アニマは死ぬのです。けれどアニマとアニムスのこの不死性の問題は、ここで扱うにはあまりにも複雑すぎます。

おわり

訳者による補遺（物語の概要）

■**『彼女』**（邦訳『洞窟の女王』H・R・ハガード／大久保康雄訳、東京創元社、一九七四）

［**登場人物**］

レオ・ヴィンシィ　本編の主人公。ギリシアの神と呼ばれるほどの美男子。古代からヴィンシィ家に伝わる箱を開けて、旅立つことを決意する。

ルードヴィヒ・ホレース・ホリー　レオの後見人。頭脳明晰で深い教養を備えているが、非常に醜い風貌をしている。レオと共に旅立つ。

ヴィンシィ　ホリーの大学時代の唯一の友人。レオの父親。ホリーに五歳のレオと箱を託し、亡くなる。

ジョブ　レオを引き取る際にホリーが雇ったレオの付添人。レオとホリーと共に旅立つ。

マホメッド　アラビア人の従者。激しい航海を乗り越え、レオたちと行動を共にする。

ビラリ　アマハッガー族の族長。アッシャの命令で、レオたちをアッシャのもとへと連れていく。

アステーン　アマハッガー族の女。アマハッガー族の慣習上、レオと婚姻関係になる。

アッシャ　洞窟の女王。二千年以上生きており、嫉妬に駆られて自らが殺してしまったカリクラテスのことを今も想っている。

ヌート　古代の隠者・哲人で、自然の秘密について熟知していた。アッシャはヌートから「火」の秘密を聞き出した。

［物語のあらすじ］

この話の語り部は、学識はあるが容貌は醜いホリーというイギリス人男性である。ホリーが自室で特別研究員の試験の準備をしていたところ、ホリーの唯一の友人であるヴィンシィが、瀕死の状態でやって来る。ヴィンシィは息も絶え絶えに、自分の祖先について語る。彼によれば、カリクラテスというエジプトの僧が、紀元前三三九年頃、その妻と共にアフリカのデラゴア湾のあたりへ打ち上げられ、そこで蛮族を支配していた白人の魅力的な女王から歓待を受けたという。しかし、ある事情によって、カリクラテスはその女王に殺されてしまったというのだった。

死を悟っていたヴィンシィは、自分には五歳になる息子がいること、自分が死んだらその子の面倒をホリーに見てほしいこと、息子にはギリシア語とアラビア語を学ばせてほしいことなどを、ホリーに頼む。そして、ホリーに鉄の箱を預け、息子が二五歳になったら、その箱を開けるよう伝えてほしいと言い残し、立ち去った。

翌日、ホリーは、ヴィンシィが死んだことを伝え知る。ホリーは、ヴィンシィの遺言どおり、友人の息子レオを育て上げ、そのレオは「ギリシアの神」と呼ばれるほどの美青年に育つ。そうしてレオが二五歳となり、二人がヴィンシィに託された鉄の箱を開けると、中には木箱が入っており、さらにそれを開けると、見事な銀の小箱が入っていた。その中には、ヴィンシィが息子に宛てた手紙、レオの母親の小画像、「太陽の御子」という意味の記号が掘られた小さな甲虫形の石、そして文字の書かれた壺の破片が入っていた。壺の破片に書き込まれていた文章は、カリクラテスの妻であるアメナルテスが書いたものであり、それによれば、蛮人の女王はカリクラテスを愛し誘惑したが、カリクラテスがその誘惑を拒絶したため、女王は激怒してカリクラテスを殺してしまったのだという。さらに壺には、アメナルテスは女王への復讐を我が子に託し、我が子が仇を打てない時には、子々孫々に必ず仇を討つことを伝承するように記されていた。そしてレオの先祖たちが仇を討とうとしてもそれを果たせなかった記録が、延々と記されていた。ホリーはそれらの記録が戯言に過ぎないと明言するが、レオはアフリカへと旅立つことを決心する。そしてホリーとレオは、レオの付添人としてホリーに雇われていたジョブと共に、アフリカへと旅立つことになった。

アフリカへと向かったホリーたち一行は、船上でスコールに遭い、難破してしまう。生き残ったのは、三人の他にアラビア人船長のマホメッドだけであった。かろうじて岸に辿り着いた一行は、ヴィンシィから聞いていた人の顔をした岩を発見し、川を遡上する。その道中、彼らは初めてカバに出会い、何百頭というワニを目撃し、戯れる何千羽もの水鳥を目にし、そのうちの何羽かを撃ち落とした。その中に野雁がいたが、それは両眼のちょうど中央に四分の三インチほどの長さの蹴爪が突き出ていて、ジョブはこの野雁を一角雁と名づけることにした。その夜には、ライオンとワニによる生命を賭けた壮絶な戦いを目撃することになった。

荒れた沼地を旅して疲れ切った一行は、気づけばその地の蛮族であるアマハッガー族に取り囲まれていた。彼らの族長ビラリは、一行がアフリカに来ることを知っていた女王から、その白人を殺してはならないと言いつけられていたため、ホリーたちは捕らえられ、駕籠（かご）で担がれて、彼らの住まう洞窟に連れて行かれる。そこにはアマハッガー族の女たちもいて、その中で一番美しいアステーンという女性がレオにキスをする。これはアマハッガー族の結婚のしるしであった。

族長のビラリは、ホリーたちを残して、女王に一行を捕らえたことの報告をしに行く。その間、レオとアステーンとの間に愛情が芽生えるものの、何かを予感したアステーンは、悲劇を予言する詩を口ずさむ。その翌日、アマハッガー族は一行のために饗宴を開くと言い始める。日没の直前に饗宴の準備ができたという知らせが入り、ホリーたちは饗宴が開かれる洞窟に入っていった。しかし、饗宴と聞いて、アステーンの美しい顔にさっと恐怖の色が走る。饗宴が始まると、まず酒壺が回されてきたが、その壺は古代エジプトの影響を受けたもので、死者の臓物を納めるために用いられたものである。その壺に描かれている絵をホリーは熱心に見入る。酒が回ってくるものの、一向に食事が運ばれてくる気配がない。すると何の前触れもなく、アマハッガー族の一人が「肉はどうしたんだ？」と叫び、他の男たちが「肉は今に来る。山羊よりもいい肉だ。それを殺すのだ」と一斉に答える。ここで饗される肉の正体とは、なんとマホメッドの肉のことだったのだ。白人ではないマホメッドならば殺しても構わないと考えたアマハッガー族は、熱く焼けた壺をマホメッドの頭にのせようとするのだった。マホメッドを助けようと戦う三人だったが、熱く焼けた壺によってマホメッドはすでにこと切れていた。ホリーの腕力、レオの勇猛さをもってしても劣勢に立たされ、最早これまでというところに、族長ビラリが女王のもとから戻り、アマハッガー族を止め、三人は間一髪で命を救われる。

女王の命令で、一行は、ビラリ、アステーンを含むアマハッガー族たちと共に、女王の住むコールの地へ向かうことになった。しかし途中で、レオとジョブがマラリアにかかってしまう。ジョブは回復したが、レオの病状は深刻であった。そうしてたどり着いた女王の住む場所は、その昔、墓所として彫りぬかれたらしい洞窟であった。

ビラリに呼ばれて、ヴェールをまとったアッシャという蛮族の女王と面会したホリーは、二千年前のペルシャ人やギリシア人やヘブライ人について語るアッシャに戦慄する。女王は、自然について誰よりも詳しく知っているため、自然が生きる限り、生きていられると語る。アッシャは二千年以上も生きているのであった。学識の深いホリーとの会話を楽しんだアッシャは、ホリーに何か望みがあるかと尋ねる。ホリーは、アッシャの顔が見たいと言い、それにアッシャが応えてヴェールを取ると、そこには完全無欠の美しさがあり、ホリーの心はたちまちアッシャの美貌に捕らわれてしまう。その日の夜、ホリーはコールに着いてからまだレオを見舞っていないことに気づき、苦しそうなレオとそれを健気に看病するアステーンを見て心を打たれるが、やはり常に頭のどこかにあるのはおそるべき女王の幻影である。それは、たとえようもなく美しい女性の魅力であり、ホリーは不安と期待からじっとしていることができず、洞窟の中をあちこちと歩き回る。しかし当のアッシャは、レオの先祖であると思われるカリクラテスのことを未だに愛しており、太古の国コールの特殊な技術によって死んだ時の姿のまま保存されているカリクラテスの傍で、その晩も涙を流すのであった。

翌日、女王は、ホリーたちと戦ったアマハッガー族を裁く法廷に、ホリーを呼ぶ。女王は他の者たちには聞かれないよう、ギリシア語でホリーに語りかける。この者たちに慈悲を施してはならない。私はこの蛮族である血をなめる虎どもを武力によって統治しているのではない。恐怖によって統治しているのだ。私の帝国は想像の帝国なのだ、と。

その後、ホリーは女王に、洞窟の中を案内される。洞窟は四千年も前に栄えたコール人の墓場であり、そこに積み上げられた大量の死体に、ホリーは恐れおののく。しかしその間、マラリアにかかっているレオは、アステーンとジョブの懸命な看護にもかかわらず、死に瀕していた。レオのもとを訪れたホリーは絶望するが、そこにアッシャが現れる。アッシャは、どれほど瀕死の状態であろうとも、命が絶えていなければ治すことができると言い、アステーンとジョブを下がらせたあと、レオの顔を覗き込むが、その途端に、ひどく狼狽する。レオは、アッシャの愛したカリクラテスと瓜二つであった。アッシャの薬液によって、死にかけていたレオは一命を取り留める。二千年ぶりに恋人と再会したアッシャは歓喜するが、アステーンの存在を思い起こし、嫉妬する。アステーンを殺そうとするアッシャをホリーが説得し、アステーンは殺される代わりに追放されることとなった。

目が覚めたレオは、アステーンがいないことをいぶかるが、アステーンについて口止めされているホリーは、そのいきさつを伝えられない。アッシャはレオのため、舞踏会を開く。そこでは死体が松明代わりに燃やされていた。その舞踏会に、アステーンが隠れて忍び込み、レオとの再会を果たす。しかしアッシャに見つかり、アステーンは殺されてしまう。レオは激怒するが、アッシャがヴェールを取ると、レオはそのあまりの美しさに心を奪われてしまう。アステーンの死体の前で二人は抱き合い、キスをする。

アッシャはレオにも、いつまでも若さを保ってもらうため、生命の地へ一緒に赴くよう提案する。そして自分はレオと共にイギリスに渡り、レオをイギリスの支配者にすると言うのだ。ビラリを含むアマハッガー族たちに担がれて、ホリーとレオとジョブはアッシャと共に出発する。生命の地の手前の絶壁に辿り着くと、アマハッガー族はそこで待機し、三人とアッシャはその絶壁を登ることとなり、絶壁の中腹に開いた横穴から洞窟に入る。ここはアッシャがカリクラテスを殺した場所でもあった。先へ進むと、強風によってアッシャのマントは吹きさらわれてしまう。その後、底なしの淵に出くわすと、その淵の上に板をかけてなんとか渡ることができる。ある岩室にたどり着くと、そこに住んでいたと言うある男について、アッシャは語り始める。その男は自分のことをヌートと名乗っていた。コールの人の子孫、隠者、哲人、そして自然の秘密に精通していて、「火」を発見したのはヌートだと言う。アッシャはさまざまなことをヌートから学んだのだった。洞窟の奥には生命に溢れる火柱があり、アッシャが言うところに従えば、そこに飛び込んで地球の精を吸収するのだという。手本を示すと言って、まずアッシャが飛び込む。火に包まれて微笑むアッシャはたとえようもなく美しかったが、突然変化が訪れる。アッシャの顔は醜く歪み、全身が猿のような塊に変形してしまったのだった。そのあまりの恐ろしさに、ホリーとレオは気を失ってしまい、ジョブは発作を起こして息絶えてしまう。その後、二人は意識を取り戻すと、険しい道を引き返すことにしたが、途中でランプの火が燃え尽きてしまい、何も見えなくなってしまう。強風が吹き荒れる中、ぐらぐらする岩にかじりついていると、不思議なことが起こる。火柱に向かう途中、風に吹き飛ばされて闇の中に消えてしまったアッシャのマントが、まるでアッシャの形見のように、闇の中からふわふわと漂ってきて、レオの身体をすっぽりと包んだのだ。それと同時に赤い太陽の光が洞窟の中に射し込み、二人は勇気を出して深い淵の上を跳躍し、洞窟を脱出する。

ホリーとレオはビラリの助力もあって、なんとかコールから逃げ出し、さまざまな苦難の末に実に一年半以上かけてイギリスへと帰りつく。ただ、ホリーとレオに関する物語は、まだ終わっていないようにホリーは感じる。果たしてレオは本当に古代のカリクラテスの生まれ変わりなのだろうか。アステーンはアメナルタスと何か関係があるのだろうか。二千年以上前に始まった物語は、漠とした遠い未来まではるかに続くかもしれない。この物語の本当の最後の場面では、コールで非業の最期をとげたあの美しいアメナルタスは、一体どんな役割を演じるのであろうか？

■『悪のぶどう園』（マリー・ヘイ／邦訳なし）

［登場人物］

メリー　物語の主人公。知識人を軽蔑する家庭で育ちながらも、知識を求め、年の離れたラティマーと結婚する。

ラティマー　著名な考古学者。ヘンリコ・フォン・ブルンネンの亡霊に取り憑かれる。

アルテン　メリーの友人。ドイツ人であるために、スイスの社交界でスパイ扱いされている。

司祭　ヴィグナッチャにまつわる伝説を知る人物。

エンリコ氏　伝説のヘンリコ・フォン・ブルンネン。17世紀の傭兵隊長で、金のために見境なくさまざまな勢力に雇われていた。ある時一人の女性をヴィグナッチャに連れて帰る。

ヴィルヌーブ婦人　メリーの要請によってヴィグナッチャに滞在し、ラティマーの秘密を目撃する。

レイス　ラティマー家の使用人。独特のなまりがある。思ったことを率直に語り、時に真実をつく。

モーリス　ラティマーの従弟。美しい青年で、かつては作曲家を目指していた。

［あらすじ］

一九一八年春、ベルンにあるホテルのホールは、各国の外交官やその取り巻きたちがそれぞれの陣営に分かれて歓談していて、さながらヨーロッパの現状の縮図のようであった。メリーは、そこから逃れるようにして自分の部屋へと戻る。イタリアからやって来た彼女は夫とホテルで落ち合う予定であったが、ホテルで彼女を待ち受けていたのは、夫がいまだチューリッヒにいることを知らせる電報だったのだ。彼女は窓からアーレ川に架かる橋を眺め、過去を回想する。

メリーはイングランドの田舎にある大きな家で育ち、子どもの頃から本が好きであった。けれど彼女の生家であるカールトン家は知識人を軽蔑しており、図書館通いをする彼女のことをもまた嘲っていた。ところがひょんなことからカールトン家に滞在することになった有名な考古学者であるラティマーは、知識人を軽蔑するカールトン家さえをも魅了する。それを目の当たりにしたメリーはラティマーに恐れを抱くが、ある日、図書館についてきたラティマーの深い知識に魅了され、八年前、まだ二〇歳にも満たない彼女は、愛の感情を知らないままラティマーからの申し出を受け入れて結婚したのであった。そうしてラティマー夫婦はローマへと移住をするが、初めの情熱が冷めると、ラティマーは再び関心を学問へと向ける。メリーは代わりにローマの人々との交流を始めるが、そこでメリーが満足を覚えることはなかった。

やがて戦争が始まり、ラティマー夫婦は、時代の流れに従ってイングランドへと戻ることとなった。メリーの愛国心には火がつくが、ラティマーは研究を中断されることに苛立っていたようであった。前線へ自ら赴くことを志願した時も、彼は「慣習に従っただけだし、それに他人の観察に頼るより、自分の目で戦争を見てみたいと思っただけだ」と言うのであった。数ヵ月で傷病兵として帰還した彼は、戦争神経症を患っていて、そうして二人はローマへと行き、ラティマーはますます研究に没頭し、メリーは彼にとってますます家政婦の付属品、あるいは家具の一部のような存在となっていく。仕事でスイスに長く滞在していたラティマーは、唐突にローマへ帰ってくる。そしてメリーへ、マジョーレ湖畔にある、かつてランツクネヒトの訓練学校だったヴィグナッチャを購入したと言い、「私は、この城をかつて所有していた傭兵隊長、ヘンリコ・フォン・ブルンネンの人生を詳しく知りたいのだ」と打ち明ける。

そして、ラティマーは再びスイスへと旅立ち、メリーも彼を追ってスイスへとやって来て、ベルンのホテルで彼からの電報を待っているのだった。

窓に寄りかかって黄昏がれていたメリーのもとへ、ドイツ人の女友達アルテンが訪ねてくる。メリーは彼女に、これからヴィグナッチャに住むのだと伝えると、アルテンはその城を見たことがあると言う。知っていることを教えてほしいと懇願するメリーにアルテンは、彼女もかつてその場所に惹かれ、その場所の歴史を調べまわった挙句、エンリコ氏の関係するカサ・ディ・フェッロの婦人にまつわる伝説を、城の隣にある教会の司祭から聞き出すことに成功したのだと教える。司祭によれば、エンリコ氏は、金のためにさまざまな国や教会に見境なく雇われていた傭兵団の恐るべきリーダーであったが、ある日遠征から帰る時に、一人の女性を連れ帰ってきた。その女性を連れてきたことは周囲の人も目撃していたが、その後その女性を見た者はいなかった。付近の住民たちが不思議に思っていたところ、信心などかけらもないはずのエンリコ氏が、城の隣にあった教会に当時赴任していた司祭を呼んだ。司祭が目撃したのは、死装束をまとった二つの塊で、その一方はその大きさから子どもか女性と思われた。そしてエンリコ氏はその前で泣き崩れたのだった。それからその城には幽霊が出るという。

メリーはその話から、伝説にあるエンリコ氏と、ラティマーの調べていたヘンリコ・フォン・ブルンネンとにつながりがあるのではないかといぶかり、恐怖におののきながら夜を明かすが、朝になると心地よい陽気で、彼女の心も晴れ渡る。友人のいないメリーを心配したアルテンは、彼女にスイスで知り合いができるよう、ヴィルヌーブ婦人を紹介する。メリーはヴィルヌーブ婦人を取り巻く人々のことは好きにはなれなかったものの、「何かあったらいつでも飛んで行って助けるよ」と熱く言ってくれたヴィルヌーブ婦人のことは心強く思う。そうしてメリーがホテルに帰ると、ラティマーが彼女を待っていた。

ヴィグナッチャに到着する前に一泊したみすぼらしいホテルで、メリーは夜中にラティマーがうなされているのを目撃し、不安に襲われるが、窓を開けると美しい月を映す湖が広がる幻想的な雰囲気が目の前にあり、メリーの心は感動で満たされる。

翌日、丘や木々に遮られるようにして建つヴィグナッチャが突然目の前に現れ、メリーが「ここは運命的な場所のように思える……」とつぶやくと、ラティマーは突然「そんなことを言うな！　君はここで幸せになるんだ！」と声を荒げる。常に無口であったラティマーの意外な一面を見て、メリーは彼を怖がるのではなく、むしろ優しい気持ちに満たされたのだった。

メリーは伝説にあった教会を見て、そこが気になるが、ラティマーはそこを素通りして、ヴィグナッチャを案内する。そこにはラティマーによって一六世紀の調度品が揃えられていて、そこを案内するラティマー自身も、まるでその時に生きているかのようにメリーには思えるのであった。

ラティマーは城の中央の部屋を書斎にしていた。城のどこに行くにもそこを通らなければならない。ある日メリーは、書斎へと続く階段を上るラティマーを見つけ追いかけるが、ラティマーは書斎にいない。書斎の隣には入室を禁じられた礼拝堂があって、彼女はそこに忍び込み、美しい刺繍が施されたタペストリーに触れようとすると、「触れるな」とラティマーの声がする。けれど彼の姿は見えず、メリーは自分がおかしくなったのではないかと思う。そこでラティマーがやって来るのを待ち、やって来た彼にどこに行っていたのか問いただすと、彼は階下の広間にいたという。納得しかけたメリーだったが、ラティマーと別れて広間に行くと、そこには使用人のレイスがいて、ラティマーはここには来ていないと言う。メリーはますます混乱する。

煩悶するメリーだったが、窓から見える湖は美しく、それを見ていると心が晴れていく。その時、突然彼女は何者かの気配を感じる。驚くメリーだったが、その気配は優しく彼女を包み込み、「怖がらないで。あなたが待ち望んでいる男性の手に渡すまで、あなたを守ってあげるから」と囁くのであった。

それ以来メリーはラティマーを恐れることなく観察するよう

になった。ラティマーは、時折彼女を飢えたように見つめていて、そんな彼をメリーは心配するのであった。

けれど孤独感は拭い去れず、彼女はラティマーの許可を得て、ヴィルヌーブ婦人に手紙を書き、来てもらうことにした。

ヴィルヌーブ婦人が到着する前に唐突にヴィグナッチャにやって来たのは、ラティマーの若き従弟であるモーリスであった。ラティマーは彼のことをほとんど知らないが、彼の方は故郷の話ができる人が恋しいと思っていた時に、ラティマーが素晴らしい城を手に入れたと聞きつけて、どんな場所か知りたいと思い、訪ねてきたのだと言う。彼の弾く情緒に溢れたピアノを聴き、メリーはこれこそが自分に必要なものだったのだと気づく。彼女はこれまで知識だけを追い求めてきたのだが、脳と心と体の三位一体こそが人生においては必要なものだと悟ったのである。そうしてメリーはモーリスに恋をする。

快活なモーリスに接するうちにラティマーも朗らかになっていき、こうして平和に日々は過ぎていくが、ある日ラティマーは、メリーのモーリスへの思慕を感じ取る。彼は背筋の凍るような視線でメリーを見つめ、そうしてメリーの首を絞めようとしたまさにその時、目に見えない何かの力がラティマーの動きを止める。ラティマーは驚いてその場を立ち去る。

その三〇分後、ラティマーは何事もなかったかのように上機嫌で、メリーと共に、モーリスに呼ばれた食事会を楽しむ。モーリスはギターを弾き、ラティマーが席を外したところで、メリーとモーリスは恋の甘美な雰囲気に陥るが、そこに再びラティマーの嫉妬深い目が割り込んでくる。そのラティマーの隣には司祭がいる。司祭はメリーのことを「カサ・ディ・フェッロの婦人」と呼んでぞっとさせる。メリーは、おそらく彼はアルテンに例の伝説を語った司祭なのだろうと推測する。彼から、ラティマーがヴィグナッチャのために地元のロカルノではなくチューリッヒで大工を雇ったこと、その大工が次々と辞めていったことを聞くが、話の途中でラティマーが司祭を追い払ってしまう。

愛が冷めたはずのラティマーがなぜ嫉妬をするのかメリーには解せぬまま、ヴィルヌーブ婦人がやって来る。二人は散歩の途中で立ち寄った古本屋で、傭兵訓練所としてのヴィグナッチャの歴史について書かれた本を発見して購入し、それをラティマーに見せる。「読む価値のない本だ」と言い放ってそれを燃やそうとするラティマーを、ヴィルヌーブ婦人が止める。

ラティマーを残してメリー、ヴィルヌーブ婦人、モーリスの三人は散歩に出かけるが、忘れ物をしてヴィグナッチャに戻ったメリーは、ヴィルヌーブ婦人の部屋で探し物をしているラティマーを発見し、彼を問い詰めるが、話を逸らされてしまう。

その夜、ラティマーはメリーを情欲に満ちた目で見つめ、彼女を抱き寄せようとして拒絶され、「お前の若い恋人だったら拒絶しないだろう！」と彼女をなじる。それから突然痙攣し、よろめき、亡霊を見るような目で虚空を見つめたかと思うと、いつもの恐ろしい顔つきに戻り、「早く寝ろ、疲れていると言うなら、ヴィルヌーブ婦人の部屋に行って無駄話など絶対にするなよ」と言い残して去っていく。

夜中、なぜか目を覚ましたメリーは何者かの気配を感じる。恐怖で身がすくむが、その気配が以前彼女を優しく包み込んだ気配であるとわかり、彼女の緊張は解ける。気配は彼女に「一刻も早くここから逃げて！」と警告する。そうしてヴィルヌーブ婦人の部屋に逃げ込む。ヴィルヌーブ婦人から、例の本が見当たらないと聞いたメリーは、ラティマーが盗んだに違いないと思い、ますます恐れおののく。メリーからこれまでの話を聞いたヴィルヌーブ婦人は彼女の話をどう判断したものか迷うが、とにかくラティマーが自分と会うなと言った以上、自分の部屋にメリーがいるのはまずい、彼女を彼女の部屋に連れて行かなければならない、と考える。

二人は暗闇の中、メリーの部屋へと続く中庭に面した柱廊を進む。部屋の戸口が見えた時、戸口の向かいの壁の、タペストリーが掛かった場所から人影が現れるのが、月明かりに浮かんで見えた。ラティマーであった。彼は手に短剣を携えていた。二人が息を潜めて見つめる中、彼はメリーの部屋へと入っていく。そしてその後に、なにか柔らかいものに剣を突き刺す音が響いたのであった。

恐怖に駆られた二人は助けを求めて使用人のレイスの部屋まで駆け下りる。その際大きな音を立てたので、ラティマーから追われるに違いないと思っていたのだが、彼はやって来ない。レイスを連れてメリーの部屋まで戻ってみると、ラティマーは短剣を握りしめたままそこで死んでいた。そしてあの包み込むような声の警告がなければ、メリーもラティマーに殺されていたことだろうと思い至り、メリーとヴィルヌーブ夫人は戦慄する。

メリーはヴィグナッチャを去る前に謎を解明したいと思い、事件の夜にラティマーが現れたタペストリーの裏の通路を捜索することを思いつくが、恐怖ゆえに躊躇していたところ、モーリスがやって来て愛を打ち明ける。戸惑うメリーだったが、最終的に受け入れると、誰かが安堵のため息を漏らすのが聞こえる。それはかつて彼女を優しく包み込んだあの気配であると、メリーは思うのだった。

翌日の朝、ラティマーの死を聞きつけた司祭が訪ねてくる。彼の話から、メリーは自分の部屋が、あのカサ・ディ・フェッロの婦人が使っていた部屋だと知る。さらに司祭は、チューリッヒの大工から、この城の秘密の通路のことを聞いていたのだと打ち明ける。それはかつてエンリコ氏が若い恋人たちを監視するために作った通路なのだという。二人が秘密の礼拝堂からその通路に入ると、それは城中に張り巡らされていて、あらゆる部屋を見下ろすことができるものだった。

ヴィグナッチャは再び無人となった。司祭は農民に、「死者は安らかに眠り、カサ・ディ・フェッロの婦人は生きていて、安全に幸せに、遠い地で暮らしている」と伝えたのだが、農民たちはそこに悩める霊が一人増えたことを信じており、傍を通るときは十字を切り、マリアの名を囁くのであった。

■**『アトランティード』**（ピエール・ブノア／永井順訳、生活百科刊行会、一九五五）

［**登場人物**］
サンタヴィ　モランジュと共にアトランティードに迷い込み、一度は逃げ出すものの、再びフェリエールと共にアトランティードに向かう。
フェリエール　サンタヴィからアトランティードの話を聞き、魅了される。
モランジュ　修道院の命を受けてトゥアレッグ族の研究のために軍に復帰する。アンティネアを拒絶して死ぬことになる。
ブー・ジェマ　アラブ人の案内人。エグ・アンテウエンの正体に気づき殺される。
ドン・グランジェ　修道院でのモランジュの師。
サギール・ブン・シャイフ　溺れていたところをサンタヴィ一行に助けられる。エグ・アンテウエンと名乗り、アンティネアにサンタヴィたちを捧げるためにアトランティードまで彼らを連れていく。
アンティネア　クレオパトラの血を引くアトランティードの美しい女王。数々の男を虜にしては殺してきたが、初めてモランジュに恋をする。
マッソン大尉　サンタヴィ一行よりも前にサハラ調査に赴き、サギール・ブン・シャイフという人物に殺される。
ル・メージュ氏　アトランティードに住む老学者。死者たちの名標を書く仕事をしている。
ルイ・ド・マイユフー　サンタヴィの幼馴染であったが、再会した時にはすでに死体となっていた。
ビエロフスキー　ナポレオン三世に気に入られていたが、皇帝がプロイセンに敗れた後、アトランティードに辿り着き、そこに住み着く。
ヒラム　アンティネアの飼っている豹。
タニット・ゼルガ　アフリカのガーオの王女だったが、国が滅びアンティネアに売られ、侍女となる。
ロジタ　サンタヴィに、アンティネアが男たちを殺すようになった経緯を語る。

ダグラス・ケイン　アンティネアに捨てられ、銀の槌でトゥアレッグ族を殺して自分も死ぬ。

ガレ　タニット・ゼルガのペットのマングースト。

［あらすじ］

一九〇三年一一月、サンタヴィ大尉と共に中部サハラへと向かう、アフリカ騎兵第三連隊フェリエール中尉が残した手記には以下の物語が記されていた。

一九〇三年六月、フェリエールが代行していたナッシ・イニフェル守備隊長として、サンタヴィが派遣されてくる。二人は士官学校で同期だったがサンタヴィにはある風評が立っていた。サハラ踏査の際、彼が上官であったモランジュ大尉を殺害したのではないか、という噂である。サハラ地方についての文献を中心に、膨大な量の蔵書を携えてナッシ・イニフェルへやって来たサンタヴィは、地理に関して幅広い知識を持っていた。時に荒っぽく、時に愛想よく、しかも時折駱駝に乗って守備隊を離れてどこかへ行ってしまう彼には、謎が多い。ところがある夜、サンタヴィはいぶかるフェリエールに「モランジュ大尉を殺した夜と同じように暑苦しい」と呟いてから、風評のもととなったサハラ踏査で何が起こったのか話し始める。

一八九六年、当時サンタヴィはアルジェリアの反仏運動の調査を計画していた。彼はその時中尉で、すでにいくつかの踏査で実績があった。ホッガルのトゥアレッグ族の移動ルートなどもついでに調べよう、などと考えていた彼のもとへ、本省から電報が届く。モランジュ大尉が踏査に同行するというのだ。邪魔が入りサンタヴィは苛立つが、やって来たモランジュは自由な考え方をする人物で、サンタヴィはすっかり魅了されてしまう。

二人は、案内人のアラブ人、ブー・ジェマをともなって、踏査へ出発する。サハラ上代の隊商路を復活させられるかを調べにきた、と語るモランジュを、サンタヴィはいぶかしく思う。そんなもの復活させられるわけがない、と思ったのだ。実はモランジュには別の目論見があった。彼は思うところがあって修道院に入っていたのだが、そこで出会った地理学者、ドン・グランジェは、イスラム教に征服されたトゥアレッグ族が遠い昔からキリスト教徒であったという確信を抱いていた。それで彼と共にトゥアレッグ族を研究していたモランジュは、グランジェから、現地にキリスト教の痕跡がないか、調べることを依頼されていたのであった。

旅の途中、砂漠の動物たちの様子から嵐を予測し、間一髪押し寄せる洪水から逃れた一行は、偶然洞窟の中にトゥアレッグの文字であるティファナル文字を発見する。文字に関心のないサンタヴィをよそに、モランジュは狂喜し、そこにはアンティネアと書かれているのだと解読する。つまり、ギリシア語をティファナル文字で表している、というのである。その時悲鳴が聞こえ、行ってみればトゥアレッグ族の男が溺れていた。二人は男を介抱した。意識を回復した男は、エグ・アンテウエンと名乗る、ホッガルの農奴階級のトゥアレッグ族であった。ティファナル文字に興味を持つモランジュに、他にも文字が書かれた場所を知っていると教えるエグ・アンテウエン。それを聞き単身ホッガルへと行こうとするモランジュ。サンタヴィはルートを変更しモランジュに同伴する。ところが案内人のブー・ジェマは、怯えた様子で、夕方二人だけで話をしたい、とサンタヴィに耳打ちする。けれどその前にブー・ジェマは、夕食に毒草を食べて死んでしまう。

ティファナル文字のある洞窟に着くと、その中でエグ・アンテウエンは草を燃やす。明るくなって文字が読み取れるようにはなるが、洞窟には煙が充満する。実はこの草はハシシであり、サンタヴィもモランジュも狂いだす。草を吸おうとエグ・アンテウエンから立派なパイプを奪うとそれはヨーロッパ製で、イニシャルでMと書かれている。「マッソン大尉」とエグ・アンテウエンが静かに言う。サハラ踏査に臨み、サギール・ブン・シャイフに殺されたマッソン大尉。そしてエグ・アンテウエンは自分こそがサギール・ブン・シャイフであると明かす。ハシシでおかしくなった二人はそれを聞いても笑うばかりで、やがて何者かに縛り上げられ、運び出される。

目が覚めると二人は、美しい庭園に面した豪華な部屋にいた。そこにやって来た小柄な老フランス人ル・メージュ氏は、サンタヴィの粗野な振る舞いを軽蔑した様子だったが、モランジュの歴史や地理に関する知識を認めると態度を一変させる。老人によれば、ここはプラトンの『クリスティアス』で語られるアトランティードで、ティファナル文字で刻まれていたアンティネアとは、伝説の古代都市アトランティードの最後の血統を継ぐ女性なのだという。そして歴史・地理学者であった老人は、学会からの無理解に苦しみながら、この地がアトランティードであることを突き止め、流れ着いたのだという。この地はかつて海に囲まれた島だったが、海が隆起し、砂漠が文明を呑み込んでしまったのであった。老人とモランジュの議論に割って入るサンタヴィ。歴史的議論などより自分たちがなぜこの地に連れてこられたのかをサンタヴィは知りたかったのだ。

ル・メージュ氏に案内された紅大理石の部屋は、中央に泉のある円形で、壁には六〇の壁龕（へきがん）が設えられていた。それぞれの壁龕にはなんと、かつてこの地の調査にのぞんだフランス人将校たちの死体が、この地に特有の金属であるオリカルクによって腐らぬ像となり、保管されているのであった。死体にはそれぞれ五三号まで番号が振られている。四八号、陸軍少尉ルイ・ド・マイユフーはサンタヴィの幼馴染である。泣き崩れるサンタヴィの傍で、老人はモランジュに、彼らは「恋ゆえに死んだ」

と語る。歴史上、男性が女性に対してなしてきた数々の非道に対して復讐するため、アンティネアは肉体を貸し与えながら、心をもって男性を支配する、と言うのである。ル・メージュ氏は、彼らの番号や出生地が記された名標を書く仕事をしていたのであった。サンタヴィが激怒した時、トゥアレッグ族の男が入ってきて、サンタヴィは一人、その男に案内されていく。

四人の美しい侍女と、豹のヒラムに囲まれたアンティネアは、身の毛もよだつ物語が伝えられているにもかかわらず、きわめて清浄な印象をサンタヴィに与える。彼女は庭から見える大巌をさし、「あれが地平線の全部」と言って、そこから先は行ったことがないのだと示唆する。彼女と短い会話を交わしたサンタヴィは、侍女の一人タニット・ゼルガに、彼が寝泊まりする部屋へ案内される。タニット・ゼルガはどうやらサンタヴィに若干の好意を抱いているようであった。

次の日目覚めたサンタヴィはモランジュと再会する。同じくアンティネアと面会していたモランジュは、彼女の美しさを認めつつも、宗教的かつ性格的理由から、彼女に対する性的関心は完全に否定する。しかし食事時、やって来たトゥアレッグ族の男が連れ出したのはモランジュであった。アンティネアとモランジュとの関係に嫉妬するサンタヴィは酒を浴びるように飲み、ピエロフスキー伯爵という人物と博打に興じる。ピエロフスキー伯爵は、ワルシャワ生まれの老人で、ル・メージュ氏と同じくこの地に定住しているのだが、彼はナポレオン三世に仕えながら、妊娠させた金遣いの荒い愛人のために金策に奔走した過去を持っている。そうした伯爵の思い出話を聞きながらも、嫉妬がサンタヴィの心を離れることはなかった。

サンタヴィは、嫉妬に煩悶する日々を、たとえば爪磨きの老婆ロジタと話したりしながら暮らす。ロジタはいままでここに連れられてきた男たちについて語る。マッソン大尉たちを殺したサギール・ブン・シャイフはアンティネアに匿われ、そのお礼にサギール・ブン・シャイフはフランス人将校を三人連れてきて、彼らが紅大理石の部屋の一号、二号、三号となったのであった。サギール・ブン・シャイフは間違いも犯し、時には、たとえばル・メージュ氏のような老いぼれを連れてきてしまうこともあった。そうした老人たちに対して、アンティネアは笑って許したのであった。また、これまでアンティネアに恋をした男たちは、数ヵ月の後、サギール・ブン・シャイフが別の男を探しに出かけると、恋の終わりを知り、時に静かに、時に気が狂って死んでいった。男の中で最も長く、一年もの寵愛を受けてから暇を出された二六号ダグラス・ケインは、銀の槌を振り回してトゥアレッグ族の男を殺した後、飛び降りて死んでしまった。そのように語った老婆であったが、モランジュもサンタヴィのことなど忘れてアンティネアと楽しんでいる、と示唆するや、サンタヴィを激怒させ、追い出されてしまう。

ある日サンタヴィは、男を捕まえに出ようとしたサギール・ブン・シャイフをアンティネアが引き留めた、という事件を耳にする。それはモランジュと一緒にいるアンティネアが、初めて恋をしたことを示唆する出来事であった。傷心のサンタヴィが寝ていると、豹のヒラム、マングーストのガレを連れた、タニット・ゼルガがやって来る。ヒラムはアンティネアから追い出されたのだという話に、サンタヴィは自分と同じ境遇を感じ取り、豹に共感する。タニット・ゼルガは自分の身の上を語る。彼女はソンライの古都ガーオの王族の末裔であった。座礁したフランス砲艦を救った翌日、フランス人を殺そうとやって来たアウエリミデン族によって、ガーオは崩壊し、タニット・ゼルガは流れ流れて最後に奴隷としてアンティネアに捧げられたのであった。

ヒラムが部屋を出たがらないため、タニット・ゼルガは豹を残して去る。真っ暗な夜、ヒラムは外に出ようとする。アンティネアの傍に行きたいのだと察したサンタヴィは、ヒラムを案内役に、アンティネアの居室へ潜り込む。そこで身を隠して盗み聞いたのは、実はモランジュはアンティネアに関心を抱かずに、ただサンタヴィとの再会を望んでいるということだった。モランジュがトゥアレッグ族の男に連れられてやって来ると、アンティネアは男を征服できない苛立ちを押し隠し、きわめて平静を装う。モランジュもきわめて平静で、ただサンタヴィとの再会を願い出る。二人のフランス人将校を自由にすると提案するアンティネアに対し、モランジュは、自由になった後「偉大な女王さまに、当然捧ぐべき敬意を表すため、政府に懇願して二、三百のヨーロッパ人部隊と若干の火砲を同伴することにいたします」と告げる。蒼白になり「恐ろしい拷問にかけて殺してやる」とアンティネアが脅しても、モランジュは微笑むだけで、さらにサンタヴィのことを信用しきったように、サンタヴィもアンティネアに惑わされはしないだろう、と予告するのだった。「最後なのよ……」と力なく呟くアンティネアだったが、モランジュはただ昂然として立ち去った。

サンタヴィがふいに姿を現しても、打ちのめされたアンティネアは驚きもせず、ただ抱かれる。二六号ダグラス・ケインがトゥアレッグ族の男を殴り殺した銀の槌が、サンタヴィの目に入る。

自分の部屋で目を覚ましたサンタヴィには、昨夜の記憶があいまいであったが、徐々に記憶を取り戻す。ル・メージュ氏が名標に五四号と記し、モランジュの生年月日と出生地をサンタヴィに尋ねる。それに答えたサンタヴィは、短剣を携えてアンティネアのもとへと向かう。アンティネアに刃を向けたサンタヴィは、昨夜、彼女の願いによって自分が銀の槌でモランジュを殺した時のことを尋ねる。真っ暗な部屋の中で、モランジュは犯人がサンタヴィであることを知っていたのかと問う。アンティネアは死の淵にいるモランジュに、犯人を教えていたのだ。短剣を振るおうとしたサンタヴィは、男たちによって肩の関節を外されて、気を失ってしまう。

目が覚めると、タニット・ゼルガが傍にいる。彼女はサンタヴィのために、すでに脱出計画を練ってくれていた。しかし窓からロープで降りると、下にはサギール・ブン・シャイフが待ち構えていた。早くも失敗かと思われたが、彼はサンタヴィに溺れていた時に命を救われたお礼に、さらに洗練された脱出計画を授けてくれる。その脱出ルートは、不毛の地タネスロウフトを横断し、ガーオを滅ぼしたアウエリミデン族の移動地域に入り込まなくてはならないという、厳しいものであったが、他に道はない。感謝の意を伝えようとするサンタヴィに、サギール・ブン・シャイフは、不吉な予言をする。脱出してもアンティネアを忘れられず、再び戻ってきたイタリア人将校のように、サンタヴィも再びこの地に戻ってくるだろう、と。

サンタヴィはタニット・ゼルガと二人、順調に駱駝に乗って砂漠を進んでいるかに思われたが、突然駱駝が原因不明の死を迎えてしまう。絶望しながらも、二人はサギール・ブン・シャイフがくれた地図を頼りに、井戸へと向かう。力が尽きかけながらようやく辿り着いた井戸は空であった。ガーオの蜃気楼を見ながら、タニット・ゼルガは死を迎え、マングーストのガレと共に葬られる。

ナッシ・イニフェルにて、サンタヴィはフェリエール中尉に語る。あとは新聞に書いてあったとおり、死にかけているところをエマール大尉の部隊に発見され、救われたのだ、と。サンタヴィは、帰国してからのある日、葬式に出た際に墓穴に死体が埋められるのを見て、こんな場所に埋められるよりも紅大理石の部屋でオリカルクの像になりたい、と強烈に願ったことを回想する。急いで戻らなければならない、と焦るサンタヴィに、フェリエールも同意する。そのとき守備隊の曹長がやって来て、トゥアレッグ族の男を捕らえたと報告する。その男はサギール・ブン・シャイフであった。サンタヴィとサギール・ブン・シャイフが言葉を交わしたところで物語は終わりを迎える。

原注

序文原注

◆**二〇一二年フィレモン・シリーズ版へのまえがき**　**ソヌ・シャムダサーニ**

（1）John Beebe, "Obituary, William McGuire," *Journal of Analytical Psychology* 55, 2010, pp.157f. を参照。

（2）一九八八年、このボーリンゲン・シリーズ版のための予備調査のいくつかを手伝ったが、それは当時の筆者にとって大変有意義な経験であった。

◆**序文**　**ソヌ・シャムダサーニ**

（1）一九二二年、ジョーン・コリーは「夜の航海の私的体験」と題された小論を発表しており、ユングとの分析中に見た一連の夢を取り上げて検討している（Joan Corrie, A Personal Experience of the Night Sea Journey under the Sea, *British Journal of Psychology*［*Medical Section*］2, 1922, pp.303-312）。

（2）ユングの予定表を見ると、この研究会が毎週月曜日と木曜日に行われたことが確認される。また四月中旬から五月初旬までは三週間の休止もあった（アンドレアス・ユングの好意による情報提供）。

（3）サージェント、マン、ゴードンに関する情報については、それぞれ本書二七頁、二六頁、第2講原注6を参照のこと。

（4）復活祭の頃、マレーはユングに分析セッションを受けるためにチューリッヒに三週間滞在していた。詳細については、Forrest Robinson, *Love's Story Told: A Life of Henry A. Murray*, Cambridge, MA: Harvard University Press, 1992, pp.120f. を参照。

（5）これは、ポルツェスでのユングの一九二三年のセミナーのことを指している（フィレモン・シリーズにて出版予定）。

（6）*Types*, CW 6, §150 を参照（以下、略称のタイトルについては、「文献略語一覧および凡例」を参照のこと）。ユングは次のように書いている。「エナンチオドロミアとは「逆流」を意味する。ヘラクレイトスの哲学では、出来事の経過の中で反対側へと動くことをこの概念によって表している——すなわち、存在するものはすべてその反対のものへと移り変わるとする考えである」（§708）。

（7）CFB. カリー・ベインズの記録は、ヒメナ・ロエーリ・デ・アングロの許可を得て複写している。

（8）一九二三年六月一〇日付。『心理学的タイプ』の受容については、Shamdasani, *Jung and the Making of Modern Psychology: The Dream of a Science*, Cambridge: Cambridge University Press, 2003, pp.83f. /334f. を参照のこと。

（9）CW16.

（10）CW15.

（11）*Types*, CW6.

（12）CW17.

（13）*Liber Novus*.

（14）Protocols of Aniela Jaffé's interviews with Jung for *Memories, Dreams, Reflections*, Library of Congress, Washington, DC (original in German), p.142.

（15）一九二四年一月二六日付。Shamdasani, *Liber Novus*: The 'Red Book' of C. G. Jung, *Liber Novus*, p.213 に引用。

（16）Ibid., pp.214f.

（17）エンマ・ユングのこと（ヒメナ・ロエーリ・デ・アングロによる情報）。

（18）一九二四年六月五日付。CFB.

（19）Shamdasani, *Cult Fictions*: C. G. *Jung and the Founding of Analytical Psychology*, London: Routledge, 1998 を参照。

（20）Friedel Muser, Zur Geschichte des Psychologischen Clubs Zürich von den Anfängen bis 1928, *Jahresbericht des Psychologischen Clubs Zürich*, 1984, p.8.

（21）Barbara Hannah, *Jung, His Life and Work:A Biographical Memoir*, New York:Putnum, 1976, p.149 より。

（22）Goodrich Papers, Bancroft Library, University of California at San Francisco.

（23）この段落の情報は、前掲 Muser, Zur Geschichte des Psychologischen Clubs Zürich von den Anfängen bis 1928 と、チューリッヒ心理学クラブの議事録による。心理学クラブのアーカイブでの調査を手伝ってくれたアンドレアス・シュヴァイツァーに感謝する。

（24）*Jahresbericht des Psychologischen Clubs Zürich*, 1925.

（25）*Types*, CW6, §9. この問題については Shamdasani, *Jung and the Making of Modern Psychology*, chapter 1 を参照のこと。

（26）たとえば、Jung, *Jung contra Freud: The 1912 New York Lectures on the Theory of Psychoanalysis*, with a new introduction by Sonu Shamdasani, Princeton, NJ: Princeton University Press, 2012 を参照のこと。

（27）SE XIV.

（28）本書、〇三五頁。

（29）本書、〇三五頁。

（30）ユングのマイリンクへの関心の高さからして、この作品に関する彼のコメントが聞けなくなってしまったのも、後になっては大いに残念なところである。これについては、Shamdasani, *Liber Novus*: The 'Red Book' of C. G. Jung, pp.207/ 212 を参照のこと。

（31）本書、一二二頁。

(32) *Types*, CW6, chapter5を参照のこと。

(33) このセミナーもフィレモン・シリーズにて出版予定。

(34) Barbara Hannah, *Jung, His Life and Work*, p.166およびEster Harding's notes of the seminar, Kristine Mann Library, New York より。

(35) 一九四二年四月一〇日、ユングはマリー・メロンに宛てて次のように書いている。「『無意識の心理学 *Psychology of the Unconscious*』は、もう一度訳し直されるべきです。まったく深刻にその必要があるでしょう」(Jung Archives, Swiss Federal Institute of Technology, Zürich. 原文は英語)。ジョセフ・ヘンダーソンによれば、ユングは訳し直しを希望していたが、著作権の問題にぶつかったとのことである(私信)。

(36) *CFB*.

(37) *CFB*.

(38) 同じ年の二月、リヒャルト・ヴィルヘルムによる『易経 *I Ching*』の独語版の翻訳作業を開始している。この仕事に、彼女はその後数十年を費やすことになる(一九二五年二月一五日付のカリー・ベインズからチョーンシー・グッドリッチへの書簡。Goodrich Papers, Bancroft Library, University of California at San Francisco)。

(39) *Liber Novus*, pp.157f.

(40) Jung, *Das Unbewusste im normalen und kranken Seelenleben. Ein Überblick über die modern Theorie und Methode der analytischen Psychologie*, Zürich: Rascher Verlag, 1926. 後に書き改められた一九四三年版が、CW7に収録されている。

(41) この英訳版は、コンスタンス・ロング編訳の*Collected Papers on Analytical Psychology*, London: Baillière, Tindall and Cox, 1917で読むことができる。

(42) CW7.

(43) CW7.

(44) CW7, §§296f.

(45) CW13, pp.56f.

(46) *MDR*.

◆一九八九年版への序文　ウィリアム・マクガイア

(1) ユングが行った非公式のセミナーには、一九一二～一九一三年(?)、一九二〇年、一九二三年のものがあり、また、一九二八年から一九四一年には、より公式のセミナー(およびスイス工科大学での講義)を行っている。これについては、McGuire, *Dream Analysis*, Introduction, pp.vii-xiiiを参照のこと。別の非公式のセミナーには、本セミナーが終わった二週間後、ユングの五〇歳の誕生日の前日である七月二五日に、スワネージで行われたものもある。このセミナーと一九二三年のセミナーについては、M・エスター・ハーディングによる手書きのメモが残っている。

(2) 元々は、三六ページの論文(「心理学の新しい道 Neue Bahnen der Psychologie」)として、*Raschers Jahrbuch für Schweizer Art und Kunst*, Zürich, 1912に収録されたものであった。その後、New Paths in Psychologyとして英語に翻訳され、*Collected Papers on*

Analytical Psychology, 1st ed.（1916）に収録された。

（3）分析心理学のチューリッヒ学派の人々に向けて一九一六年に行われた講義であり、もとは二七頁分のテキストであった。最初はフランス語訳で、"La structure de l'inconscient" として *Archives de psychologie*（Geneva), XVI（1916）に収録された。英訳は、*Collected Papers*, 2nd ed.（1917）において出版された。独語版の初出は、これに大幅に加筆修正が施され、*Die Beziehungen zwischen dem Ich und dem Unbewewussten*（1928）として出版され、これが *Two Essays on Analytical Psychology* のうちの一編として、翻訳の底本になった。

（4）William McGuire, Jung in America, 1924-1925, *Spring*, 1978, pp.37-53.

（5）Barbara Hannah, *Jung, His Life and Work: A Biographical Memoir*, New York: Putnam, 1976, p.176.

（6）《二〇一二年追記》：カリー・ベインズによるリストから、さらに六名の名前が見つかった。このうち一名はイギリス人であるが、残りの出自は明確でない。

（7）《二〇一二年追記》：アドルフ・ケラーとティナ・ケラーについては、Marianne Jehle-Wildberger, *Adolf Keller, 1872-1963: Pionier der ökumenschen Bewegung*, Zurich: Theologischer Verlag, 2009 および Wendy Swan, ed., *Memoir of Tina Keller-Jenny: A Lifelong Confrontation with the Psychology of C. G. Jung*, New Orleans: Spring Journal Books, 2011 を参照のこと。

（8）Doreen B. Lee, The C. G. Jung Foundation: The First Twenty-One Years, *Quad rant*, 16:2 Fall 1983, pp.57-61.

（9）John C. Burnham and William McGuire, *Jelliffe; American Psychoanalyst and Physician, & His Correspondence with Sigmund Freud and C. G. Jung*, Chicago, 1983, index, s.v. Evans. また、Evans, *The Problem of Nervous Child* に寄せたユングの前書き（CW18, §§1793f.）を参照のこと。

（10）ジョセフ・ヘンダーソン博士からの情報。また、*Dream Analysis*, index, s.v. Shaw を参照のこと。

（11）一九三一年一月五日付のユングからアルドリッチに宛てた手紙。*Jung: Letters*, vol. 1, p.80 また、Elizabeth Shepley Sergeant, Doctor Jung: A Portrait in 1931, *Jung Speaking*, pp.51f. を参照のこと。

（12）CW18, §§1296-1299.

（13）一九三三年四月九日の *The New York Times*, IV, 7:5 より。

（14）Bacon, *Semi-centennial: Some of the Life and Part of the Opinions of Leonard Bacon*, New York, 1939, p.182.

（15）Linda H. Davis, *Onward and Upward: A Biography of Katherine S. White* New York, 1987, pp.27-28. キャサリン・S・ホワイトは、『ニューヨーカー *The New Yorker*』誌の編集者であり、サージェントの妹である。

（16）一九〇六年一〇月二三日付のユングからフロイト宛の手紙（Freud/ Jung）および、Carotenuto, *A Secret Symmetry: Sabina Spielrein between Jung and Freud*, New York, 2nd ed., 1984, pp.139ff. を参照。《二〇一二年追記》：シュピールラインに関する治療記録については、以下を参照のこと。Burghölzli Hospital Records of

Sabina Spielrein, *Journal of Analytical Psychology* 46, 2001, pp.15-42.

（17）Sergeant, *Shadow Shapes: The Journal of a Wounded Woman*, Boston, 1920.

（18）Doctor Jung: A Portrait, *Harper's*, May, 1931; *Jung Speaking*, pp.52f.

（19）Cora Du Bois, Paul Radin: An Appreciation, *Culture in History: Essays in Honor of Paul Radin*, New York, 1960, p.xiii.

（20）Ibid.

（21）シドニー・カウエル（ヘンリー夫人）から筆者への私信。ケネス・ロバートソンと離婚したのち、彼女はアメリカ人の作曲家、ヘンリー・カウエルと再婚している。ラディンとの交流は続けていたようである。

（22）この引用のいくつかは、カリー・デ・アングロの原稿にはないものである。これらについては、本書では補足とした。

（23）Gerhard Wehr, *Jung: A Biography*, trans. D. M. Weeks, Boston and London, 1987, p.6.; Jung, Marriage as a Psychological Relationship (1925), CW17, §§324ff. ; Mind and Earth (1927), CW10, §§49ff. を参照。また *Sinnsuche oder Psychoanalyse: Briefwechsel Graf Hermann Keyserling — Oskar A. H. Schmitz aus den Tagen den Schule der Weisheit*, Darmstadt, 1970, Register, s.v. Jung. も参照のこと。《二〇一二年追記》：C. G. Jung: Letters to Oskar Schmitz, 1921-31, *Psychological Perspectives* 6, 1975 も参照。

（24）一九二八年九月二〇日付の手紙。Jung: *Letters*, vol.1, p.54.

（25）CW18, §§171ff.

（26）Adelaide Louise Houghton, *The London Years 1925-1929*, New York, 1963; privately published, entries for 28 Oct. 1925, 21 Feb. 1926. および、ジェイムズ・R・ホートン.からの私信。

（27）生育歴に関する情報は、ヒメナ・デ・アングロ・ロエーリによる。W. Mcguire, *Bollingen: An Adventure in Collecting the Past*, Princeton, 1982, index, s.v. "Baynes, Cary F.," p.330 も参照のこと。《二〇一二年追記》：ヒメナ・デ・アングロ・ロエーリの回想によれば、カリーがチューリッヒでユングとの分析を始めたのは、結婚生活がうまくいかなかった理由を探るためだったという。Gui de Angulo, *The Old Coyote of Big Sur: The Life of Jaime de Angulo*, Big Sur: Henry Miller Memorial Library, 1995 も参照。

（28）一九七八年一月一一日付の私信。

（29）一九七八年一月二九日付の私信。

（30）一九七八年二月の私信。

本文原注

◆第1講

（1）On the Psychology and Pathology of So-called Occult Phenomena, trans. M. D. Eder, *Collected Papers on Analytical Psychology*, ed. Constance E. Long, New York and London, 1916; 2nd ed., 1917, pp.1-93; CW 1, trans. R.F.C. Hull, §1ff. および*MDR*, pp.106f. も参照。《二〇一二追記》：以下も参照のこと。F. X. Charet, *Spiritualism and the Foundations of Jung's Psychology*, Albany: State University of New York Press, 1993.

（2）バーゼル大学医学生時代のエドアルト・フォン・ハルトマン（一八四二～一九〇六）とアルトゥール・ショーペンハウアー（一七八八～一八六〇）に関するユングの知見は、一八九六から一八九九年に開講されたゾフィンガー講義 *The Zofingia Lectues*, CW suppl. vol. Aを参照。《二〇一二追記》：ショーペンハウアー『意志と表象としての世界 *Die Welt als Wille und Vorstellungen*』のユングの複写本は蔵書票の一八九七年に記載されている。そこにはたくさんの注釈が付されており、一八九七年五月四日にはショーペンハウアーの『付録と省略 *Parega und Palimploma*』をバーゼル大学図書館から借り出している。そのユング自身の写本には一八九七年と記され、注釈もされている（特に超越的思索と幽霊目撃の項目に多くの注が付けられている）。ハルトマンの『無意識の哲学 *Die Philosophie des Unbewußten*』については、一八九八年一月一五日にバーゼル大学図書館から借り出している。ハルトマンの『物自体 *Ding an Sich*』は九月一三日に、『キリスト教の自己定立と未来の宗教 *Die Selbstzersetzung des Christenthums und die Religion der Zukunft*』は一〇月一八日に借り出している。ショーペンハウアーとハルトマンについては、以下を参照。Angus Nicholl and Martin Liebscher, eds., *Thinking the Unconscious: Nineteenth-Century German Thought*, Cambridge: Cambridge University Press, 2010. この周辺のユングの読解については、Shamdasani, *Jung and the Making of Modern Psychology*, 2003, pp.197ff. を参照。

（3）*Die Welt als Wille und Vorstellung*, 1818; *Über den Willen in der Natur*, 1836.

（4）*Philosophie des Unbewußten*, 1896.

（5）《二〇一二年追記》：ツムシュタイン＝プライスベルクは、この降霊会の解散について次のような見解を述べている。彼女によれば、ある時ユングが自分の学友たちをそこに連れてきたためにヘレーネが混乱し、彼女の能力が消えてしまった。腕の動きで催眠状態に入ろうとしたが、うまくいかなかったため、彼女は演技をし、その場にいた人々がそれに気づいて皆で笑い始めたという。そのことに、ユングは我慢がならなかったのである（Stefanie Zumstein-Preiswerk, *C. G. Jungs Medium: Die Geschichte der Helly Preiswerk*, München: Kindler, 1975, p.92.）。

（6）この少女は、ヘレーネ・プライスベルクというユングの従妹である。前掲 Zumstein-Preiswerk, *C. G. Jungs Medium* を参照。

またジェイムズ・ヒルマンによる要約版に、Hillman, Some Early Background to Jung's Ideas: Notes on C. G. *Jung's Medium* . . . , *Spring*, 1976, pp.123-136がある。

（7）*Types*, CW6, def. 18を参照。

（8）*The Zofingia Lectures*の索引を参照。また、ユングがこの後の一九三四年から一九三九年に開講した「ツァラトゥストラ・セミナー」も参照のこと。このセミナーの現行版の序文では、ジェームス・L・ジャレットがユングのニーチェへの関心を検討している。*Nietzsche's Zarathustra: Notes of the Seminar Given in 1934-1939*, Jung Seminars (Book 99), James L. Jarrett, ed., Princeton, NJ: Princeton University Press, 1988.《二〇一二年追記》：ユングによるニーチェの読解については、以下を参照。Paul Bishop, *The Dionysian Self: C. G. Jung's Reception of Friedrich Nietzsche*, Berlin: Walter de Gruyter, 1995; Martin Liebscher, *Aneignung oder Überwindung. Jung und Nietzsche im Vergleich*, Basel: Schwabe, 2011; Graham Parkes, Nietzsche and Jung: Ambivalent Appreciations, *Nietzsche and Depth Psychoogy*, Jacob Golomb, Weaver Santaniello, and Ronald Lehrer, eds., Albany: State University of New York Press, 1999, pp.205-227.

（9）フリードリッヒ・フォン・ミュラーのこと。*MDR*, p.107参照。

（10）Richard von Krafft-Ebing, *Lehrbuch von Psychiatrie auf klinische Grundlage*, 4th ed., Stuttgard: Verlag von Ferdinand Enke, 1890. ユングの書庫には、このドイツ語の第四版が並んでいる。また、*MDR*, p.108を参照。

（11）Studies in Word Association, CW2. ユングとフロイトの書簡のやり取りは、ユングが自らの『診断学的連想研究 *Diagnostische Assoziationstudien*』の第一版をフロイトに献本したことを機に始まった。この本に所収のPsychoanalyse und Assoziationsexperimentes (1906) は、ユングが初めて精神分析を主題に書いた重要な公刊論文である。*Freud/Jung*, 1F, 11 Apr. 1906も参照のこと。

（12）Sigmund Freud, *The Interpretation of Dreams*, SE IV-V, 1990; *MDR*, pp.146f.; On Freud's *Über den Traum*, CW18, §§841ff. ユングは学位論文「いわゆるオカルト現象の心理と病理」（一九〇二）の中で、初めて『夢判断』からの引用を行っている。CW1, §§97/133.

◆第2講

（1）「　」の中の質問は通常の場合、記述形式でユングに提出されたものを指す。

（2）《二〇一二年追記》：Plato, *The Republic*, 401d-bを参照。

（3）《二〇一二年追記》：Jung, The Transcendent Function (1916), CW8を参照。

（4）サムエル記七：一二「石を一つ取り、……「主は今に至るまで我々を助けてくださった」と言って、それをエベン・エゼルと名付けた」（日本聖書協会『聖書　聖書協会共同訳』（旧）四二三頁）。

（5）カール・シュピッテラー（一八四五～一九二四）はスイスの詩人で、彼の叙事詩である『プロメテウスとエピメテウス』

（一八八一）と『オリュンピアの春』（一九〇〇）をユングは『心理学的タイプ』の中で取り上げている。

（6）《二〇一二年追記》：マリー・ゴードン博士（一八六四～一九四一）はフェミニストで、イギリスで初めて女性として刑務所査察官となった。一九二〇年に彼女はロンドンでユング派の分析を受け、分析が彼女の刑務所での仕事を理解する上で助けとなることを見いだし、一九二二年にチューリッヒを訪ねた。彼女は同僚への手紙にこう書いている。「私はここで九ヵ月にわたって分析心理学の勉強をしており、その間私自身の分析も受けています。それは素敵な、すばらしい経験になっています。私はユングと一緒に過ごしていて、彼の理論は、あえて言うならあなたもご存知のように、フロイトの理論とは違い、本当にもっと広大です。イギリス人やアメリカ人の医師たちが彼と四六時中一緒にいるのも、とても興味深く思っています。……ここに来た時に私はとても深刻な〝ショック〟症状を持っていましたが、ユング博士が素晴らしい治療をしてくれました」。（この書簡の引用はレスリー・ホールの厚意による。）

◆第3講

（1）本講義の内容の一部は、数多くの改訂を加えられ、*MDR*, chapters IV/ V にも出ている。

（2）*MDR*, pp.147ff. を参照。ユングは一九〇五年にチューリッヒ大学の私講師に就任している（*MDR*, p.117)。

（3）《二〇一二年追記》：ユングは後に振り返って、フロイトの抑圧概念と自らの解離モデルとの重要な相違点を強調している。Richard Evans, Interview with C.G.Jung, *C.G.Jung Speaking: Interviews and Encounters*, ed. William McGuire and R.F.C. Hull, Princeton, NJ: Bollingen Series, Princeton University Press, 1977, p.283. この論点に関しては、以下も参照のこと。John Haule, From Somnambulism to Archetypes: The French Roots of Jung's Split from Freud, *Psychoanalytic Review* 71, 1984, pp.95-107; Shamdasani, From Geneva to Zurich: Jung and French Switzerland, *Journal of Analytical Psychology* 43, no.1, 1998, pp.115-126.

（4）*Freud/Jung*, 2J, 5 Oct. 1906; 6J, 26 Nov. 1906; 43-44J, 4 and 11 Sept. 1907 および、CW4の初めの二論文を参照のこと。《二〇一二年追記》：一九〇六年のバーデン＝バーデンとテュービンゲンでの学会と一九〇七年のアムステルダムでの学会については、Mikkel Borch-Jacobsen and Sonu Shamdasani, *The Freud Files: An Inquiry into the History of Psychoanalysis*, Cambridge: Cambridge University Press, 2011, chapter 1を参照。

（5）《二〇一二年追記》：*Münchener medizinische Wochenschrift*, LIII :47, November 20, 1906, pp.2301-2302に掲載されたユングの論文を参照。Freud's Theory of Hysteria: A Reply to Aschaffenburg's Criticism, CW4.

（6）『ヒステリー研究 *Studies on Hysteria*』には、フロイトによる四事例が掲載されている（1895, SE II）。その補遺Bは、転換ヒステリーに関するフロイトの論文リストであり、一九〇六年以前に公刊されていた他の一一の事例論文も含まれている。

（7）ヨセフ・ブロイアーのアンナ・Oの事例に関しては、SE II, pp.21-47を参照。ユングは『ヒステリー研究』を早くも一九〇二年には引用している。CW1, n. 114を参照。

（8）《二〇一二年追記》：当時フロイトは医学生であったため、このような呼び出しがあったとは考えにくい。アンナ・Oの事例については、以下を参照のこと。Mikkel Borch-Jacobsen, *Remembering Anna O.: A Century of Mystification*, trans. K. Olson in collaboration with X. Callahan and the author, New York: Routledge, 1995.

（9）The Psychology of Dementia Praecox (1907), CW3, §§1ff.

（10）The Content of the Psychoses (1908), CW3, §358; *MDR*, pp.124ff. を参照。

（11）パウル・オイゲン・ブロイラー（一八五七〜一九三九）は、一八九八年から一九二七年にかけてブルクヘルツリ病院の院長を務めた。

（12）B. Stあるいはバベッテ・Sは、The Psychology of Dementia Praecox (CW3, §§198ff.) の主要事例。The Content of the Psychoses (1908), CW3, §§363ff. にも記載。*MDR*, pp.125-128も参照のこと。

（13）*MDR*, p.149を参照。「本書を通じて、私はフロイトと知り合った」とある。一九〇六年一二月に、ユングはフロイトに『早発性痴呆の心理学について Über die Psychologie der Dementia praecox(1907)』を送っており（*Freud/Jung*, 9J）、一九〇七年三月三日には、妻と初めてウイーンのフロイト家を訪問している（ibid., p.24）。

（14）*MDR*, pp.150. を参照。

（15）ユングはこの三ヵ月前の一九二五年一月に、一日か二日間、タオス・プエブロを訪れている。*MDR*, p.252; William McGuire, Jung in America, 1924-1925, *Spring*, 1978, pp.37-53を参照。

（16）*MDR*, pp.156, 158を参照。

（17）《二〇一二年追記》：いくつかのインタビューにおいて、ユングはこの夢が、フロイトの義妹ミンナ・ベルナイスとの婚外交渉と密接に関わることを示唆している（一九五三年八月二九日、クルト・アイスラーとのインタビュー。Sigmund Freud Collection, Manuscript Division, Library of Congress, Washington, DC); John Billinsky, Jung and Freud (The End of a Romance), *Andover Newton Quarterly* 10, 1969, pp.39-43. この問題については以下のものも参照のこと。Peter Swales, Freud, Minna Bernays, and the Conquest of Rome: New Light on the Origins of Psychoanalysis, *New American Review* 1, No. 2-3 , 1982, pp.1-23; Franz Maciejewski, Freud, His Wife, and His 'wife,' *American Imago* 63, 2006, pp.497-506. この二つ目の論文は、スイスのマローヤにあるシュヴァイツァーホテルに、一八九八年八月フロイトが義妹と共に泊まった際に記された、「Mr and Mrs. Freud」とのサインをめぐるルポタージュに関するものである。

（18）ユングは『リビドーの変容と象徴——思想の発達史への貢献 *Wandlungen und Symbole der Libido: Beiträge zur Entwicklungsgeschichte des Denkens*』を、もともと二部構成で、

Jahrbuch für psychoanalytische und psychopathologishe Forschungen, 1911 and 12において公刊した。そして本の形式で一九一二年に出版し、一九一六年にベアトリーチェ・ヒンクルによって*Psychology of the Unconscious : A Study of the Transformations and Symbolisms of the Libido ; A Contribution to the History of the Evolution of Thought*のタイトルで英訳された。一九五二年に包括的な改訂と拡張がなされたのが『変容の象徴――スキゾフレニアへの序曲の分析 *Symbole der Wandlung : Analyse des Vorspiels zu einer Schizophrenie*』であり、一九五六年に*Symbols of Transformation : An Analysis of the Prelude to a Case of Schizophrenia*（CW5）として英訳されている。ユングはこの夢を「私の仕事へのある種の序曲」と呼んでいる（*MDR*, p.158）。

（19）《二〇一二年追記》：E・A・ベネットは、ユングはこのときフロイトの問いに妻の名でもって答えた、とユングから聞いたと報告している（Bennet, C. G. *Jung*, Wilmette : Chiron Books, 2006, p.89）。一方、アニエラ・ヤッフェには、彼の妻と義妹の名とで答えたと示唆している（*MDR*, p.159）。この夢へのさらなるコメントは以下のものを参照。Jung, Symbols and the Interpretation of Dreams（1961）, CW18, §§484f.; Jung/Jaffé protocols, Jung Collection, Manusucript Division, Library of Congress, p.107.

（20）つまりメソポタミアのこと。ユングが参照しているのは、Friedrich Creuzer, *Symbolik und Mythologie der alten Völker*, Leipzig and Darmstadt, 1810-1823である。*MDR*, p.162を参照。

（21）*Freud/Jung*, 140J, 12 May 1909; *MDR*, p.117を参照。

（22）《二〇一二年追記》：フランク・ミラー女史はアメリカ人で被服学の講師であり、ジュネーブ大学のテオドール・フルールノワのもとで一時学んでいた。彼女はSome Instances of Subconscious Creative Imaginationという論文を書き、フルールノワが序文を書いた*Archives de psychologie*, vol.V, Geneva, 1905において（フランス語で）出版された。ユングが持っていたこの論文のコピーには、夥しい数の注釈が付されている。第4講の注1を参照。また、この点については、Shamdasani, A Woman Called Frank, *A Journal of Archetype and Culture* 50, *Spring*, 1990, pp.26-56に詳しい。

（23）放散虫の夢。*MDR*, p.85. 詳細は*Jung: Word and Image*, Princeton, NJ: Bollingen Series XCVII:2, p.90.

（24）広く知られた逸話では、フロイトはユングの本に「父に対する反抗！」と書き殴って送り返したことになっている。しかしロンドンのフロイト・ライブラリーには初版が一冊あり、「反抗的ですが感謝しています。弟子から、偉大な師の足下へ」と、ユングによる献辞が記されている（*Freud/Jung*, new ed., 324F n.2,addendum）。また、ユングの一九三〇年三月四日の手紙にはこうある。「フロイトは本を受け取りましたが、私のアイデア全体を、父に対する反抗以外のなにものでもない、と言い放ったのです」（*Jung: Letters*, vol. 1, p.73）。

（25）《二〇一二年追記》：「精神分析運動の歴史のために On the History of the Psycho-Analytic Movement」の中で、フロイトは、

彼の弟子の多くがチューリッヒを経由して彼のもとへ来たことを認めている（SE XIV, p.26)。

（26）*MDR*, p.171を参照。

◆第4講

（1）《二〇一二年追記》：一九五五年一二月一七日のユング宛の書簡でエドウィン・カッセネレンボーゲンは次のように記している。「もう何年も前に〝リビドーの流れ〟に関連して、報告書の作家、ミラー女史が当時デンバー州立病院で私の担当患者であったことをお伝えしました。実際の人物を診た私の診断は、女流作家の小冊子だけを基にしたあなたの直観的な分析の正当性をまったく完全に支持するものでした。これは当時私があなたにお伝えしたことでした」(Jung Archives, Swiss Federal Institute of Technology, Zurich)。フランク・ミラーは「軽躁状態を伴う精神病質人格」と診断された。一週間でそこを退院したが、今度は自ら進んでマクリーン精神病院に入院し「精神病質的劣性」の診断がなされ、数ヵ月後に「寛解した」として退院した。どこの記録にも宇宙起源神話の記載や早発性痴呆や永続的精神障害の診断がなされた記載はない。当時の精神病質は、遺伝的背景を参照に、あらゆる分類を一つにした表記であった。前掲 Shamdasani, A Woman Called Frankを参照。

（2）CW5, p.xxviii.『リビドーの変容と象徴』の（ドイツ語版）第二版への前書き（一九二四年一一月）。この巻頭言は *Psychology of the Unconscious* の後の版には収録されず、英語ではCW5（1916）に初めて掲載された。

（3）CW5, §§46ff.; chapter IV of partI. ミラーは、「神の栄光 Glory to God」と題された「夢の詩 dream poem」のファンタジーを見て、目覚めてすぐにそれを自分のメモに書き留めている（S. T. Coleridge, Kublai Khanを参照）。

（4）CW5, §§115ff.; chapter V. ミラーは同様に詩を一つ創作し、「太陽に向かう蛾 The Moth to the Sun」と題した。

（5）*Psychologische Typen* (1921); *Psychological Types*, trans. H. G. Baynes (1923)には、副題として「個性化の心理学」と加えられたが、その後の版では英語版（CW6）にもドイツ語版にも引き継がれなかった。英語版全集にもドイツ語版全集にも、付録として四つの関係する論文が添えられている。原注11および *MDR*, pp.207f.を参照。

（6）口述筆記原稿では、〝transifrom〟と記載されており、タイプミスと考えて、〝transition from〟とした。

（7）口述筆記原稿では、〝Mithra〟と記されていたが、この一般的なドイツ語のつづりは〝Mithras〟であり、英語版全集でも同様に表記されている。ユングが典型例として良く用いたミトラ教は紀元後二世紀のローマ帝国時代に広まった宗教であり、善悪の二項対立を基盤としている。

（8）一九一六年版では四五五頁、一九一九年版では二五二頁。*Symbols of Transformation* ではこの文章は削除されている。§§644f.を参照。

（9）ある種の「魂の石soul stone」あるいは呪物。On Psychic Energy (1928), CW8, §119を参照。ユングは『変容と象徴』を書き終えた後すぐ一九一二年にこの論文に取りかかったものの、『心理学的タイプ』を書き上げるためにそれをしばらく棚上げしていた（CW8, §1, n.1）。オーストラリアのアボリジニに関するユングの典拠は、W. R. Spencer and F. J. Gillen, *The Northern Tribes of Central Australia*（1904）であり、*Types*, CW6, §496に特に引用されている。

（10）アルフレッド・アドラーがフロイトと決別した後、一九一一年春に（フロイトに宛てた書簡の中で）、ユングはアドラーに関して常に否定的に論じていた。しかし、一九一二年秋には、The Theory of Psychoanalysis, CW4, p.87の前書きで、「アドラーと私はいくつかの点で同じような結論に達したのだと思う」と書いている。また*Freud/Jung*, 33, n.1を参照。《二〇一二年追記》：ユングは一九一二年に、アドラーの著作『神経質性格 *The Nervous Character*』に関して「精神分析の理論――いくつかの新たな研究報告On the Theory of Psychoanalysis: Review of a Few New Works」と題された、未公刊ではあるが好意的な書評を書いている。これについては、Shamdasani, *Jung and the Making of Modern Psychology*, pp.55f.を参照。

（11）*Types*, CW6, §§88-92を参照。

（12）一九一三年ミュンヘンでの精神分析学会（ユングとフロイトが会った最後の機会）での講演「心理学的タイプ研究に寄せて A Contribution to the Study of Psychological Types」（CW6, appendix）。§§880ff.でユングはフロイトとアドラーの理論をそのタイプに沿って対照している。

（13）ユングは一九二七年のエッセイの中で、このような女性のタイプについて短く議論している。Mind and Earth, CW10, §75f.を参照。トニー・ウォルフは、一九三四年にチューリッヒの心理学クラブで行った講義において、これら二つの女性のタイプに加えて、（ギリシア神話に登場する）女傑アマゾンと触媒的な女性という二つの他のタイプを含む、四つ組の図式を主張した。Wolff, Structural Forms of the Feminine Psyche, trans. Paul Watzlawik, Students Association, C. G. Jung Institute, Zurich, 1956. Wolff, *Studien zu C.G.Jungs Psychologie*, Zurich, 1959, pp.269-283も参照のこと。

（14）Léon Daudet, *L'Hérédo: Essai sur le drama intérieur* (1916)を参照。The Relations between the Ego and the Unconsious (1928), CW7, §§233, 270に引用されている。

（15）*Types*, CW6, §§184, 828を参照。

◆第5講

（1）第4講原注14を参照。

（2）E. T. A. Hoffman, *The Devil's Elixir* (1813) and *The Golden Pot* (1813).

（3）*MDR*, pp.163ff.を参照。《二〇一二年追記》：一九一三年に、ユングはこの夢を『黒の書 *Black Book*』に以下のように記している。「私は南部の町にいて、狭い踊り場がある上り坂の通りにいる。真昼の12時で陽光が燦燦と降り注いでいる。一人の年老いたオーストリア人の税関監視官かそれに類する人が私の傍を通り過ぎ、消えてしまう。誰かが「あいつは死に切れないんだ。三、四十年前に死んだんだが、まだ自分を解放できないでいるんだ」と言う。私がとても驚いていると、そこに怪しげな人物がやって来る。彼はがっしりとした体格の騎士で黄色っぽい鎧を身にまとっていた。彼は堅固そうで、かつ謎めいていて、完全武装していた。彼は背中に赤いマルタ騎士団の十字を背負っている。彼は12世紀からずっとここに居続けていて、毎日、12時と1時の間に同じ道順を歩いているのだという。誰もこれらの二人の亡霊に目を奪われず、私だけが非常に驚いている。／私の解釈のスキルを用いるのにはためらいを感じるが、年老いたオーストリア人に関しては、フロイトが想起され、騎士に関しては、私自身が想起された。／内側で「すべて空っぽで見せかけだ」という声がするが、私はそれに耐えなければならない」(*Black Book 2*; Shamdasani, introduction, *Liber Novus*, p.198) からの引用。〔以下、Liber Novus からの引用は、日本語版『赤の書』（河合俊雄監訳、田中康裕・猪股剛・高月玲子訳、創元社、二〇一〇年）における該当箇所を示す。ただし、文脈に応じて一部改訳している箇所がある。〕

（4）ユングが青年期に読んだ一三〜一四世紀のドイツの神秘主義者、神学者。*MDR*, p.68 参照。「ただマイスター・エックハルトのみに生の息吹を感じた」とある。この点については、*Types*, CW 6, §§410-433 にて広範な議論がなされている。

（5）*MDR*, pp.171f. を参照。『ユング自伝』第六章では、ここでの素材がより完全な形で展開されてはいるが、それは本書の第5講と第6講から取り出したものとなっている。パラッツォ・ヴェッキオとの比較は *MDR* では削除されている。隣接した建物、ロギア・ディ・ランツィはより比較に役立つだろう。

（6）《二〇一二年追記》：一九一三年、ユングはこの夢を以下のように記している。「私が（一九一二年のクリスマスの少し後）の頃見た夢は次のようなものだった。私は自分の子どもたちと壮麗豪華なしつらえの塔——広々とした柱廊広間——におり、丸テーブルを囲んで座っている。テーブルの天板は見事な深緑色の石でできていた。突然、かもめか鳩が飛んできて、軽々とそのテーブルの上に舞い降りる。私は子どもたちに、その美しい白い鳥が驚いて逃げてしまわないように、静かにするよう言って聞かせる。突然、その鳥が八歳くらいの小さなブロンドの女の子に姿を変え、その素晴らしい柱廊で私の子どもたちと一緒に遊びながら走り回る。そして、その子は突然かもめか鳩に姿を変え、私に次のように言う。「その夜の最初の一時間、雄鳩が一二人の死者と忙しくしている間だけ、私は人間になれるのです」と。この言葉とともにその鳥は飛び去り、そこで目が覚めた」(Shamdasani, introduction, *Liber Novus*, p.198 からの引用)。

（7）ユングはこの言葉を *Wandlungen und Symbole*（*Psychology of the Unconscious*,1916ed., p.63 を参照）の中で、単に「老神秘主義

者」のものとして引用している。CW5, §77でもそれを繰り返し、the *Tabula* and Hermesとヘルメスを全て引用している。

(8) *MDR*, pp.173f.を参照。

(9) *MDR*, pp.175f.《二〇一二年追記》：『赤の書』でユングは次のように書いている。「それは一九一三年一〇月のことだった。一人で旅をしていたときに、日中に突然、ヴィジョンが降りかかってきた。北海とアルプスの間の北方で低地の国々全てが、途方もない大洪水に見舞われているのを見たのである。それはイギリスからロシアまで、北海の海岸からほとんどアルプスにまで及んでいた。大波が黄色く泡立ち、瓦礫と無数の死体が浮いているのが見えた。／このヴィジョンは二時間にわたり、私は混乱し、気分が悪くなった。私にはそれが理解できなかった。それから二週間たって、そのヴィジョンはもっと激しくなって戻ってきた。そして内なる声が、こう話しかけてきた。「見なさい。それはまったく本当のことなのですよ。そうなるのです。それは疑いのないことです」。私はまた二時間、このヴィジョンと戦ったが、それは私を捕らえて放さなかった。私は疲れ果て、混乱した。そして私は、自分の精神が病んでしまったのかと思った」(*Liber Novus*, p.231；『赤の書』「第一の書」二三七頁)。ユングはシャフハウゼンへの途上にあり、そこには義母が住んでおり、一〇月一七日が彼女の五七歳の誕生日だった。その列車の旅は一時間ほどかかるものである。

(10) *MDR*, pp.185ff. ユングが他の夢や幻視を記述した数頁に続くものである。この点についてユングは「私はその声が女性から来たものだと確信した。それがある患者の声だと気づいた。彼女は才能ある精神病質者で、私に強い転移感情を抱いていた」と書いている。《二〇一二年追記》：当該女性は、ザビーナ・シュピールラインと思われることがあるが、実際はマリア・モルツァーである(Shamdasani, introduction, *Liber Novus*, p.199および*Cult Fictions*を参照)。ユングがここで言及している議論は『黒の書』には記されていない――年代を追って見ていくと、ユングはこの件について一九一三年一一月と一二月の間に『黒の書2』に記入しており、それが『赤の書』の「第一の書」に部分的に再録されていることが示唆されている。

◆第6講

(1)《二〇一二年追記》：『赤の書』の中でユングは次のように書いている。「そして戦争が始まった。そこで私は、これまで体験してきた数々のことについて目を開かされた。そして、そのことで私はまた、この書のここまでの部分に書き留めてきた全てを語る勇気を得たのである」(*Liber Novus*, p.336；『赤の書』「試練」三七四頁)。

(2) *MDR*, VI, "Confrontation with the Unconscious."

(3)《二〇一二年追記》：*Liber Novus*, *Liber Primus*, chapter 2, "Soul and God," pp.233f.；『赤の書』「第一の書」第二章「魂と神」二三九頁以下を参照のこと。

(4) The Psychophysical Researches (1907-1908), CW 2を参照。

（5）*MDR*, p.188には次のようにある。「私はこれらのファンタジーをはじめ黒の書に書き留めた。そうしておいて、あとで赤の書に書き写したのである。赤の書には絵も添えて装飾した」。《二〇一二年追記》：*Liber Novus*を参照。

（6）《二〇一二年追記》：ミトラ教典礼からの引用。ユングはこの一節を、一九一〇年八月三一日のフロイトへの手紙にも引用して、「精神分析の標語」として提起している。*Freud/Jung*, p.350.

（7）*MDR*, pp.179f.で、ユングはこのファンタジーを詳細に記述している。

（8）一九二五年の新年一月一日、ユングは友人一行とグランドキャニオンを訪れている。McGuire, Jung in America, pp.39ff.; Hannah, *Jung, His Life and Work*, pp.158ff.を参照。

（9）《二〇一二年追記》：このファンタジーは一九一三年一二月一二日のものである。『赤の書』にユングは書いている。「私は、眼に映る灰色の岩壁に沿って、大きな深みに沈んでいった。私は黒ずんだ汚泥にくるぶしまで浸かりながら、暗い洞窟の前に立つ。周りには影たちが漂っている。私は不安に襲われるが、入っていかねばならないことはわかっている。狭苦しい岩の裂け目を這ってくぐり抜けて、私は、洞窟の中にたどり着いた。黒ずんだ汚水で地面は見えない。けれども、向こうの方に赤く光る石を見つけ、私はそこにたどり着かねばならない。私は、泥水の中を歩いて渡っていく。洞窟は叫び声の凄まじい轟音で満ちている。私は石を摑む。それは岩壁の暗い隙間を塞いでいたのだ。おぼつかない思いであたりを見回しながら、石を手にしている。私は声を聞きたくない。それは私を遠ざける。けれども、私は知りたい。ここから何か言葉が聞こえるはずだ。私は隙間に耳をあてる。地下水流の轟きが聞こえる。その暗い流れの水面に血まみれの人の頭が一つ見える。そこには、傷を負い、打ちのめされた者が一人泳いでいる。この光景を、私は身震いしながら長い間眺めている。暗い流れの中を、大きな黒いスカラベが通り過ぎていくのが見える。／流れの深い奥底に、赤らんだ太陽が急に輝き、黒っぽい水を射し照らす。そのとき、私は、太陽がぼんやりと光っている深みを目指して、黒い岩壁の上を蠢く蛇の群れを見て、戦慄を覚える。何千匹という蛇がうようよ動いていって、太陽を覆い隠す。突如として深い闇が降りかかる。血の紅き噴出、深紅の血が、長い間溢れるように噴き出し、そして尽き果てた。私は恐ろしさで身じろぎもできない」(*Liber Novus, Liber Primus*, Chapter 5, "Descent into Hell in the Future," p.237；『赤の書』「第一の書」第五章「未来への地獄行き」二四六頁)。

（10）*MDR*, p.180を参照。

（11）ドイツの化学者F・A・ケクレ・フォン・シュトラドーニッツは一八六五年にベンゼン、あるいはベンゾール分子の環状構造を提唱したが、それは夢あるいはヴィジョンで円を見た後のことだと言われている。ユングが初めて出版物で彼について触れるのは、The Visions of Zosimos (1937), CW 13, §143でのことである。The Psychology of the Transference (1946), CW 16, §353）も参照。

◆第7講

（1）この絵画は特定不能。著名なティッセン＝ボルネミッサのコレクションが、ルガノのヴィラ・ファボリタで展示されたが、それは一九三二年になってからのことである。

（2）おそらく、J. H. Füssli (Henry Fuseli), *Huon's Encounter with Sherasmin in the Cave of Lebanon*（1804-1805）（スイス・ヴィンタートゥール、個人蔵）のこと。チューリッヒ美術館で展示されることがある。

（3）原文通りでは、all of nothingだが、おそらくall or nothingの筆記ミスであると思われる。

（4）Picasso, (1932), CW15, §§204ff. を参照。

（5）フランスの画家マルシェル・デュシャンの絵画『階段を降りる裸体』は、一九一三年二月一七日から三月一五日にニューヨークで開かれたアーモリー・ショーに出展され熱狂を巻き起こした。ユングは三月中旬にニューヨークにいた（*Freud/Jung*, 350 J., n.1 を参照）。また同じアーモリー・ショーにて、初めてピカソの絵を見たとも推測できる。

（6）紀元前五世紀の彫刻（ミュンヘン、グリュプトテーク所蔵）。トロイア戦争の場面が描かれている。

（7）*MDR*, pp.179ff. を参照。《二〇一二年追記》:『赤の書』の中でユングは次のように書き記している。「私は一人の若者と高い山にいた。夜明け前であったが、東の空はもう明るかった。そのとき、山にジークフリートの角笛が歓声のように響きわたった。そこでわれわれは、われらが仇敵の到来を察知した。われわれは武装し、彼を殺そうと狭い岩道で待ち伏せした。すると、死者の骨で造られた馬車に乗ったジークフリートが、山々のはるか上空をやって来るのが見えた。彼が切り立った岩壁を大胆かつ見事に下降してきて、われわれが待ち伏せる狭い道にやって来た。彼が目の前の角を曲がろうとしたとき、われわれは一斉に発砲し、銃弾を受けた彼は転落して死んだ。その後すぐに私が逃げようとしたところ、凄まじい土砂降りの雨が降ってきた。雨がやんだ後、またもや死ぬほどの苦しみに苛まれ、英雄の殺害という謎を解けなければ、私は自殺しなければならないということを確かに感じたのだ」（*Liber Novus, Liber primus*, chapter 7, "Murder of the Hero," pp.241-242 ;『赤の書』「第一の書」第七章「英雄の殺害」二五一頁）。

（8）《二〇一二年追記》:『赤の書』の中でユングはジークフリートについて次のように書き記している。「私が偉大なもの、美しいものとして讃えるものの全てを、彼は自分の内に備え、彼は私の力、私の勇敢さ、私の誇りであった」（*Liber Novus*, p.242 ; 二五二頁）。

（9）《二〇一二年追記》:『赤の書』の中でユングは次のように書き記している。「雨は、民族の上にもたらされる大いなる涙の洪水である。それは、死の脅威で民族が凄まじい圧力にさらされた後に、その緊張を解く涙の洪水である。雨は私の中の死者の悼みであり、キリストの埋葬と再生に先立つものである。雨は大地を肥沃にするものであり、雨が、新しい小麦、若々しく成長する神を生み出すのだ」（*Liber Novus*, p.242 ; 二五二頁）。

◆第8講

（1）ここで紹介された逸話は文学作品の中に見つかっていない。

（2）作者不詳ではない。Arthur John Hubbard, MD, *Authentic Dreams of Peter Blobbs and of Certain of His Relatives*, London, 1916. この本は、ユングが一九二〇年夏にイングランドのコーンウオールで行ったセミナーの主題であった（記録はされなかったようである）。William McGuire, introduction, *Dram Analysis*, p.ix を参照。

（3）おそらくビエンヌ湖にあるサンピエール島で、J・J・ルソーは一七六五年に二ヵ月間、そこに逃れ住んでいた。

（4）*MDR*, pp.181f. を参照。

（5）《二〇一二年追記》：そのファンタジーは一九一三年一二月二一日に生じた。*Liber Novus*, pp.245f. を参照。

（6）写しには「Elias」とある（ギリシア語同様、ドイツ語表記で Elijah）。サロメの人物像に関しては、第11講ならびに第12講参照。

（7）《二〇一二年追記》：「私「あなたたちを結びつけるとは、そんな奇跡みたいなことがあるものでしょうか？」／エ「何の奇跡でもない。最初からそうであった。私の知恵と私の娘は一つなのだ」／私は固まってしまい、彼の言っていることが理解できなかった。／エ「よく考えてみるがいい。彼女の目が見えないことと私の見抜くこととが、はるか昔から、われわれを同伴者にしているのだ」」（*Liber Novus*, p.246；『赤の書』「第一の書」第九章「密議／出会い」二五六頁）。

（8）聖職者と乙女の主題は Herman Melville, Mardi（1849）を参照。また、ライダー・ハガードの小説『彼女』については、第15講の注1および第16講の後半参照。

（9）Archetypes of the Collective Unconscious (1934), CW9i, §64 ならびに後期の諸著作を参照。ユングはグノーシス主義者たちの研究を一九一〇年には始めており（*MDR*, p.162）、一九一八年からこのセミナーの頃まで「真剣に」取り組んでいたと述べている（pp.200f.）。《二〇一二年追記》：シモン・マグス（一世紀）は魔術師であった。使徒言行録八：九〜二四において、彼はキリスト教徒になった後、聖霊を授ける力をペテロとパウロから買い取ろうとした（ユングはこの記述を風刺と考えていた）。彼に関するさらなる記述は、聖書外典のペテロ行伝や教父達の諸著作の中に見られる。シモン・マグスはグノーシス主義の創始者の一人と考えられ、二世紀にはシモン派が興った。常にトロイのヘレンの生まれ変わりである女性と共に旅し、彼女をスールの売春宿で見つけたとされる。ユングはこれをアニマの人物像の一例として引用している（Mind and Earth (1927), CW10, §75）。シモン・マグスに関しては、Gilles Quispel, *Gnosis als Weltreligion*, Zurich: Origo Verlag, 1951, pp.51-70 および G. R. S. Mead, *Simon Magus: An Essay on the Founder of Simonianism Based on the Ancient Sources with a Reevaluation of His Philosophy and Teachings*, London: Theosophical Publishing House, 1892 を参照のこと。『赤の書』では、キリストがフィレモンをシモン・マグスと呼んでいる（*Liber Novus*, p.359）。

（10）ワーグナーの『パルシファル *Parsifal*』（一八八二）より。《二〇一二年追記》：クンドリとクリングゾルは『赤の書』（*Liber Novus*, p.302）にも登場する。

（11）フランチェスコ・コロンナ『ヒュプネロトマキア・ポリフィリ *Hypnerotomachia Poliphili*』（Venice, 1499）。ユングの弟子、リンダ・フィルツ＝デーヴィッドによる解釈研究も参照のこと（Linda Fierz-David, *The Dream of Poliphilo*, tr. Mary Hottinger, B. S., 1950; orig., Zurich, 1947）。

（12）グスタフ・マイリンクの『ゴーレム *Der Golem*』（一九一五）および『緑の顔 *Das grüne Gesicht*』（一九一六）。*Types*, CW6, §205および後期の諸著作に引用されている。

◆第9講

（1）ここで言われている「以前の議論」は第7講で行われている。本第9講で議論されている写真は見つかっていない。

（2）第4講と第6講を参照。

（3）*Types*, CW6, §§231f. を参照。

（4）《二〇一二年追記》：テルトゥリアヌス（一六〇年頃〜二二〇年頃）は初期の教父の一人であり、初期の教会用語の多くを考案した。ユングは一九二一年の『心理学的タイプ』の中でテルトゥリアヌスの著作について論じている（*Types*, CW6, §16f.）。

◆第10講

（1）草稿では"*Yi King*"と記されていた。この綴りはジェームズ・レッグによる翻訳に見られるものである（James Legge, Sacred Books of the East, XVI, 2nd ed., Oxford, 1899）（ユングの書棚には五〇巻におよぶこの書籍の内の四冊だけを除いてすべてが所蔵されていた）。ここでの出典は、『易経あるいは変化の書』であり、リヒャルト・ヴィルヘルムによる翻訳をカリー・F・ベインズが英訳したもので、ユングの序文が付されている（*The I Ching or Book of Changes*, New York: Princeton and London, 1950; 3rd ed., 1967. 序文はCW11所収）。英語の翻訳者はこのセミナーの記録係の、当時の名前でいうデ・アングロ博士であった。ユングの『易経』への関心は一九二〇年頃始まっており（*MDR*, p.373）、ヴィルヘルムと一九二三年に出会っている。

（2）《二〇一二年追記》：『老子道徳経』は「世の人々は皆美しいものを美しいと感じるが、これは醜いのである。同様に善いことを善いと思うが、これは悪である。なぜならば有と無は互いに通じ合い、難しいと易しい、長いと短い、高いと低い、これらは全て相対して通じ合い、音と声も互いに調和し、前と後もお互いがあって初めて存在できるからだ（天下皆知美之爲美。斯悪已。皆知善之爲善。斯不善已。故有無相生、難易相成、長短相形、高下相傾、音聲相和、前後相隨）」とある（Laozi, Daodejing, trans. Edmund Ryden, Oxford: Oxford University Press, 2008, 2, p.7）。

（3）《二〇一二年追記》：ニーチェ『ツァラトゥストラ』より。ツァラトゥストラは次のように述べている。「人間のありようは、木のありようと同じである。高みと明るみへ登り行こうとすればするほど、その根はいよいよ力強く地中へ、下方へ、暗黒のなかへ、深みのなかへ、——悪のなかへ、向かおうとするのだ」(Nietzsche, Thus Spoke Zarathustra, trans. Richard Hollingdale, Harmondsworth: Penguin, 1969, p.69. ニーチェ『ツァラトゥストラ』ちくま学芸文庫、吉沢伝三郎訳、上巻七六~七七頁)。ユングは、自分の複写本のこの数文の余白に線を引いている。

(4) 《二〇一二年追記》:『バガヴァッド・ギーター』より。クリシュナは次のように述べる。「ヴェーダは三要素よりなるもの〔現象界〕を対象とする。三要素よりなるものを離れよ。アルジュナ。相対を離れ、常に純質に立脚し、獲得と保全を離れ、自己を制御せよ」(*Bhagavad Gita*, trans. Laurie Patton, London: Penguin, 2008, p.28『バガヴァッド・ギーター』岩波文庫、上村勝彦訳、三八~三九頁)。

(5) 《二〇一二年追記》: Nietzsche, Thus Spoke Zarathustra, Second Part, chapter 5, "On the Virtuous," pp.117f. を参照。

(6) 《二〇一二年追記》:伝えられるところによれば、〔ここで叡智を書き伝えられたものは〕尹喜という人物で、万里の長城の西門・函谷関の門番であったという。

(7) ユリウス・ロベルト・フォン・マイヤーはドイツの物理学者で、一八四〇年代に活躍した。On the Psychology of the Unconscious (1917), CW7, §§106ff. を参照。

(8) ジョゼッペ・タルティーニは一八世紀のイタリアのバイオリン奏者および作曲家。彼の霊感的な夢については、『ブリタニカ百科事典』第一一版のタルティーニの項目を参照。

(9) *Sistine Madonna* (ドレスデン絵画館所蔵)。*Moses* (ローマのサン・ピエトロ・イン・ヴィンコリ所蔵)。イタリア・ルネッサンス芸術の歴史家であるジョン・シアマンによれば、初期文献にはこれらの作品がヴィジョンに触発されたものだという証拠はない。ユングの発言は、「一九世紀の研究論文に記されていた雑談のようなものを具体化したもので、……それぞれのアート作品がヴィジョンの表現だというのは奇妙なことである」と述べている。

(10) カール・ランプレヒトは、ドイツの歴史家。*Dream Analysis*, p.192 を参照。《二〇一二年追記》:ランプレヒトの著作に対するユングの優勢の概念の関係については Shamdasani, *Jung and the Making of Modern Psychology*, pp.282-283, 305 を参照のこと。

(11) 通常は「黄河図」と呼ばれている。*I Ching*, 3rd ed., pp.309, 320 を参照。

(12) 《二〇一二年追記》:ピエール・アベラールは中世のスコラ哲学者である。ユングは一九二一年の『心理学的タイプ』において、唯名論と実在論の普遍論争に関連して、アベラールの著作を詳細に分析している (*Types*, CW6, §§68f.)。

(13) 《二〇一二年追記》: Freud, *Three Essays on the Theory of Sexuality*, SE VII を参照。

(14) 草稿では、〔"Hellions as sons" ではなく〕、"Hells of sons" と記されていた。誤植ではないかと思われる。

(15) この一文とそれに先行する一文は、Joan Corrie, *ABC of Jung's Psychology*, London, 1928, p.58 に引用されている。

（16） A Contribution to the Study of Psychological Types, CW6, §§499ff. のこと。元は一九一三年のドイツ語の講義であり、同じ年にフランス語版に再編されている。

（17） この一文とそれに先行する一文は、Corrie, *ABC of Jung's Psychology*, p.58 に引用されている。

（18） 鈴木大拙『禅学入門 *Introduction to Zen Buddhism*』へのユングの序文（一九三九）（CW11, §882）を参照。その中でこの逸話が異なった形で語られている。《二〇一二年追記》：ユングはこのエピソードについて、一九五四年に心理学クラブにおいて、スウェーデンボルグに関する議論の中で言及している（Notes of Aniela Jaffé, Jaffé Collection, Swiss Federal Institute of Technology）。

（19） ユングの記録において、これがクンダリニー・ヨーガに関する最早期の言及である。一九三二年の秋、ユングとドイツ人のインド学研究者であるJ・W・ハウアーはこの主題について、主に英語を用いたセミナーを行っている。《二〇一二年追記》：Shamdasani, ed., *The Psychology of Kundalini Yoga: Notes of the Seminar Given in 1932 by Jung*, Princeton, NJ: Princeton University Press, 1996を参照。

◆**第11講**

（1） *Types*, Cw6, §§840ff. を参照。

（2） Goethe, Versuch die Metamorphose der Pflanzen zu erklären, 1790 を参照。

（3） ルイ・アガシは、スイス系アメリカ人の自然科学者で、「多様創造 multiple creation」理論を提唱した。ユングはアガシを他のどこにも引用していないが、彼の蔵書にはアガシの『創造計画 *Schöpfungsplan*』（一八七五）が所蔵されている。

（4） たとえば、『ティマイオス *Timaeus*』37d を参照。

（5） 実際には前回ではない。第8講〇六七頁を参照。

（6） 《二〇一二年追記》：『赤の書』でユングは以下のように述べている。「エリヤとサロメのほかに、私は第三の原理として蛇を見出す。蛇は二人と結びついているものの、二つの原理の間にある未知のものである。蛇は、私における両方の原理の絶対の本質上の差異を教えてくれる。先見 forethinking の側から快楽 pleasure をみると、まずはじめに恐ろしげな毒蛇が見える。快楽の側から先に感じようとすると、まずはじめに冷酷にして残忍な蛇が感じとられる。蛇は、人間に備わる大地的な本質であるが、人間はそのことを意識していない。そのあり方は土地や民族によって変わる。なぜなら、育む大地の母から流れてくる神秘なのだから」（*Liber Novus*, p.247；『赤の書』「第一の書」第九章「密議／出会い」二五八頁）。

（7） *MDR*, p.182 および CW5, index, s.v. hero; snake (s) を参照。——このほとんどは、*Wandlungen und Symbole* に当たる。

（8） 《二〇一二年追記》：『赤の書』の第二層で、ユングはエリヤとサロメの人物像を、それぞれ先見と快楽という観点から以下のように解釈した。「私の深みの諸力とは、あらかじめ決定することと predetermination と快楽 pleasure である。あらかじめ決定すること、あるいは先見は、プロメテウス的なものである。彼は特定の考えなしに、混沌としたものに形と確定性を与え、水路を掘って、開拓にその対象を先に差し出す。先見もまた、考えることに先立っている。ところが快楽は力で、それ自体に形や確定性を持たずに、さまざまな形に欲望を抱いては破壊する。快楽は形を愛し、自分に形を捕らえ、歓迎しない形は破壊する。先見する人は予見者だが、快楽は目が見えていない。快楽は先を見ず、自分を揺り動かすものを欲しがる。先見それ自体には力がないから、心を動かさない。ところが快楽は力であるから、心を動かすのである」(*Liber Novus*, p.247;二五八頁)。おそらく一九二〇年代中に書かれた後の解説で、ユングはこのエピソードを論じ、以下のように記した。「この二人が一緒に現れることは、人間の精神の中に果てしなく繰り返しやって来るイメージである。老人は精神的原理を表しており、人はそれをロゴスと呼ぶ。娘は非精神的な感情原理を表しており、人はそれをエロスとも呼ぶ」(p.365;『赤の書』「付録B」四一三頁)。

(9) *Liber Novus*, pp.96, 102を参照。

◆第12講

(1) 一九二五年の原文ママ Sic。核分裂のプロセスは一九三八年に発見された。

(2) *MDR*, p.182を参照。

(3) マタイによる福音書一四:六以下及びマルコによる福音書六:二二以下参照。ただし、その女性の名前はどこにも出てこない。フラウィウス・ヨセフスの『ユダヤ古代誌』第一八巻第五章において、人物が特定されており、ユングの蔵書にはヨセフス著作集一七三五年版(ドイツ語)が所蔵されていた。「ユング博士」と記されていたが、おそらくユングの父か祖父と思われる。ユングは自分の蔵書票を一八八九年、一四歳の時に貼ったという(ローレンツ・ユングからの私信)。

(4) London, 1923. Mind and Earth (1927), CW10, §75を参照。

(5) マハトマ、もしくは師 Masters は、チベットに住む霊的指導者で、神智学の創始者と信じられている。その他の偉大な宗教指導者も師であるとされる。B. F. Campbell, *Ancient Wisdom Revived; A History of the Theosophical Movement*, Berkley, 1980, pp.53f. を参照。ユングの神智学に対する懐疑に関しては、*Types*, CW6, §594 および *Dream Analysis*, pp.56, 60を参照のこと。

(6)《二〇一二年追記》:『黒の書5』によれば、一九一六年一月一六日、ユングの魂は彼に説明した。「私自身が、上方のものと下方のものをつなぐことを通して一つになっていないならば、私は三つの部分に解体していく。蛇あるいはその類のもの、あるいは別の動物の姿になって、自然をデーモン的に生き、恐怖と憧憬とに揺り動かされながら、あちこちをさまよう。人間の魂、それはいつもあなたと共に生きている。天上の魂、その場合は私は天上の魂として神々のもとにしばらくとどまり、あなたから離れて、あなたに知られることなく、小鳥の姿で現れる。この場合、三つの部分それぞれは、独立している」

(*Liber Novus*, p.370；『赤の書』「付録C」四一九頁に再録)。この時期のあるエピソードで「すると、私の魂は分裂して、鳥となった魂はさっと舞い上がって高いところにいる神々のもとへ行き、蛇となった魂は這って低いところにいる神々のもとへ行った」(*Liber Novus*, p.358；『赤の書』「試練」四〇三頁)とユングは記している。

（7）Concerning Mandala Symbolism (1950), CW 9i, §685を参照。

（8）《二〇一二年追記》：ここでユングが言及しているのは下記の会話である。「私「考えはあまりに先走り、私には行きすぎた観念がはばかられます。それは危ういのです。なぜなら、私は一人の人間で、いかに多くの人間が、考えを自分自身のものとみなすことに慣れきってしまい、ついには自分自身と考えを混同するまでになるかをあなたはご存じです」／エ「そのような人間を見ているからといって、彼らと同じ世界に存在しているからといって、木や動物と自分を混同する気か？お前が自分の考えの世界にいるという理由で、自分の考えと同じでなくてはならないのか？木や動物がお前の身体の外にあるように、お前の考えもお前の自己の外にある」／私「わかります。私の思考の世界は私にとって、世界というよりむしろ言葉でした。私は自分の思考の世界のことを、自分のことのように考えていました」／エ「お前の人間の世界や、お前以外の全ての存在に対して、「お前は私だ」と言うのか？」」(*Liber Novus*, p.249；『赤の書』「第一の書」第一〇章「教え」二六〇頁)。

（9）《二〇一二年追記》：*Liber Novus*, pp.251f.；『赤の書』「第一の書」第一一章「解決」二六三頁以下を参照。

（10）《二〇一二年追記》：ユングは次のエピソードを参照している。「十字架の足もとに黒い蛇が絡みついている―私の足にはその黒い蛇が巻きついている―私は金縛りにあったようになり、両腕を伸ばす。サロメが近づいてくる。蛇は私の体じゅうに巻き付いてしまい、私の顔はライオンになっている。／サロメはこう言う。「マリアはキリストの母です。おわかりか？」／私「恐ろしく、訳のわからない力が、末期の苦しみにあられる主を見倣うように私に強いているようだ。けれどもいったいどうして僭越にもマリアを私の母と呼べようか？」／サ「おまえはキリストだ」／私は十字架に架けられた者のように腕を広げて立つ。体にはぎっしりと無惨に蛇が巻き付いている。「サロメよ、私がキリストだと言うのか？」／まるで私は、ひとりで高い山の上に立ち、微動だにせず腕を広げているかのようである。蛇は私の体を恐ろしい輪になって締め付け、私の体からは血が山腹の泉へと流れ落ちる。サロメは私の足もとに身を屈め、私の足を黒髪で包む。彼女は長い間ずっとそうしている。すると彼女が叫ぶ。「光が見える！」と。確かに、彼女は見えている。彼女の目は見開いているのだ。蛇は私の体から落ち、ぐったりと地面に横たわっている。私は蛇をまたいで進み、預言者の足もとに跪く。預言者の姿は炎のように光り輝いている」(*Liber Novus*, p.252；『赤の書』「解決」二六四～二六五頁)。

（11）ここで言及されている、円を伴う地獄の大穴の円錐形は、天球を伴う天国の形を逆にして映し取っているとするダンテの着想である。

（12）ロシアの作家の作品中に、言及されている物語は見いだせなかった。ただし、問い合わせに応じたスラブ語学者たちは、おそらくこれはレオニード・アンドレーエフの「笛 The Whistle」を誤って想起したのだろうという点に賛同している。

（13）ルキウス・アプレイウス『黄金の驢馬』第一一巻。*Symbols of Transformation*, CW 5, §102, n. 51; *Psychology of the Unconscious* (1916), p.496, n.30を参照。

（14）CW 5, §425, and pl. XLIV; *Psychology of the Unconscious*, pp.313f. を参照。《二〇一二年追記》：このエピソードはRichard Noll, Jung the *Leontocephalus*, *Spring*, 53, 1994, pp.12-60で言及されている。ノルの仕事については、Shamdasani, Cult Fictionsを参照。

（15）CW 5, §425 / pl. XLIV; *Psychology of the Unconscious*, pp.313f. を参照。

（16）CW 5, pl. LXIIIを参照。

（17）C. W. King, *The Gnostics and Their Remains, Ancient and Medieval*, London, 1864. ——この本はユングの蔵書にある。

（18）記録には残されていない（ただし、Corrie, *ABC of Jung's Psychology*, p.80にのみ記述があり、コリーはこのセミナーから得たものとして報告している）。一九一〇年二月二〇日、ユングはフロイトへの手紙で書いている。「あらゆる種類のものが、特に神話が、私の中の調理鍋であたためられています。……私の夢はよく語る象徴を大いに楽しんでいるのです」。

（19）Franz Cumont, *Textes et monuments figureés relatifs aux mystères de Mithra*, 2 vols, 1894-1899; *Die Mysterien des Mithra*, 1911 ——キュモンの他の著作と同様、いずれもユングの蔵書にある。ユングのミトラ教への関心は、フロイトとの文通において、一九一〇年にはすでに言及されている。*Freud/Jung*, 199a F / 200 J. を参照。『リビドーの変容と象徴』でも、キュモンは頻繁に引用される。

◆第13講

（1）第一絵画だけが原記録から再現されている。原画は失われている。

（2）ラディンが語ったことについての記録は見つかっていないが、講義の主題はアメリカ中西部に住むネイティブ・アメリカンであるウィネバゴ族の魔除けの儀式についてであったことは明白である。Radin, *The Road of Life and Death: A Ritual Drama of the American Indians*, B. S. V; New York, 1945を参照。ラディンとユングの関係や、ラディンがどのようにして偶然このセミナーに出席することになったのかについては、マクガイアの序文を参照。

◆第14講

（1）ユングが初めてこの夢に言及したのは、新教育財団 the New Education Fellowship の主催により一九二四年にロンドンで行った三回の講義の第三回目であった。初回は五月一〇日で、その頃ウェンブリー郊外で開催された大英帝国博覧会にて、地元の教育団体の会議の一部として行われ、第二回と第三回は、五月一二日と一三日に、ウエストエンドにあるモーティマーストリートホールで行われた（*Times Educational Supplement*, 3, 10, and 17 May, 1924）。これらの講義は、当初ユングによって英語の草稿が作成され、C・ロバーツ・アルドリッチにより原稿の修正がなされた。三つの講義は初めにドイツ語で出版（一九二六年）された後、H・G・ベインズとカリー・F・（デ・アングロ）ベインズにより（当該講義以外のものも含めて）翻訳され、*Contributions to Analytical Psychology*（1928）として英語で出版された。ここで論じられている夢については、Analytical Psychology and Education, CW17, §208を、さらなる詳細についてはArchetypes of the Collective Unconscious (1934), CW9i, §§71ff.を参照のこと。

◆第15講

（1）H. Rider Haggard, *She*, London, 1887; Pierre Benoit, *L'Atrantide*, Paris, 1920; Gustav Meyrink, *Das grüne Gesicht*, Leipzig, 1916. セミナー後の著作にも、ユングはアニマの最重要な例として、『彼女』と『アトランティード』を頻繁に引用している。ユングが初めて『アトランティード』を手にしたのは、一九二〇年三月のアルジェリアとチュニスへの旅行の時と思われる。*Word and Image*, p.151を参照。

（2）Marie Hay, *The Evil Vineyard*, New York and London: G.P.Putnam's Sons, 1923. オナラブル・アグネス・ブランシュ・マリー・ヘイ（一八七三〜一九三八）はイギリス女性で、ドイツの外交官ヘルベルト・ベネッケンドルフ・ウント・フォン・ヒンデンブルクと結婚した。彼女の著作には、スイスの詩人であるゴットフリート・ケラーの評伝もある（一九二〇）。ヘイ、ハガード、ブノアの小説へのコメントは、Mind and Earth (1927), CW10, §§75-91を参照。このセミナーでの発表内容と議論については、後出の、第16講への補遺を参照。

（3）機能タイプに関するユングの理論は、*Types*, chapter 10に典型例が提示されている。

（4）図の中では「個人 individual」となっている。

（5）ここではわかりやすくするために強調を加えている。この段落はCorrie, *ABC of Jung's Psychology*, pp.29f.に引用されている。

◆第16講

（1）ユングがこの事例を初めて、またより詳細に提示しているのは、一九二四年にロンドンで行われた一連の講義においてである。本書第14講の注1を参照のこと。Analytical Psychology and Education, CW17, §182; Basic Postulates of Analytical Psychology (1931), CW8, §685; The Tavistock Lectures (1935), CW18, §282を参照。

（2）《二〇一二年追記》：カベイロイはサモトラケ島の秘儀において祝福されていた神格である。それは豊穣の促進者であり船乗りの守護者であると考えられていた。ゲオルグ・フリードリッヒ・クロイツァーとフリードリッヒ・シェリングはカベイロイを他のあらゆるものがそこから展開したギリシア神話の原初の神格であると考えていた（Georg Friedrich Creuzer, *Symbolik und Mythologie der alten Völker*, Leipzig: Leske, 1810-23; Friedrich Schelling, *The Deities of Samothrace* (1815), interpreted and trans. R. F. Brown, Missoula, MT: Scholars Press, 1977）。ユングはこの二つの著作とも複写本を所有していた。またカベイロイはゲーテの『ファウスト』第二部第二場面にも登場し、『赤の書』にも姿を見せている（*Liber Novus*, pp.306, 320f., 326f.）。

（3）ユングが取り上げているこの部分の出典は、彼の蔵書にもあるKnud Rasmussen, *Neue Menschen; ein jahr bei den nachbarn des Nordpols*（1907）か、あるいはRasmussen, *Across Arctic America*（1927）の可能性もある。後者は、ユングが*Dream Analysis* (1928), pp.5f. に取り上げている。

（4）講義記録の誤りであると思われる。おそらく〔"though"ではなく〕"enough"であろう。

（5）講義記録の脚注：この講義との関連で混乱する点が多くあったため、ユング博士がこの後に続く補遺だけでなく、補足資料もこの記録に付け加えた。

（6）《二〇一二年追記》：一九二一年にユングは次のように記している。「もし心が考えに生きた価値を与えることができなければ、そもそも考えとは何なのであろうか。またもし心が事物から感覚的印象の影響力を奪い取るなら、事物にはどのような価値があるのだろうか。もしそれがわれわれの中の現実でないならば、実際には現実と言えないであろう。生きた現実は事物の実際の客観的なあり方のみによっても、定式化された考えのみによっても与えられるのではなく、むしろ両者が生き生きとした心理学的過程の中で統合されることによって、すなわち魂内存在を通して、与えられるのである」（*Types*, CW6, §77）。

（7）どの本を担当するかの割り振りに関しては、前述の第15講（一週間前に行われた）を参照。

（8）「英米作家叢書 Collection of British and American Authors」は、ヨーロッパ大陸で売ることを目的にドイツの商会によって（英語で）出版され、合法的にはアメリカやイギリスの領土内に持ち込まれなかった。

（9）ヘンリー・ライダー・ハガード卿（一八五六～一九二五）は一八七五年から一八八〇年までナタールの総督の秘書として南アフリカで働き、その後イギリスに戻ってイギリス人女性の遺産相続人と結婚した。恋愛小説で名声と富を得た。

（10）一九一四年、ロンドン。ブラックウッド（一八六九～一九五一）は超自然的題材に関する多くの短編小説を執筆した。彼の著作はしばしばグスタフ・マイリンクの著作と比較される。

（11）表現派の画家で作家であるアルフレート・クービンは、シュミッツの妹と結婚した。ユングは彼の小説『反対側 *Die andere Seite*』（一九〇九）を「無意識過程の直接的な認識の古典的な例」として引用した（*Jung: Letters*, vol. 1, p.104: 19 Nov. 1932）。

（12）カリクラテス。紀元前五世紀のギリシアの建築家ではなく、『彼女』に出てくる人物。

（13）Haggard, *Ayesha, or the Return of She*, 1895.

（14）スコットは一八一一年にアボッツフォード邸を購入し、一八一四年にウェイヴァリー小説集の第一作を出版、一八二六年に破産の憂き目にあった。

（15）アーサー王伝説における聖杯探求の英雄パーシヴァル、パルツィファル、もしくはパルジファルは、ユングにとってヴォルフラム・フォン・エッシェンバッハの詩とワーグナーの歌劇を通じて親しんできたものであっただろう。ユングはエッシェンバッハの詩もワーグナーの歌劇もさまざまな形で引用している。（一九〇八年一二月のフロイトへの書簡の中でパルジファルについて仄めかしている（*Freud/Jung*, 117）ほか、一九一二年の『リビドーの変容と象徴』では聖杯に言及している。その他、*Psychology of the Unconscious*, Ch. 6, n. 36; CW5, §150, nn. 577, 60を参照。また、*Types*, CW6, §§371ff. も参照）。エンマ・ユングは当講義が行われた年に聖杯伝説の研究を始めたようである。一九五五年のユング夫人の死によって未完に終わった研究を、フォン・フランツが序文を書き（p.7）、完成させた（Marie-Louise von Franz, *The Grail Legend* (1960), trans. Andrea Dykes, New York and London, 1971）。フォン・フランツによれば、ユングは妻の関心に敬意を表し、聖杯伝説と錬金術の関連についての研究には着手しなかったそうである。《二〇一二年追記》：パルジファルは『赤の書』にも登場する（*Liber Novus*, p.302）。

（16）一五世紀。通常カステッロ・ディ・フェッロと呼ばれ、マッジョーレ湖畔に位置するロカルノの郊外、ミヌジオにある。*Kunstdenkmaler der Schweiz*, vol. 73, Basel, 1983, pp.219ff. を参照。

（17）ベーコンは若い頃ニカラグアに住んでいた。ベーコンの自伝、*Semi-centennial*, New York, 1939を参照。

（18）ロレトの連禱（一六世紀）とも呼ばれる。このテキストと分析については、*Types*, CW6, §§379, 390ff., 406を参照のこと。

（19）原稿には「アトランティード Atlantide」と表記されている。

（20）原稿には「一つのモラル a moral」と表記されている。

（21）このセミナーの六年前に献堂され、強力な宗教的象徴性を伝えている、パリ、モンマルトルのサクレ・クール寺院か、あるいは聖心 Sacred Heart に対するローマ・カトリックの信仰かの、いずれか。

（22）ウィリアム・ジェイムズからユングが引用している言い回し。A Contribution to the Study of Psychological Types (1913), CW6, §867を参照。

（23）エンマ・ユングは一九三一年一一月に、チューリッヒの心理学クラブにて、アニムスの問題について講義をした。この小論は出版もされている。Emma Jung, Ein Beitrag 2um Problem des Arums *Wirklichkeit der Seele*, Psychologische Abhandlungen 4, Zurich, 1934 ; trans. C. F. Baynes, On the Nature of the Animus, *Spring*, 1941; *Animus and Anima*, New York, 1957, pp.1-44.

訳注

*訳注内にある参照図版は、二二五〜二二七頁にまとめて掲載しています。図版のカラー版は、創元社ホームページ内の本書の紹介ページに貼られたリンクからもご覧いただけます

序文訳注

◆序文　ソヌ・シャムダサーニ

*1　まえがきに登場し、本セミナー参加者でもあるジョーン・コリーのこと。

*2　後にTATを開発するマレーは、共同開発者のクリスティアナ・モーガンからユングの著作を紹介され、この年、ユングに会いに来ている。

*3　本文には、この位置に唐突に「15」という数字がある。編集時に、「CW15（全集第15巻）」の意味で加えられた可能性があるが、単なる誤植とも考えられる。

*4　ヘルマン・カイザーリンク伯爵（一八八〇〜一九四六）。ドイツの哲学者。世界各地を旅して回り、一九一九年に出版した『哲学者の旅日記』はドイツにおいてベストセラーとなった。その後、ダルムシュタットに「知恵の学校」を創立し、生と知の統合、魂と精神の統一の実現を理想とした。

*5　カリー・ベインズが投函しない手紙の形式で書いた文章。

*6　チョーンシー・グッドリッチ（一八八一〜一九四〇）はアメリカにおける分析心理学の発展に寄与した人物の一人であり、一九二〇年代初めにユングの分析を受けていた。

*7　ユングの古くからの友人であり法律家。一九二〇〜一九二一年にかけてチューリッヒ心理学クラブの代表を務め、一九四八年没。その妻エリカは、トニー・ウォルフの分析を受け、同クラブの初代図書館司書を務めた。

*8　アルフォンス・メーダー（一八八二〜一九七一）は、スイスの精神科医であり、オイゲン・ブロイラーやユングの助手を務めた。

*9　ハンス・トリュープ（一八八九〜一九四九）は、精神科医であり、オイゲン・ブロイラーの助手を務め、後にユングの分析を受けている。一九二一〜一九二四年にチューリッヒ心理学クラブの代表を務める。妻はスーザン・ウォルフで、彼女はトニー・ウォルフの妹にあたる。一九二〇年代以降はマルティン・ブーバーと親交を深め、ユング心理学からは離れた。

*10　第二層とは、『赤の書』でのヴィジョンに対するユングの解説／対話を指している。このセミナーに記されているものは、その単なる焼き直しではなく、ヴィジョンとの対話を通じて現れてきた第二層というユングの心理学概念を、もう一度その

発生源と結びつけて解説しているという意味で「第三層」と呼べるということ。

＊11

＊12　自伝の経緯については、Shamdasani, *Jung Stripped Bare: By His Biographers, Even*, London: Karnac, 2005を参照のこと。

◆一九八九年版への序文　ウィリアム・マクガイア

＊1　ロンドンの精神分析協会の初期のメンバーだったが、その後ユングの熱烈な信奉者となった。

＊2　マリア・モルツァー（一八七四〜一九四四）はオランダ人で、当初は看護師だったが、後にユングの分析を受けて分析家になった。詳しくは、Shamdasani, *Cult Fictions: C. G. Jung and the Founding of Analytical Psychology*を参照。

＊3　チャールズ・K・オグデン（一八八九〜一九五七）はイギリスの心理学者で、言語論を心理学的に分析した。

＊4　ブロニスワフ・マリノフスキー（一八八四〜一九四二）はイギリスの人類学者であり、ニューギニア東部のトロブリアンド諸島でフィールドワークを行い、優れた民族誌を著し、人類学の調査方法に大きな影響を与えた。

＊5　ウォルター・リップマン（一八八九〜一九七四）はアメリカのジャーナリスト。元『ワールド』紙主筆で、一九五八年と一九六二年にピューリッツァー賞を受賞している。

＊6　サイモン・フレクスナー（一八六三〜一九四六）はアメリカの病理学者で、赤痢菌の一種であるフレクスナー菌を発見した。また野口英世と蛇毒に関する共同研究を行った。

＊7　ウィリアム・C・ブリット（一八九一〜一九六七）はアメリカのジャーナリスト、小説家、外交官であり、ソ連に初めてアメリカ大使として派遣された。

＊8　ロバート・リー・フロスト（一八七四〜一九六三）はアメリカの詩人でピューリッツァー賞を四度受賞している。

＊9　ウィラ・ギャザー（一八七三〜一九四七）はアメリカの女流作家。一九二三年にピューリッツァー賞を受賞。

＊10　ウィリアム・アランソン・ホワイト（一八七〇〜一九三七）はアメリカの精神科医であり、彼の名を冠したウィリアム・アランソン・ホワイト研究所は精神分析や心理療法の訓練施設として著名である。

＊11　ポール・ロブスン（一八九八〜一九七六）はアメリカの俳優であり公民権運動で活躍した。

＊12　ヘンリー・ルイス・メンケン（一八八〇〜一九五六）はアメリカのジャーナリスト・批評家であり、アメリカン・イングリッシュの研究者としても著名である。

＊13　タオス・プエブロの村長、オチウェイ・ビアノのこと。「白人は頭で考えるというのだから、狂っている。われわれは心臓heartsで考える」とユングに語るエピソードがある（自伝p.276、邦訳第二巻p.68）。なお同じエピソードがHistory of Modern Psychologyでは、「われわれは腹部stomachsで考える」と語られている（p.45, 2019, Princeton University Press）。

＊14　一九四四年、ラディンはボーリンゲン財団から年間三〇〇〇

ドルの助成金を五年間受け取ることを認められ、一九四五年に*Rord of Life and Death*（Bollingen Series, 5, New York: Pantheon Books）を出版している。

＊15 ルイス・M・ターマン（一八七七～一九五六）はアメリカの心理学者で、一九一六年に知能検査の「スタンフォード改訂ビネー検査」を作成したことで著名である。

＊16 本文九頁にあるように、原注22でマクガイアによって言及されている『ユング心理学ＡＢＣ』への引用は、実際にはスワネージでのセミナー記録からの引用であり、本書には掲載されていない。

＊17 全米家族計画連盟。人工妊娠中絶や避妊薬の処方を推奨する団体。

＊18 メリーランド州ボルチモアに本部を置くアメリカの私立大学であり、世界屈指の医学部と病院を有することで著名。

＊19 オルガ・フレーベ＝カプテイン（一八八一～一九六二）はオランダに生まれ、スイスにエラノス財団を設立し、一九二〇年代からエラノス会議を開催したことで知られる。

＊20 ジェーン・ホイールライト（一九〇五～二〇〇四）とジョセフ・ホイールライト（一九〇六～一九九九）はユング派分析家。一九三〇年代にチューリッヒにてユングとウォルフから学び、一九四一年からサンフランシスコで分析を実践した。

＊21 もともと精神的に不安定だったルチア・ジョイスは、父の弟子のサミュエル・ベケットとの恋が破れたのち、一九三三年にサナトリウムに入院し、一九八二年に亡くなるまで入退院を繰り返している。

本文訳注

◆第1講

＊1 ドイツの哲学者（一七八八～一八六〇）。世界とは「わたしの表象」であり、主観である意志に対応する客観としてのみ、世界が存在すると考えた。またカントの「物自体」とは、実は意志そのものであり、それは「生きんとする盲目的意志」であり、満たされない欲望を追求するために、生とは苦痛である、とも考えていた。

＊2 ドイツの哲学者（一八四二～一九〇六）。ショーペンハウアーの「盲目的意志」とヘーゲルの「理性」を結びつけた「無意識者」を万有の根源とする立場を主張した。

＊3 ここでは、リビドーや心的エネルギーが、形を取らない単なるエネルギーの流れであるという物理的エネルギー論と明確な相違を述べ、それが必ずイメージになり、形を見いだすことを若きユングが明示している。

＊4 影・アニマ・アニムス・老賢者・太母などの「人格化」と、夢遊病的な人格の現れは、基本的に同じ「人格化」であると考えられることになる。無意識が人格化するのは、そもそも現在の人格を交替させようとして、心が運動しているからということになる。

＊5 ここではact outという表現が使われている。精神分析で禁止されている行動化acting outと異なり、ユングの分析は、人格

の枠を越えて行動 act out を起こさせることを通じて、新たな人格の可能性を作動させようとしているとも言える。

＊6 早発性痴呆 Dementia Praecox はエミール・クレペリンによって提案された疾患単位。後に、ユングが師事したオイゲン・ブロイラーの提案した用語である統合失調症 Schizophrenia に名称が変わる。

＊7 後年のユングの思想では、この無意識の中にある精神は、魂あるいは魂を示すアニマへと変遷していくと考えられる。

＊8 ユングは『赤の書』において、ニーチェの『ツァラトゥストラ』に倣って「第一の書」を著している。

＊9 原文では insame asylum となっている。時代背景を考えると、これはいわゆる精神病院ではない。むしろ収容所に近いもので、直訳すれば「狂人収容所」となるだろう。治療施設と言うよりは、収容施設に近いためこの訳語を選んでいる。ドイツ語の訳書では Irrenanstalt となっている。他に、「狂人保護院」という訳語が当てられることもあり、現代口語では「アサイラム」と言われることもある。

＊10 ドイツおよびオーストリアの精神医学者で、多くの著書がある。性的倒錯について扱った『性的精神病理』（一八八六）が主著である。なおユングの蔵書にはクラフト＝エビングの精神医学の教科書がサインと読書年が付されて所蔵されている。図版Aを参照。

◆第2講

＊1 「治療者の外側からの働きかけは、それが治癒や適応を目指したものだったとしても、無意識に含まれた可能性を無にしてしまう可能性がある」というこのユングの発言は、ユング心理学の根幹の一つであり、自我の水準から魂の水準への転換を促す。

＊2 魂の内にあるもの、すなわちイデアと、それが形作る似姿との呼応する様子がプラトンの『国家』に記されている。ユングは、ここで元型と似姿とが呼応し相応じていることに重きを置いて論じている。また、プラトンは美に関して、ある美しいものがあるとすれば、それは美のイデアを分有するからこそ美しいのであって、それ以外の原因によって美しいわけではないと考えた（『パイドン』）。

＊3 「もつれをほどいてしまうことで可能性を失う」というテーゼとは正反対のことを言っているようにも見えるが、ユングがしばしば引用する偽デモクリトスの言葉を思い起こさせる。「自然は自然を享受し、自然は自然を支配し、自然は自然を凌駕する」。たとえば GW13, §198.

＊4 マルティン・ルター（一四八三～一五四六）の宗教改革は、その時代のカトリックの規準に照らし合わせれば、犯罪的なほどに規準から逸脱していたということ。ルターは一五一七年にローマ教皇による免罪符の販売に反対して九十五箇条の論題を発表したことを皮切りに宗教改革運動を行ったが、その後教会を破門され、帝国から追放されることとなった。

＊5 つまり、「無意識と世界の関係に関する観点がどのように修正されたのか」と言えば、まず知性でそれに取り組むことを止

めて、次に無意識の中には世界をより良く知っている者がいることを知り、さらには、世界の本質を知るために無意識を信頼し、無意識に身を委ねることが肝心だと知って行動することになる。これは、ユング心理学の基本的な態度の一つであるだろう。

＊6 古代エジプト文明では、身分の上下にかかわらず誰もがエンバーミング（死体防腐処理）を行わなければならなかった。ナイル河が氾濫した際に大量の遺体を飲み込むことで伝染病が発生することを防ぐ目的もあったが、宗教的には死者の魂がいずれ肉体に帰ってくると考えられていたためである。

◆第3講

＊1 『ユング自伝』では、内なる第二人格の声に諫められて思い直したとある。

＊2 ヨセフ・ブロイアーはアンナ・Oの主治医であり、ユングの師事したオイゲン・ブロイラーとは別人である。

＊3 無意識が同時に二つの傾向を持っているということ。つまりは、光と闇、善と悪などの対立が一つの根から発しているということ。ユングの後のシジギー概念や、対立物の概念に発展していくもの。

＊4 この数節で語られているセクシュアリティとスピリチュアリティについて、ユングはこの二つの概念を対比的に論じているため、それぞれカタカナ表記として対であることを明示した。この二つの概念の対比は、フロイトとユングの心理学の関係としても重要であろう。

＊5 第2講のシュピッテラーに関する議論を受けていると考えられる。

＊6 原注にある英訳版『リビドーの変容と象徴』のことであり、Two Essays の一つ『無意識の心理学について *On the Psychology of the Unconscious*』（CW7）のことではない。シャムダサーニの序文によれば、ヒンクルの翻訳にユングは不満を抱いていたようである。

＊7 キリスト教会建築で多用される、アーチ形の天井。

＊8 ここでは「ファンタジーを巡らす make fantasies」ことが、「発掘する make excavations」ことに直接的にたとえられている。ファンタジーは、ユングにとっては、心の中で何かを思い巡らすことではなく、実際に手足を動かして穴を掘ること、発掘することにつながっていく。

＊9 病院を辞めたのは六月で、それ以後は自宅での診療をしている。アメリカ旅行は九月である。

＊10 ギリシア神話に登場する上半身が人間で、下半身が馬の種族の名前。

＊11 ギリシア神話に登場する下級女神のこと。山や川や森に宿り、それらを守っているとされる。

＊12 ギリシア神話に登場する半身半獣の精霊のことで、ローマ神話ではギリシアの牧羊神であるパンと、しばしば同一視された。

＊13 『ユング自伝』では、原注23で触れているように、不思議な放

散虫の夢から自然科学に対して惹きつけられる様子が描かれているが、もう一つ、先史時代の動物の骨を掘り当てる夢からも、自然科学に興味を抱かされたとされている。

*14 原注にあるユングの献辞が記されたフロイトの蔵書。書籍の表紙になぐり書いたようなドイツ語の筆跡で献辞がある。図版Bを参照。

*15 矛盾するリビドーに加えて、第1講のショーペンハウアーに関する議論をも受けていると思われる。また周知のとおり、フロイトも後年、〈死の欲動〉〈タナトス〉としてユングと同様の考え方をその心理学の中に位置づけていく。

◆第4講

*1 「超越機能」論文はCW8に所収。これは本セミナー以前の一九一六年に執筆されていたが、一九五三年までは草稿のままで読み継がれ、公的には出版されずにいた。その後一九五七年に英訳版がやはり私家版として印刷されるものの、公に上梓されるのは一九五七年まで待たねばならなかった。

*2 ここに語られている機能functionという概念に改めて注目してみると、超越機能も、タイプ論の四つの機能と同様に、機能という概念で表されていることになる。超越機能というこの機能は、四つの機能を仲介し超越する動きとして現れてくることになる。

*3 英雄神話／hero神話は、意識の展開の神話的な表現としてユング心理学では大きな役割を果たしている。「英雄」という日本語と、heroという英語表記が内包しているものには多くの差異があると考えられるが、特にheroとは、神と人との間に位置するものであり、これからの人間の新しい姿を提示するものである点に大きな違いがあろう。通常の人間の勇敢で大胆な姿ではなく、新しい人間のあり方を生み出そうとする生成状態の存在がhero／ヒーローであると考えられる。

*4 テオドア・フルールノワ（一八五四～一九二〇）はスイス・ジュネーブ大学心理学講座の教授であり、霊媒の研究である『インドから火星へ』（一九〇〇）を出版している。ユングの『いわゆるオカルト現象の心理と病理』はフルールノワの本からの影響を受けて執筆された。

*5 生み出されたものが生み出したものと戦う、というテーマは、『変容の象徴』はもちろん、ユングの著作のさまざまな箇所に見られる。たとえば、自然に関する偽デモクリトスの公理「自然は自然を享受し、自然は自然を支配し、自然は自然を凌駕する」（CW9i, §234）などに見られるユングの基本的な思想である。

*6 田中嫺玉訳『バガヴァット・ギーター』では、「幻影」に「マーヤー」（一二五頁）とルビがふられ、井筒俊彦が引用している『バガヴァット・ギーター』の一節では、「幻力」に「マーヤー」とルビがふられていることを参考にし、ここでも「マーヤー」のルビをふった（井筒俊彦「文化と言語アラヤ識」『意味の深みへ』岩波書店、一九八五、六二頁）。

*7 ヘタイラhetaeraは、古代ギリシアの教養のある売春婦、高級

娼婦のこと。

＊8　cocotte は現代の高級売春婦のこと。

＊9　mental machinery は、心の仕掛とも言い換えられる。「機械仕掛け」などと使われる用語でもあり、盲目的に従っているパターンを指している。一方で、deus ex machina や epic machienery のように、突然侵入してくる超越的な力や超自然的な力の仕組みを表すこともある。

＊10　イメージに関心を向けて能動的に関わるというアクティブ・イマジネーションのことを指していると思われる。

◆第5講

＊1　道具 tools とは本文〇二九頁で触れられているファンタジー活動のことを指していると考えられる。

＊2　タパス tapas とは苦行のこと。ヨーガで適切な食事、休息、運動、瞑想などによって肉体を調整し、創造力を最大にする行。

＊3　「この二千年間、キリスト教会はこれらの〝夢や神の声といった超自然的なものの〟影響と人間との間にあって、仲介的で保護的な機能を引き受けていることにわれわれは気づく。……プロテスタンティズムは教会が注意深く打ち建てた壁を引き倒してしまったので、個人的な啓示の持つ解体的で教会分裂的な効果を直接的に体験し始めた」（CW11, §§32f.）とユングが言っているように、カトリックの教義は無意識に対する守りであり、同時にその関係の妨害であると見なされていた。

＊4　梅毒起因の失調・麻痺。

＊5　*The Devil's Elixir*（ドイツ語 *Die Elixiere des Teufels*）は、原注とは異なり実際には一八一五年に発行されている。邦訳は『悪魔の霊酒』（深田甫訳、筑摩書房、二〇〇六）など多数ある。*The Golden Pot*（ドイツ語 *Der goldne Topf*）は実際には一八一四年に発行されており、こちらも邦訳は『黄金の壺』（神品芳夫訳、岩波書店、一九七四）など多数存在する。

＊6　エドガー・アラン・ポー（一八〇九～一八四九）はアメリカの詩人、批評家、小説家。著作として、『モルグ街の殺人』『黒猫』等々。

＊7　夕刻が昼と夜の境目として、霊に出会う逢魔が時であるのは日本でも有名だが、それと同様に、南国において正午は、太陽が天頂の境目に位置する時であるため、やはり霊が徘徊する時間であるとされる。いずれも境に入り込んでいる時間であり、越境する時間である。

＊8　マイスター・エックハルトは異端告発を受け、その思想は彼の死後に異端と宣告されたが、後に再評価された。

＊9　一三一四年に建設され、当時はフィレンツェ共和国の政庁舎として使用され、現在でもフィレンツェ市庁舎として使用されている。荘厳な外観とは対照的に、ルネサンス美術品が多数収蔵されている内部は豪華絢爛なものである。

＊10　ヘルメス・トリスメギストスがエメラルドの板に刻んだとされる、一二の錬金術の奥義の碑文。碑文自体の実物は存在せず、アラビア語からラテン語に訳された写本があるのみである。

＊11　伝説的な錬金術師で、錬金術の始祖だとされる。ギリシア神

話のヘルメスとエジプト神話のトートとがヘレニズム時代に習合して生まれた。トリスメギストスは「三重に偉大な」という意味だが、その由来は諸説ある。

＊12 原注ではthe *Tabula* and Hermesとなっているが、CW5ではthe *Tabula* smaragdina of Hermesとなっている。

◆第6講

＊1 メアリー・エスター・ハーディングは、*Woman's Mysteries: Ancient & Modern*（樋口和彦・武田憲道訳『女性の神秘』創元社、一九八五）の著者。

＊2 ちょうどこの時期、一九二五年一月にムッソリーニが独裁宣言し、七月にヒトラーの『我が闘争』第一巻が出版されている。

＊3 マタイによる福音書二四：一五以下の、終末についての記述「預言者ダニエルの語った荒廃をもたらす憎むべきものが、聖なる場所に立つのを見たら――読者は悟れ――」（日本聖書協会『聖書　聖書協会共同訳』（新）四六頁）を下敷きにしていると思われる。

＊4 いわゆるカントの物自体Ding an sichのことであり、超越性に理性は届きえないということ。

＊5 ミトラ教の礼拝は、地下で行われたようである。『変容の象徴』には「ミトラの聖域は可能であれば地下の洞窟に置かれたが、しばしばイミテーションの洞窟もあった」（CW5, §577 n.141）とある。

＊6 『赤の書』に描かれたこの夢の場面。カラー口絵4を参照。

＊7 アンリ・ルイ・ベルグソン（一八五九～一九四一）はフランスの哲学者で、分析的な思考方法ではなく、内的認識や哲学的直観の優位性を説き、生命の流動性を重視する生の哲学を唱えた。

＊8 当時、原子は直列に結びつくと考えられていた。しかしケクレは夢で円を見て（錬金術的な象徴であるウロボロスの夢は特に有名）、炭素は環状に結びつくのではないかと考えた。これによって有機化学は飛躍的な発展を遂げる。なお、ベンゼン環の発見に先立つ一八二八年、フリードリヒ・ヴェーラーが尿素を合成し、人類史上初めて有機化合物の合成に成功し、当時の生命観を一変させた。

◆第7講

＊1 何も刻まれていない石版のこと。無垢の基盤を意味する。

＊2 原注1で言及されているティッセン＝ボルネミッサ美術館は、スペインのマドリードにある美術館で、一九二〇年代にスイス人美術収集家のハインリヒ・ティッセン＝ボルネミッサ男爵が買い集めたコレクションがもととなっており、後年にそれをスペイン政府が買い取った。また、ヴィラ・ファヴォリタは当時のハインリヒの私邸である。

＊3 当該絵画ではないが、フュースリーの絵画を紹介する。「目覚めると妖精に囲まれていたティターニア」（一七九四）。図版Cを参照。

＊4　一九世紀イギリスを代表する風景画家。同時代には他にウィリアム・ターナーがいる。図版Dを参照。画像は「跳ねる馬」（一八二四年頃、ロンドン王立芸術院蔵）。

＊5　羊飼いを象徴とする、田園生活の素朴で幸福な生活を描いた短い詩のことで、貧困に関連した現実的な側面は無視する傾向がある。

＊6　ヴィクトリア女王がイギリスを統治していた一八三七年から一九〇一年の間のこと。産業革命を背景としたイギリスの黄金期であり、感傷、過度の上品さ、礼節の洗練などが特徴とされる。

＊7　デュシャンの出世作と言われる絵画（カラー口絵2）。この展覧会での成功の後、彼は一九一五年にアメリカに移住する。またこの展覧会アーモリー・ショーは国際現代美術展として歴史に名を残す展覧会であり、アメリカの現代美術興隆の大きなきっかけとなった。デュシャンの作品を評して、アンリ＝ピエール・ロシェは「彼の最も美しい作品は彼の時間の使い方である」と言い、それに答えてデュシャンは「たぶんね。でも結局のところ、それはどういう意味なのだろう。そして後に何が残っているのかね」と言ったという。空間芸術に時間芸術を持ち込んだという意味では、絵画を演劇化した作家であるとも言える。それは、夢の分析を行うユングの分析の姿勢と近似することにもなる。

＊8　プラトンは、出来事が心の蜜蝋に影像eidolonとして刻印され、それをもとにして記憶が発生すると考えていた。記憶しておきたいと望むものがあれば、その固まりを感覚や着想に押し当てて、そこに形を写しとる。印刻が成功したものはすべて、そのものの影像が蜜蝋に残されている限り、記憶され、知識となる。

＊9　しかし、二一世紀の現代において、この傾向は再び逆転している。現代アートは、その活動の多くをソーシャル・エンゲージド・アートに置いている。それは現実社会に積極的に関わり、人々との対話や協働のプロセスを通じて、何らかの社会変革をもたらそうとするアーティストの活動である。一九世紀の外界に価値を見いだす動きが、二〇世紀の内界に価値を見いだす動きに取って代わられ、それが現代の二一世紀では、外界を批評し変革する動きとなっていくとも言える。しかし、それは内界の価値を包摂しながらも低下させる動きともなっているだろう。

＊10　カトリックの儀式はすでに形骸化していて、それにもかかわらず、無意識的なものをいたずらに弄ぶことで、本来の無意識の躍動性を奪ってしまっているということを指していると思われる。

＊11　ノートルダム寺院の笑顔の天使の彫刻。図版Eを参照。

＊12　クラーナハ作のルターの肖像画（一五二八）。図版Fを参照。

＊13　古典的には統合失調症の一亜型とされる。ここでは環境と無関係に冷たい表情をとり続けるその特徴を指して言っていると思われる。「洗礼者ヨハネの首を持つサロメ」（クラーナハ作、一五三〇年頃）、図版G参照。

＊14 ダヴィンチのモナリザ（一五〇三年頃）とデュシャンのLHOOQモナリザ（一九一九年頃）。図版H・I参照。

＊15 ドイツ連邦共和国ミュンヘン市の彫刻館Glyptothek所蔵の彫刻。古代的な笑顔の例示。図版J参照。

＊16 ユングの時代の現代アートは、再び内的なイメージへ向かい、その内側において、内的な統一性と多様性の弁証法に向かう。外側に向かう多様性は、相互排除を生み出す戦争や抗争を生み出すことにもなった。そうした多様性は、実は多様性の実体化／固定化であり、多様性の相互浸透を生み出さない。内面における多様性は、自分の内側において相互浸透させる以外には、自己分裂を来すことになるため、多様性と統一性の弁証法的運動を生み出し続けることになる。

＊17 ドイツの英雄叙事詩『ニーベルンゲンの歌』の主人公で、北欧神話ではシグルズと同一視される。竜を殺した際にその血を浴びて不死身となったが、唯一の弱点である背中を突かれて死ぬ。ワーグナーは素材を『エッダ』などの神話に求め、自由な創作を加えて二六年をかけて『ニーベルンゲンの指環』を完成させた。

＊18 ギリシア神話における最大の英雄。ゼウスとアルクメーネーの子で、一二の功業を行った。

＊19 ユングは感情による評価appreciateを、思考による理解understandと対になるものとして使うことが多く、ここでも無意識にあって劣等だった感情が評価していなかったものが、ジークフリートであることを表現している。

◆第8講

＊1 もちろんドイツ語には、Gefühl（感情）やFühlen（感情）や外来語のEmotion（情動）という表現も備わっているが、ここではEmpfindungという言葉が、感情と感覚の二つの意味を持っているため、感情と感覚がうまく区別されないことを話題にしている。

＊2 古代ギリシアの哲学者であるピタゴラス（紀元前五八二～四九六）が創設したとされるピタゴラス学派の一人であるフィロラオス（紀元前四七〇～三八五）は、宇宙の中心に炎があり、その周りを地球と「対地球」が回ると考えた。

＊3 censer、別名thurible。キリスト教の礼拝に用いられる鎖付きのつり下げ型香炉で、中に乳香を入れて焚く。吊り香炉または振り香炉とも呼ばれる。

＊4 dynamicは精神分析の文脈では「力動的」が定訳だが、ここでは語源であるdynamisの意味合いが強いため、「潜勢的」としている。まだ表面には現れていないが、心の内側にあり、活動している状態を指す。

＊5 couleurはフランス語で「色」、複数形で「国旗」の意味もある。複数色の花が国旗に見立てられていたと推察される。

＊6 病識のない精神病患者に自分が病気であることを理解してもらうことが、現代の一般的な治療の方策の一つだが、ユングがここで提案しているのは、むしろ患者が病気ではないということを理解することで状態が変わっていく事例があるとい

うことである。潜勢的原理が動き出し、今までの優越機能を凌駕しはじめたのを知ることが肝要だということ。

＊7　旧約聖書に登場する預言者。エリヤとはヘブライ語で「ヤハウェは我が神なり」の意味で、他の宗教祭司と対決し、ヤハウェのみが神であることを示した。新約聖書では、イエスが高い山において白く輝く姿を弟子たちに示した際に、モーセとエリヤがその傍に居たとされている。エリヤは、キリストのさきがけである点と、死を見ず死して昇天した点の二点においてきわめて特徴的な預言者である。

＊8　新約聖書に登場する女性で、ユダヤ王ヘロデの姪であり、王の宴席で踊り、その褒美としてバプテスマのヨハネの首を求めてそれを得た。オスカー・ワイルドによる戯曲が一八九三年にパリで出版された。

＊9　ハーマン・メルヴィル（一八一九～一八九一）アメリカの作家。代表作『白鯨』など。原注で紹介されている『マーディ』は、捕鯨船から脱走した青年が不思議な乙女を追いかけて数々の島々を遍歴する寓意小説。

＊10　サー・ヘンリー・ライダー・ハガード（一八五六～一九二五）イギリスの作家。心霊学に凝っていた両親のもと、幼少期に心霊実験の集会によく出かけていたという。

＊11　グスタフ・マイリンク（一八六八～一九三二）。オーストリアのファンタジー文学作家。

◆第9講

＊1　聖霊降臨（ペンテコステ）は新約聖書に出てくる逸話の一つで、イエス・キリストの復活後五〇日目に、集まった使徒たちの上に聖霊が降臨し、異国の言語を話す能力を奇蹟的に授かる。この主題はさまざまな美術作品に見られる。

＊2　このルターの葛藤に関しては、ドイツのユング派分析家W・ギーゲリッヒ「マルティン・ルターの「試練」と神経症の発明」『神話と意識』日本評論社、二〇〇一に詳しい。

＊3　「シラーのときと同じくニーチェのときも、宗教的観点は完全に無視されていて、審美的なものが取って代わっている」（CW6, §231）とユングは記している。

＊4　ヴィクトリア朝時代の中産階級で重んじられた、〈清貧〉と〈純潔〉を旨とする生活様式のこと。精神分析運動が性を前面に押し出したことで、この生活様式に大きな影響を与えたと考えられている。

＊5　二世紀頃のプラトン哲学者であり、ローマ時代の唯一現存する小説『黄金のロバ』（正確には『変身物語』）の作者。この物語は主人公ルキウスが好奇心から魔術師に近づき、その際に誘惑した女性の過ちによってロバに変えられてしまい、紆余曲折を経て女神イシスに救われるという話である。なお、『黄金のロバ』全一一巻中、四巻から六巻にかけて収められているのが「アモールとプシケー」である。

＊6　『タイプ論』の中では、テルトゥリアヌスは内向的思考タイプの代表とされ、彼にとって思考に重きを置いたグノーシス主義を攻撃すること（テルトゥリアヌスは『マルキオン反駁』

を著した弁証家である）が、すなわち自身の優越機能である思考を犠牲として捧げることであり、それによって劣等機能である感情を認めることになった、とされる。「不合理ゆえに我信ず」というテルトゥリアヌスのよく知られた言葉（『タイプ論』においてこの引用は正確ではないと但し書きがなされている）はユングの著作に頻繁に引用されている。

＊7 ユングは『タイプ論』において、方向づけられた思考を知性と呼んでいる（CW6, §832）。ここで知性と呼ばれているのは思考のことであると思われる。

◆第10講

＊1 易教のヘキサグラムは、陰と陽を表す六つの線の組み合わせからなる。いわゆるヘキサグラムの星形は取らない。図版Kを参照。

＊2 太極図（図版L）を参照。

＊3 古代インドの民族宗教で、紀元前一三世紀頃にアーリヤ人がインドに侵入して成立させた。ヴェーダを聖典とし、司祭階級であるバラモンをカーストの最上位に置き、厳格な身分制度を確立した。汎神論的傾向を持つが、最高神は一定せず、祭式ごとにその崇拝の対象となる神を最高神の位置に置く。宇宙の根本原理としてのブラフマン brahuman が、個人存在の本体としてのアートマン ātman と同一であるとするウパニシャッド哲学が発展し、後のヒンドゥー教の基礎となった。

＊4 サンスクリット語の「我」の意味。元来は「気息」を意味したが、転じて「生気」「生命」という意味になり、哲学的概念としては「自我」「霊魂」、さらに「本体」「万物に内在する霊妙な力」を意味する。ウパニシャッドには、アートマンからの世界創造が説かれるとともに、アートマンを認識すべきであることが強調されている。また、アートマンがブラフマンにほかならないとする「梵我一如」の思想がウパニシャッドの根本思想であるとされる。

＊5 Brahman は、インドのカーストの最上位に位置する「バラモン」というバラモン教の司祭階級の総称であると同時に、「ブラフマン」という宇宙の根本原理を示す言葉でもある。ここでは、文脈から「バラモン」と訳出している。

＊6 老子は、この書物を著した後に、祖国を後にして西方へと旅立ち、そしてその後、完全に消息を絶ったと言われている。老子の死については語られていない。老子はただこの世から姿を消しただけであることが重要なのである。

＊7 図版Mを参照。

＊8 図版Nを参照。

＊9 太陽が思考とのアナロジーになっており、つまり雄鶏の行為が太陽を生み出していたと思っていたのが、太陽が雄鶏の行為を生み出していたということが判明したということ。

＊10 漢字では河図の表記が一般的である。易の八卦はこれをかたどったとされる。

＊11 司馬遷『史記』の「老子列伝」の伝説によれば、孔子は老子の人格に深く心を動かされ、老子を人間の龍だと評したと言

われている。「私には分かった。鳥は飛ぶことができ、魚は泳ぐことができ、獣は走り回ることができる。走り回るものは罠で捕らえられる。泳ぐものは釣り竿と釣り糸で捕まえられる。飛ぶものはいぐるみで捕らえられる。しかし、龍というものは、風と雲に乗って天へと上がっていき、自分の知っているやり方では決して捕らえることができない。私は今日、龍とも称すべき老子にお目にかかった」。しかしこれはあくまでも伝説とされる。

＊12　古代ギリシアの哲学者（前五四〇年頃～前四八〇年頃）。万物は「ある」ものではなく、反対物の対立と調和によって不断に「なる」ものであり、その根源は火であると主張した。その学説は、万物流転説と呼ばれる。心理学の領域では、次に挙げるヘラクレイトス断片四五が著名である。「たとえあらゆる道を旅して歩いたとしても、あなたは魂の境界を見つけることはできないだろう。それほどに深い限界を魂は持っている」。

＊13　一五世紀スペインにはイスラム教徒とユダヤ教徒が多く、カトリック教会の信仰が侵され始めていた。トルケマダはドミニコ会修道士であり、一五世紀後半の「スペイン異端審問」期に初代長官に就任し、在職一八年間に多くのユダヤ人を焚刑に処したと伝えられる。

＊14　一八六五年にドイツの物理学者クラウジウス（一八二二～一八八八）が熱力学的量の一つとして導入した概念。系の乱雑さ、無秩序さ、不規則さの度合いを表す。本文では、対立物が取り除かれることで、エントロピーが増大しない、つまり変化が生じないことを意味していると思われる。

＊15　「〈根〉に帰ること、それは静けさと呼ばれる。それは〈天命〉へと帰って行くことである。……天なれば、それはすなわち道である」という言葉が『老子道徳経』の第一六章にある。

＊16　ユングは「『黄金の華の秘密』への注解」（CW13, §68）において、「死とは、心理学的に正しく見据えれば、終わりではなく目的であり、だからこそ真昼の中天を越えると共に、生は死へと向かい始めるのである」と記している。

＊17　スウェーデンボルグ（エマヌエル・スウェーデンボリ）（一六八八～一七七二）はスウェーデン王国出身の科学者・神学者であり、生きながら霊界を見てきたという霊的体験をし、大量の神秘主義的な著作物を出版した。

◆**第11講**

＊1　ギリシア語のtelos〈テロス、目的〉とlogos〈ロゴス、理性〉に由来する。事象を目的と手段の連関ないし合目的性の下にとらえようとする立場で、機械論とは相対する。目的因を設定したアリストテレスが古代における大成者で、その後キリスト教の終末論などと結びついて、長く西洋思想を規定した。近代科学の興隆以降その地位は下がったが、カントは物質界については機械論を、道徳界や超自然界については目的論の立場をとるなど、現代までその当否は議論され続けている。

＊2　植物の原型の意。ゲーテが、あらゆる植物が由来してきた起

源的存在として想定したもの（一七四〇）。一時はゲーテは原植物の実在を考えて、イタリア旅行の際にこれを捜そうと試みたが、本質的にはむしろ観念的なものである。

＊3　「『ツァラトゥストラ』の悲劇は、ニーチェの神が死んだために、ニーチェ自身が神になったことである。……このような男が「神は死んだ」と主張するのは危険に思える。彼は即座にインフレーションの犠牲となった」（CW11, §142）。

◆第12講

＊1　ユングはエネルギーを限界まで使い尽くせば変化が始まるという意味で「分化に至る」という。「ある機能が大部分あるいは全体的に無意識である場合、それは分化されてもいないのであって、その機能の部分同士が混ざり合っているだけではなく、他の機能とも融合している。分化はその機能が他の機能と分離することであり、その機能の個々の部分がお互いに分離することでもある。分化がなければ方向づけは不可能である」（CW6, §705）。

＊2　本来はメラネシア語で「力」を意味する宗教的観念の一種で、宇宙に遍在する超自然的な力のことを指す。一九世紀前半にイギリスの人類学者のコドリントン（一八三〇～一九二二）によって初めて報告され、その後原始宗教の基本的概念となった。マナは人や物に付着して、その人や物に特別な力を与えるものとされており、それ自体は実体性を持たないとされる。

＊3　マタイによる福音書一七：二～三「すると、彼らの目の前でイエスの姿が変わり、顔は太陽のように輝き、衣は光のように白くなった。見ると、モーセとエリヤが現れ、イエスと語り合っていた」（日本聖書協会『聖書　聖書協会共同訳』（新）三二頁）。

＊4　アラビア半島を中心に中近東・北アフリカの砂漠や半砂漠に住むアラブ系遊牧民。

＊5　エルダは『ニーベルングの指環』における大地の女神で、ヴォータンとの間にブリュンヒルデをもうける。指輪の呪いによる神々の黄昏を預言するなど、深い知恵を持つ。北欧神話のヨルズに対応する。

＊6　『変容の象徴』には、「太陽の象徴としての、水から飛び立つ鳥は、語源的には、歌う白鳥という概念に維持されている。〝白鳥 Swan〟は〝太陽 sun〟や〝音 sound〟のように sven という語根から派生した」（CW5, §538）とある。鳥と蛇との関係はCW13, §§415-417に、哲学の木との関係で触れられている。たとえば「蛇や竜がこの木の地下的な畏怖の念 numen であるのと同じように、コウノトリ stork はスピリチュアルな原理であり、原人間 Anthropos の象徴である」（CW13, §417）。

＊7　「不死鳥伝説のヴァリアントでは、セメンダ鳥は自ら燃え尽き、その灰から蠕虫（ぜんちゅう） worm が形作られ、蠕虫から鳥が再生する」（CW9i, §685）。

＊8　ラーは毎夜、ドゥアテ（冥界）をボートで渡る。六時間目の神が七時間目の神へと道を譲り、ボートが七つ目の国の秘密

の洞窟へ入る時、ラーは大蛇アペプに襲われる。M. A. Murray: *Ancient Egyptian Legends*を参照のこと。

*9 古代ケルトの宗教。ローマ帝国に迫害され衰退した。ヤドリギや、ヤドリギが寄生するオークを神聖視し、霊魂の不滅を信じていたなどとされるが、彼らの教義は文字に記されることがなかったため、『ガリア戦記』などのローマ側の資料でしか推し量ることができず、実態は不明なところが多い。

*10 ダンテの『神曲』において、神への反逆の罪により、ルシファーが地上に落とされた時に地がえぐれて出来たのが地獄の大穴であり、衝撃で地が持ち上がって出来たのが煉獄山である。地獄の大穴は九層に分かれ、その最下層の裏切り者の地獄は、さらに四つの円によって分割されている。煉獄山は七層に分かれ、それぞれで七つの大罪を清めて山頂へと到る。この煉獄山を、同心円状に一〇の天が取り巻いている。

*11 マクガイアが注釈に挙げている『変容の象徴』の箇所では、主人公ルキウスが密儀へのイニシエーションを許され、ルキウスにかけられていたロバへ変身する魔法を、イシスの神官が解く言葉が引用されている。神格化についてはCW5, §130, n.14に、同じく『黄金の驢馬』第11巻から引用され、「こうして私は太陽のように崇められ、像として据えられた」とある。またCW5, §130の本文では、神格化について詳しく述べられている。

*12 レオントケファルス leontocephalusはラテン語でライオン頭lion headを意味する。ミトラ教の多くの神殿からレオントケファルス神像が発見されているが、詳しいことは分かっていない。マクガイアが注釈に挙げている『変容の象徴』の箇所は、「アイオーンはクロノスとも、レオントケファルス神とも呼ばれる」とされ、「ミトラ教の神話では蛇はしばしばライオンと敵対するものとされ、太陽の竜との戦いと一致する。……〝巻きつかれること〟あるいは抱きつかれることは、〝飲み込まれること〟と同じであり、先に見たように母の子宮に入ることを意味する。時間はこうして、日の出と日没によって、リビドーの死と再生によって、意識の始まりと消滅によって、定義される」とある。図版Oを参照。

*13 ディオニュソスの秘儀では、男性加入者はディオニュソスとして、女性加入者はその妻アリアドネとして、地下教会、あるいは洞窟で、冥界下りが象徴的に行われたという。

*14 シストラムと呼ばれる振鈴のことと思われる。儀式では、七つの位階のうちの四番目、獅子階級の参加者がこの楽器を担当した（小川英雄『ローマ帝国の神々』一二二頁参照）。

*15 ミサは「彼（ミトラス）は世界に豊穣をもたらすために、天の牡牛を供犠にし……牛が死ぬと、太陽神は地上に下りてきて、……彼ら（ミトラスと太陽神）は殺された牡牛の肉とブドウ酒というメニューの共同食卓につく」（前掲、『ローマ帝国の神々』一一七〜一一八頁参照）という神話に基づいていて、「殺された牡牛の肉を象徴するパンと牛の血を象徴するワインまたは水が聖餐として、集まった会衆に供された」（同、一二〇頁）。

*16 両側に持ち手のついた壺。

*17 聖杯はキリストの脇腹から流れ落ちる血を受け止めたとされる杯。『パルジファル』は、中世の叙事詩『パルチィヴァール』など、いくつかの聖杯伝説をもとに書かれたワーグナー最後の戯曲。「純粋な愚か者」を意味するペルシア語の語源に即したとして、ワーグナーは『パルジファル』のタイトルに変えるが、言語学上の誤りを指摘され、けれどそのまま上演したという。第16講の原注15も参照。

*18 ギリシア神話における「時」を神格化した時間の神で、ゼウスの父である巨人族のクロノスKronosとは別である。

◆第13講

*1 ミトラ教における難攻不落の太陽神であり、しばしば主神ミトラと同一視された。

*2 ユダヤ教を信仰し、キリスト教徒を迫害していたサウロがダマスカスへとさらなる迫害に向かう途上で光に包まれて、イエスの声を聞く。なぜ私に危害を加えるのかと問われて、目が見えなくなり、盲目のままダマスカスへと手を引かれていく。そこで、イエスの弟子の一人アナニアに祝福され、目を開かれ改心しキリスト教徒パウロになった。この「サウロの改心」という出来事を指している（日本聖書協会『聖書　聖書協会共同訳』（新）二二五〜二二六頁）。

*3 千里眼についてユングは、「スピリチュアルな現象について」で、スウェーデンボルグの体験を記したカントの手記を引用している（CW18, §§706f.）。

◆第14講

*1 たとえば、歴史を見ると、タヒチのポマレ一世は、一七九七年にタヒチにやって来たロンドン伝道協会の宣教師の布教活動を認める見返りに武器の提供を求めていた。また、その息子であるポマレ二世は、キリスト教徒へと転向すると、伝統的な土着の宗教を信仰する他の首長らと戦争状態となり、タブーとされていたものを食したり神像を壊したりするなど、キリスト教化を進めている。

*2 トロイのヘレンではなく、ここではゲーテの『ファウスト』「第二部」に現れるヘレネーを指して、人工物と言っているように思われる。

◆第15講

*1 本セミナーで分析対象となる三つの小説は、自国の外に出ていった者たちが異国や異邦人と出会うことを通じて、自分の内に眠っていた内的な他者が活性化される主題を扱っている。意識が未知のものに出会うという本書の中心テーマが、小説を通じて論じられていることになる。特にユングがアニマの典型例としているライダー・ハガードの『彼女』は、使い込まれた様子の蔵書本がユングのサイン付きで残されている。図版Pを参照。

*2 この要約は本書に添付されていないため、訳者で制作して「訳

者による補遺（物語の概要）」（一六四～一七九頁）として掲載している。

*3 古代インドの宗教哲学書のウパニシャッドには、「小さいものよりもさらに小さく、けれど大きなものよりもさらに大きい、アートマンが全ての生物の胸の内に隠れている」という記述がある。

◆**第16講**

*1 ここは原著英文ではinstitutionと表記されているが、takeという動詞から考えても、その後のthisの説明文から考えても、intuitionの誤記であると判断し、直観と訳出した。

*2 ヌーメンは叡智を意味するヌースと現象を意味するフェノメノンを合わせたカントによる造語であり、経験によっては捉えられず、知性的直観によってのみ認識しうる対象のこと。「物自体」と近似の概念である。ヌーメナはその複数形。

*3 「無意識は、精神的にも道徳的にも明瞭な意識という光から始まって〝交感〟として古来知られている神経系にまで達する心のことである。……交感神経系は極度に集合的な組織であり、あらゆる神秘的融即の作用の基礎であるのだが、一方で脳脊髄の機能の方は……表面的で外的なものを把握するだけである。それはすべてを外側のものとして経験するが、一方で交感神経系はすべてを内側のものとして経験する」（CW9i, §41）とユングは述べている。

*4 『彼女』の続編である『アッシャ、彼女の復活』（*Ayesha The Return of She*, 1905［小久保康雄訳『女王の復活』東京創元社、一九七七］）のことを指している。そこでは、アッシャの復活の前兆を感じ取ったレオとホリーは、イシスの僧院へと導かれ、アッシャの復活に立ち会うことになるのだが、この再会は悲劇で終わる。アッシャが登場するものでは他にも、『彼女とアラン』（*She and Allan*, 1921）と『知恵の娘』（*Wisdom's Daughter*, 1923）という作品がある。

*5 リスペクタビリティに関する第9講訳注4にも記したように、ヴィクトリア朝時代の女性には清貧と純潔が重んじられていて、特に性を抑圧することが求められた。このことを「女性についての馬鹿げた考え」と評している。

*6 短編集としての「驚くべき冒険」には邦訳はないが、「エジプトの奥底へ」という短編はアルジャーノン・ブラックウッド『いにしえの魔術』（夏来健次訳、書苑新社、二〇一八）に掲載されている。

*7 チャールズ・ディケンズ（一八一二～一八七〇）はイギリスの小説家で、ヴィクトリア朝時代を代表する作家として名声を得た。その評価にはさまざまなものがあるが、ここで言われているディケンズが描く女性は、たとえば『ディヴィッド・コパフィールド』では主人公ディヴィッドを見守って彼を成長へと導くアグニス・ウィックフィールドのように、ヴィクトリア朝社会を支えていた中流階級の理想の女性像である。優しく清らかで、家庭にあっては穏やかな愛情で夫を支える妻といったような人物像である。

＊8 古代エジプトの冥界の神。大地の神ゲブと天の神ヌートの子で、女神イシスと結婚する。弟セトに殺されるが、イシスの秘術で復活し、冥界の神となる。

＊9 古代エジプトの太陽神、天空神。オシリスとイシスの息子。セトを殺して父の仇を討ち、王位につく。王権の守護神であり、そのためファラオたちはみな「生けるホルス」の称号を持つ。

＊10 フリードリヒ二世（一七四〇〜一七八六）はプロイセン国王で、啓蒙絶対主義を代表する名君であるために「大王」と言われる。父のフリードリヒ・ヴィルヘルム一世とは折り合いが悪く、イギリスに逃亡を企てて捕らえられたこともある。しかし父が崩御し国王に即位すると、オーストリア継承戦争と七年戦争を戦い抜き、また次々と啓蒙主義的改革を推し進めた。

＊11 古代エジプトの豊穣の女神。大地の神ゲブと天の神ヌートの子で、兄弟はオシリス、セト、ネフティスで、オシリスと兄弟婚をしてホルスをもうけた。良妻賢母の典型とされた。

＊12 古代エジプトの死者の神。セトの妻であるが、兄のオシリスの妻イシスに同情し、共にオシリスの遺体を捜し求めた。プルタルコスによれば、ネフティスは冥界の神アヌビスの母でもある。

＊13 スコットランド生まれの詩人、小説家（一七七一〜一八三二）。一八〇五年の『最後の吟遊詩人の歌』によって詩壇に認められ、一八一四年に匿名で出版した『ウェイヴァリー』は世の好評を得た。一八二六年に共同出資者の出版業者の破産によって巨額の負債を背負い込み、その返済のために超人的な執筆を続けた。アボッツフォードはスコットが建てた大邸宅であり、ヴィクトリア朝時代の建築に影響を与えた。

＊14 『彼女』では、実際には、雁が撃たれた後に、ライオンとワニの闘いが起こっている。

＊15 バビロンはメソポタミアの古代都市であり、紀元前一九世紀にバビロン第一王朝の首都となった。その後いくつかの国家の興亡の後、前四世紀のアレクサンドロス大王の死後次第に衰退した。エジプトでは前三〇〇〇年頃に統一国家が成立し、前三〇年にローマによって滅ぼされた。『彼女』ではカリクラテスは紀元前四世紀に生きていた設定である。

＊16 一二世紀頃に貞操帯がヨーロッパで発明され、遠征する十字軍の騎士が留守中の妻の貞操保護のために使用させたという説と、ルネサンス期に発明されたという説がある。

＊17 原文ではbeとなっているが、heの誤植と判断した。

＊18 アンティネアはクレオパトラの血も引いている。

＊19 シュミッツ氏はドイツ人である。また今でもドイツ南部は、バイエルンbavariaと呼ばれ、野蛮barbaricの要素が残存していることが示唆されている。

＊20 ベックとシュー『ケルト文明とローマ帝国』（鶴岡真弓監修、遠藤ゆかり訳、創元社、二〇〇四）によれば「ラテン語は、軍隊や役所ではもちろん、商業活動でも使われることが多かった。そのため、ガリア人は競ってラテン語を学ぼうとしたに違いない」（三三頁）、「一世紀以降はかなりの数のガリア人が

ラテン語を話すことができ、おそらくガリア語自体もラテン語の影響を受けて変化していったものと思われる」(三六頁)という。

*21 三七五年、フン族に押されたゴート族が南下し、ゲルマン民族大移動が始まる。

*22 イギリス起源の理神論 deism はヴォルテールやディドロによってフランスに持ち込まれた。この思想は、世界は神に創造された後、神に定められた自然法則に従うだけであるとして、奇跡や啓示を否定し、教会批判へとつながった。

*23 誤植であろうと考えられ、フランス第二帝政のことと思われる。

*24 ナポレオン三世、あるいは上流社会のことだと思われる。

*25 ブオナパルテ家は、もともとトスカーナの貴族であった。

*26 物語の中でアンティネアの血筋が説明されていることを指していると思われる。

*27 原注の該当箇所には、「高度なものが劣等なもので説明され、絶えず〝それに過ぎない nothing but〟ものの例として扱われる——きわめて程度の低い種類の何か別のものに過ぎない、と」と、『プラグマティズム』からの引用がある。

*28 フランスが捨て去ったドルイド教をはじめとする古代ケルト文化のことを指すと思われる。

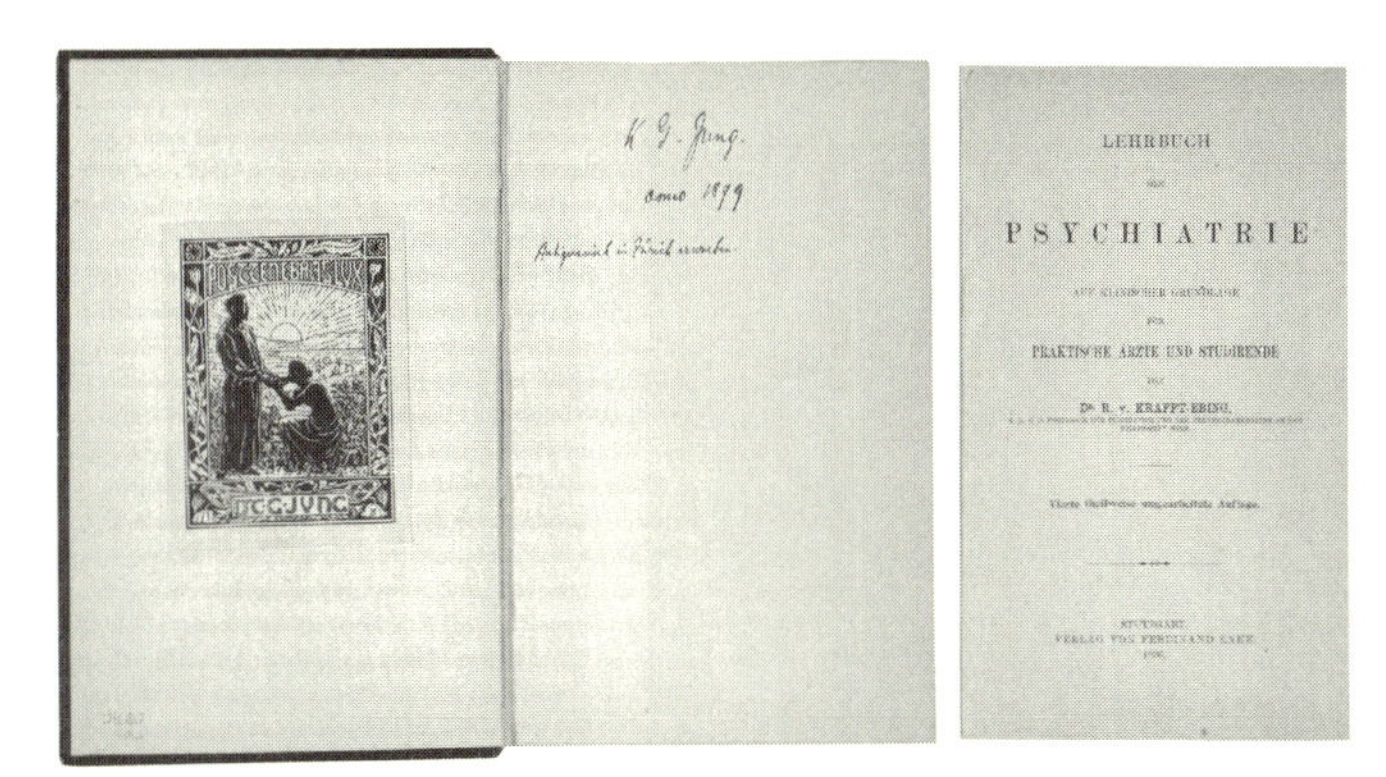

図版A

図版C

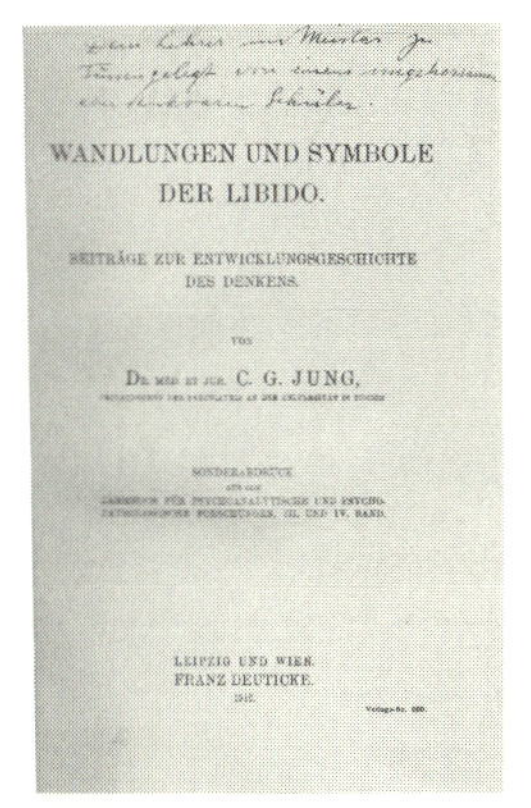

図版B

図版E

図版D

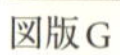

図版G

図版F

図版J

図版I

図版H

図版L

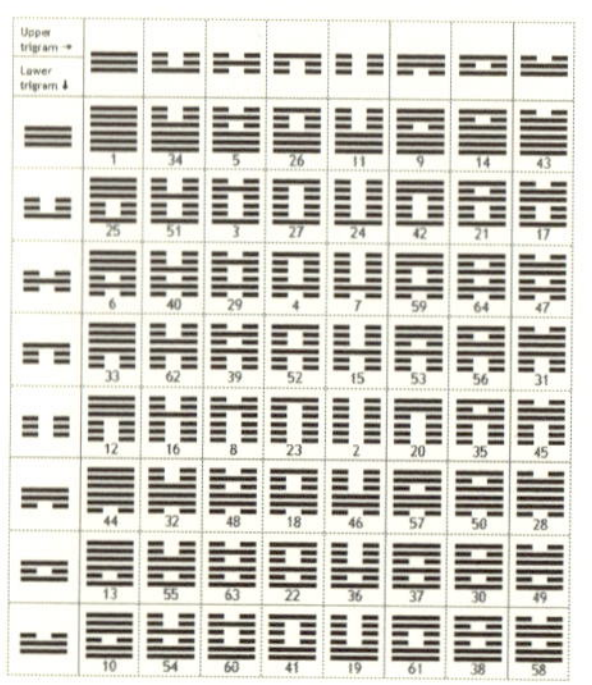

図版K

図版N

図版M

図版P

図版O

解題

猪股　剛

執筆方針

「愚か者が読めば火に焼かれ、真の学者や探究者が読めば、楽しみを覚えるのです」

ユングが自らの「執筆方針」をこのように語ったのは一九四六年のことである。この時、ユングはすでに齢七〇を越え、『心理学と錬金術』の刊行も終えて、人生の円熟期に達していた。自分の心理学の生成とその心理臨床活動とが、身を焦がす火と心をふるわす楽しみとを共存させていることを自覚し、人々の取り組み方によって、その心理学に感じられるものに差異が生まれることを積極的に認めている。この差異はたしかに存在する。しかし、この発言を一読すると、まるで愚か者と賢者を峻別し、愚か者をないがしろにしているようにも聞こえるが、実はそうではない。この同じ書簡の最後に、ユングは次のようにも記している。

「概して、人は愚かですし、しかも愚かなままに留まります。一方で、たしかに人にはより良い未来を信ずることが不可欠です。しかし、今まで実際により良い未来が訪れたことなどありません。それは単に新しくなっただけです。これまで想像することさえなかった未来がやって来ただけなのです。そのために、人々はいつも混乱してきたわけです。これは本当に自分がながらく求めたより良い未来なのだろうかと[1]」

たしかに私たちは皆、より良い未来を望みながらも、実際に現れた新しい状況に混乱してしまう愚か者である。そして、誰もが、待望の未来を目の前にした時に、今現れた現実に混乱しながら、その身を火に焼かれ、ただその新しい現実に適応していくしかない人間である。これは逃れようのない現実である。誰もがこの現実の突端においては愚か者でしかない。そして、この身を焦がす混乱に戸惑いながらも、そこに生成する現在に入り込んで行くならば、その人は、ユングの言う真の学者や探求者になるのだろう。おそらくそれは心理臨床の中で、多くの者がとることのできる潜勢的なプロセスだろう。

この書簡から一四年後、八〇歳代の半ばに差し掛かったユングは、さらに次のようにも記している。

「たびたび自問します、なぜこの時代には私が格闘していることをわずかなりとも理解できる人がいないのかと。認められたいという単なる虚栄心や欲望ではないのです。これは同輩である人々に向けた私の純粋な懸念なのです。自分の部族に対して呪医が感じるような古代的で機能的な関係性とも言えるでしょうか。あるいは、呪医の体験する神秘的融即や、医者の行動信念の本質と言っても良いでしょう。私は、個人の苦境に人類の苦難を発見します。またその逆に、人類の苦境に個人の苦難を発見することもあるのです。

医療に関わる心理学者として、〝人間に関わることで私には無縁なものはない[2]〟という格言は私の責務でさえあると考えています。責務に留まらず、徹底してこのように確信してもいるのです[3]」

ここでユングは冒頭に、人々が自分の心理学に理解がないことを嘆いている。愚か者は火に焼かれると言った先ほどの意志の強い発言とは対照的にも感じられる。しかし、ユング自身が解説しているように、彼はもちろん単に嘆いているのではなく、自分が常に〝人間と無縁ではない〟という確信を持ち、人々に対する呪医のような役割を感じて率直に発言しているのである。ユングは、白亜の城で研究に勤しんでいたわけではなく、学者や研究者といった特殊な者だけがユングの心理学を楽しめれば良いと高をくくっていたのでもない。一人ひとりの人の苦難と人類全体の苦難、その両方と各々に格闘し、それぞれに対する自分の取り組み方を人々に公開していったのである。そうして、時には一人の愚か者として、時には真の探求者や呪医として、魂の問題に取り組み、それを自分の当然の仕事であると確信して書物を執筆していたのである。

本書、一九二五年のセミナーで語り部を務めるのは、まだ五〇歳になったばかりの壮年期のユングである。だがすでにこの書簡に記された老年期のユングの姿勢が如実に示されている。たとえば本書を読む者は、語られている数々の非科学的な現象に不可解さと悲惨さを感じ、その出来事に「身を焼かれる」かもしれない。第1講のヘレーネ・プライスベルクの偉人たちの降霊とその失敗、後のパリでのデザイナーとしての成功、そして結核によるその早すぎる死。第3講に語られるのは、靴作りの常同行為を続けた女性患者が、数十年の入院生活後に誰にも看取られずに亡くなっていった事実。第8講では婚約者を捜して皇后の馬車に飛び込み投獄されながらも、自分は病気ではないと訴え続け、ユングに理解され釈放されていったパラノイア的な若者の人生。そして、第13講では、自分の神経症を克服するために、言われるがまま人形に霊的な力を注ぐ儀式を執り行い、最後には一人の少女を殺害する手前まで行ったラテン・アメリカに暮らすオーストリア少年の人生。こうした一つひとつの人生があまりに奇怪で、私たちに恐れやおののきの感情を呼び覚まし、時には身を焼かれる思いがするかもしれない。場合によっては、こんな話は信じられないと感じて、ここに記述された事実を否定したくなり、これはユングの勝手な解釈や事実の誤認ではないかと感じる向きもあるだろう。それほど奇怪な現象をユングは本セミナーで数多く語っている。しかし同時に、このような奇怪な事実に読む楽しみを覚える読者もおられるだろう。それは、ホラーやオカルトへの関心の場合もあるだろうが、それ以上に、このような現実に私たち人間の心の深遠さや広大さを生き生きと感じ、心のダイナミックな展開に強く興味関心を抱いているのではないだろうか。

いずれにしても、ユングは、このような出来事を記すことで、人々に恐れや関心を呼び覚まし、私たちが目にする出来事の深層に向き合おうとしているように思える。その深層から現れたものが、今目の前にある私たちの現実であり、それが私たちの心に火を付け、この身を焦がし、そうして私たちは私たちが求めた未来と出会っていく。たとえ奇怪な事実だったとしても、それは自分に関係のない対岸の火事ではなく、自分と自分の同時代人たちが向き合う現実である。本書の基盤には、このような時代とそこに生きる人間に対するユングの真摯な態度がある。私にはこの態度が、第1講から第16講まで貫かれているように思われる。一つの時代の魂への愚直な取り組みが、ユングの心理学として成立していく姿が、ここには生き生きと著されている。奇怪な事実に驚き脅かされる一人の愚か者として、本書の読者である私たちも、自分たちの現在の突端に身を置いて、自分自身が「人間とは無縁ではない」ことに足場を定め、本書を読み進めていくと良いだろう。そうすれば、そこにはおのずと、私たちの時代の心理学へと続く扉が開かれていくに違いない。

人格化と心理学の可能性

本書の歴史的な意義の一つは、シャムダサーニの序文にも記されているように、『赤の書』に著されたユングの体験を、自らが平易に解説している点にある。そもそも心理学は、単に直接的な体験によって成立するものではない。その体験を経た後に、それに対する理解と解釈が生み出され、同時にその体験自体に再び立ち返る運動によって、心理学は成立する。ユングは、そのような心理学の自己生成運動をここにセミナーとして開示しているとも言えるだろう。本セミナーにおけるその運動は、ただ『赤の書』に限ったものではなく、ここに取り上げられている「オカルト現象の心理学」「連想研究」「早発性痴呆の心理学」「変容と象徴」「タイプ論」といった前期のユングの主要著作すべてにおいて同様に貫かれていると言っても過言ではない。また成功しているかどうかはともかくとしても、第16講におけるセミナー参加者たちによる小説の解釈作業も、同じ心理学生成の試みだろうと思われる。ユングは、これまでの自分の心の過程全体を振り返り、その解説を通じて、人々に魂の問題へ取り組む道筋を提示し、心理学の運動の本質を明示しようとしたのである。

さて、ここからは本書に語られているユング心理学の初期の姿を一つひとつ辿っていきたい。そこには後期の姿を含めたユングの全体像を露わにする発想が散りばめられているが、なかでも本書に特徴的なもの、そして従来のユング心理学ではあまり取り上げられてこなかったものを中心に紹介しよう。

まず本書の冒頭に語られるのは、ユング自身が自分の「人生の起動力」(p.003)となり、自分の「あらゆるアイデアの源」(p.007)があると語るヘレーネ・プライスベルクとの降霊会の体験である。一九世紀末、降霊術が流行し多くの知識人が降霊会に参加し、その現象を解き明かそうと苦心していたが、ユングもそうした研究者の一人であった。

降霊現象に関しては、さまざまな理解や解釈があるが、たとえばジュネーブ大学の心理学講座の教授であったテオドア・フルールノワは一九〇〇年に降霊会で起きた事象の心理学的解釈として『インドから火星へ』を刊行している[4]。その書物は当時のベストセラーを記録したというが、その最大の関心はトランス状態中に語られた「火星語」とされる言語であった。火星語はもちろん私たちには理解不能なわけだが、それは統語性を欠いた単なる音声ではなく、何らかの規則性を持った言語であることが感じられたという。そして、研究していくうちにそれがサンスクリット語に酷似することが注目され、フルールノワはソシュールの協力を得て、その言語分析に取り組む。初めは音韻でしかないものから意味が生まれ、人々との共有性を形作る言語が発生していく。そのような言語の発生形態が降霊会の中に現れて、降霊会そのものが共同を生み出す運動を孕んでいると考えられ、言語の起源と心との関係について議論が進められていくことになる。この言語と心の探求は、その後フランス語圏における精神分析の受容と発展にも大きな役割を果たすことになっていく。

一方でユングは、降霊会のトランス状態で登場するさまざまな人格に注目する。ショーペンハウアーやフォン・ハルトマンの目的論的な哲学の影響を受けながら、まずユングは人の心の中に現れる人格を「リビドーのイメージ形成傾向の結果」だと考えるのだが、しかしなぜリビドーは、分裂しながらさまざまな人格を作り出すのかといぶかしく思う。この心の「人格化」傾向は、影やアニマや老賢者などと名づけられてユング心理学の根本概念の一つとなっていくが、その理解を劇的に推し進めたのが、この降霊会の体験とその後の分析である。それは本書に語られているとおり、ヘレーネ・プライスベルクとの体験から始まるが、心理学として実を結ぶことになるのは、降霊会の体験そのものよりも、降霊会の解散とその後の顛末においてである。

降霊会が継続している間、ヘレーネはさまざまな偉大な人格を表現していた。日常では「お針子さん」でしかなかった彼女が、降霊会では偉大な祖父やゲーテといった個性と交流するに足る人物になる。しかし、降霊会の継続中、それはさまざまな人格の表現でしかなく、なぜそのようなものが現れてくるのかはっきりとはしなかった。そのような時に二年ほど続いた降霊会が突如解散することになる。それは、ユングが自分の学友を降霊会に招待した時のことである。ヘレーネは、ユングの友人たちを前に失敗することができないと感じて、自分に人格が降霊してくるのを待つことができず演技を始めてしまい、それが観衆に見破られ嘲笑される。ユングはそのことに腹を立てその日を限りに降霊会を解散してしまう。しかし、そこから事態は急展開する。降霊会の解散は、ユングにとってだけではなく、ヘレーネにとっても痛ましい結末であったのだが、その日を境に彼女からは今までの空想的な側面が消えていき、パリに出て、名のあるドレスメーカーで働き始め、さらには自分の工房を立ち上げ、短い間に、急激な成功を収めていく。そうして初めて、ユングはなぜ彼女の中に多くの人格が作り出されたのかを理解する。つまり、「彼女は無意識の中で自分自身が育んできた個性を今度は現実の世界で発揮することができるようになった」（p.006）のである。降霊会におけるヘレーネのさまざまな人物の人格化は、彼女自身の心の自己展開のための準備となっていたのであり、人格化という現象は無意識の中で個性を育んでいく心理学的な作業の一つであると理解される。そして、ユングはそれを自らの心理療法の基本概念とし、そうした人格の代表的なものが、影やアニマや老賢者などと名づけられていく。またヘレーネとの体験で学んだ人格化は、後にユング自身の『赤の書』執筆につながる壮絶なファンタジー体験の中にジークフリートやエリヤやサロメが現れても、真摯に彼らと対話していく基本姿勢となっていくのである。

止揚されたアニミズム的世界観としての人格化

現代では一般的に、このようなさまざまな人格の登場する状態を自我肥大や多重人格や解離と呼び、治療すべき病理として理解されることが多いだろう。また、ユングの「人格化」という概念も、一般的には心を人の姿で理解しようとするレトリックやラベルづけでしかないと批判されることも多い。あるいは、少し肯定的に理解される場合でも、せいぜい心に生じた不安や欲望をイメージとして理解しやすくするための治療的な道具だと考えられるだけである[5]。だが、本書を見ればわかるように、ユングはこの「人格化」を本質的な心の働きであると理解している。人格化する心は、心の新たな自己展開に向けた準備であると同時に、意識と無意識の間を橋渡しする「仲介機能」であり、それはヘレーネの事例に見られるように、現実と霊的な体験を仲介し、現実とファンタジーの世界を仲介する。またユングは、人格化をその二つの間の「超越機能」であると定義し、それは葛藤を出口へと導く創造的な働きをするとも語っている。ユングの定義によれば超越機能とは、「対立物の間での宙づり状態から前に進み出ることであり、生きた誕生であり、存在の新たな段階、新たな状況を導くものである」(GW8, §189)。もちろん、このような人格は、私たちのこれまでの自我人格にとってあまりにも新しいものであるため、破壊的に作用する場合もあれば、時代に受け入れられない場合もある。その例として、ユングがルターやニーチェを引き合いに出していることも忘れてはならないだろう。

この「人格化」という概念は、歴史的に見れば、アニミズム的世界観が啓蒙時代を経て一度否定された後に現れたものである。事実として信じられている段階から、思想として理解される段階に移行して、もう一度命を吹き込まれたのだとも言える。一九世紀の初頭から自我や主体を中心とした世界観が広まり、一九世紀後半にはイギリスがインド帝国を作り出し、フランスはインドシナを自国の領土とし、帝国主義の時代の中で人間は世界を探索し自分のものにしていく。一八五一年には第一回の万国博覧会が開かれ、世界を一堂に集めて閲覧する「私」という人間が、この世界の中心に立つことになる。すると、自然の山や森や草花に「魂が宿っている」というアニミズム的世界観はおのずから否定されざるをえない。主体と客体を峻別し、自分ではない物を対象化し、その対象を調査分析し、場合によっては支配するからである。物に魂が宿っていると、それは自分の魂とのつながりを保っているため、主体がそれを操作することはできない。アニミズムを排することで、物体が誕生する。しかしまた、その発展の先に現れたものは、自分のほしいままにできる道具でもなかった。手に入れたと思った物体は、どこか懐かしくもある異国であり、理解できないが心ひかれていく他者であり、あやしい魅力を備えた古くて新しい世界であった。世界を探索する意識が、その行き先に出会ったものは、実は、自分と深く関わりながらも自分ではないもの、すなわち無意識だったのである。

またユングはこの一度否定されたアニミズム的世界観に、「人格化」という別名をつけて、密かに現代に甦らせようとしたわけではない。そのような懐古主義でないことは、ユングがアニミズム的世界への同化や神秘的融即という心の動きを理解し、同時にその問題点を挙げて警告していることからもわかるだろう。たとえば、アニミズム的に人形を霊的なものだと信じて、その霊性を高めて自然と一体化していくだけでは、ラテン・アメリカに暮らし始めたオーストリアの少年のように自分の人格を放棄することさえ強いられるだろう（p.106）。「多少、分析経験を積んだ者」は、意識的決断を延期して夢が何を語るのかを待つことを始めるが、「意識による決定を必要とする事柄は数多く」「決定を無意識に委ねるのは愚かなこと」だともユングは言う（p.110）。素朴に無意識や自然を信じることは甲斐がない。「人格化」は、アニミズムの世界に立ち戻ることではなく、アニミズムを理解し分析解体した後に、その新しい現代的なあり方として〈止揚されたアニミズム〉として現れてくるものであり、それはもはや信仰ではなく、心理学である。

たとえば「人格化」が生じると、ユングの場合のように「エリヤ」と「サロメ」といったまったく対照的な人物の姿が同時に現れることがある。あるいは、ものごとに対する「然り」と「否」を同時に突きつけられる。その対立矛盾する二つの傾向はユングにとっては無意識の持つ基本的な性質である。第10講で詳細に論じられているように、無意識自体が二つの対立する傾向を生み出すのであり、意識と無意識が対立するのではない。そして、この対立したものをそのままに共に受け入れると、無意識という自然を受け入れることにはなるが、それでは、私という人格が二つに分裂解体せざるをえなくなる。それでは、誇大妄想と卑小妄想とに共に同化してしまうチューリッヒ旧市街出身のパラノイド型統合失調症の女性のように自分を失うことになりかねない。「人生が耐え難いほど不毛なものになる時」、人はその解決を求めてアニミズム的世界観や無意識に手を伸ばすことがあるが、手が届いた時にただそれと同化してしまうと、「運命を呪う」ことになると言う。

しかし、そうした場合に、もし「人が心に火を携えているならば」(p.110)、この無意識から生まれた対立する傾向が有意義なものとして機能するともユングは言っている。つまり目の前の出来事を生のままに受け入れるのではなく、それを一度精神の火で焼いて変成させて本質を取り出すことによって、アニミズム的世界が現代に生きる私たちの関われるものとなるのである。

人格化と愛すること

自他の区別のない同化や一体化ではなく、冷徹な分析や支配でもなく、血の通った知性が「人格化」において要請されている。物には魂が宿っている。しかし、科学的には、物は客体として対象化して扱われなくてはならない。この二つの態度は相容れないが、世界と一体となる自然状態ではなく、世界を支配する自己中心状態でもなく、この二つの状態を内在させるあらたな態度が必要とされている。ユングがしばしば引用する偽デモクリトスの公理で言えば、「自然は自然を享受し、自然は自然を支配し、自然は自然を凌駕する」(GW13, §198)。この凌駕という第三の段階においてユングは「人格化」を心理学として提示している。降霊術や早発性痴呆で生じる多くの人格は、自然が自然を凌駕していこうとする時に、私たちが取り組む潜勢的な作業である。

また、もし私たちが物に魂が宿っているという世界観を今でも携えているならば、そしてその現象を自らの血の通った出来事として理解しようとするならば、実は、魂が宿っているものを、私たちがいつも人として扱っていることにおのずと気がつくだろう。自分が大切にしているぬいぐるみに話しかけてみたり、ベランダに咲いている花を愛おしく感じたりする時、私たちはユングの言う「人格化」を行っている。富士山を仰ぎ見る時、あるいは膝の上にいる犬の暖かさを感じているとき、私たちはそこに魂があることを知り、そこに自分とのつながりを感じている。こうしたことをユングは「人格化」と名づけているのである。単に「物にも生命がある」と感じているだけでは、無機物が有機物になっただけである。「物に魂が宿っている」と感じる時、その物は心の中では人の姿をとる。もちろん、必ずしも具体的な人の形がイメージされるわけではない。その表面的な形は、相変わらず、ぬいぐるみや花や富士山や犬のままである。しかし、その存在と自分とのつながりを感じ、その存在独自の過去や未来があることを知り、その存在に自立した魂があると知る時、人はその存在を「人格化」しているのである。

ユング派分析家であるジェイムズ・ヒルマンは、「愛とは、相手を知る方法であり、知ることへの愛でもある。愛は、その相手を人格化する。……人格化は、特に、心の中に見えずに存在しているものや隠れているものを知ることである。……つまり人格化は、血の通った心による認識論であり、感情の思考形態である」(6)と言う。そうして、未知のものに対する愛情が、私たちの心の中にある潜勢力を動かし、それが「人格化」して現れ、人は初めて愛を知ることになる。

セクシュアリティとスピリチュアリティ

今、人格化との関連で愛について触れたが、愛もしくは性の問題はフロイトの精神分析の中心テーマである。本書でユングは、性に問題を集約させていくフロイトの態度に初めから疑問を感じていたことを明示している。フロイトとの決別に際して、ユングはフロイトのセクシュアリティ中心の無意識理解に反対していくわけだが、従来のユング心理学による典型的な理解の道筋は、セクシュアリティに重きを置くフロイトに対して、パワー・権力に重きを置くアドラーを対置する。意識のあり方次第で、無意識のあり方がセクシュアリティ中心になることもあれば、パワー中心になることもあると考え、心の持つ対立傾向と補償傾向を明らかにする。それが『タイプ論』に著されていったと考えられている。もちろん、それも一つの事実であるのだが、本書でユングはアドラーについては一節を除いてまったく触れていない。むしろ、フロイトのセクシュアリティの問題は、スピリチュアリティの問題と対置して論じられている。

フロイトは「スピリチュアリティは抑圧されたセクシュアリティ以外の何ものでもない」と冷笑したと言うが、その姿にユングは、フロイトが実はセクシュアリティに対して神秘的な態度を取っており、セクシュアリティの背後にスピリチュアリティを隠し持っていたと分析している。当時はユング自身も「地上の部屋としての意識、それに対する地下室としての無意識、そして大地の源泉、すなわち本能を高める身体」(p.023)という三つの領域だけを想定しており、分析に際しても意識と齟齬を起こす本能を抑制する必要を感じていたと言う。フロイトのあり方に即して言えば、セクシュアリティの存在する地下室を見つけはしたものの、その地下室の下には実はさらにスピリチュアリティが存在していることを知り、それを知った上で抑圧していたということになるだろうか。すなわち、スピリチュアリティを抑圧してセクシュアリティの地位を高めながらも、実はそのスピリチュアリティがセクシュアリティを支えていることを見ないように否認していたのである。しかし、ユングはこのスピリチュアリティの眠る大地の深層に潜っていこうとする。

現実の穴掘り、ファンタジーの穴掘り

こうしてユングは深層に潜る必要があると感じ、驚くことに、実際に採掘現場に行って穴を掘る作業を始めたのである(p.024)。さきほどのヘレーネ・プライスベルクの事例でも、ヘレーネが演技をすることで事態が大きく転換していったが、ユングは精神分析ではアクティング・アウトとされ、分析への抵抗であるとされるような行動を進んで起こすところがある。もちろん、採掘現場で穴を掘ることで満足できる発見に至るわけではないが、実際の穴を掘る作業を体験したからこそ、穴を掘るというアナロジーが歴史の古層に穴を掘るという心の活動に連動し、ユングはその後にたくさん神話を読み込み始める。そうすると、まるで精神病患者たちと共にいるかのように、神話に登場する人物たちと共に時を過ごしていくことになる。「あたかも精神病者が語る病歴を聞くかのように、ギリシアやアフリカの神話を読んでいたのです」(p.024)。おそらく穴掘りを経たからこそ、単なる知的遊戯としての神話研究ではなく、患者たちと共にいるのと同じリアリティを持って、神話の登場人物とやり取りすることができたのだろう。

『赤の書』のファンタジーからユングがフィレモンの絵を描いたのは一九一三年の終わり頃だろうと考えられているが、それはこの穴掘りの時期に近接している。また自分の無意識やファンタジーを明確な土台に刻もうとしてボーリンゲンに一つ目の塔を建てたのが一九二三年と言われているが、それは本書のセミナーの二年ほど前ということになるだろうか。ユングはそうして敢えて行動化することによってファンタジーを現実のものであると確認しているのかもしれない。また、ユングが本書の中で解説しているところに従えば、穴を掘り進めてファンタジーを働かせることと、そのファンタジーを完全な現実として受け入れること、その両輪で彼は作業を進めていったのである(p.049)。つまり、ファンタジーと現実という対立項が互いを否定しながら動き続けていく中間地帯にユング自身が身を置いていたとも言えるだろう。そして、この穴を掘り続けていった末に深層まで辿り着き、そこでユングが目にしたのが英雄(ヒーロー)の死のヴィジョンなのである。

仲介者であり先導者である英雄(ヒーロー)とその死

さて、もう一度セクシュアリティとスピリチュアリティの対立の議論に戻ると、本書ではユングがこの二つの心のあり方に対してどのような態度を取っていたかも、明らかにされている。通俗的な理解では、〝神秘主義者ユングはスピリチュアリティを心の最重要項目としていた〟とされることが多いだろうが、ユ

ングにおいて真に大切なのは、「セクシュアリティとスピリチュアリティは対立物の対であり、互いが相手を必要としている」(p.30)という点である。そのことをユングはミラー女史のファンタジーを分析した『変容と象徴』の執筆を通じて理解していったとしているが、これは『赤の書』におけるユング自身のサロメとエリヤの体験にも対応している。つまり、いずれかを排していずれかを選べば良いという二者択一の問題はここにはなく、むしろそのような知性的な選択が叶わない根本的な対立が重要であり、この対立の狭間の領域に留まることが求められている。だからこそミラー女史は、生である「創造の賛歌」と、死である「蛾の歌」の間で身を焦がし、ユングはセクシュアリティであるサロメと、スピリチュアリティであるエリヤとの間でその身を裂かれながらも、両者と対話を続ける必要があったのだろう。

そして、この二つを仲介していくもの、この二つの領域を移行していくもの、それが英雄(ヒーロー)であるとユングは言う。英雄はこの二つの影響下にありながら、それに抗うものでもある。英雄とは、従来のユング心理学では自我を表す神話的表象のように考えられ、自我意識の発達を示す代表のように考えられていたと思われるが、本書に示されているように、英雄はいわゆる自我のことを指してはいない。また、英雄という名から想像されるような、戦う力強い戦士や、傑出して能力の高い人物のことを指しているのでもない。それは、そもそも人間と神との間にあって、神であり人でもあるような特異な存在であり、人間を超え出ようとするものであり、今までにはない新しい人間の姿を作り出そうとする心の動きであり、その人格化である。

つまりは、本書における英雄の姿を追っていくと、それはそもそもセクシュアリティとスピリチュアリティの間に立ち、その二つを超え出ようとするものにつながっていく。しかし、この英雄の姿が現れたからといって、二つの対立項を仲介して、簡単に未来が作り出されるわけではない。英雄がこの二項対立の間に立つと、現行の二項対立を維持しようとする力も現れてくる。それが貪り喰う龍の姿や残酷な母親の姿であるとユングは言う。それは、今までのものを守ろうとする従来の自然の姿である。

英雄は、新たなものを生み出す希望であると同時に、その対立項である龍や母といった従来の自然と対決しなくてはならない。つまり、二項対立の仲介をしようとするものは、同時に自分自身も二項対立の片割れの役目を担うことになり、二項対立は当事者を巻き込んだ運動になっていくとも言える。そして、このような二項対立の中で、さらなる深層に向けて穴掘りを続けた末に、ユングが出会うのが英雄の死のヴィジョンである。英雄は、自らの姿で新しい未来を提示することはなく、その犠牲を通じて新たなものを導く仲介者になる。むしろ英雄は初めから具体的な姿として未来を提示することなどできないのであり、ただ未来像に関わりながらその予兆を示せるだけだとも言える。

ミラー女史のファンタジーでも、ユングのファンタジーでも、英雄は犠牲にされる。ユングはまずは簡潔に、「子ども時代が、幻力(マーヤー)のベールが、過去の理想が犠牲に捧げられる」(p.31)と記している。しかし、英雄の犠牲は簡単に受け入れられるものではなく、特にユングが体験しているように、英雄の殺害者が自分であり、かつ殺害されるものが自分であるという二重の体験が伴う中で、ユングは混乱することになる。本書でも、英雄の犠牲のテーマは、繰り返し重層的に語られている。過去の理想の犠牲であるという上記の言葉は第4講に記されている。だが、第6講の終わりでは、「英雄(ヒーロー)の殺害の重大さ」を当時は把握できず、ジークフリートの殺される夢を見て初めてわかるようになったともいう。つまり、「優越機能」が犠牲にされることで、それまで優越機能に注がれていたエネルギーがそこを離れ、「劣等機能」に流れ込み、それを賦活し発展させているのだとしている。さらに、第8講では、「英雄(ヒーロー)が去ったあと」には、新しい昼間の太陽が現れるのではなく「真夜中の太陽が現れ」、「潜勢的原理」が賦活されるのだと言って、香炉の夢が例として挙げられている。この状態に至った人間は、人に理解されることができなくなるほど特異な状態となるという。そしてここで、皇后の馬車に飛び乗ろうとして捕まったスイス人男性の例が示され、彼は実は正常であったのだが、誰もそれを理解できなかったのだとユングは敢えて例示している。つまり、英雄の死の後にやって来る新しい原理は、そもそも人に理解されるものではないことをユングは強調しているのである。そして、さらに第11講から第12講にかけては、英雄の殺害後に現れた黒い大蛇と英雄の関係が語られ、死んだ英雄は地下世界で蛇へと変容すると言い、この「蛇は、深みへと沈みこみ、影の魅惑的な世界に自らを明け渡そうとする傾向」(p.099)の現れであり、それが「人格化したもの」だという。そして、この蛇は英語表記ではsnakeではなく、敢えてserpentと記されており、いわゆる動物としての蛇snakeだけでなく、神話上の生物としての蛇serpentが暗示される。そして、この死した英雄としての蛇は、エリヤとサロメとの仲介役を務め、「隠されたものへの道」を示すだけではなく、ユングの身体に巻き付いてユングを縛りつける。ユングは蛇によって磔刑の姿勢を取らされ、その刹那に盲目であったサロメの目が開かれたというヴィジョンが紹介される。ここには犠牲と解放の同時成立がある。

ここにいくつか挙げただけでも、英雄の殺害にまつわるユングの思索は、多角的・重層的に繰り返されており、それを簡潔に明示することは難しい。そればかりではなく、そもそも簡潔な提示というものがユングの心理学の方法に反することになるだろう。すくなくとも一九二五年の時点のユングは、英雄（ヒーロー）の問題の周りを繰り返し自覚的にウロボロス状に巡ることで、その本質へと向かう作業をしていたように思われる。読者である私たちも、繰り返しこの問題の周りを巡り、それぞれの過去から、それぞれの未来への道を開放することが肝要だろう。

犠牲 Opfer と作業 Opus

この自らの尾を食む蛇のウロボロス状の円環作業は、ユングの心理学の基本的な態度にもなっていくのだが、本書でユングは『赤の書』体験を語りながら、ときおり自らが狂気の淵に立っていたと仄めかしている。そして、狂気の話題に近づくたびに、ユングは地道な作業に立ち戻る大切さを説いている。

無意識の作業に携わる心理学は、思考やイメージとして湧き起こってくるものを、自分が作り出したものではなく、「現象として」捉えなくてはならないとユングは言う。しかし、それは狂気の淵に立つことを導くとも言う。たとえば、夜中に自室に窓から射し込む月光を見て、もしその月光の下に座って犬のように遠吠えをしたら私は気が狂うのだろうなと思う男の物語が紹介される（p.101）。しかし、実際にはそんなことはしないのだから狂ってはいないと一度は否定するのだが、しばらくするともう一度考えが沸きあがって来て、今度は「私はあそこに座って、犬のように遠吠えするかもしれない。だが、それをわかっていて、それを自ら選ぶのだから、まだ狂わないだろう」と考える。そして最終的にはその月光の下に実際に進み出て、男はそこで遠吠えをする。その時この男は狂っている、とユングは言う。思考を自分が生み出したものだと考えず、客体的な現象とし、それを自律的なものだと理解すると、この男のような狂気の淵に立つのだとユングは解説する。しかし、それを行う必要があるのが心理学であり、心理学はそれに取り組むのだという。ユング自身との関連で言えば、この狂気の語りは、ちょうど黒い蛇に縛り上げられたヴィジョンの後の解説となっている。ユングは、自らが蛇に縛られ磔にされ、その刹那にサロメが目を開いたとき、サロメに言われるままにキリストにされてしまい、「神格化の秘儀」の中で、「そのイメージの虜」になる間際にあったという。もし、それでいてそのイメージが誰にも理解されなければ、自分はもはや「人間の世界」におらず、「狂気の世界」にいることになったと振り返っている。

このような状況下で必要になるのが、この体験を意味がないものだと決めつけず、また逆に、この体験と同一化して本当に神格化されてしまわず、この体験を他者に語り、「このイメージはこれこれである」（p.103）と分析を示せるようになることであると、ユングは言う。ユングの『赤の書』の作業が、まさにこの狂気の淵に立ったユングの語りの作業だったことを、自ら解説しているわけである。

同様のことをユングは、仕事／作業という言葉でも表現している。もし無意識に対処する方法を未開人に問えば、「働くこと」で対処すると彼らは答えるとユングは言う。彼らは「暮らしのほとんどを精霊たちのためにとても骨の折れるダンスに費やしている」という。ユング自身も「日々の仕事」によって自分の人間性は生み出されると言い、そのような仕事は、この未開人が言うように祭礼から派生した仕事なのではないかと解説している。祭礼から派生した仕事とは、つまり、狂気の淵に立った時に必要な「語る作業」や「踊る作業」や「穴を掘る作業」のことであり、代価を得るための労働ではない。金銭のためではなく、自由のためでもなく、楽しみのためでもない。これは、一つの現実的な交流の作業なのである。祭礼は、スピリチュアルな彼岸と身体を持つ人間の此岸とをつなぐ作業である。労働は世俗的な日常における価値の交換という意味で交流の作業である。しかも、「祭礼から派生した仕事」は、完全な祭礼ではなく、完全な労働でもなく、ユングの後期の定義を先取りすれば、心理学的な作業Opusのことを指してさえいる。

ユングは、本書のセミナーよりも後に錬金術の研究を始めていくが、このような「作業」に英語のworkやドイツ語のArbeitではなく、ラテン語のOpusという表現を当てるようになる。それは社会的な労働でも、倫理的な仕事でも、宗教的な祭礼でもなく、そのすべてを部分的に含み、また部分的に否定した心理学的な作業なのである。これは自分自身が投入されながら、同時に他者に向けて開かれていく交流的で内的な作業なのである。ユングがウロボロス状に英雄の犠牲について語っているのも、自分が投入された出来事を私たちに向けて語るという心理学的作業に従事しているためである。そしてさらに言えば、この作業Opusはユング心理学において語源的に近似する犠牲Opferと対になる概念であり、自らを投入して作業することと、自らを投入して犠牲にすることが、同じことの表裏として語られ、いずれも心理学の作業であり、同時にそれが人々に向けて公にされていくことで、心理学的作業は円環する創造的なものになるのである（CW13）。

アートと心理学

本書のもう一つの大きな特徴は、アーティストやアート作品をユングが繰り返し取り上げ、アートと心理学の近似性を語っている点にある。

『タイプ論』（CW6）で論じられているもの、ピカソやジョイスについて述べられた論考（CW15）を除くと、ユングがまとまってアートについて論じているものは少なく、一般には、まるでユングがアートにあまり関心を持っていないかのような印象も与えている。さらには、本書にも記されているが、『ユング自伝』や『赤の書』でも紹介されているアートと心理学にまつわる体験があり、そこでユングは自分が行うイメージやヴィジョンの記述が何の作業なのか不確かとなり自問するのだが、すると「それはアートではない」という女性の声が響いてくる。それに対して「アートではない」と否定をする場面が紹介されることが多いため、ユングはアートを否定しているという印象が形作られてきたようにも思う。しかし、本書を読めば、ユングはアートに関心を抱き、アートと心理学の関係に常に思索を巡らしていたことがわかる。

また、本書のアートについての語られ方には一つ特徴的な点がある。本書のアートにまつわる論述が、ユングの『赤の書』体験と交互に入れ替わりながら現れているのである。第5講の終わりからユングの『赤の書』に記されたファンタジーやヴィジョンの体験が語られ始め、それを書き記していく作業を「アートだ」と言われた前述の体験が語られている。その後、第6講では穴掘り作業の末に英雄が死んで流されていく場面に遭遇するヴィジョンが語られ、その後、第7講の冒頭では、現代アートについて心理学的解説がある。その講義の後半で再びユングのジークフリートのヴィジョンが示されると、第8講では冒頭にアーティストの主観性について論じられ、その後、ジークフリート殺害のヴィジョンの解釈が述べられ、エリヤとサロメとの出会いが語られる。そしてその直後の第9講冒頭でも、ユングの患者であった造形アーティストの事例と作品が紹介され解釈される。つまり、『赤の書』の体験が語られると、必ず次にアートについて論じられるという構成になっている。その後は、第10講では易教や道教といった東洋思想の対立項が論じられ、第11講では参加者の質問に沿ってタイプの問題や「目的論と目的性の差異」などが解説されるために、『赤の書』のヴィジョンにもアートにも言及されないが、第12講で再び『赤の書』の体験に立ち戻り、先ほども述べた黒い大蛇に巻きつかれ、サロメの目が開かれる場面などが語られると、第13講冒頭からはふたたび患者の絵画作品が論じられるといった具合である。

これがどれほど恣意的に行われたのかは本書の内容からでは判断できないが、『赤の書』の体験とアートの考察とが、ユングの中で地続きになっていたことは十分にうかがえる。自分が体験したヴィジョンを語る時、おのずからアートに近づくために、このような連動する語りになっているのだろう。また、ユングはヴィジョンを書き留める作業をアニマの声でアートだと言われ、それを否定するものの、その記述作業を止めることなく継続している。この否定の言葉とは裏腹に、むしろ記述するだけに留まらず、ヴイジョンから絵画を描く作業や飾り文字を描く作業を始め、アートそのものに接近する。ユングはまるでアートに倣って、自分の作業をアートと照らし合わせているようにも見える。

「アートではない」と言い返すユングの否定の言葉は、そもそも拒絶を示すものではない。これは、対話の始まりの言葉である。私たちが相手に言われたことを鵜呑みにする場合に対話が始まることはない。また逆に相手に言われたことを完全に拒絶する時は、否定の言葉を返す必要さえない。相手の意見に対して、「そうではない」と反論することは、相手を認めて対話が始まる端緒である。ユングは自分の行っている作業が、科学なのかアートなのかわからないまま、この対立項の間に置かれた状態に気がつく。ユングは、その作業がアートではなく科学だと言ったのではなく、あくまでも「アートではない」と言ったのであり、そこからこの対立項の間での議論を始めようとしたのである。実際にユングは「そこから論争が続くかのように」感じていたと言い、論争が始まらないのは、その声が言語中枢を持たないからだと理解して、自分の言語中枢を明け渡してまで、その声が語れる基盤を作ったと言う。そして、こうした自分の行いを振り返って、「無意識内容を直接取り扱うために私が開発した技法の起源」がここにあると言う（p.044）。心の中に現れてきた人格に対して、その自律性を認め、対話の相手として同じ地平に立って、自分の言語中枢を貸与してまで、ユングは交流を始めようとしたのである。ここではその相手が、アートを重んじる者であり、アートそのものなのである。アートは、否定の対象ではなく、大切な対話の相手なのである。しかし、もちろんユングが心理学をアートと同じものだと感じているわけではない。たとえば、「自らを省みる精神力を持ち合わせていないアーティスト」は、作品が出来上がると一刻も早くそれから逃げ出そうとすると言われ、「分析は二流のアーティストにとって致命的なもの」となり、「アーティストをその競争から脱落させる毒となる」（p.014）が、そのような効果は分析が自負すべきものでもあるという。アーティストはしばしば「作品の意味を知ることを恐れる」とユングは言うが、アート作品を火で焼いて変成させ理解に至ろうとする心理学は、その意味では大衆芸術や美に奉仕する芸術とはまったく別のものであり、それを破壊する働きさえする。しかしこれは二流のアーティストにだけ当てはまる言説ではなく、二流の分析家にも同様に言えることであることを忘れてはならない。また一方で、この変成作業に取り組むアートが存在しないわけではなく、ユングの時代にもそれはすでに存在しており、ユングが、本書でピカソやデュシャンに言及しているのは、その良い例であろう。

内的な客体と出会う――アートと心理学

ユングは、現代アートは内的な客体を価値の担い手として発見したと言う（p.057）。もはやアートは外的な客体に対する関心と模倣によって成立しているのではなく、価値は心の内側にある。だが、そうすると、その価値はアーティストの主観に左右されることになるのではないかという疑問も提示されることになる。実際にセミナー参加者から、現代アートはアーティストの主観的なものである点が特徴なのではないかという質問が投げかけられるが、ユングはそれを退ける。そのように考える者は、内的なものを自分が作り出したと考えているのであって、すべてが主観によって舵取り可能だと考えているのだ。心理学もアートも、内的な対象を自分が作り出したものではなく、自律的に存在している客体だと考えるのだ、とユングはあらためて自身の心理学の方法論を強調する。今日の私たちは「自分たちの思考を自分たちで生み出しているという幻想」を抱いているが、それは現代人の幻想である。そもそもは、私たちが抱く思考は心に与えられたものであり、「突然のヴィジョンの結晶」なのである。ラファエロの「聖母」もミケランジェロの「モーセ」も、思考やヴィジョンの形で人間のところに突然訪れて、圧倒的な力で確信に至らせた。つまり、私たちが勝手に作り出した思考がアート作品として成立するわけではないのである。内的対象は、ユングにとってあくまでも自律して現れるものである。

ここでユングが、人間と内的対象の関係を、雄鶏と太陽の関係でたとえているのは実に興味深い。私たちは、自分が鳴かなければ朝に太陽が昇ってこないと考えている雄鶏と同じように、自分が思考し想像しなければ内的対象が存在しないと思い込んでいる、というのである。このたとえ話では、雄鶏が鳴くのを止めると本当に太陽が昇らないかどうかを実験してみることになるのだが、結局は太陽が昇る瞬間に、雄鶏は怖くなって鳴き声を上げてしまい、自分が鳴かなければ太陽は昇らないのだという確信は崩されることはなかった。しかし、雄鶏は太陽が昇らなかった場合を想像して、それでは世界が滅びてしまうと恐怖を感じて、それを避けようとして鳴き声を上げたのである。つまり、世界を破滅させるかもしれない実験はできないと思って鳴いたわけである。万が一太陽が昇らなければ、たしかに世界は新しい日を迎えられず、滅びることになる。つまり、実験は完遂されないものの、この実験を通じて雄鶏に確かめられたことは、太陽の偉大さであり、太陽がなければ生命が存在しないという事実なのである。

これを、私たちと内的客体の話に置き換えれば、自分が思考し想像しなければ、自分の心には何も存在しないのかどうか確かめる実験をしたことになる。だが、その実験の経過の中で、もし本当に思考も想像もせずに「無」に至ると、それは実は私の生命そのものが終わることになるという恐怖に襲われたわけである。存在喪失の恐怖を前にして、思考や想像を完全に無にすることができず、再び思考や想像を働かせ始めたことになる。

思考や想像を止めると本当に無に至るのかどうかは確かめられなかったわけだが、ここに実感されるのは、内的対象が私たちの存在を支えている現実だということである。もし本当に内的対象がまったく存在しなくなれば、私たちの存在自体がなくなる。内的対象は私たちが思考や想像で作り出したものではないことが、存在喪失の恐怖を通じて実感されたことになる。

この実験過程で実感された無は、想像の範囲内にある無ではなく、存在そのものの無である。そうしてみると、ここで予感される〈一切空〉は、心の中のことや想像の範囲内のことではなく、より現実的に存在そのものの無あるいは死のことである。ユングの言う自律性を持った内的対象がなくなることは、精神修行で至る無心や空のことではなく、存在そのものの死だというのである。すなわち、雄鶏に倣って内的対象を確認しようとする実験は、実は自死に至る危険な実験だということが判明し、自殺を止めたというのが、この心理学的実験の本質なのかもしれない。それほどに内的対象は、自律的に存在し世界の存在の基盤である、とユングは言おうとしている。このユングの思想を禅仏教の無や空と比較検討することは、この解題の範囲を超えるが、ユング心理学における内的対象と仏教の表象や存在とを比較検討していくことは、人間の心の理解のために待ち望まれる研究かもしれない。

外的客体の解体・解体の認識・内的客体への移行

さて、しかし、もう一方で、ラファエロやミケランジェロが、突然訪れるヴィジョンをありのままに受容したのに対して、現代の私たちはそれをそのままでは受け入れられないこともユングは強調する。ここでもユングは素朴な自然との一体状態に戻ろうと懐古したいのではないことは明らかであり、ユングはラファエロやミケランジェロよりもむしろ、反自然や反芸術の方向に進むデュシャンに言及することになる。ユングが行っている心理学は、ここで再び現代アートに近接することになる。

ユングはデュシャンの『階段を降りる裸体』を評して、それは「客体の二重の解体」の絵画だという（p.056）。それは、時間と空間の両面において客体を解体しているのであり、逆に言えばその絵を鑑賞するためには、鑑賞者が絵に関わって、自ら時間と空間を動かさない限り、その絵は解体したままなのである。このプロセスの本質は、外的な「客体の価値低下」であるとユングは言う。つまり、そもそも客体はもはや自然状態のように私たちと一致したものではなく、客体と主体の間には亀裂が生じ、自然と人間の間には不一致が生じている。そのことをデュシャンは絵画に表現しているのであり、ユングはそれを現代アートの試みとして高く評価している。そのためデュシャンの絵画は、それは「まるで機知に富んだ言葉で、事物を説明」しているかのようだと評されるのである。このことは、『階段を降りる裸体』から四年後の一九一七年にデュシャンによってニューヨークのアンデパンダン展に展示された『泉』と題された男性の小便器の作品にも通じていく思想だろう。それは現代アートの持つ徹底的な解体の表現であるが、実は単に客体の解体と破壊を目的とした表現ではなく、すでに客体の価値低下が起きていることを白日の下に曝し、客体に対して鑑賞者が自ら関わっていくことを要求したアート作品なのである。『階段を降りる裸体』では、鑑賞者にはまだ映像を楽しむ快楽が残っているが、『泉』になるとそのような快楽の仲介がないままに、主体的に客体と関わっていかない限り、客体は意味をなさないもののままである。そこまで行くと、たとえどんなに機知に富んだ言葉であったとしても、それはそのままでは解体した言葉の音節である。その音節を聞き取り、それを主体が再構成しなくては、もはや意味をなすものにはならない。

こうした点で、分析が示すものと同じ道程を現代アートが示しているとユングは言う。外的客体が価値を失い、内的客体へと価値の基盤が移行していくと、私たちは自らその客体に関わっていかなくてはならない。そうしなければ、それは解体したままで、意味をなさないままに放置され、時には私たちの心そのものの解体を導きさえする。再び外的客体の価値を高めようとする方策も成功することはない。

〈自然に還らず、自然と関わる〉という二重の発想

たとえば、外的客体を取り戻そうとして、逆に解体を露呈したのが第13講冒頭に紹介されている七枚の絵画を描いたアメリカ人や、オーストリアから南アメリカに移住した少年の事例なのではないだろうか。少年は、文化生活習慣の違いから神経症的になっていたのだが、彼はその治療法として、形代のような人形を与えられ、それに力を授けるさまざまな儀式的な行為を行わなくてはならなかった。そして最後にはその人形を使って一人の少女が死に瀕するまで首を絞めなくてはならないと言われて、さらにひどく破綻してしまった。この治療法は、まさにアニミズム的治療法であり、人形という身近な外的な客体の価値を高め、それによって少年と外界を媒介する力を強めようとしたのだと考えられる。しかし、この方法は、そもそも世界が自然と一体である未壊性を前提としたものである。しかし、一度自然との一体性が壊れた後に、ラテン・アメリカの伝統的な文化風習と交わることは、一体性を取り戻す作業とはならず、むしろ世界との分離を実現してきた主体性という意識の優位性まで捨てることになるのである。

またあまり明確な解説はされていないものの、その直前に示

される七枚の絵画の結末も同様のものであるように感じられる。上方と下方の分裂に悩み、天空と大地の分裂に苦しみ、それを一つにまとめようとする動きが描かれていくわけだが、次第に大地の力の方に近づいていくことになる。第四絵画では、「陰と陽が星のような図の中で組み合わさ」ると言うが、第五絵画では「典型的な未開人的傾向が現れる」とされ、そこでは鳥たちが中心にいて、大地には蛇や木の根のようなものが複数見られる。第六絵画では「大地に深く入り込み」、「大地が天に届かんばかりに隆起」したという。そして最後の第七絵画では「男が空中に向けて跳躍」するのだが、男は鉄球で大地に繋がれていて、大地は砂漠でそこには頭蓋骨があり、あらゆる生命あるものは上部に描かれている。そして最後にユングは、「対極へと向かうことが、上方に留まることと同じくらい破滅的で死に満ちていることを示している」と結んでいる。つまり、分裂した状態を自然な一体性に戻そうとして対極に向かうだけでは、分裂がさらに混乱を極めるだけなのである。対立物を結合するのに、過去の一体性に頼ることは、何の役にも立たないとユングは言い、たとえば大きな葛藤を抱えた患者が訪ねてきた時に、『老子道徳経』を読みなさいと助言しても、「あなたの悲しみをイエス=キリストに投げかけなさい」と助言しても、その患者にはもはや何の助けにもならないのである。

一体性が成り立っていたのは宗教改革以前の時代であるとユングは言う。中世から現代までの肖像画を収集して分析したというくだりがあるが、ユングの分析では、宗教改革以前の肖像画には、死を前にしても笑顔があり、現代的な意味での感情はうかがえず、ルターの肖像画にしてもモナリザの肖像画にしても、その姿には内的な統一と安息があり、何の疑いもない確信が表情に表れているという。それは、興味深いものではあるが、過ぎ去った時代の心のあり方なのである。

ユングが言うように、二重の発想が必要なのかもしれない。たとえば、本書の最終章には「自分の中に亡霊を侵入させてはならない」（p.134）という未開人の考え方が紹介されている。これが現代の私たちへと翻訳されると、それは「あなたは無意識の中に訪問者を受け入れてはならない。同時に、先祖の霊を失ってはならない」（p.134）という二重の発想になるとユングは言う。それはまた、イヌイットの小屋で亡霊を退散させている呪医の慣習的な挨拶にも通じる。ある呪医がひどい騒音を立てながら必死に悪霊を退散させているところに別の呪医が訪ねていくと、お互いにほほえみかけて、「こんなことは全部無意味だ」と挨拶するという。呪術で悪霊を退散させようとすると同時に、それが無意味なことだとも言うのである。いずれも矛盾を孕んだ二重の発想になっている。事態は言葉の額面通りには進まない。真実と虚構はいつも表裏一体であり、虚実には皮膜の境があるだけであり、亡霊は危険なものだけれど、もう一方ではすでに私たちの中にいて、呪術で悪霊は退散させられるけれども、同時にそれは意味のない行為なのである。このいずれもが真実であるという二重の発想がなければ、現代において無意識に関わっていくことは難しいとユングは言っているのである。つまり、自然に帰ることなく、自然と関われというのである。

不確かな未来へ

本書の最終稿は第16講であるが、その後半にはユングがセミナー後に付け加えた補遺があり、またその後にはセミナー参加者たちによる三つの小説の分析とその議論が続くため、ユング自身の講義は、第16講に登場する第9図の解説で終わっている。

その講義の最後に、ユングは心の個人的な面の分析の後には、心の再構成に至らなくてはならないと明言する。個人史的な問題を扱い、個人的な無意識の部分を振り返った後、その先に進めば、心は今までの構成にはとどまれず再構成の段階に入るというのである。第9図に即してユングは、意識の側に属し、陽の側に属している自己（自我）と、無意識の側に属し、影の側に属している自己との間の障壁が越えられ、その二つの自己に結びつきが生まれるならば、個人は外的世界と集合的な無意識の世界との「媒介者」となるという。そうすると、外的な客体と内的な客体が対応をはじめ、それによって私たちの「人生が非常に豊かなものになる」（p.137）と締めくくられている。

今までのユングの発言とも相俟って重要なのは、心は再構成段階に入り、その際に、分析の作業に臨んでいる者は、二つの領域を媒介しながら、自分自身の変容に取り組むことになることだろう。それは今まで見てきたように、未知の人格化に出会う道程であり、英雄（ヒーロー）の殺害や死に立ち会う道程であり、外的対象の解体に出会う道程であり、苦悩の伴う道程であろう。それでも、再構成の作業へと進んでいくのがユングの分析の基本方針なのである。また、再構成の作業の中で、外的客体と内的客体は「対応する」のであって、決してその二つが統一されるとは言われていない。ここに解説されている第9図でも、外界にある九つの客体と集合的無意識にある九つの客体は、その数を対応させてはいるものの、結合は果たさない。さらに言えば、図の中心に置かれた「個人」は、二つの領域に跨がったままで、そこに統一感は描かれていない。この図は、ユングの他の著作には見られないという点で、本書が示すユング心理学の新しい姿として貴重であるが、この図の最も有効な点は、統一した全体像を敢えて作り出していない点にあるだろう。この図は左右の陰と陽の対応を表現しているが、それは決して完全な対称性を持ってはおらず、陰陽は整った統一へと向かうわけではない。そのことがこの図には暗に示されている。これは、心を図示することをほとんどしていないユングが示した数少ない図版の一つであるが、それはやはりユングの執筆方針に沿ったものであり、通常の図と違い一瞥して理解されるものではない。やはり、これを理解するにも、燃える火によって丁寧に自分の心と作業していく必要がある。

このような奥行きのある表現をユングは、本書よりも九年ほど後に次のようにも著している。

「人は自分が何者であるかを知るために、自分自身のことを学ばなくてはならない。だが、このドアを開けた向こうに現れるのは、驚くべきことに、前代未聞の不確かさに満ちた切れ目のない広がりであり、それにには内も外もなく、上も下もなく、こちらとあちらもなく、私のものもあなたのものもなく、善も悪もない。それは水の世界であり、そこでは生命あるものはすべて宙づり状態で浮かんでおり、そこは交感［神経］組織の領域が始まるところであり、生命あるものの魂が始まるところである。そこでは私はあれでもこれでもあって区別しがたく、私は自分自身の内側に他者を体験し、また私の自我とは別の他者が私を体験するのである」（CW9i, §45）

ユングの分析が進んでいく道は、このようにあまりにも広大で、そこに登場する「媒介者」となりうる私は、私であって私でなく、他者であって他者でない存在である。ユング心理学はこの不確かな領域へと自ら踏み込んだ時に始まり、その不確かな領域で作業を続ける時にだけ成立してくる。

「私たちの時代の大きな課題は、この世界に降りかかっていることを私たちが理解していないことです。私たちは魂の暗闇に直面し、無意識に直面しています。それは闇を生み出し、認識不可能な衝動を噴出させます。それは私たちの文化とその歴史的な主潮に穴を穿ち、切り刻みます。私たちにはもはや何の主導権もなく、それは未来に委ねられています。私たちの価値観は移り変わり、確かなものは何一つなく、至聖なる因果論さえも公理の王座から下り、単なる蓋然性の領域に入ってしまいました。……私たちがこれまで信じていた価値は減退していきました。そして、私たちにとって唯一確かなことは、この新しい世界は、私たちが親しんできたものとは異なる世界になっていくだろうということです。もしその何らかの衝動が、既知の形態に具体化する傾向を少しでも示すならば、創造的なアーティストはその衝動を信頼することはないでしょう。「汝が語ることが汝なのではない」とこのアーティストは言うでしょう」[7]

既知の形態はすでに役に立たない。しかし、未来も約束されてはいない。主体が語ることが主体自身を表しえない時代において、唯一確かなのは、未来は私たちに馴染みがないということである。このユングが認識した不確かな時代は、おそらく私たちの時代と地続きである。あるいは、その不可解さはさらに深刻さを増しているかもしれない。この時代において、目的論は成立しないが、ある方向に向けて歩みを進める目的性は存在しうる。本書において、まさに「人生の午後三時」から歩み出そうとする齢のユングが私たちに提供しているものは、この未踏の進路に向けて歩みを進めていくこと、そのような心理学を私たち自らが実践することなのである。

出版に寄せて

本書は、ユングの心理学の生成を物語る『赤の書』を取り巻いて、分析心理学の黎明期を明らかにするものである。シャムダサーニによる新編集版が刊行されてすぐに注目を集め、監訳者である河合俊雄により翻訳が着手された。本書がこのような形で上梓できるのは、何よりも河合俊雄による本書の内容の日本への速やかな紹介と、翻訳への舵取り、その思想的牽引力に負うところが大きい。

また、翻訳書の本文下訳は、私以外に、共訳者である鹿野友章、宮澤淳滋、それに公文佳枝を加えた四名によって作成され、上智大学において継続的に開催された研究会において提示され、その研究会参加者と共に研鑽に励むことによって、少しずつ改善され了解可能なものとなっていった。当時の下訳作成者の中で、公文佳枝は時間的な制約から本書の刊行には関われなかったが、ここにあらためてその労をねぎらい感謝したい。また合わせて、研究会において積極的に議論に参加し本書の成立に尽力してくれた参加者たちにも、深く謝意を評したい。

本書のシャムダサーニ序文、並びにマクガイア序文は、共訳者である小木曽由佳が下訳を作り、さらには翻訳全体に関するさまざまな労を進んで引き受け、この訳書の刊行を推進してくれた。

創元社の渡辺明美さんは、刊行までの時間が限られた中で、労を惜しまず、時には夜を徹して本書の編纂に尽力してくれた。渡辺さんのたゆまぬ刊行への意志と、私たちへの励ましや支えなくして、本書が成立することはなかっただろう。心よりお礼申し上げたい。

ここに挙げた方々に、そしてここにはお名前を挙げられなかった方々に、これまでさまざまな形で本書の刊行を支えられてきた。そうした多くの方に、この刊行に際して、心から深く感謝したい。

本書は、二〇一二年の新編集版の刊行後すぐにユング心理学の必読入門書となり、英語圏の研究者の間ではAPという略記で記され、すでに誰もが知るところのものとなっている。今、二〇一九年に本邦訳書が刊行され、ユングの思い描いた心理学に新たな光が当たり、これからの心理学の新たな可能性と相俟って、多くの熱心な読者に恵まれることを心より願ってやまない。

注

（1）C. G. Jung, Letters 1, "To Wilfrid Lay", 20. April 1946, Routledge, 1973

（2）"nil humanum a me alienum esse." プブリウス・テレンティウス・アフェル Publius Terentius Afer の格言1.1.25「私は人間である。人間に関わることならどんなものでも自分に無縁であるとは思わない」"Homo sum; humani nil a me alienum puto." を参照した発言。

（3）C. G. Jung, Letters 2, "To Herbert Read", 2. September 1960, Routledge, 1976.

（4）Théodore Flournoy, "From India to the planet Mars", Princeton University Press, 1994.

（5）James Hillman, *Re-visioning Psychology*, Harper & Row, 1976, p.2.

（6）前掲書（5）、一五頁

（7）前掲書（3）

巻末資料

◆本書でユングが取り上げた事例概要……253
◆夢、ファンタジー、ヴィジョン……254
◆引用や議論のなされているユング著作の年代順目録……255
◆文献リスト……264
◆事項索引、人名索引……272

《編集部注》

巻末資料は、本書に掲載されているそれぞれの内容一覧を示すと同時に、当該事項が本書のどこに記載されているかを示す索引の役目も果たしています（項目下に記載してある数字が、本書での出現ページを示します）。

原書巻末にあった「ユング著作集 The Collected Works of C. G. Jung」の一覧は本書では省略し、以下のURL（https://www.sogensha.co.jp/upload/pdf/11708_WorksList.pdf）にアップしましたので、そちらをご参照ください（左のQRコードからもご覧いただけます）。

なお、この著作集の一覧の代わりに、本訳書では、関連するユングの著作一覧、およびそれ以外の文献を、邦訳情報も含めた新たな「文献リスト」として訳者が作成し、資料の一部として付け加えました。

本書でユングが取り上げた事例概要

提示された順に記載してある。左記のものはユングによって言及されたものだが、必ずしもユング自身が治療した事例とは限らない。

1　夢遊病者であり霊媒であるヘレーネ・プライスベルク……003-006、009-012
2　靴作りの動作をまねる精神病の女性患者……018-019
3　パラノイド型痴呆を患い、様々な妄想を持つB. St. という女性……019
4　殺人を計画したことのあるパラノイドの弁護士……020
5　皇后の馬車に飛び込んだ若いスイス人……066-067
6　聖霊を描写しようとした彫刻家……070-071
7　日本で夫と結ばれた後に正気を失った女性……081
8　灰色ではないものを望む裕福な患者……082
9　木の上に豚を見たアルコール依存症男性……084
10　子どもたちが「たまたま降りかかってきた」母親……087
11　知らずに売春宿に住んでいた直観タイプの少女……088
12　感覚が弱い直観タイプの患者たち……089
13　救世主ファンタジーを持つ男性……093-094
14　対立物の間における奮闘を描いた若いアメリカ人……104-106
15　教授のおかげで殺人を犯しそうになった南アメリカに住むオーストリア人の神経症的少年……106-107
16　牧師になることに疑念を持つ神学生……116-117
17　自分は分析され尽くしたと考える、年上の女性に養われた強迫神経症の男性……130-131

本書に登場した夢、ファンタジー、ヴィジョン

提示された順に記載してある。下記のものは特に記載がなければ、夢のことであり、ユングによって見られたものである。

1　ユングには言及できないテーマをめぐるフロイトの夢……023
2　複数の地上階や地下階を持つ家（変容と象徴 Wandlungen u. Symbole の起源となる）……023-024
3　放散虫……025
4　税関吏の霊＝フロイト、そして十字軍兵士……040-041
5　フィレンツェの回廊、少女へと変容する白鳩……041-042
6　破滅するヨーロッパのファンタジー……043
7　ユングが書いたものをアートだという女性（シュピールライン?）の声のファンタジー……043-044
8　穴を掘り、洞窟へと入っていき、血が噴出するファンタジー……050-051
9　ジークフリートの殺害……*19*、051、058-059、065
10　ベンゼン環についてのケクレのヴィジョン……051
11　ピーター・ブロップスの夢……066
12　エリヤとサロメのヴィジョン（103頁では夢とされている）……067-068、093-094、096-097、099-103
13　ミサのさなかに大聖堂へなだれ込む牛の群れ……103
14　神学生の見た、黒と白の魔術師たちの夢……116-117

引用や議論のなされているユング著作の年代順目録

初版の年、もしくは編纂された年が適切な場合にはその年を記してある。

一八九六～九九　『ゾフィンガー講義』(CW A)　185-186
一九〇二　「いわゆるオカルト現象の心理と病理」一九一六年にM・D・エダーにより英訳(後にCW1)　003
一九〇四～九　「言語連想研究」(CW2)　007
一九〇六　「精神分析と連想実験」(CW2)　186
一九〇六　『フロイトのヒステリー理論』(CW4)　187
一九〇七　『早発性痴呆の心理学』(CW3)　019、188
一九〇八　「精神病の内容」(CW3)　188
一九〇八　「フロイト派のヒステリー理論」(CW4)　187
一九一二　『リビドーの変容と象徴』(『無意識の心理学』としてB・M・ヒンクルにより一九一六年に英訳)　***24***、***26***、***28***、023-026、028、031、035、040、042、071、082、182、202、205
一九一二　「精神分析の理論」(CW4)　191
一九一三　「心理学的タイプ研究に寄せて」(CW6)　191、199、205
一九一六　「無意識の構造」(CW7)　***23***
一九一六　『無意識の心理学』　一九一二年の『リビドーの変容と象徴』を参照。
一九一六～一七　『分析心理学に関する論文集』　182、185
一九一七　『無意識過程の心理学』(一九一七年に英訳)　***24***
一九一七　『無意識の心理学について』(CW7)　198
一九二一　『タイプ論』(H・G・ベインズ訳、一九二三年)(後にCW6)　***13***、***17***、***20***、***24***、180、186-187、190-191、197-198、204
一九二三　ポルツェス・セミナー　***16***-***17***、***31***、180
一九二五　スワネージ・セミナー　***9***、***20***、182
一九二五　「心理学的関係としての結婚」(CW17)　***14***、184
一九二七　「心と大地」(CW10)　184、191、200、203
一九二八　『分析心理学に関する二論考：健康な、あるいは病める心における無意識的なもの／自我と無意識の関係』(C・F・ベインズとH・G・ベインズ訳)

（後にCW7）　*22*、*25*、191
一九二八　「分析心理学と教育」（CW17）　203
一九二八　『分析心理学論文集』（C・F・ベインズとH・G・ベインズ訳）　*31*、203
一九二八〜三〇　『夢分析』（一九八三年出版）　*33*、182-183、196、198、200、204
一九二九　『黄金の華の秘密』（一九三一年C・F・ベインズ訳）（後にCW13）　*23*、*31*
一九三一　「分析心理学の根本問題」（CW8）　203
一九三二　「ピカソ」（CW15）　195
一九三三　『現代人と魂の探求』（C・F・ベインズとW・S・デル訳）　*31*
一九三四　「集合的無意識の諸元型」（CW9i）　196、203
一九三四〜三九　『ツァラトゥストラ・セミナー』（一九八八年出版）　186
一九三四　「タヴィストック講義」（CW18）　203
一九三七　「ゾシモスのヴィジョン」（CW13）　194
一九三九　「鈴木の『禅学入門』への序文」（CW11）　199
一九四六　「転移の心理学」（CW16）　194
一九五〇　「『易経』への序文」（CW11）　197
一九五〇　「曼荼羅の象徴について」（CW9i）　201
一九五二　『変容の象徴』（CW5）　188、190、202
一九六二　『ユング自伝』（A・ヤッフェ編）　*23*、*33*、181
一九七三　『書簡集』（G・アドラーとA・ヤッフェ編）第一巻　183-184、204
一九七四　『フロイト／ユング往復書簡集』（W・マクガイア編）　186-189、191、194-195
一九七七　『C・G・ユングは語る』（W・マクガイアとR・F・C・ハル編）　187
一九七九　『ユング：言葉とイメージ』（A・ヤッフェ編）　189、203

Wilhelm, R. (1924): *I ging : das Buch der Wandlungen*, Jena : B.E. Diederichs; *The I Ching or Book of Changes*, trans. by Cary Baynes, introduced by C. G. Jung, Princeton, NJ. : Princeton University Press, 3rd ed., 1967.

Wolff, T. (1951): *Strukturformen der weiblichen Psyche : eine Skizze*, ETH-Bibliothek Zurich ;*Structural Forms of the Feminine Psyche*, trans. Paul Watzlawik, Zürich: Students Association, C. G. Jung Institute, 1956.

Wolff, T. (1959): *Studien zu C. G.Jungs Psychologie*, Zürich : Rhein-Verlag.

Zumstein-Preiswerk, S. (1975): *C. G. Jung's Medium: Die Geschichte der Helly Preiswerk*, München : Kindler.

Noll, R. (1994): Jung the Leontocephalus, *Spring*, 53, pp.12-60.

Parkes, G. (1999): Nietzsche and Jung: Ambivalent Appreciations, *Nietzsche and Depth Psychoogy*, eds. J. Golomb, W. Santaniello, and R. Lehrer, Albany: State University of New York Press.

Plato, (n. d.): *The Republic*.（プラトン『国家』上・下、藤沢令夫訳、岩波書店、1979）

Plato, (n. d.): *Timaeus*.（プラトン「ティマイオス」『プラトン全集12』種山恭子訳、岩波書店、1975）

Quispel, G. (1951): *Gnosis als Weltreligion*, Zurich: Origo Verlag.

Radin, P. (1945): *The Road of Life and Death: A Ritual Drama of the American Indians*, New York: Pantheon Books.

Rasmussen, K. (1907): *Neue Menschen: ein Jahr bei den Nachbarn des Nordpols*, Bern : Verlag von A. Francke.

Rasmussen, K. (1927): *Across Arctic America*, New York, London: Putnam.

Robinson, F. (1992): *Love's Story Told: A Life of Henry A. Murray*, Cambridge, MA: Harvard University Press.

Scott, W. (1814): *Waverley, or, Tis Sixty Years Since*, Edinburgh : Constable.（W・スコット『ウェイヴァリー―あるいは60年前の物語』上・中・下、佐藤猛郎訳、万葉舎、2011）

Sergeant, E. S. (1920): *Shadow Shapes: The Journal of a Wounded Woman*, Boston : Houghton Mifflin.

Shamdasani, S. (1990): A Woman Called Frank, *Spring*, 50, pp.26-56.

Shamdasani, S. (1998): From Geneva to Zurich: Jung and French Switzerland, *Journal of Analytical Psychology*, 43, no. 1, pp.115-126.

Shamdasani, S. (1998): *Cult Fictions: C. G. Jung and the Founding of Analytical Psychology*, London: Routledge.

Shamdasani, S. (2003): *Jung and the Making of Modern Psychology: The Dream of a Science*, Cambridge: Cambridge University Press.

Shamdasani, S.(2005): *Jung Stripped Bare: by His Biographers, Even*, London: Karnac.（S・シャムダサーニ『ユング伝記のフィクションと真相』河合俊雄 監訳、田中康裕・竹中菜苗・小木曽由佳訳、創元社、2011）

Schelling, F. (1815): Über die Gottheiten von Samothrace, Stuttgart und Tübingen: Cotta; *The Deities of Samothrace*, interpreted and translated by R. F. Brown, Missoula, MT: Scholars Press, 1977.

Shopenhauer, A. (1819): *Die Welt als Wille und Vorstellung : vier Bücher, nebst einem Anhange, der die Kritik der Kantischen Philosophie enthält*, Vol. 1, Leipzig: Brockhaus.（A・ショーペンハウアー『意志と表象としての世界』〈1〉-〈3〉、西尾幹二訳、中央公論新社、2004）

Schopenhauer, A. (1836): *Über den Willen in der Natur: Eine Erörterung der Bestätigungen, welche die Philosophie des Verfassers, seit ihrem Auftreten, durch die empirischen Wissenschaften erhalten hat*, Frankfurt am Main: Siegmund Schmeber.（A・ショーペンハウアー『ショーペンハウアー全集〈8〉自然における意志について』金森誠也訳、白水社、2004）

Schopenhauer, A. (1851): *Parerga und Paralipomena*, kleine philosophische Schriften. 2 vols. Berlin: A. W. Hayn.（A・ショーペンハウアー『ショーペンハウアー全集〈11〉哲学小品集 2』金森誠也訳、白水社、2004）

Spencer, W. R. & Gillen, F. J (1904): *The Northern Tribes of Central Australia*, London: Macmillan.

Spitteler, C. (1881): *Prometheus und Epimetheus*, Aarau : Sauerländer.

Spitteler, C. (1900-05): Der olympische Frühling, *Prometheus der Dulder*, Jena: Diederichs, 1924.（C・シュピッテラー「オリュンピアの春」『ドイツの世紀末第5巻』土肥美夫訳、国書刊行会、1987）

Swales, P. (1982): Freud, Minna Bernays, and the Conquest of Rome: New Light on the Origins of Psychoanalysis, *New American Review*, 1, no. 2-3, pp.1-23.

Swan, W. (ed.) (2011): *Memoir of Tina Keller-Jenny: A Lifelong Confrontation with the Psychology of C. G. Jung*, New Orleans: Spring Journal Books.

Wehr, G. (1970): C.G. Jung, Hamburg: Rowohlt; *Jung: A Biography*, trans. D. M. Weeks, Boston, MA=Shambhala Publications, 1987.（G・ヴェーア『ユング伝』村本詔司訳、創元社、1994）

Jacobsen, M. B. and Shamdasani, S. (2011): *The Freud Files: An Inquiry into the History of Psychoanalysis*, Cambridge: Cambridge University Press.

Jehle-Wildberger, M. (2009): *Adolf Keller, 1872-1963: Pionier der ökumenschen Bewegung*, Zurich: Theologischer Verlag.

Josephus, F. (18--?): *Antiquities of the Jews*, XVIII, London : Shapiro, Vallentine.（F・ヨセフス『ユダヤ古代誌6　新約時代篇（18-20巻）』秦剛平訳、筑摩書房、2000）

Jung, E.(1931/1934): Ein Beitrag zum Problem des Animus, *Wirklichkeit der Seele*, Psychologische Abhandlungen,4, Zürich: Rascher; On the Nature of the Animus, trans. C. F. Baynes, *Spring*, 1941; *Animus and Anima*, New York : Analytical Psychology Club, 1957, pp.1-44.（E・ユング「アニムスの問題のために」『内なる異性―アニムスとアニマ』笠原嘉・吉本千鶴子訳、海鳴社、2013）

Jung, E. & Franz, M. L. V. (1960): *The Grail Legend*, tr. Andrea Dykes, New York: Putnam, 1971.

Keyserling, H. & Schmitz, O. A. H. (1970): *Sinnsuche oder Psychoanalyse: Briefwechsel Graf Hermann Keyserling — Oskar A. H. Schmitz aus den Tagen den Schule der Weisheit*, Darmstadt: Gesellschaft Hessischer Literaturfreunde.

King, C. W. (1864): *The Gnostics and Their Remains, Ancient and Medieval*, London: Bell and Dalby.

Krafft-Ebing, R. von (1890): *Lehrbuch von Psychiatrie auf klinische Grundlage*, 4th ed., Stuttgard: Verlag von Ferdinand Enke.

Kubin, A. (1909): *Die andere Seite*, München: G. Müller.（A・クビーン『裏面―ある幻想的な物語』吉村博次・土肥美夫訳、白水社、2015）

Laozi (2008): *Daodejing*, trans. Edmund Ryden, Oxford: Oxford University Press.

Lee, D. B. (1983): The C. G. Jung Foundation: The First Twenty-One Years, *Quad rant*, 16:2 (Fall), pp.57-61.

Legge, J. (1899): *Sacred Books of the East*, XVI, 2nd ed., Oxford: Clarendon Press.

Liebsher, M. (2011): *Aneignung oder Überwindung. Jung und Nietzsche im Vergleich*, Basel: Schwabe.

Maciejewski, F. (2006): Freud, His Wife, and His 'Wife,' *American Imago*, 63, pp.497-506.

McGuire, W. (1978): Jung in America, 1924-1925, *Spring*, pp.37-53.

McGuire, W. (1982): *Bollingen: An Adventure in Collecting the Past*, Princeton, N.J.: Princeton University Press.

Mead, G. R. S. (1892): *Simon Magus: An Essay on the Founder of Simonianism Based on the Ancient Sources with a Reevaluation of His Philosophy and Teachings*, London: Theosophical Publishing House.

Melville, H. (1849): *Mardi, And a Voyage Thither.*, New York : Harper.（H・メルヴィル『マーディ』上・下、坂下昇訳、国書刊行会、1981）

Meyrink, G. (1915): *Der Golem: ein Roman*, München: K. Wolff.（G・マイリンク『ゴーレム』今村孝訳、白水社、2014）

Meyrink, G. (1916): *Das grüne Gesicht: ein Roman*, Leipzig : K. Wolff.（G・マイリンク『緑の顔』佐藤恵三訳、創土社、1974）

Miller, F. (1905): Some Instances of Subconscious Creative Imagination, with an introduction by Théodore Flournoy, *Archives de psychologie*, vol. V, Genève : Kündig.

Minder, B. (2001): Burghölzli hospital records of Sabina Spielrein, *Journal of Analytical Psychology*, 46(1), pp.15-42.

Muser, F. E. (1984): Zur Geschichte des Psychologischen Clubs Zürich von den Anfängen bis 1928, *Jahresbericht des Psychologischen Clubs Zürich*.

Nicholl, A. & Liebscher, M. (eds.) (2010): *Thinking the Unconscious: Nineteenth-Century German Thought*, Cambridge: Cambridge University Press.

Nietzsche, F. (1883): *Also Sprach Zararthustra*, Chemnitz : Schmeitzner; *Thus Spoke Zarathustra*, trans. Richard Hollingdale, Harmondsworth: Penguin, 1969.（F・ニーチェ『ツァラトゥストラ』上・下、吉沢伝三郎訳、筑摩書房、1993）

Du Bois, C. (1960): Paul Radin: An Appreciation, *Culture in History: Essays in Honor of Paul Radin*, New York : Columbia University Press.

Eschenbach, W. V. (n. d.): *Parzival*. （W・V・エッシェンバッハ『パルチヴァール』加倉井粛之・伊東泰治・小栗友一・馬場勝弥訳、郁文堂、1998）

Firez-David, L. (1947): *The Dream of Poliphilo: The Soui in Love*, trans. Mary Hottinger, New York: Pantheon, 1950.

Freud, S. (1900): *The Interpretation of Dreams, SE*, vols. Ⅳ - Ⅴ. （S・フロイト『夢解釈〈初版〉』上・下、金関猛訳、中央公論新社、2012）

Freud, S. (1905): Three Essays on the Theory of Sexuality, SE VII. （S・フロイト「性理論のための三篇」『フロイト全集第6巻』渡邉俊之訳、岩波書店、2009）

Freud, S. (1914): On the History of the Psychoanalytic Movement, SE VIX. （S・フロイト「精神分析運動の歴史のために」『フロイト全集第13巻』福田覚訳、岩波書店、2010）

Goethe, J. W. V. (1790): *Versuch die Metamorphose der Pflanzen zu erklären*, Gotha: Ettinger. （J・W・V・ゲーテ『ゲーテ形態学論集・植物篇』木村直司訳、筑摩書房、2009）

Goethe, J. W. V. (1808, 1833): *Faust*, Tübingen: Cotta. （ゲーテ『ファウスト』第一部・第二部、相良守峯訳、岩波書店、1958）

Haggard, H. R. (1887): *She*, New York, NY : Harper Perennial Classics, 2013. （H・R・ハガード『洞窟の女王』大久保康雄訳、東京創元社、1974）

Haggard, H. R. (1895): *Ayesha, or the Return of She*, Toronto : W. Briggs, 1905. （H・R・ハガード『女王の復活』大久保康雄訳、東京創元社、1977）

Haggard, H. R. (1923): *Wisdom's Daughter : The Life and Love Story of She-Who-Must-Be-Obeyed*, New York: Ballantine Books, 1978.

Hannah, B.(1976): *Jung, His Life and Work: A Biographical Memoir*, New York: Putnum. （B・ハナー『評伝ユング――その生涯と業績』1・2、後藤佳珠・鳥山平三訳、人文書院、1987）

Hartmann, K. R. E von (1869): *Philosophie des Unbewussten: Versuch einer Weltanschauung. Speculative Resultate nach inductiv-naturwissenschaftlicher Methode*, Berlin: Carl Duncker. *The Philosophy of the Unconscious: Speculative Results According to the Inductive Method of Physical Science*, Trans. William C. Coupland. London: Kegan Paul, Trench & Trübner, 1931.

Hartmann, K. R. E. von (1871): *Das Ding an sich und seine Beschaffenheit*, Berlin : C. Duncker.

Hartmann, K. R. E. von (1874): *Die Selbstzersetzung des Christenthums und die Religion der Zukunft*, Berlin : C. Duncker.

Haure, J. (1984): From Somnambulism to Archetypes: The French Roots of Jung's Split from Freud, *Psychoanalytic Review*, 71, pp.95-107.

Hay, M. (1920): *The Story of a Swiss Post: A study of Gottfried Keller's Life and Works*, Bern; Wyss.

Hay, M. (1923): *The Evil Vineyard*, New York and Lodon: G. P. Putnam's Sons.

Hillman, J. (1976): Some Early Background to Jung's Ideas: Notes on C. G. Jung's Medium . . ., *Spring*, pp.123-36.

Hoffman, E. T. A. (1815): *Die Elixiere des Teufels*, Berlin: Duncker und Humblot. （E・T・A・ホフマン『悪魔の霊酒』上・下、深田甫訳、筑摩書房、2006）

Hoffman, E. T. A. (1813): *Der goldne Topf*, Stuttgart : Reclam, 1998. （E・T・A・ホフマン『黄金の壺』神品芳夫訳、岩波書店、1974）

Houghton, A. L. (1963): *The London Years 1925-1929*, New York: privately published.

Hubbard, A. J. (1916): *Authentic Dreams of Peter Blobbs and of Certain of His Relatives*, London : Longmans & Co..

Jacobsen, M. B. (1995): *Remembering Anna O.: A Century of Mystification*, trans. K. Olson in collaboration with X. Callahan and the author, New York: Routledge.

◆ その他の文献 ◆

Apuleius, L. (n. d.): *Metamorphoses; The Golden Ass*, tr. R. Graves, Harmandsworth: Penguin, 1984.（アープレーイユス『黄金の驢馬』呉茂一・国原吉之助訳、岩波書店、2013）

Bacon,L. (1939): *Semi-centennial: Some of the Life and Part of the Opinions of Leonard Bacon*, New York: Harper & Brothers.

Baynes, C. A.(1933): *A Coptic Gnostic Treatise contained in the Codex Brucianus: Bruce MS. 96. Bod. Lib. Oxford. A translation from the Coptic, transcript and commentary*, Cambridge: University Press.

Beebe, J. (2010): Obituary, William McGuire, *Journal of Analytical Psychology*, 55.

Bennet, E. A. (1961): *C. G. Jung*, Wilmette: Chiron Books, 2006.

Benoît, P. (1920): *L'Atlantide, Cean, France* : Laurence Olivier.（ブノア「アトランティード」『世界大衆小説全集　第1期第6巻』永井順訳、生活百科刊行会、1955）

Billinsky, J. (1969): Jung and Freud (the End of a Romance), *Andover Newton Quarterly*, 10, pp.39-43.

Bishop, P. (1995): *The Dionysian Self: C. G. Jung's Reception of Friedrich Nietzche*, Berlin: Walter de Gruyter.

Blackwood, A. (1914): Descent into Egypt, *Incredible Adventures*, London: MacMillan.（A・ブラックウッド「エジプトの奥底へ」『いにしえの魔術』夏来健次訳、書苑新社、2018）

Breuer, J. & Freud, S. (1893): *Studies on Hysteria*, SE II.（J・ブロイヤー、S・フロイト『ヒステリー研究』上・下、金関猛訳、筑摩書房、2004）

Burnham, J. C. & McGuire, W. (1983): *Jelliffe; American Psychoanalyst and Physician, & His Correspondence with Sigmund Freud and C. G. Jung*, Chicago: University of Chicago Press.

Campbell, B. F. (1980): *Ancient Wisdom Revived: A History of the Theosophical Movement*, Berkeley: University of California Press.

Carotenuto, A. (1984): *A Secret Symmetry: Sabina Spielrein between Jung and Freud*, New York: Pantheon Books.（A・カロテヌート『秘密のシンメトリー――ユング・シュピールライン・フロイト』入江良平・小川捷之・村本詔司訳、みすず書房、1991）

Charet, F. X. (1993): *Spiritualism and the Foundations of Jung's Psychology*, Albany: State University of New York Press.（F・X・チャレット『ユングとスピリチュアリズム』渡辺学・堀江宗正・葛西賢太・高橋原訳、第三文明社、1997）

Coleridge, S. T. (1816): Kublai Khan, *Poetical Works* I, ed. J. C. C. Mays, Princeton: Princeton University Press, 2001.（S・T・コウルリッジ『対訳　コウルリッジ詩集』上島建吉訳、岩波書店、2002）

Colonna, F. (1499): *Hypnerotomachia Poliphili*, Venice : Aldus Manutius, Romanus.（F・コロンナ『ヒュプネロートマキア・ポリフィリ』大橋喜之訳、八坂書房、2018）

Corrie, J. (1922): A Personal Experience of the Night Sea Journey under the Sea, *British Journal of Psychology (Medical Section)* 2: pp.303-312.

Corrie, J. (1928): *ABC of Jung's Psychology*, London: Routledge.

Creuzer, G. F. (1810-1823): *Symbolik und Mythologie der alten Völker*, Leipzig and Darmstadt: Leske.

Cumont, F. (1894-1899): *Textes et Monuments Figureés Relatifs aux Mystères de Mithra*, 2 vols., Bruxelles : H. Lamertin.

Cumont, F. (1911): *Die Mysterien des Mithra*, Leipzig : B.G. Teubner.（F・キュモン『ミトラの密儀』小川英雄訳、筑摩書房、2018）

Daudet, L. (1916): *L'Hérédo: Essai sur le drame intérieur*, Paris: Nouvelle Librairie Nationale.

Davis, L. H. (1987): *Onward and Upward: A Biography of Katherine S. White*, New York: Harpers Row.

de Angulo, G. (1995): *The Old Coyote of Big Sur: The Life of Jaime de Angulo*, Big Sur: Henry Miller Memorial Library.

Ärzte und praktische Psychologen; The Psychology of the Transference, CW16.（C・G・ユング『転移の心理学』林道義・磯上恵子訳、みすず書房、2016）

Jung, C. G. (1950): Über Mandalasymbolik; Concerning Mandala Symbolism, CW 9 i.（C・G・ユング「マンダラ的表現」『エピステーメー』1976年7月号、高橋巌訳、朝日出版社、1976／「マンダラ的象徴表現　承前」『エピステーメー』1977年3＋4月号、高橋巌訳、朝日出版社、1977／「マンダラ・シンボルについて」『個性化とマンダラ』林道義訳、みすず書房、2016）

Jung, C. G. (1950): Foreword to *The I Ching*, CW11.（C・G・ユング「易と中国精神」『ユリイカ』6巻9号、中村健二訳、青土社、1974／「易と現代（一九四八〜五〇）」『東洋的瞑想の心理学』湯浅泰雄・黒木幹夫訳、創元社、2019）

Jung, C. G. (1961): Symbols and the Interpretation of Dreams, CW18.（C・G・ユング「無意識の接近」『人間と象徴――無意識の世界　上』河合隼雄 監訳、河出書房出版社、1975／「象徴と夢解釈」『ユング 夢分析論』横山博 監訳、大塚紳一郎訳、みすず書房、2016）

Jung, C. G. (1963): *Memories, Dreams, Reflections*. Recorded and edited by Aniela Jaffé, trans. Richard and Clara Winston, New York: Crown Publishing Group/ Random House.（C・G・ユング『ユング自伝――思い出・夢・思想』1・2、河合隼雄・藤縄昭・出井淑子訳、みすず書房、1972 ~1973）

Jung, C. G. (1973/1975): *C. G. Jung: Letters*. Selected and edited by Gerhard Adler in collaboration with Aniela Jaffé; trans. R. F. C. Hull. Princeton (Bollingen Series XCV) and London.

Jung, C. G. (1975): C. G. Jung: Letters to Oskar Schmitz, 1921-31, *Psychological Perspectives*, 6, pp.79-95.

Jung, C. G. (1977): *C. G. Jung Speaking: Interviews and Encounters*, ed. William McGuire and R. F. C. Hull. Princeton (Bollingen Series XCVII) and London (abridged).

Jung. C. G. (1979): *C. G. Jung: Word and Image*, ed. Aniela Jaffé, trans. Krishna Winston, Princeton (Bollingen Series XCVII:2) and London.（C・G・ユング『ユング――そのイメージとことば』氏原寛訳、誠信書房、1995）

Jung, C. G. (1983): *The Zofingia Lectues*, ed. William McGuire, trans. Jan Van Heurck, introduction by Marie-Louise Von Frantz, CW suppl, vol. A.

Jung, C. G. (1984): *Dream Analysis. Notes of the Seminar Given in 1928-1930 by C. G. Jung*, ed. William McGuire, Princeton (Bollingen Series XCIX:1) and London.（C・G・ユング『夢分析』I、入江良平訳、人文書院、2001／C・G・ユング『夢分析』II、入江良平・細井直子訳、人文書院、2002）

Jung, C. G. (1988): *Nietzsche's "Zarathustra." Notes of the Seminar Given in 1934-1939 by C. G. Jung*, ed. James L. Jarrett, Princeton (Bollingen Series XCIX:2) and London, 2 vols.

Jung, C. G. (1996): *The Psychology of Kundalini Yoga: Notes of the Seminar Given in 1932 by Jung*, ed. Shamdasani, Princeton, NJ: Princeton University Press.（C・G・ユング『クンダリニー・ヨーガの心理学』老松克博訳、創元社、2004）

Jung, C. G. (2009): *The Red Book, Liber Novus*, edited and introduced by Sonu Shamdasani, trans. Mark Kyburz, John Peck, and Sonu Shamdasani, New York: W. W. Norton.（C・G・ユング『赤の書』河合俊雄 監訳、田中康裕・猪股剛・高月玲子訳、創元社、2010）

Jung, C. G. (2012): *Jung contra Freud: The 1912 New York Lectures on the Theory of Psychoanalysis*, with a new introduction by Sonu Shamdasani, Princeton, NJ: Princeton University Press.

Freud, S. and Jung, C. G. (1974/1988): *The Freud/Jung Letters*, ed. William McGuire, trans. Ralph Manheim and R. F. C. Hull. Princeton (Bollingen Series XCIV) and London, 1974. New edition, Cambridge, Massachusetts, 1988.（S・フロイト、C・G・ユング『フロイト／ユング往復書簡集』上・下、平田武靖訳、誠信書房、1987／『フロイト＝ユンク往復書簡』上・下、金森誠也訳、講談社、2007）

On the Psychology the Unconscious, CW7. (C・G・ユング『無意識の心理　新装版』高橋義孝訳、人文書院、2017)

Jung, C. G. (1919): Foreword to Evans: *The Problem of the Nervous Child*, CW18.

Jung, C. G. (1921): Psychologische Typen; *Psychological Types*, CW6.（C・G・ユング『心理学的類型』I、佐藤正樹訳、人文書院、1986／『心理学的類型』II、高橋義孝・森川俊夫・佐藤正樹訳、人文書院、1987／『タイプ論』林道義訳、みすず書房、1987）

Jung, C. G. (1921/1928): The Therapeutic Value of Abreaction, CW16.

Jung, C. G. (1922): Über die Beziehungen der analytischen Psychologie zum dichterischen Kunstwerk; On the Relation of Analytical Psychology to Poetic Art, CW15.（C・G・ユング「分析的心理学と文学作品との諸関係について」『現代人のたましい』高橋義孝・江野専次郎訳、日本教文社、2014）

Jung, C. G. (1925): Die Ehe als psychologische Beziehung; Marriage as a Psychological Relationship. CW17.（C・G・ユング「心理学的関係としての結婚」『現代人のたましい』高橋義孝・江野専次郎訳、日本教文社、2014）

Jung, C.G. (1928): *Contributions to Analytical Psychology*, trans. H. G. and Cary F. Baynes, New York: Harcourt Brace; London: Kegan Paul, Trench, Trubner.

Jung, C. G. (1928): Analytical Psychology and Education, *Contributions to Analytical Psychology*; CW17. (C・G・ユング「分析的心理学と教育――三つの講義」『人間心理と教育』西丸四方訳、日本教文社、2015）

Jung, C. G. (1927/ 1931): Seele und Erde; Mind and Earth, CW10.（C・G・ユング「心と大地」『現代人のたましい』高橋義孝・江野専次郎訳、日本教文社、2014）

Jung, C. G. (1928): Über die Energetik der Seele; On Psychic Energy, CW8.

Jung, C. G. (1928): Die Beziehungen zwischen dem Ich und dem Unbewussten; The Relations between the Ego and the Unconscious, CW7.（C・G・ユング『自我と無意識』松代洋一・渡辺学訳、思索社、1984／『自我と無意識』松代洋一・渡辺学訳、第三文明社、1995／『自我と無意識の関係　新装版』野田倬訳、人文書院、2017）

Jung, C. G. (1929): Einleitung, *Das Geheimnis der goldenen Blüte. Ein chinesisches Lebensbuch*, Munich: Dorn; Commentary on "The Secret of the Golden Flower," CW13.（C・G・ユング「ヨーロッパの読者のための注解」『黄金の華の秘密　新装版』湯浅泰雄・定方昭夫訳、人文書院、2018）

Jung, C. G. (1931): Die Entschleierung der Seele; Basic Postulates of Analytical Psychology, CW8.（C・G・ユング「現代心理学の根本問題」『こころの構造――近代心理学の応用と進歩』江野専次郎訳、日本教文社、2015）

Jung, C. G. (1931): Foreword to Aldrich: *The Primitive Mind and Modern Civilization*, CW18.

Jung, C. G. (1932): Vorwort zum Märchen vom Fischotter; On the Tale of the Otter, CW18.

Jung, C. G. (1932): Picasso, CW15.

Jung, C. G. (1933): *Modern Man in Search of a Soul*, New York: Harcourt Brace; London: Kegan Paul.

Jung, C. G. (1934/1954): Über die Archetypen des kollektiven Unbewussten; Archetypes of the Collective Unconscious, CW9 i.（C・G・ユング「集合的無意識の元型について」『ユングの象徴論』秋山さと子編・解説、野村美紀子訳、思索社、1981／「集合的無意識の諸元型について」『元型論（増補改訂版）』林道義訳、紀伊國屋書店、1999）

Jung, C. G. (1935): The Tavistock Lectures, CW18.（C・G・ユング『分析心理学』小川捷之訳、みすず書房、1976年）

Jung, C. G. (1937): Einige Bemerkungen zu den Visionen des Zosimos; The Visions of Zosimos, CW13.

Jung, C. G. (1939): Foreword to Suzuki's "Introduction to Zen Buddhism," CW11.（C・G・ユング「ユング博士の禅観」『鈴木大拙全集第13巻』濱中英田訳、岩波書店、2000／「禅の瞑想（一九三九）――鈴木大拙に寄せて」『東洋的瞑想の心理学』湯浅泰雄・黒木幹夫訳、創元社、2019）

Jung, C. G. (1946): *Die Psychologie der Übertragung. Erläutert anhand einer alche- mistischen Bilderserie. Für*

文献リスト

◆ ユングの文献 ◆

Jung, C. G. (1901): Sigmund Freud: *Über den Traum*; Sigmund Freud: On dreams, CW18.

Jung, C. G. (1902): Zur Psychologie und Pathologie sogenannter occulter Phänomene. Eine psychiatrische Studie.; On the Psychology and Pathology of So-called Occult Phenomena, trans. M. D. Eder, *Collected Papers on Analytical Psychology*, ed. Constance E. Long, London : Baillière, Tindall and Cox, 1916; CW1.（C・G・ユング『心霊現象の心理と病理』宇野昌人・山本淳・岩堀武司訳、法政大学出版局、2006）

Jung, C. G. (1904-1910): *Diagnotische Assoziationsstudien*; Studies in Word Association, CW2.（C・G・ユング『診断学的連想研究』髙尾浩幸訳、人文書院、1993／『連想実験』林道義訳、みすず書房、2000）

Jung, C. G. (1906): Die Hysterielehre Freuds. Eine Erwiderung auf die Aschaffenburgsche Kritik; Freud's Theory of Hysteria: A Reply to Aschaffenburg's Criticism, CW 4.

Jung. C. G. (1907): Über die Psychologie der Dementia praecox: Ein Versuch; The Psychology of Dementia Praecox, CW3.（C・G・ユング「早発性痴呆の心理」『分裂病の心理』安田一郎訳、青土社、2003）

Jung. C. G. (1908): Die Freudsche Hysterietheorie; The Freudian Theory of Hysteria, CW4.

Jung. C. G. (1908/1914): Der Inhalt der Psychose; The Content of the Psychoses, CW3.（C・G・ユング「精神病の内容」『分裂病の心理』安田一郎訳、青土社、2003）

Jung, C. G. (1911-1912/1952): *Wandlungen und Symbole der Libido: Beiträge zur Entwicklungsgeschichte des Denkens*, Leipzig: F. Deuticke; *Psychology of the Unconscious; A Study of the Transformations and Symbolisms of the Libido, A Contribution to the History of the Evolution of Thought*, trans. Hinkle, B. M. New York: Moffat Yard, 1916; *Symbols of Transformation*, CW5.（C・G・ユング『変容の象徴――精神分裂病の前駆症状』上・下、野村美紀子訳、筑摩書房、1992）

Jung, C. G. (1912): Neue Bahnen der Psychologie, *Raschers Jahrbuch für Schweizer Art und Kunst*, 3, Zürich: Rascher, SS. 236-275; New Paths in Psychology, CW7, Appendix.

Jung, C. G. (1912/1913): Versuch einer Darstellung der psychoanalytischen Theorie. Neun Vorlesungen; The Theory of Psychoanalysis, CW4.

Jung, C. G. (1913): Zur Frage der Psychologischen Typen; A Contribution to the Study of Psychological Types, CW6.

Jung, C. G. (1916/1928): Über das Unbewusste und seine Inhalte; La Structure de l'inconscient, *Archs. psychol.*, XVL62 (Dec), trans. M. Marsen, 1916; Die Struktur des Unbewussten, *Die Beziehungen zwischen dem Ich und dem Unbewussten*, Darmstadt: Otto Reichl, 1928; The Structure of the Unconscious, CW7.

Jung, C. G. (1916/1957): Die Transzendente Funktion; The Transcendent Function, CW8.（C・G・ユング「超越機能」『創造する無意識』松代洋一訳、平凡社、1996）

Jung, C. G.(1917/1926/1943): *Die Psychologie der unbewussten Prozesses*; The Psychologie of the Unconscious Processes, *Collected Papers on Analytical Psychology*, translated & edited by Long, C. E., London, Baillière, Tindall and Cox, 2nd ed., 1917; *Das Unbewusste im normalen und kranken Seelenleben. Ein Überblick über die moderne Theorie und Methode der analytischen Psychologie*, Zurich: Rascher, 1926;

リープシャー, マーティン　Liebscher, Martin　185, 186
リヴァース, W. H. R.　Rivers, W. H. R.　***28***
リップマン, ウォルター　Lippmann, Walter　***27***
ルソー, ジャン=ジャック　Rousseau, Jean-Jacques　066, 196
ルター, マルティン　Luther, Martin　012, 058, 070
レイ, ウィルフレッド　Lay, Wilfred　***22***
レッグ, ジェームズ　Legge, James　197
老子　Lao-tse　077, 078, 083, 084, 097, 197
ロエーリ, ヒメナ・デ・アングロ　Roelli, Ximena de Angulo　***30-32***, ***34***, 180, 181, 184
ロバートソン, ケネス　Robertson, Kenneth　***28***, ***36***, 073, 090, 091, 109, 123, 144, 184
ロバートソン, シドニー　Robertson, Sidney　***28***, ***29***
→「カウエル, シドニー」も参照。
ロビンソン, フォレスト　Robinson, Forrest　180
ロブスン, ポール　Robeson, Paul　***27***
ロング, コンスタンス・E.　Long, Constance E.　***24***, ***26***, 182, 185
ワーグナー, リヒャルト　Wagner, Richard　058, 197, 205
ワートン, アデラ　Wharton, Adela　***22***

123, 144, 149, 153, 156-158, 161, 183, 205
ベックウィズ, ジョージ　Beckwith, George　*12*, *25*, *35*
ヘッセ, ヘルマン　Hesse, Hermann　*29*
ヘップバーン, キャサリン・ホートン　Hepburn, Katherine Houghton　*30*
ベディングハウス(シッグ), マルタ　Böddinghaus (Sigg), Martha　*22*
ヘラクレイトス　Heraclitus　081, 180, 218
ベルグソン, アンリ　Bergson, Henri　051, 091, 213
ベルティーン, エレナー　Bertine, Eleanor　*26*, *35*, 145
ヘンダーソン, ジョセフ・L.　Henderson, Joseph L.　*31*, *32*, *34*, 182, 183
ヘンティ, ドロシー　Henty, Dorothy　*35*
ベルナイス, ミンナ　Bernays, Minna　188
ホイールライト, ジェーン　Wheelwright, Jane　*31*, *32*, *34*
ホイールライト, ジョセフ　Wheelwright, Joseph　*31*, *34*
ホイットニー, エリザベスとジェームス　Whitney, Elizabeth and James　*22*, *29*
ポーター, ジョージ・F.　Porter, George F.　*25*, *26*
ボーチ=ヤコブソン, ミケル　Borch-jacobsen, Mikkel　187, 188
ホートン, エリザベス　Houghton, Elisabeth　*30*, *36*, 111, 123
ホール, レスリー　Hall, Lesley　187
ボダーツ教授　Vodaz, Professor　*22*
ホフマン, E. T. A.　Hoffmann, E. T. A.　040
ホリングダリ, リチャード　Hollingdale, Richard　198
ホワイト, ウィリアム・アランソン　White, William Alanson　*27*
ホワイト, キャサリン・S.　White, Katherine S.　183
ボンド博士　Bond, Dr.　*35*, 123

■マ行

マイヤー, ユリウス・ロベルト　Mayer, Julius Robert　079, 198
マイリンク, グスタフ　Meyrink, Gustav　*20*, 068, 122, 181, 197, 203, 204
マウンテン・レイク　Mountain Lake　*28*
マクガイア, ウィリアム　McGuire, William　*9*, *10*, *24*, *34*, *38*, 180, 182-184, 187, 188, 194, 196
→巻末資料「年代順文献目録」も参照(著作編集)。
マコーミック, フォーラー　McCormick, Fowler　*25*
マチエイェフスキ, フランツ　Maciejewski, Franz　188
マン, クリスティーン　Mann, Kristine　*11*, *26*, *29*, *31*, *34*, *36*, 013, 027, 053, 087, 123, 148, 150, 180
ミード, G. R. S.　Mead, G. R. S.　196
ミューゼル, フリーデル　Muser, Friedel　181
ミュラー, フリードリッヒ・フォン　Müller, Friedrich von　186
ミラー, フランク　Miller, Frank　024, 025, 028, 029, 032, 189, 190
ミルズ, M.　Mills, M.　*22*
ムラルト, フォン　Muralt, von　*17*
メーダー, アルフォンス　Maeder, Alphonse　*17*
メルヴィル, ハーマン　Melville, Herman　068, 196
メロン, ポール　Mellon, Paul　*32*
メロン, マリー・コノバー　Mellon, Mary Conover　*32*, 182
メンケン, H. L.　Mencken, H. L.　*27*
モルツァー, マリア　Moltzer, Maria　*26*, 193

■ヤ行

ヤッフェ, アニエラ　Jaffé, Aniela　*23*, *34*, *38*, 189, 199
→巻末資料「年代別著作目録」も参照。
ヤング, ジェームス　Young, James　*22*
ユング, アンドレアス　Jung, Andreas　180
ユング, エンマ　Jung, Emma　*16*, *20*, *25*, *36*, 163, 181, 205
ユング, カール・グスタフ(祖父)　Jung, Carl Gustav (grandfather)　200
ユング, ヨハン・パウル・アヒレス(父)　Jung, Johann Paul Achilles (father)　007, 068, 200
ユング, ローレンツ　Jung, Lorenz　*34*, 200
ヨセフス, フラフィウス　Josephus, Flavius　200

■ラ・ワ行

ライデン, エドムント　Ryden, Edmund　197
ラエフスキー女史　Raevsky, Miss　*36*, 157
ラスムッセン, クヌート　Rasmussen, Knud　204
ラディン, ポール　Radin, Paul　*28*, *36*, 110, 123, 140, 146, 184, 202
ランプレヒト, カール　Lamprecht, Karl　079, 080, 198
リー, ドリーン・B.　Lee, Doreen B.　183

111, 123, 156, 162, 184, 197, 203
→ベインズ, カリー・F.も参照。
デ・アングロ, ジェイム　de Angulo, Jaime　*16, 25, 28, 30*
デイヴィス, リンダ・H.　Davis, Linda H.　183
ディドロ, ドゥニ　Diderot, Denis　160
テイラー, N.　Taylor, N.　*22*
テイラー, エセル　Taylor, Ethel　*36*, 107, 108
デュ・ボワ, コラ　Du Bois, Cora　184
デュシャン, マルセル　Duchamp, Marcel　195
デル, W. S.　Dell, W. S.　*31*
テルトゥリアヌス　Tertullian　073, 197
ドーデ, レオン　Daudet, Léon　034, 039, 191
トリューブ, ハンス　Trüb, Hans　*17*
トルケマダ　Torquemado　081

■ナ行
ニーチェ　Nietzsche　007, 013, 014, 071, 077, 078, 098, 186, 197, 198
ニコル, アンガス Nicholl, Angus　185
ノル, リチャード Noll, Richard　202

■ハ行
パークス, グラハム　Parkes, Gruham　186
ハーディング, M. エスター　Harding, M. Esther　*16, 20, 25, 26, 35*, 045, 061, 063, 123, 140-142, 145, 147-149, 182
バーナム, ジョン・C.　Burnham, John C　183
ハウアー, J. W.　Hauer, J. W.　199
ハウル, ジョン Haule, john　187
パウロ（聖）　Paul, Saint　109, 196
ハガード, H. ライダー　Haggard, H. Rider　*20, 23*, 068, 096, 115, 122, 140, 142-147, 157, 158, 164, 196, 203-205
パットン, ローリー　Patton, Laurie　198
パトナム, イルマ　Putnam, Irma　*22*
ハナー, バーバラ　Hannah, Barbara　181-183, 194
ハバード, アーサー・ジョン　Hubbard, Arthur John　196
ハルトマン, エドアルト・フォン　Hartmann, Eduard von　*18*, 004, 005, 019, 185
バレット, ジョン・D　Barrett, John D.　*32*
ピカソ, パブロ　Picasso, Pablo　056, 195
ビショップ, ポール　Bishop, Paul　186
ピタゴラス　Pythagoras　066
ビリンスキー, ジョン　Billinsky, John　188
ヒルマン, ジェイムズ　Hillman, James　186
ヒンクス女史　Hincks, Miss　*12, 35*, 074, 076, 077, 123
ヒンクル, ベアトリーチェ・M.　Hinkle, Beatrice M.　*21, 26*, 189
フィルツ＝デーヴィッド, リンダ　Fierz-David, Linda　197
ブノア, ピエール　Benoît, Pierre　*20, 23*, 122, 156-158, 174, 203
フューグリステラー夫人　Füglisteller, Mrs.　*22*
フュースリー, J. H.（ヘンリー・フュースリ）　Füssli, J. H. (Henry Fuseli)　195
プライスベルク, ヘレーネ　Preiswerk, Héléne　185
ブラウン, R. F.　Brown, R. F.　204
ブラックウッド, アルジャーノン　Blackwood, Algernon　144, 204
プラトン　Plato　010, 057, 092, 093, 128, 176, 186
フランツ, マリー＝ルイーズ・フォン　Franz, Marie-Louise von　*34*, 205
ブリット, ウィリアム・C.　Bullitt, William C.　*27*
フルールノワ, テオドール　Flournoy, Théodore　029, 189
フレーベ＝カプテイン, オルガ　Froebe-Kapteyn, Olga　*31, 32*
フレクスナー, サイモン　Flexner, Simon　*27*
ブロイアー, ヨセフ　Breuer, Josef　017, 188
フロイト, シグムント（そしてフロイト派の分析）　Freud, Sigmund (and Freudian analysis)　*18, 23, 24, 26, 27, 38*, 008, 015-017, 019-025, 028, 032, 040, 041, 081, 097, 130, 136, 181, 183, 186-189, 191, 192, 194, 195, 198, 202, 205
ブロイラー, パウル・オイゲン　Bleuler, Paul Eugen　188, 206
フロスト, ロバート　Frost, Robert　*27*
ヘイ, マリー　Hay, Marie　*20*, 123, 169, 203
ベイリー, ルース　Bailey, Ruth　*25*
ベインズ, H. ゴッドウィン　Baynes, H. Godwin　*25, 31*, 190, 203
ベインズ, カリー・F.　Baynes, Cary F.　*10, 11, 13, 15, 19, 20, 22, 25, 30-33, 35*, 180, 182-184, 197, 203, 205
→デ・アングロ, カリー・F.も参照。
ベインズ, シャーロット・A.　Baynes, Charlotte A.　*29, 35*, 055, 123
ベインズ, ピーター　Baynes, Peter　*15, 16, 20, 22*
ベーコン, レナード　Bacon, Leonard　*27, 35*, 055,

カウエル, シドニー　Cowell, Sidney　184
→ロバートソン, シドニーも参照。
カウエル, ヘンリー　Cowell, Henry　184
カッセネレンボーゲン, エドウィン　Katzenellenbogen, Edwin　190
カロテヌート, アルド　Carotenuto, Aldo　183
カント, イマニュエル　Kant, Immanuel　048, 051, 128
キャザー, ウィラ　Cather, Willa　*27*
キャンベル, B. F.　Campbell, B. F.　200
キュモン, フランツ　Cumont, Franz　103, 202
キング, C. W.　King, C. W.　102, 202
クィスペル, ギルス　Quispel, Guilles　196
クービン, アルフレート　Kubin, Alfred　145, 204
グッドリッチ, チョーンシー　Goodrich, Chauncey　*16*, *22*, 181, 182
クラネフェルト, ヴォルフガング　Kranefeldt, Wolfgang　*22*
クラフト＝エビング, リヒャルト・フォン　Krafft-Ebing, Richard von　007, 186
クロイツァー, ゲオルグ・フリードリッヒ　Creuzer, Georg Friedrich　189, 204
ゲーテ　Goethe　010, 092, 098, 199, 204
ケクレ・フォン・シュトラドーニッツ, F. A.　Kekulé von Stradonitz, F. A.　194
ケラー, アドルフ　Keller, Adolf　*25*, 183
ケラー, ゴットフリート　Keller, Gottfried　203
ケラー, ティナ　Keller, Tina　*25*, *36*, 075, 086, 087, 183
孔子　Confucius　077, 080
ゴードン, マリー　Gordon, Mary　*12*, *35*, 014, 180, 187
コールリッジ, S. T.　Coleridge, S. T.　190
コリー, ジョーン　Corrie, Joan　*9*, *11*, *12*, *13*, *29*, *35*, 071, 089, 143, 147, 180, 198, 199, 202, 203
コロンナ, フランチェスコ　Colonna, Francesco　197

■サ行

サージェント, エリザベス・シェプリー　Sergeant, Elizabeth Shepley　*11*, *27*, *36*, 123, 180, 183, 184
シアマン, ジョン　Shearman, John　*34*, 198
ジェイムス, ウィリアム　James, William　205
ジェリフ, スミス・エリー　Jelliffe, Smith Ely　*26*, 183
シェリング, フリードリッヒ　Shelling, Friedrich　204
シャムダサーニ, ソヌ　Shamdasani, Sonu　*9*, *11*, *34*, *38*, 181, 185, 187, 189-193, 198, 199, 202
ジャレット, ジェームス・L.　Jarrett, James L.　*38*, 186
シュヴァイツァー, アンドレアス　Schweizer, Andreas　181
シュトックマイヤー, ヴォルフガング　Stockmayer, Wolfgang　*15*
シュトラウス, リヒャルト　Strauss, Richard　*29*
シュピールライン, ザビーナ　Spielrein, Sabina　*27*, 183, 184, 193
シュピッテラー, カール　Spitteler, Carl　*20*, 014, 186
シュミッツ, オスカー・A. H.　Schmitz, Oskar A. H.　*29*, *30*, *36*, 120, 143-146, 153, 159, 163, 184
シュレーゲル, オイゲン　Shlegel, Eugen　*17*
ジョイス, ジェイムズとルチア　Joyce, James and Lucia　*31*
ショー, ヘレン　Shaw, Helen　*11*, *12*, *21*, *22*, *26*, *36*, 009
ショーペンハウアー, アルトゥール　Schopenhauer, Arthur　*18*, 004, 005, 012, 019, 075, 185
シラー　Schiller　*12*
スウェーデンボルグ・エマヌエル　Swedenborg, Emanuel　084, 199
スウェルズ, ピーター　Swales, Peter　188
スコット, ウォルター　Scott, Walter　146, 205
鈴木, 大拙　Suzuki, D. T.　199
スペンサー, W. R. とジレン, F. J.　Spencer, W. R., and F. J. Gillen　191
スリー, フォン Sury, von　*22*
ソクラテス　Socrates　063

■タ行

ダーハム, ウィラード　Durham, Willard　*22*
ターマン, L. M.　Terman, L. M.　*28*
ダナム女史　Dunham, Mrs.　*12*, *35*, 011
タルティーニ, ジョゼッペ　Tartini, Giuseppe　079, 198
ダンテ・アリギエーリ　Dante Alighieri　101, 202
ツィノ, アンリ・フィンク　Zinno, Henri Hink　*30-32*, *36*, 046, 052, 053, 055, 056, 123, 161, 163
ツムスタイン＝プライスベルク, ステファニー　Zumstein-Preiswerk, Stefanie　185
デ・アングロ, カリー・F.　de Angulo, Cary F.　*28*, *30*, *31*, *35*, *37*, 012, 013, 055, 064, 074, 076, 092,

焼けた壺　146, 147
夢　***18***, ***19***, 023-025, 034, 035, 040-042, 046, 047, 059, 066, 088, 100, 101, 108-110, 113, 116, 117, 193, 202
→「本書でユングが取り上げた事例概要」も参照。
ヨーロッパ（人）　***23***, ***27-29***, ***31***, 043, 096, 106, 111, 131, 137, 143, 144, 155, 159, 161
夜の航海　099
ラー　099
ラテン系　106, 107
リスペクタビリティ　073
リビドー（エネルギー）　***18***, ***22***, 004, 008, 011, 025, 028, 029, 034-036, 051, 054, 057, 070, 073, 075, 081, 082, 090, 093, 096, 098, 122, 146, 152, 155
老賢者　19, 096, 111, 116, 147
『老子道徳経』　077, 078, 084,
老人　067, 068, 096, 097, 112, 116, 120, 136, 152
→「老賢者」を参照。
ローマ・カトリック　057, 084, 107, 115, 160, 161
ローマ人　073, 159,
ロシアの物語　101
ロレトの連禱　154

◆ 人名索引 ◆

■ア行

アイシャム, マーク　Isham, Mark　***13***
アイスラー, クルト　Eissler, Kurt　188
アウグスティヌス（聖）　Augustine, Saint　108
アガシ, ルイ　Agassiz, Louis　092, 199
アドラー, アルフレッド　Adler, Alfred　032, 081, 191
アドラー, ゲルハルト　Adler, Gerhard　***34***, ***38***
→巻末資料「年代順文献目録」も参照。1973年書簡集。
アプレイウス, ルキウス　Apuleius, Lucius　073, 101, 202
アベラール, ピエール　Abelard, Pierre　081, 198
アルキビアデス　Alcibiades　063
アルテール夫人　Altherr, Mrs.　***22***
アルドリッチ, チャールズ・ロバーツ　Aldrich, Charles Roberts　***12***, ***26***, ***27***, ***35***, 036, 053, 055, 057, 070, 092, 093, 123, 156, 158, 161, 183, 203
アンドレエフ, レオニド　Andreyev, Leonid　202
尹喜　Yin Xi　198
ウィックス, フランシス　Wicks, Frances　***22***
ヴィルヘルム, ヘルムート　Wilhelm, Hellmut　***32***
ヴィルヘルム, リヒャルト　Wilhelm, Richard　***31***, ***32***, 182, 197
ウィンストン, クリシュナ　Winston, Krishna　***38***
ヴェーア, ゲルハルト　Wehr, Gerhard　184
ウォード博士　Ward, Dr.　***12***, ***20***, ***21***, ***36***, 070, 095, 123
ヴォルテール　Voltaire　160
ウォルフ, トニー　Wolff, Toni　***16***, ***28***, 191
エヴァンス, エリダ　Evans, Elida　***26***, ***35***, 071
エヴァンス, リチャード　Evans, Richard　187
エックハルト, マイスター　Eckhart, Meister　041, 192
オグデン, C. K.　Ogden, C. K.　***26***
エッシェンバッハ, ヴォルフラム・フォン　Eschenbach, Wolfram von　205

■カ行

カイザーリンク, ヘルマン　Keyserling, Hermann　***14***, ***29***, 184

大聖堂　050, 066, 103
タイプ　→「機能」および「引用や議論のなされているユング著作の年代順目録」も参照。
太陽　021, 040, 050, 051, 065-067, 079, 095, 099, 100, 102, 106, 108
対立物　009, 011, 019, 020, 030, 047, 052, 071, 075-078, 080-084, 089-092, 097, 102-104, 120, 157
タパス　036
『タブラ・スマラグディーナ』　042
ダライ・ラマ　097
血　043, 050, 051
地下室 023-025
唯知性内存在　138, 139
地中海の民族　160
中国の文化と伝統　077, 078, 081, 098, 111
中世　023, 040, 057, 152-154, 160, 162
→「ゴシック時代の人」も参照。
チュリンガ　031, 032
直観　→「機能」を参照。
ディオニュソスの秘儀　102
貞節　153
投影　022, 029, 032, 033, 064, 075, 079, 080, 089, 116, 120, 124, 133, 135, 136, 138, 144, 149-151, 155
道教　077
洞窟　058
動物　054, 075, 080, 098, 105
　一角獣　147
　馬　054, 055, 080, 117, 120
　雄牛　031, 053, 054, 057, 111
　雁　147
　昆虫　050
　甲虫　051, 110
　コヨーテ　110
　スカラベ　050, 141, 194
　牛 103, 116
　鳥　037, 041, 098, 099, 105, 135, 148, 152
　白鳥　148
　鳩　042, 192
　蛇　050, 067, 094, 098-100, 102, 104, 105
　ライオン　100, 102, 147
東洋の聖なる書物　197
ドルイド　100
トロイのヘレン　068

■な・は行

内向　*13*, 025, 032, 033, 052, 061, 063, 064, 071, 082, 091-093, 096, 098, 142, 143
二重性　022, 030, 031, 070, 083, 115, 116, 119,
ネイティブ・アメリカン　021
パーシヴァル／パルジファル　102, 148
母　*14*, *30*, *31*, 030, 031, 034, 058, 087, 090, 093, 107, 113, 118, 119, 146, 157, 201
パラノイア　020, 046, 058
バラモン教　077, 078, 083,
『ピーター・ブロップス』　066
秘儀　073. 101-103, 108, 110, 203
ファンタジー　*13-16*, *18*, 010, 011, 024, 025, 028, 029, 032, 037, 043, 045, 046, 049-051, 067, 093, 094
→「思考」「機能」および「本書でユングが取り上げた事例概要」も参照。
フィレンツェ（イタリア）　041
不死　014, 148, 158, 163
フランス人の観点　158-162
フランス革命　056
分析　*6*, *11-13*, *15-20*, *25-32*, 009, 012-014, 021-024, 027-029, 037, 039, 042, 049, 057, 074, 081, 084, 087-089, 109, 111, 131, 136, 148
ヘタイラ　034, 157
ベドウィン　098
ヘラクレス　059
ペルソナ　009, 053, 112, 113, 132, 136
ヘルメス・トリスメギストス　042
ヘレネー　120
ヘロデ　096
ベンゼン／ベンゾール環　051
補償　020, 039, 046, 064, 092, 096, 097, 108, 109
ボーリンゲン財団　*28*, *32*
本能　023, 075, 091, 096, 098, 105, 106, 134, 148, 150-155, 159

■ま・や・ら行

未開人　031, 032, 038, 046, 063, 066, 075, 091, 099, 105-107, 109-111, 115, 133-135, 143, 144, 147, 151, 153
溝　098, 100, 101
ミトラ教　031, 050, 054, 059, 102, 103, 107, 108
『緑の顔』　*20*, 122, 123, 197
南アメリカ　106
モーセ　097
『モナリザ』　058

キリスト教　*16*, 031, 041, 072, 073, 081, 107, 108, 115, 140, 152, 159, 160
グノーシス主義　*29*, 068, 097, 101, 102, 196
グランドキャニオン　*25*, 050
クリスマス　108
クリングゾル　068
クロノス　103
クンダリニー・ヨーガ　085, 199
クンドリ　068
結婚　*14*, 033, 081, 087, 112, 114, 144-146, 148-151, 155, 156
元型　*21*, *32*, 004, 041, 050, 051, 066, 096, 098, 101, 128, 139, 140, 146, 154, 162
原子力エネルギー　096
幻想　078, 079, 114, 127
黄河図　080
合理主義　28, 160, 162
香炉　066, 067
ゴシック時代の人　057, 058
→「中世」も参照。
個人　101, 109, 132, 133, 136, 163
根源的イメージ　092, 128

■さ行

サクレ・クール　161, 205
サディズム　081
サロメ（歴史上の）　096
サロメ（ファンタジーの）　*19*, 067, 068, 093, 094, 096, 097, 100-102
ジークフリート
　夢の中の――　051, 058, 059, 065
　ワーグナーの――　058
自己　063, 123, 124, 133, 148
　影の――　115, 134, 136
思考　028, 029, 065, 074, 078-081, 088, 089, 099, 128-131
　受身的――　028, 029
　経験的――　124
　思弁的――　094, 124
　自律的――　028
　ファンタジー的――　*14*, 028, 029
　不純な――　029, 033, 051
　方向づけられた――　028, 039
　→「機能」も参照。
物質内存在　138
シモン・マグス　068, 196
集合的無意識　→「無意識」を参照。
主観的　*18*, 028, 055, 061-063, 092, 127, 129, 130, 138, 139
呪医　110, 116, 135
象徴　011, 014, 030, 041, 051, 059, 070, 077, 084, 096, 101-103, 105, 112, 114, 119, 141, 148, 149, 163
処女，崇拝　153
女性　033, 034, 043, 044, 046, 048, 049, 077, 109, 112-114, 116-121, 131, 143, 144
神格化　101-103, 162
人格化　004, 009, 048, 059, 094, 099, 157
人格の「地質学」　137
新教育財団　202
神智学　83, 097, 200
図
　機能の――　124, 127
　心の――　104-106
　個人の――　132, 133
スイス　043, 045, 066, 149
数字　*12*, 042
数百万年もの齢を重ねた人間　013
スピリチュアリティ　021, 022, 030, 082, 119, 157
聖書
　サムエル記　186
　マタイによる福音書及びマルコによる福音書　200
精神病　007, 017, 046, 066, 143
　→「狂気」および「本書でユングが取り上げた事例概要」も参照。
聖杯　102, 147, 205
聖霊　070
戦争　043, 056, 074, 089, 090, 153, 156
セクシュアリティ（とフロイト）　020-022, 025
セメンダ鳥　099
潜勢的原理　067
先祖の憑依　038, 039
洗礼者ヨハネ　098
想像　011, 070, 135, 147
早発性痴呆　005, 017-020, 035, 037, 045, 046, 069, 124

■た行

タオス・プエブロ　*25*, *28*, 188
大英帝国博覧会　203

索　引

※斜体・太字の数字は、序のページ、3桁数字は本文のページを示す。

◆ 事項索引 ◆

■あ行

アート
　ユングのファンタジーとしての――　043, 044
　現代――　*19*, 053-058
アートマン　078, 083
アイオーン　102
アイギナ　058
『悪のぶどう園』　*20*, 123, 148
悪魔　090
『アトランティード』　*20*, 122, 123, 156, 203
アニマ　*12*, *20*, *23*, 028, 029, 034, 046-049, 096, 098, 111-118, 120, 122, 123, 141, 144, 148, 150-153, 155, 162, 163
アニマ／魂内存在　138, 204
アニムス　*20*, 047, 048, 053, 117, 118, 149, 150, 155, 156, 163
アフリカ　*22*, *25*, *31*, 024, 142
アメリカ人たち　*25-31*, 106, 111
アングロ・サクソン　106, 107, 157-159, 161, 162
意識（と無意識）　019-020, 037-040, 107-110, 119, 120, 148
一元論　022, 076, 078, 083
色　098, 104, 105
インド　037, 077, 124, 143
陰陽　077, 098, 105, 106
ヴィクトリア朝　056, 143
器　100, 102, 103
『ウパニシャッド』　077, 078
生まれ変わり（再誕）　*14*, 030, 031
エイドーロン　093, 128
英雄　026, 028, 030, 031, 051, 054, 057, 059, 065, 093, 094, 099, 140, 142, 145, 146, 148, 149, 162, 205
『易経』　*29*, *31*, *32*, 077, 080, 197
エジプト　014, 051, 077, 108, 145, 152
エスキモー　134
エナンチオドロミア　*12*, 006, 029, 037, 056, 077, 092, 180
エネルギー　リビドーを参照
エラノス会議　*28*, *29*, *32*
エリヤ（ファンタジーの中の）　*19*, 067, 068, 093, 094, 096, 097, 100, 101
エルダ　099
エロス（女性の中の）　033, 094, 129, 131, 200
円錐　101
オーストラリアのアボリジニ　191
オシリス　108, 145, 146
雄鶏　079

■か行

外向　032, 033, 063-065, 082, 091, 092
カサ（カステッロ）・ディ・フェッロ　149, 154, 205
カタコンベ　050, 102
神　14, 021, 025, 032, 048, 049, 070, 090, 093, 129
感覚　→「機能」を参照。
感情　→「機能」を参照。
機能　089, 090, 096, 105, 109, 110, 123, 125-130, 203
　感覚――　027 , 088, 089, 124, 125, 127, 131, 132
　感情――　033, 088, 089, 129-132
　思考――　130, 132
　仲介――　009-011
　超越――　19, 011, 027, 035, 104,
　直観――　027, 074, 087-089, 127-132
　ファンタジー――　18, 011, 029
　補助――　074, 087, 088
　優越――　027, 051, 065, 067, 072, 074, 087, 089
　劣等――　027-029, 051, 067, 072, 074, 087, 088, 101
狂気　029, 101, 103, 106, 156
　→「早発性痴呆」および「本書でユングが取り上げた事例概要」も参照。
ギリシア，古代　024, 042, 049, 153, 160, 204
キリスト　059, 084, 097, 100, 196

著者・編者・訳者紹介

著者

カール・グスタフ・ユング（Carl Gustav Jung, 1875～1961）
スイス生まれの精神科医。S・フロイトと並ぶ深層心理学の開拓者。ユング自身はみずからの体系を分析心理学と称し、集合的無意識、元型といった概念を提唱して、単なる一個人の枠にとどまらない壮大な心の見取り図を示した。約20冊におよぶ『著作集』（日本教文社）の他に、長らく門外不出の扱いだった『赤の書』（創元社）も公刊され、世界に衝撃を与えた。

編者

ソヌ・シャムダサーニ（Sonu Shamdasani）…二〇一二年版の編者、序
一九六二年生まれ。ユニヴァーシティ・カレッジ・ロンドンの医学史センター教授。専門は精神医学史・心理学史。主な編著書に、C・G・ユング『赤の書』（創元社）、テオドル・フルールノワ『インドから火星へ』、マイケル・フォーダム『分析家』他がある。

ウィリアム・マクガイア（William McGuire）…一九八九年版の編者、序
社会心理学者。主な編著書に『フロイト／ユング往復書簡集』（誠信書房）がある。

監訳者

河合俊雄（かわいとしお）
一九五七年生まれ。京都大学こころの未来研究センター教授、センター長。京都大学大学院教育学研究科修士課程修了。ユング派分析家、臨床心理士、公認心理師。主な著書に、『心理臨床の理論』（岩波書店）、『京都「癒しの道」案内』（共著、朝日新聞出版）、『発達障害への心理療法的アプローチ』（編著、創元社）などがある。

訳者

猪股剛（いのまたつよし）
一九六九年生まれ。帝塚山学院大学准教授。京都大学大学院教育学研究科博士後期課程修了。博士（教育学）。ユング派分析家、臨床心理士、公認心理師。著書に『心理学の時間』（日本評論社）、『遠野物語遭遇と鎮魂』（共著、岩波書店）などがある。

小木曽由佳（おぎそゆか）
一九八三年生まれ。同志社大学ウェルビーイング研究センター研究員。京都大学大学院教育学研究科博士後期課程修了。博士（教育学）。臨床心理士、公認心理師。著書に『ユングとジェイムズ』（創元社）、訳書に『危機介入の箱庭療法』（創元社）などがある。

宮澤淳滋（みやざわじゅんじ）
一九七八年生まれ。カウンセリングオフィス・クローバーリーフ在籍。上智大学大学院文学研究科心理学専攻博士後期課程満期退学。臨床心理士、公認心理師。論文「夢の展開と自立の過程」他。

鹿野友章（かのともあき）
一九八五年生まれ。文京学院大学非常勤講師。上智大学大学院総合人間科学研究科博士後期課程在籍中。臨床心理士、公認心理師。論文「風景構成法とロールシャッハテストの比較研究についての文献的考察」他。

分析心理学セミナー1925
——ユング心理学のはじまり

2019年6月10日　第1版第1刷発行

著　者　C・G・ユング
編　者　S・シャムダサーニ、W・マクガイア
監訳者　河合俊雄
訳　者　猪股剛、小木曽由佳、宮澤淳滋、鹿野友章
発行者　矢部敬一
発行所　株式会社 創元社
〈本　社〉〒541-0047 大阪市中央区淡路町4-3-6
電話06-6231-9010(代)
〈東京支店〉〒101-0051 東京都千代田区神田神保町1-2
田辺ビル
電話03-6811-0662(代)
〈ホームページ〉https://www.sogensha.co.jp/
印　刷　太洋社

 ISBN978-4-422-11708-9 C3011